老建築稼の歩んだ道　松村正恒著作集

老建築稼の歩んだ道
松村正恒著作集

花田佳明編

鹿島出版会

目次

付録Ⅰ　「雪國の民家 第一部」他、東京都市大学図書館・蔵田周忠文庫所蔵原稿　125

第3章　建築家論　167

第5章　作品解説　335

第6章　交友録　373

付録III　他者から見た松村正恒

凡例

松村正恒の論考の収録に際しては、以下のとおりにした。

- 原則として、初出時に掲載されたままとしているが、旧字は新字に改めた。ただし、「付録I」に収録した論考4編は、今回が初出となるため、自筆原稿に書かれていたとおりとした。
- 明らかに誤記・誤字と思われる箇所は、編者の判断により適宜訂正をした。
- 松村正恒の論考内にある註釈は、「原註」と記していない限りは、すべて編者による註釈である。

はじめに

本書は、建築家・松村正恒（一九一三〜一九九三）が遺した文章を再編集し、彼の思想を広く世に伝えようとする著作集である。

松村は、愛媛県八幡浜市役所の職員として、日土《ひづち》小学校を代表とする多くの学校建築や病院関連施設の秀作を設計した建築家として知られているが、建築雑誌を賑わす、いわゆる有名建築家ではなかったし、そうなろうともしなかった。しかし彼の設計した建築、そして建築を語る言葉には、「いわゆる有名建築家」にはない特徴と魅力があった。

松村の言葉に直接ふれることにより、彼が示した言葉と建築の関係のもうひとつの可能性と、建築や建築家のあるべきもうひとつの姿を、読者それぞれの目で発見していただきたい。

松村正恒の言葉の普遍性

風景描写の中に立ち現れる日土小学校

本書の読者の中には、日土小学校をご存じの方も多いだろう。八幡浜市の山間部を流れる川沿いに建つ小学校で、木造モダニズム建築の白眉といってよい。廊下と教室を分離したクラスター型教室配置、木造と鉄骨を組み合わせたハイブリッドな構造計画、カーテンウォール形式の外壁、インターナショナルスタイルを思わせる水平連続窓に切妻屋根の組み合わせ、パステルカラーの巧みな配色、川との関係を演出するテラスと階段など、多くの知的操作に満ちた建築だ。

ところが、日土小学校が発表された建築雑誌（『建築文化』一九六〇年二月号）に載った松村の文章（本書第5章）はきわめて短く、しかも最初の三分の一は、以下のような風景描写でしかない。この後には、七項目の「一年使っての教師側の苦情」が並ぶだけだ。

山のせまった谷あいに、せまい敷地を求めて学校が建っていた。拡げようもない。改築を機に、大木を倒して河に近づけた。惜しかったけど。静かな流れである。テラスに桜の花が散り、糸をたれると魚がはねる。

五月の薫風にのって、ミカンの花の香りが教室にただよう。螢の乱舞する夏の夜、柿の色、ミカンの朱、落葉の沈む冬の河。いつ訪ねても、あきることのない清くすんだ環境である。

建築家の文章につきもののコンセプトどころか、計画の概要説明すら書かれていない。わずかに読み取れるのは、建物を川に「近づけ」、川側に「テラス」をつくったらしいということだけで、あとは山村の四季の描写である。

しかしよく読むと、いろいろなことに気づいてくる。

校舎と川の間に生えている桜を楽しみ、魚釣りができるのは、川側にテラスをつくったから。五月の薫風が教室を吹き抜けるのは、クラスター型の平面計画によって教室の左右両面に窓が設けられたから。川の上を舞う螢、川向いの山のミカン、そして川に沈む落ち葉を教室から眺められるのは、川側の外壁がカーテンウォールの大きなガラス面になっているから。

つまりこの風景描写は、あのデザインの日土小学校が、あの場所に建てられたからこそ可能になったものなのである。松村は、自分が設計した日土小学校の形態や空間そのものの説明ではなく、日土小学校が生み出した風景を描いている、というわけだ。

こういった語り口は、建築の一般的な説明の仕方とは異なっている。多くの建築家は、自分が設計した建築の形態や空間それ自体の決定根拠を説明する。周囲の風景を語るにしても、それを既与のものとして捉え、建築の決定根拠の一部に使うだけだ。それに対し松村は、自分が設計した建築の説明に際し、その建築と周囲の事物との間の関係として構成された風景だけを描いている。そのため、日土小学校の輪郭は、あらかじめ存在するものとしてではなく、松村の風景描写のいわば補集合として、事後的に立ち現れるのだ。

水中に浮かぶ泡にたとえればわかりやすいだろう。泡が日土小学校、水がその周囲の事物である。泡の形は先行的に決まるのではなく、周囲の水の動きとの相補的関係の中でその都度決まる。松村の文章は、日土小学校のデザインの決定根拠を、そのようなメカニズムとして描いている。それは、建築を、建築家の恣意によるモニュメンタルなものとして捉える姿勢の対極といえるだろう。

さらに想像を膨らまし、その風景描写は、松村がこの敷地を最初に訪れたときにつかみ取った、自分が設計する建築によってやがて可能になる空気のようなものではないかと考えれば、過去において予見した未来に、現在の姿を遡及的に規定させる方法論だとすらいえるだろう。そこには、建築の設計と建築の出現の時制についての新しいイメージがある。

意味の形象化の否定

泡の比喩を続けるなら、建築を泡ではなく、中味の詰まった固いボールのようなものにすることを批判したのが、「伝統論私見」(『国際建築』一九六五年一月号、本書第4章)という文章である。

松村は、「いまさら私が伝統論とはおこがましく、デンスケ論くらいが似つかわしいが、建築家と名乗り、世渡りしているうえからは、伝統論のヒトクサリも述べねばあいなるまい」と名調子で語り始め、途中、「日本的という、いやなヒビキの言葉」や「モニュマントという言葉」を批判し、「もっとも、この的、という言葉を、やたらと使う人間は、未熟を証明しているようで、モノの数でもないが」と話を一般化する。そして、前川國男、山本忠司、嚴島神社、雪国や四国の民家へと話題をずらしつつ、最後に、「伝統」論を次のように一刀両断にする。

伝統とは、形式の問題ではない。心構えの問題だ。初めに形があるのではなく、形は結果である。伝統を越えたとか、越えぬとか、棒高跳びとは、ワケが違う。歴史の価値を学びとるには、その根にひそむものを、洞察する以外にない。そこまでの面倒を怠って、ただ、形式だけ拝借して、伝統をうけついだなどとは恐れいる。

つまり、「伝統」について建築が果たすべき役割は、その「形式」化によって単に過去の時間軸のどこかの地点を指示し、それを連想させることではなく、歴史の「根にひそむもの」への洞察を示すことだと、松村は述べているわけだ。伝統的な「形」を現代的に翻案し、安易に自分の設計の中に取り入れることを戒めているといってもよい。川添登や丹下健三による「伝統論争」は念頭にあったことだろう。泡の比喩に戻れば、「初めに形がある」建築は、泡ではなく中味の詰まった固いボールであり、固いボールは泡とは逆に、周囲の水に自分の補集合としての形を強要する。松村は、その権力性を嫌ったのだ。

さらに抽象化していえば、松村が書いているのは、建築の決定根拠を、「伝統」に限らず何らかの「意味」の形象化に求めること、彼の言葉を借りれば、「この的、という言葉を、やたらと使う」方法論に対する拒否宣言である。日土小学校についての文章と印象は違うが、建築の安易な決定論を批判する姿勢に変わりはない。読点の多い歯切れの良さと「棒高跳び」という比喩の裏に、この文章にはそのような牙が潜んでいる。

光る牙

その牙が姿を現した瞬間を、神代雄一郎との「風土と建築」と題された対談（『inaREPORT』一九七八年六月号、本書第４章）に見ることができる。神代が、「僕らも今回は地域にしっかり根をおろして、いい仕事をしておられる方をおたずねしているのですが、風土については、どうお考えですか」と問うたとき、松村は以下のように答えたのだ。

松村　私は正直いって地方とか地域とか風土とかいうことを余り意識せんのですわ。というのは、最初いうたように、それが自然の体から結果として生まれればいいことでしてね。人間でも作品でも、いや味のあるのは大嫌いなんでね、自然にずっとにじみ出るのじゃないといけない。だから余りそういうことを意識せずに、どこまでも真実を追い求めんといかん。特に地方ではどうこういわんでも真実を求めたら、そこに住んでいて、その土地人の気持ち、だから作品をつくるというんじゃなしに、それを使う人の気持になればいいんでしてね。私も一つの使用者になればいいんでして、ながめるためのものではない。ただ、私がつくったものを満足して喜んで、そこからそれを土台にして人間が少しでもよくなってくれればいいという気持で、終始一貫しているんです。

「伝統論私見」の延長線上にある回答だということは明らかだろう。松村は、自分が「終始一貫」守ってきた姿勢を、「地方とか地域とか風土」という言葉で説明するのは間違いだと反論したのである。彼は、自分の思想と実践の意味が、神代には理解されていないと感じたのではないだろうか。

それに対して神代は、「それは非常によくわかっております。僕が地域などとことさらに使っているのは、自分も都会に住んでいて、都会がとにかく虚飾に満ちた建築が多いし、また、そういうことをして建築家だと思っている人が多いからなんです。松村さんは偉大な建築家で、ごく自然に真実を求めていくというのは、僕は建築家の背骨だと思うんですよね。それがなかったら、だめですよ」と返しているが、これはいかにも残念で、「意味論に依存しないとすれば、では、あなたの設計方法とはどのようなものですか」と問うべきであった。

定理のような言葉

私は松村研究を始めた当初、彼が設計した建築の質感と、彼の語り口や文体とのイメージのギャップに当惑した。「あの日土小学校を、どうしてこのように詩的な言葉だけでしか語らないのか」「あのように繊細な設計をした建築家が、どうしてこのような大衆的人生論を書くのか」というわけだ。それは、「いわゆる有名建築家」に対しては抱いたことのない違和感だった。

もちろん、そういった特徴は松村固有のものではなく、たとえば、彼が育った大正デモクラシーという時代の影響だとか、単に世代的な癖にすぎないといった指摘もできるだろう。しかしその後、松村のことを調べていくにつれ、私はそこに、言葉と建築の関係における現代的な呪縛からの解放感のようなものを覚えるようになっていった。

その感覚の意味を考えるうちに思いついたのが、松村の言葉は、いわば直感的に示された数学の定理のようなものではないかということである。その証明は読者に託されている。もちろん間違った定理もあるだろう。しかし、正しい証明が書けさえすれば、定理は普遍性をもつ。定理が正しければ、証明は幾通りも存在する。私の松村研究もそのひとつである。そしてこの証明作業には、誰もが自由に参加できる。開かれた言葉がそこにある。

松村正恒の生涯

このような言葉を遺した松村正恒の生涯を、簡単に振り返っておきたい。

松村は、一九一三年に八幡浜市の隣町、大洲市新谷の旧家に生まれた。二歳のときに父親が亡くなり、母親とも別れて暮らすなど、やや寂しい原風景を背負っている。一九三二年に武蔵高等工科学校（現在の東京都市大学）建築工学科に入学し、蔵田周忠《ちかただ》の薫陶を受けた。一九三五年に卒業し、蔵田の薦めに従い、土浦亀城の設計事務所に入所した。そこでは、いわゆる「白い箱」としての近代建築の設計に携わった。一九三九年からは、満州の新京に移転した同事務所で働き、植民地での厳しい生活も経験した。その後東京に戻り、土浦事務所を辞し、竹内芳太郎の誘いで一九四一年に農地開発営団へ移った。配属先は新潟となり、日本海側の農村調査に携わった。

学生時代から、蔵田の紹介で『国際建築』編集長の小山正和のもとに出入りをし、翻訳のアルバイトを通して海外情報を得ていた。また得意の英語を活かし、海外雑誌や書籍からの学習を怠らなかった。社会問題への関心も深く、弱者のための支援活動に加わった。それらの成果として、『国際建築』一九三九年九月号で「新託児所建築」という特集（本書付録II）を組み、海外事例の紹介と自分の論文を掲載した。さらに今和次郎とも縁があり、彼が主宰した民家研究会に参加した。

終戦とともに農地開発営団を辞めて故郷に戻り、一九四七年に八幡浜市役所の職員となる。そして一九五〇年代を中心に、多くの学校建築や病院関連施設の秀作群を、主に木造で設計した。いずれも欧米発の近代建築を参照しながらも、勾配屋根や繊細な細部、そして考え抜かれた建築計画に基づく空間構成により、独自のスタイルを確立した。それらの建築は、戦前の大型木造の流れを、戦後においても継承し発展させた希有な事例といえる。

地方の市役所職員として設計をしていた松村の名を世に出したのが、当時、東京大学助教授だった内田祥哉《よしちか》である。内田は、『建築文化』一九五五年九月号に掲載された松村の設計による大洲市立新谷《にいや》中学校（一九五五年）を高く評価し、『建築学大系32　学校・体育施設』（彰国社、一九五七年）で大きく紹介した。日土小学校（一九五八年）をはじめとする八幡浜市役所で設計した作品も、建築雑誌に何度か掲載された。そして松村は、「地方で活躍する建築家」として知る人ぞ知る存在になり、一九六〇年には『文藝春秋』五月号で行われた「建築家ベストテン――日本の十人」という企画（本書付録III）において、そのひとりに選ばれた。

　華やかなデビューを果たした同じ年、松村は定年を待たずに八幡浜市役所を辞め、松山市で設計事務所を開設した。その後、大小さまざま、四〇〇件ほどの建築を設計した。設計活動の傍ら、日本建築学会四国支部による民家調査を牽引し、日本銀行松山支店の保存運動にも尽力した。

　しかし独立後は建築ジャーナリズムに取り上げられる機会は減り、再び知る人ぞ知る存在になっていく。作品の多くは、住宅を除いてコンクリート造に変わり、日土小学校のようなシャープさは影を潜めた。市井の風景にまぎれ、誰にも気づかれないようなデザインも多くなった。しかし最後まで建築家として現役を貫き、一九九三年にその生涯を閉じた。

再評価される松村正恒

　このような人生を歩んだ松村に対し、亡くなる少し前からその再評価が始まっていた。最初の動きが、一九八六年一〇月に愛媛県西予市宇和町で開かれた「木造建築研究フォラム」である。そこに内田祥哉が松村を招待し、松村による講演や日土小学校の見学会が行われた。それに続いたのが、松村へのインタビューを宮内嘉久がまとめた『素描・松村正恒』（宮内嘉久編集事務所編、建築家会館、一九九二年）の出版だ。これにより、初めて松村の全体像が見え始める。次いで、植田実が企画した『無級建築士自筆年譜』（住まいの図書館出版局、一九九四年）が、松村の書き下ろし原稿や各作品の撮り下し写真とともに出版され、その輪郭は濃さを増した。そして、遺稿集である『老建築稼の歩んだ道』（私家版、一九九五年）は、それまでの著作とは違い、彼の内面を伝える内容で、松村像に厚みを加えた。

その後、これらの書物によって松村正恒を知った建築史の研究者や建築家が、彼への興味を募らせていく。そのひとりである私も、一九九四年に初めて日土小学校をはじめとする松村作品を見て感激し、彼についての調査・研究、そして同校の保存再生活動にのめり込んだ。

こういった動きを受け、一九九九年、日土小学校が、ドコモモ・ジャパンによって日本を代表する二〇の近代建築のひとつに選ばれ、松村は再び大きな注目を集めることになる。そして、さまざまな組織や人々に支えられて二〇〇九年に改修工事が完了し、今も現役の小学校として使い続けられている。二〇一二年には、戦後建築として四番目となる国の重要文化財に指定された。改修工事の全貌を記録した工事報告書は、『日土小学校の保存と再生』（「日土小学校の保存と再生」編纂委員会編、鹿島出版会、二〇一六年）として書籍化された。私も松村の八幡浜市役所での設計活動を詳しく調べた博士論文を、『建築家・松村正恒ともうひとつのモダニズム』（鹿島出版会、二〇一一年）としてまとめた。松村正恒や彼の設計した建築についての知見は、こうやって蓄積されてきたといえる。

以上の事実から気づくのは、松村正恒は、発見と忘却、そして再評価を繰り返す不思議な人物だということである。それは再評価に耐える何かが彼の言葉や建築の中にあったことの証拠であり、それが、すでに書いた彼の方法論とその普遍性なのだと私は考えている。

本書の構成

本書に収録した文章とその構成について、概略を述べておきたい。すでに書いたように、松村は以下の三冊の書物を遺しており、まずはそこから代表的な文章を選び、収録した。

- 『素描・松村正恒』（宮内嘉久編集事務所編、建築家会館、一九九二年）
- 『無級建築士自筆年譜』（住まいの図書館出版局、一九九四年）
- 『老建築稼の歩んだ道』（私家版、一九九五年）

さらに、『国際建築』『建築文化』『近代建築』などの建築雑誌、あるいはいくつかの刊行物に発表された戦前から晩年までの論考もピックアップした。また、今回初めて世に出る文章もある。詳しくは後に記すが、松村が農地開発営団時代に調査した日本海側の農村についての未刊原稿である。

それらのうち、まずは『素描・松村正恒』と『無級建築士自筆年譜』から選んだ文章を、それぞれ「第1章　素描・松村正恒」と「第2章　無級建築士自筆年譜」に収録した。そして、『老建築稼の歩んだ道』の中の文章と、これらの三冊に収められていない文章を、その内容に沿って分類し、松村が建築家のあるべき姿などについて論じたものを「第3章　建築家論」、自分の建築観を述べたものを「第4章　建築論」、自分が設計した建築について書いたものを「第5章　作品解説」、親交のあった人々への思いを記したものを「第6章　交友録」へと分類した。

さらに、前記の農地開発営団時代の未刊原稿のうち主なものを「付録1」に、『国際建

建築家会館企画
宮内嘉久編集事務所編
『素描・松村正恒』建築家会館
一九九二年

松村正恒『無級建築士自筆年譜』
住まいの図書館出版局、一九九四年

築』一九三九年九月号での特集「新託児所建築」のうち松村自身の論文を「付録II」に、松村のことを他者が論じたものを「付録III」に収録した。

読者の理解を助けるために、各章には解題をつけ、註釈も詳しく書き、写真や図面も加えた。また、松村の書を何点か収録した。彼は気に入った言葉、あるいは心に浮かんだ言葉を常に書き留めており、その筆跡は松村の人柄を表すかのように優しく、彼の肉声に近づく助けになると考えたからである。

松村正恒『老建築稼の歩んだ道』
私家版、一九九五年

松村正恒との対話を！

本書のタイトル『老建築稼の歩んだ道　松村正恒著作集』は、ご遺族や関係者の了解のもと、遺稿集のタイトル「老建築稼の歩んだ道」を受け継いだものである。「建築稼」の「稼」は誤植ではない。松村は自分のことを「建築家」ではなく「建築稼」と呼ぼうとした。彼はその理由を、本書に収録した「人それぞれの生き方——老建築家から教師の卵達へ贈る言葉」（本書第3章）の中で、「家とは、大家、一芸に秀でた人のこと。稼を稼ぐと読むと下品になります。禾は穀物を意味し、稼は穀物の種、種を蒔き育てる。これで良い、と思った時から人は老い始める。稼と称することさえ抵抗を覚えています」と語っている。本書では、この言葉に込められた松村の思いを受け継ごうと考えた。

松村正恒は、戦前に、愛媛→東京→満州→東京→新潟→愛媛という移動によって、日本の近代化を支えた都市と農村と植民地の状況を自分の目で確認し、自らの価値観の基礎を手にしたといえる。そして戦後に故郷へ戻り、地方都市にひとりいて思索と設計を持続した。そのような中で、冒頭に書いたような分析に耐える思想と方法論を築いたのである。

本書によって、ひとりでも多くの方が、松村の歩んだ道のりに思いを馳せながら、彼との対話を楽しんでくださることを願っている。その中から、これからの建築と建築家のあるべき姿が浮かび上がることを期待したい。

花田佳明

◀日土小学校の川側にある図書室のベランダ。川や周辺の風景と一体となったデザインが印象的だ

第1章 素描・松村正恒

解題

『素描・松村正恒』は、編集者・宮内嘉久と建築家・横山公男による松村正恒へのインタビューを記録した書物である。建築家会館叢書の一冊として一九九二年一〇月に刊行された。

建築家会館は、建築家・前川國男を初代社長として一九六一年に設立された株式会社で、講演会の開催や出版などの事業を行っているが、戦後の建築界を築いた重要な先人の業績を記録するために同社が企画したのが建築家会館叢書である。一九九一年から一九九九年にわたり、『素描・松村正恒』を含む七冊が刊行された。刊行順に、『素描・太田和夫』[1]『素描・松村正恒』『ヒューマニズムの建築・再論——地域主義の時代に』[2]『素描・渡辺力』[3]『眼の力・平山忠治』[4]『都市の領域・高山英華の仕事』[5]『建築計画学の創成・吉武泰水』[6]である。

『素描・松村正恒』の宮内による「あとがき」には、「四国に松村正恒あり」と言われていたが「その実像は必ずしも十分には伝えられてはこなかった」ため、「今回、この建築家会館叢書の二冊目の企画に際し、社長・横山公男の第一声『松村正恒さんにしたい』であっさり決まった」とある。松村正恒の設計した建物に対する評価の高さと、松村正恒という人物に関する情報の少なさがよくわかるエピソードだ。

巻頭には建築家・大場則夫の書いた「はしがき」があり、松村の設計した新谷中学校（一九五五年）を初めて知ったときの驚きが記されている。この校舎は、『建築文化』一九

1 建築家会館企画、藤原千晴編集事務所編『素描・太田和夫』建築家会館、一九九一年

2 同企画、同編『ヒューマニズムの建築・再論——地域主義の時代に』建築家会館、一九九四年

3 建築家会館企画、宮内嘉久編集事務所編『素描・渡辺 力』建築家会館、一九九五年

4 同企画、同編『眼の力・平山忠治』建築家会館、一九九六年

5 同企画、同編『都市の領域——高山英華の仕事』建築家会館、一九九七年

6 同企画、同編『建築計画学の創成——吉武泰水』建築家会館、一九九九年

五五年九月号[7]に掲載され、それを見た東京大学助教授（当時）・内田祥哉が高く評価し、『建築学大系32　学校・体育施設』[8]で大きく紹介し、松村の名前とともに研究者の間で広く知られることになった。

大場が新谷中学校を知ったのは、一九五一年に東京大学吉武研究室を卒業した後のことだが、彼は在学中に同研究室で学校建築の設計に関わったことがあり、研究室とは関係を持ち続けていた[9]。大場の、「当時（昭和三〇年頃）は建築学会などが中心になって、これまでの定型化した学校建築に内在している問題点を指摘し、その改善のための実践にとり掛かったばかりの時でありましたが、この新谷中学校の設計では、その問題点がいち早く意識され、それに対する新鮮な対案が示されていたのです」という言葉からは、クラスター型教室配置など新しい建築計画的アイデアに満ちた新谷中学校の、アカデミズムに与えた衝撃の一端がうかがえる。

大場も、「失礼ながら、情報が隔絶している地方（当時にあってはなおのこと）に在って、このような先進的な試みが、しかも先進的ではありえない地域の教育社会に次々に実現されているという不思議さは、私にとって長い間の謎でありました」と書いており、ここからも、松村正恒とは一体誰なのかという謎が解かれないまま時間が過ぎた様子が想像できる。

正体がよくわからないという奇妙な感覚は、松村の設計した新谷中学校や日土小学校を絶賛した内田祥哉をはじめ、本書付録Ⅲに収録した「建築家ベストテン――日本の十人」の選者であり松村を推した生田勉、神代雄一郎、川添登、松村の著書『無級建築士自筆年譜』[10]を編んだ植田実にすら共通するものだったのではないだろうか。

松村へのインタビューは、一九九二年の四月一六・一七日の二日間にわたり、松山市の

7 『建築文化』一九五五年九月号、彰国社
8 建築学大系編集委員会編『建築学大系32　学校・体育施設』彰国社、一九五七年
9 「吉武泰水山脈の人々」編集委員会編『吉武泰水山脈の人々――建築計画の研究・実践の歩み』鹿島出版会、二〇一一年
10 第2章参照

道後温泉の宿で行われた。「炉辺夜話 志に生きる」というタイトルでまとめられた三人の対話は、松村の人生の時間軸に沿って進んでいく。松村の故郷の話から始まり、大洲中学校時代、武蔵高等工科学校時代、蔵田周忠との出会い、土浦亀城建築事務所時代、満州時代、農地開発営団時代、八幡浜市役所時代、そして松山での独立以降の様子へと進み、やや抽象的な言葉で松村の建築観が語られて終わる。

松村は各時代の細かなエピソードを語っており、特に彼の若い時代の活動を知るためのたいへん貴重な資料となっている。登場する人名、地名、建物名などを手がかりに調べていけば、松村正恒という人物の輪郭がさらにくっきりと見えてくる。松村の独特の口調による「自筆年譜」もありがたい。あまり目立たない出版物なのでそれほど多くの読者の手元に届いたわけでもないだろうが、松村の生涯が彼自身によって明らかにされた最初の書物であり、松村正恒と同じ時代を生きた方々の中には、松村とは一体誰なのかという長い間の謎に突然の答えが与えられ、自らの歩んだ道と重ねながら不思議な思いに包まれた人も少なからずいたのではないだろうか。

なお『素描・松村正恒』の最後には、松村が八幡浜市役所において設計した学校建築について語った講演「木霊の宿る校舎」が収められている。一九八六年一〇月に愛媛県西予市宇和町で開かれた「木造建築研究フォラム」に、内田祥哉が松村を招待したときの講演記録である。内田はこのときの様子を、松村の『無級建築士自筆年譜』の「栞」に次のように書いている。

宇和町小学校に設けられた講演会場の壇上に上がった松村さんは、内ポケットから大きな字の書いてある模造紙を取り出して黒板に貼った。そして「私は木で学校をつくりました。私は学校を木でつくりました。……」と語り始めると、会場のすべての目は、壇上に集中した。学校建築に対する確固たる信念が、気迫を持った声に乗って会場に溢れ、講演の終わるまで、ついに聴衆を引きつけて離さなかった。講演が終わっても、会場には余韻が残っていた。

このとき松村は、江戸岡小学校、長谷小学校、狩江小学校、日土小学校、新谷中学校、神山小学校の順に、断面や平面を墨で描いた模造紙も用意し、それぞれの設計主旨や背景を、冗談を交えながら語っている。本文の中に何度も登場する「(笑)」という表記から、会場の様子は想像がつくだろう。ユーモアと批評性に溢れた松村一流の語りが聞こえてくるようだ。

なお、この講演は松村の人柄、そして建築への考え方がよく示された内容なので、『素描・松村正恒』での構成とは逆に、本書では先頭にもってきた。

木霊の宿る校舎

私は木で学校を造りました。私は学校を木で造りました。同じことを言っているようで、実は意味が違います。木でという場合は、木が絶対でございます。木が効いております。木はここでは取り換えることができません。ところが、学校を木でというときは、木の所を他の字に取り換えても意味は通じます。例えば、コンクリートになっても鉄になっても構わないということでございます。きがきいてまがぬける（笑）、ここから出たわけでございます。けれど学校に間が抜けたのではいけません。間が抜けないように木を使った、こういうわけでございます。学校という字は教育勅語ができたときに、文部省が決めました。学校という字は「木と交わって学べよ子供」と書きます。（笑）子供は木と交わっているうちに「愚かな人は自分の経験から学び、賢い人は他人の経験から学ぶ」ということを知ったわけでございます。卒業する頃になりますと、「世の中は何と知性の乏しい人に支配されていることよ、救い難い」と嘆きつつ巣立っていったのでございます。

本日は中曾根総理から名ざしされそうな私がここに立って、大変面映いのでございますが、女性の方がいらっしゃいまして、ネクタイに注意をしないで話を聞いて頂ける（笑）、これがせめてものなぐさめでございます。

私は三五年前、一二〜一三年の間に一五〜六棟の木造の学校を建ててきたわけでございます。その頃は木が大変豊富でございまして特に松の大木がございました。あれは恐らく戦争中に、むやみやたらに伐り倒したのが、ごろごろしておったからであろうと思っております。もう一つ木造の学校を作るのに都合のいいことがありました。腕の良い大工さんが待機の姿勢でおられたということでございます。しかし、いいことばかりもございません。悪いことがございました。といいますのは、当時建てる人の間で「学校もの」という言葉が通用しておったわけでございます。ものというのは瀬戸物、唐津物と同じでございまして、安物で決まりきった形のものを学校ものといったのでございます。しかも、使う方の側も、このことをそれほど疑問に思わなかった。これは、改革をしなければならないと思いまして、一般の人への啓蒙運動にのり出したわけでございます。のり出すというと大変景気がようございますけれども、まあじわじわやったわけでございます。二、三年経ちますと市会議員の中から、どこへ行っても、どの学校を見ても、決まりきって変化がない、つまらないなあというぐらいに浸透したわけでございます。しかし、文部省というのは大変おかしな所と思います。何年か前には補助金を出す、木造の老朽校舎は危険である、鉄筋コンクリートに直せといいました。この間はゆとりの教育、心の教育といい出す。文部省は心配の絶えない役所だと同情しております。文部省の文という字は変えた方がよろしい、悶部省。（笑）ともかく心の教育には木造の学校が良さそうだと言い出されたのでございます。

ここで、私と木造の学校の出会いでございますが、私は学校の鐘の音を子守歌として育ったわけでございます。と申しますのは、からたちの垣根の隣が学校でございました。小さい時から学校を見そめていたわけでございます。私が生まれる一年半前に学校は落成しておりますので、私と学校は運命共同体でございます。ところが六〇年目に文部省の指導で、とうとう命を、余命を惜しまれながら断ち切られたわけでございます。まだ十分使えるのに、千篇一律の指導が禍したわけでございます。学校の敷地は新谷《にいや》一万石＝の陣屋の在った場所でございまして、今でもこの講堂くらい大きい立派な建物が残っております。回遊式の庭園もあるし、こちらには神社の森がございまして申し分のない敷地でございます。校庭には数百年を経た大木が三本ございました。学校も、宇和町ほどではございませんけれど、随分と念の入った、材木も存分に使ってありました。殿様の屋敷跡ですから、地盤は非常に良いのでございますけれど、よいとまけ、あれをなんと一五日間、搗《つ》き続けたそうでございます。一五日目に村長さん、空を見上げると満月、搗き足りたとやめたそうでございます。(笑)床が高うございまして子供が立てる位。床下はたたきでございます。布基礎は磨いた御影石を惜しげもなく使っておりました。教室の窓は回転欄間。宇和町には、立派な学校がありますから自慢するのはやめましょう。なにしろ柿渋塗りの総二階、桁行七二メートル、一一〇メートルの宇和町には負けますが一階二階合計すると一四四メートル。総二階の中央に白ペイント塗りの堂々とした玄関ポーチが飛び出しておりました。子供の頃、どの町どの村へ行っても、われわれの学校が立派だと自慢でございました。それを立てた棟梁が私の近くの子供の親でございました。一〇年も経つとその棟梁のことも忘れられてしまうんですな。それで、子供

＝ 松村正恒の生まれ故郷の古称。現在は愛媛県大洲《おおず》市新谷《にいや》である。江戸時代、この地区を含む中予地方西部から南予地方北東部が大洲藩で、新谷藩は一万石のその支藩であり、松村の先祖は新谷藩に仕える武家であった。新谷には藩庁として陣屋が置かれていた。その敷地は、かつて松村の設計した校舎があった新谷小学校となり、その中に遺構「御殿麟風閣」（愛媛県指定文化財）が存在している。

にいつも言ってきかせたそうでございます。父ちゃんが苦学して、苦心して建てた学校だ。しかし誰も振り返ってくれない。淋しい、父ちゃんが死んだときは灰にして、あの大屋根の上からまいてくれ（笑）、といい続け、肺結核で死にました。

　この学校に非常に感心しておりますことは、日暮れになりますと、農閑期の青年たちが三々五々とやってくるわけでございます。遠くの者は自転車で。何しにくるか。遊びにくるわけではございません。夜学校が開かれます。しかもその先生が、小学校の先生なんでございます。民法とか農業の理論と実際を教えるんでございますけど、今考えても本当に、あの先生達は偉かったなと思います。それともう一つ、今から考えると嘘のようでございますけど、鍵がかかっていないのです、教室に。夏休みになると私なんか近くですから、理科室の実験室へ入り戸棚から塩酸を取り出して銅貨にメッキをいたしました。しばらくするとはげました。やっぱり人間も、メッキはだめだなあ（笑）、とその頃覚えたわけでございます。裁縫室の畳の上では中学生が夜を徹して人生を語り明かしておりました。このように学校が、完全に活用されておる、利用されておる、これが学校の真の姿である、子供心に村の学校から、教育の原点と学校の在り方を教わったわけでございます。つまり学校は、子供を教える所であると同時に、最近文部省のいうところの生涯教育の場に、活用すべきであると思っておるわけでございます。

　私が八幡浜市役所におりまして一番最初に設計したのが松蔭《まつかげ》小学校というのでありますが[12]、その頃は市に財源がございませんのでＰＴＡの寄付が頼り、金も出すが口も出すというわけでございます。私が設計いたしましたのがどうも気に入らない。なぜ気に入らないかと申しますと、真中に堂々とした玄関がない、われわれの学校のイメージと違う、設計変更しろと会長が頑

12　松蔭小学校とは、旧校舎群への増築として松村が設計し、一九四九年三月に竣工した木造二階建ての校舎のこと。道路沿いに建つまっすぐな建物で、学校の新たな顔となった。中央に道路と運動場を結ぶ二層分の大きなスリットがあり、そこが学校全体の玄関となっている。この文章の後半に、ＰＴＡ会長が「玄関の代わりにぽかっと大きい穴があいとる、あれが気にくわない」と言ったとあるのは、この部分のことである。松村は学校から権威的な表情をなくそうとしたが、古い校舎の立派な玄関に慣れたＰＴＡ会長の目には、異質なものとして映ったというわけだ。
　なお、松村は「私が八幡浜市役所におりまして一番最初に設計したのが」この学校だと述べているが、その一年前に愛宕中学校の増築棟が完成しており、これが彼の最初の仕事だと思われる。松村の中で「何かをした」という実感があったのは、松蔭小学校からだったということかもしれないが、それ以上はわからない。両校舎とも、現在は建て替えられている。

張ります。しかし私は、そういう権威の象徴である堂々たる玄関はやめたい。左右相称もあまりしたくはない。そう思っておるわけでございますから、目の前に金を山と積まれても、私は設計変更には応じられない、と後へ引きません。本当は欲しかったんですけど。(笑) 間に立たれた助役さんは大変お困りでございます。さらにPTA会長が言うには、否、いわれるには、玄関の代わりにぽかっと大きい穴があいとる、あれが気にくわない。あの口に飲み込まれそうだ。学校は詰め込む所である。もっとも其の頃は、そんなこと言いませんでしたが。まあ奥歯にものがはさまった程度の設計変更をして、この場はおさまりました。

江戸岡小学校[13]

これは新設校ですからPTAはありません。安心しておりました。やっぱり油断は

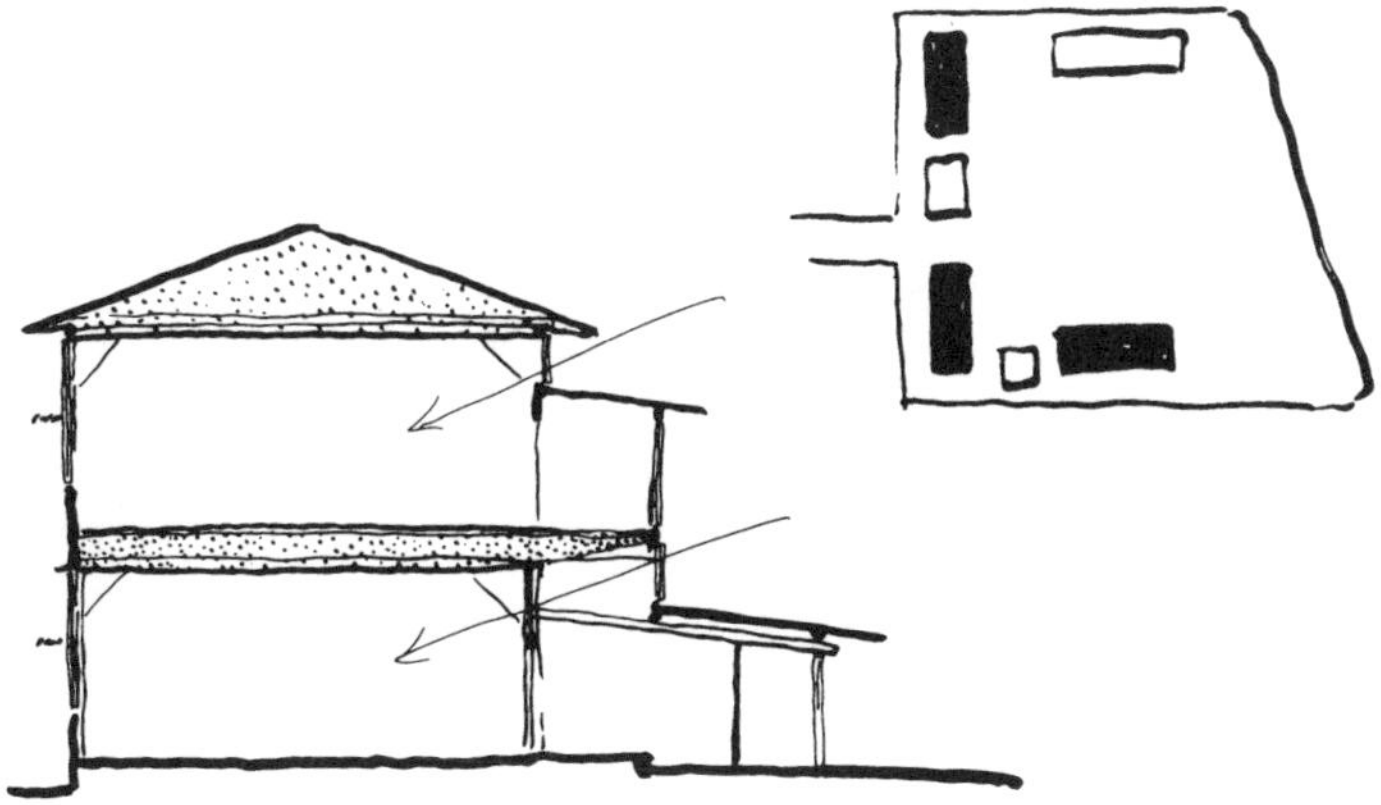

江戸岡小学校(一九五三年)

13
JR八幡浜駅の近くにあり、八幡浜市としては規模の大きな小学校。松村の設計で、一九五三年に管理棟と三つの普通教室棟、一九五五年に特別教室棟が完成した。現在はすべて建て替えられている。

できませんですな。老練な教育長がおられました。(笑) 学校の配置はコの字コ型でないといかんと言われます。聞けばその教育長、子供さんを三人亡くされました。コの字にこだわられるのは、そのせいです。私も同情いたしましてコに従いました[14]。ここへ管理棟、校長室なんか造りまして、ここへ三つ、同じタイプの校舎を造りました。そしたら教育長、わしの心中よく察してくれた(笑)、とひじょうにお喜びになりました。これが断面でございます。小屋組はトラス、軒の出が九〇センチメートル。陸梁を延ばして軒を支え、一階は柱を二本合せ、合せ梁もここで止めないで二メートルはね出します。先に話しました松蔭小学校では、松の大木がございましたから小屋梁は松丸太、二階梁も一本もので間に合ったわけでございます。ところが此の頃には松の大木も少なくなりまして合せ梁。これを二メートルはね出したというのが味噌でございまして、これで二階の廊下を支えます。昇降口の梁も鉄柱で支え軽く浮いて見えます。こういたしますと光はこう入ってきます。これが、私が何年もかかって解決した両面採光の決定版でございます[15]。ただここでは、コの字の配置が禍して東西の光が邪魔をしております。運動場から眺めますと、全面硝子に見えて軽快です。しかし、いかにも殺風景であります。そこで、廊下の壁に色を、棟別にブルー、グリーン、ベェージュの淡い色を塗りました。鉄の手摺りだけ明るい黄色に。これが、退職間近の先生に気に入りまして、こうおっしゃいました。階段を上ってゆく、ぱっと明るい黄色の世界。春は菜の花畑に身を置くような、初夏には熟れた麦畑を連想する。日暮れには月見草の咲き乱れる川の岸辺に立ってもの想いし乙女の頃を思い出す。(笑) 私の長い灰色の教育生活の最後を色どって下さった。色々ありがとう。(笑)

14　コの字型の配置計画をしたという意味。松村のスケッチで黒い建物が普通教室棟、白い建物のうち左中央が管理棟、上が特別教室棟、下が便所である。もちろん「老いては子に従え」という諺も連想させたいのだろう。

15　両面採光とは、教室の左右両側から外光や風を取り入れる方式のこと。単純な片側廊下の平面計画では、廊下が邪魔になって実現しない。照明器具も満足になかった教室の環境を少しでもよくするため、松村は両面採光の実現に取り組んだ。彼が設計した学校建築のデザインの変化は、そのための進化のプロセスだったといってよい。
松蔭小学校（一九四九）では外廊下の軒先を教室の天井高さまで上げ、松村の設計で現存する最も古い川之内小学校（一九五〇）では、外廊下の天井に段差をつけ、後述する長谷小学校（一九五三）では内廊下の屋根を下げて天窓を配すなど、採光の工夫を重ねた。そして、江戸岡小学校においては、教室と廊下・昇降口を彼が描写しているような断面構成にすることで、一・二階両方の教室に外光を取り込んだ。松村はそれを「決定版」と呼んだが、廊下と教室を切り離すというさらなる進化を遂げた結果、日土小学校（一九五八）が生み出されたのである。

長谷《はせ》小学校[16]

敷地のことで上と下の部落がもめ三年目に、やっと決まりました。三遍まわって此処にしよう。山小屋みたいな学校が山の斜面に、狭い敷地にひっそりと建っております。これが断面でございます。梁間は五・四メートル、小屋梁は松丸太で間に合います。高窓から入る光をルーバーで調節します。ここは内も外も全部木です。低学年の学校ですから特別教室はありません。間仕切りドアーを引き込むとここが講堂になるわけでございます[17]。落成式に私が工事報告をする、それが慣例になっておりましたが、この時「山の学校は、生徒のものであると同時に、部落の集会所であります。此処を十分に利用していただきたい。お見かけどおり素朴きわまります。飾り気はなにひとつありません。今日の落成式に、木の香にそえて薄化粧なりして門出を祝ってやりたい、と思いまして、外に面した大きい

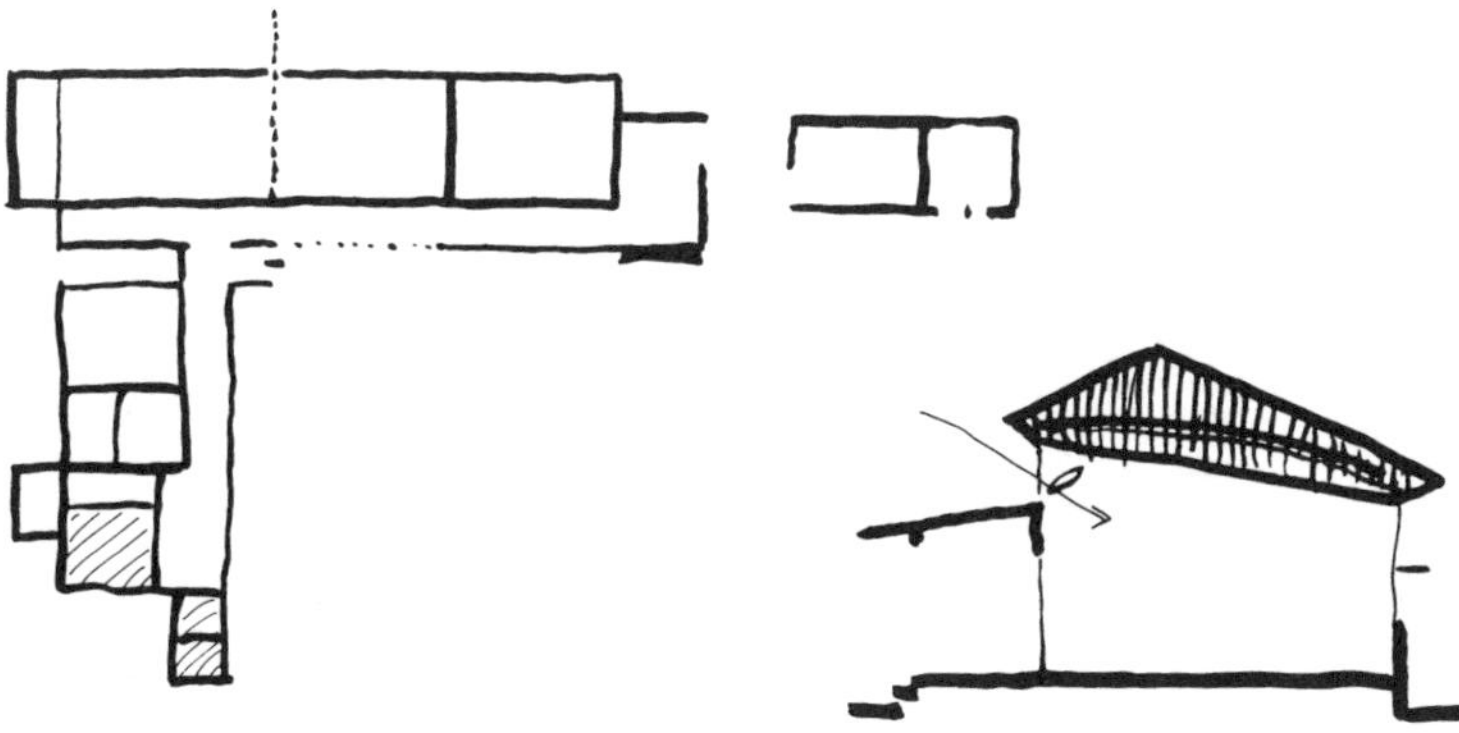

長谷小学校（一九五三年）

16 標高三〇〇メートルほどの山の上にある小規模校。山頂まで蜜柑の段々畑が続き、その農家の子弟のための学校といってよい。松村の設計で一九五三年に完成した。L型の平面をしており、短辺部分が職員室と小使室（斜線部）、長辺部分が教室である。実は教室はもうひとつあり、スケッチの長辺部分はその分長い。二〇一三年三月で千丈小学校に統合されたが、校舎は保存されている。

17 松村の平面図に、縦方向の点線で描かれている部分が三枚引き戸である。それらすべてを外に引き出せる納まりになっており、二つの教室を一体化し講堂として使えるということ。

18 一九四七年から一九五五年まで八幡浜市長を務めた菊池清治のこと。菊池は一八八六年に八幡浜市に生まれ、東京帝国大学理科大学物理学科を卒業し、広島高等学校長や松山学校長を歴任した人物である。戦後の八幡浜市の骨格を築き、名市長との誉れが高い。松村に主要な公共建築の設計を任せ、松村も菊池を敬愛した。一九八二年没。

掲示板を淡い紅色に塗ったわけでございます。世にこれを紅一点と申します。(笑) ついでながら、この学校で一番良い場所を占めておるのはこの小使室でございます。南に向かって傾斜地です、室の窓を開ければ遠く宇和海が光ります。風呂に入れば漁火が夜を彩ります。毎日が別荘暮しでございます。小使さんが言いました。これで、月給が倍になったら市長様々だ(笑)、様々といわれて恥じない立派な方でございました市長は[18]、素封家のいわゆる大旦那でした、旧制高校の校長もされた物理学者でもありました、その菊池先生はこうおっしゃいました。学校は、小中学校は、木造に限る、その理由は、さすが学者でございます。一〇年もすれば教育内容もどんどん変わるであろう。そのときに、校舎も設備もそれに適応しなければならない。鉄筋コンクリートにしておくとそれが簡単にできない、融通もきかない、とり壊しも大変だ、だから木造に限ると。林野庁長官に聞かせたいお言葉でございました。

狩江《かりえ》小学校[19]

海辺に建ち山の分校より敷地に余裕があります。この平面で赤く塗った所[20]が中庭です。教室棟が北に面して二階建、南に面して一階に昇降口、二階に職員室、その間に中庭があります。生徒は中央と端の教室に別れます。ふたつの階段を昇り、一階と同じ動線で二階の教室に導かれます。流れるように子供が動きます。この二階が図書室、外からも階段で入れます。ここは平屋建、特別教室が三つあります。ここが音楽室です。この学校も山の学校と同じく、生涯教育の場として活用してもらいたいと考えております。すべて渡り廊下で連絡し、特別教室も外から自由に使えます。音楽室の前にホールがあり、このふたつが低学年の教室、教室の仕切りもホールとの仕切り

19 八幡浜市中心部から南へ一キロメートルほど離れた明浜町（現在は西予市明浜町）の狩江地区に、松村の設計で一九六〇年に完成した。他自治体の建物だが、松村によれば、町長に懇願され設計したようだ。現在は建て替えられているが、解体に際しては松村を招待したお別れ会が開かれ（一九九一）、彼は子どもたちに設計の意図や生き方についての講演を行った（本書第5章に収録）。

20 左に示す松村のスケッチで斜線を引いた部分のこと。

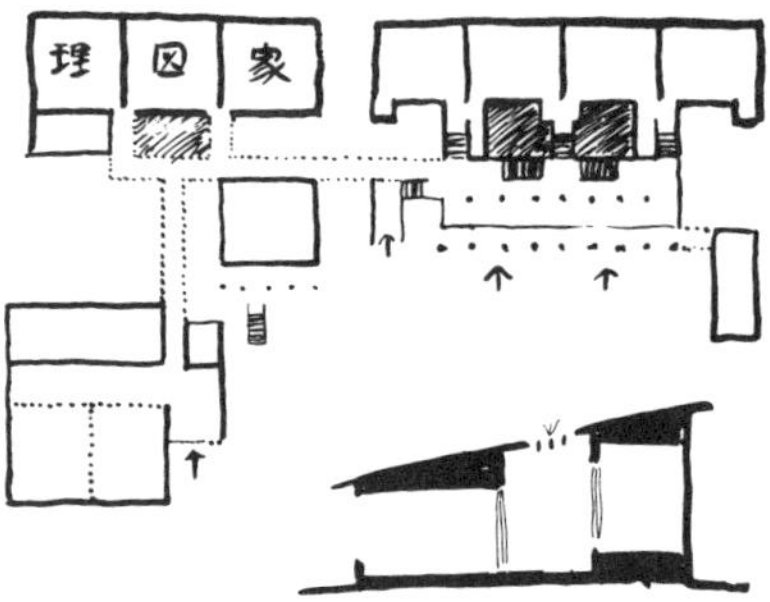

狩江小学校（一九六〇年）

も折たたみ戸、これを開き、音楽室との防音戸を引きこみますと大ホールが生まれます。大は小を兼ねるとは、よくぞ言ってくれました。一段高い音楽室が舞台に変ります。講堂が、集会所ができあがります。ホールの天窓はルーバーで光を調節します。い、この学校を私はオープンスクールのはしり[21]であると自負しておるわけでございます。

日土《ひづち》小学校[22]

今この学校は川岸ちかく建っておりますが、建つ前には此の敷地に大きな木が数本立っておりました。それをそのまま残して道路側へ校舎を持ってくるか、ずいぶん迷ったんでございますけれど、思いきって木を切ってしまいました。建物を岸辺に寄せますと、これは二階の平面図でございますが、ベランダが川の上へ出てしまったわけ

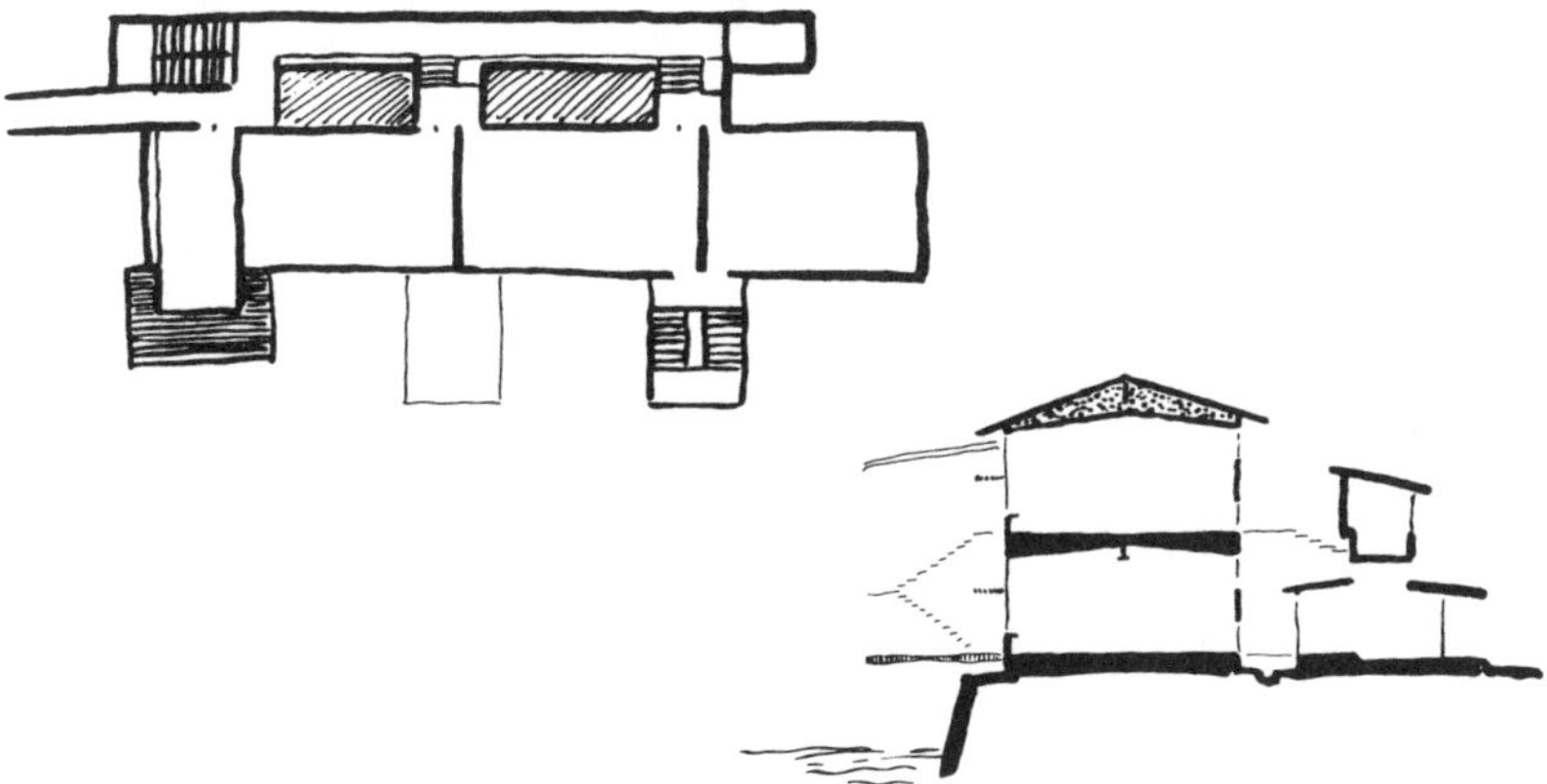

日土小学校（一九五八年）

21 狩江小学校には、松村の言葉からもわかるように建築計画的提案が満ちている。教室と廊下を分離したクラスター型教室配置、高学年ゾーンと低学年ゾーンの分離、流れるような動線計画、特別教室を生涯教育の場として利用する工夫などである。教室と廊下の間の壁をなくしたいわゆる「オープンスクール」に否定的だった松村が、狩江小学校をその「はしり」であると言っているのは、そういったさまざまな建築計画的仕掛けにより、学校を社会に対し、本来的な意味で開かれた存在にしたいという思いからだろう。

22 松村の代表作。一九五六年に完成した中校舎（職員室や特別教室）と一九五八年に完成した東校舎（一般教室）からなる木造二階建ての校舎。クラスター型教室配置など最新の建築計画を実践したモダニズム建築であり、その瀟洒なデザインとともに、竣工直後から学界と建築ジャーナリズム双方から高く評価された。その後、一九九九年にドコモモ・ジャパンによって、日本の優れたモダニズム建築二〇選に選ばれた。それを契機として保存活動が始まり、二〇〇九年に保存再生工事が完了し、現役の小学校として使い続けられている。二〇一二年には、国指定の重要文化財に選ばれた。

でございます。出たんじゃなく出したんでございますけれど。(笑) これが断面でございます。殺風景な廊下にはしたくない、そう思いました。廊下の床は二階の教室より一段下り中庭で縁が切れております。二階は本当に理想的なんです、採光だけは。静かな落ちついた雰囲気であります。

一階は落ちつきすぎて両面採光の目的に、いささか欠けるようであります。ここで伏兵があらわれました。河川法違反との横槍であります。この学校は第一期と第二期に分けて建築いたしました。河川法違反だから土木事務所は工事を差し止めると言います。違反の罰は私が受けましょう、しかし工事は続けます。実は第一期のときにも、非常階段とベランダは川の上に出ておりました。そのときは見すごして第二期に限って何故にと尋ねましたら、〝二度あることは三度ある〟。私、そのときに言いました。これが料亭で川の上へ張り出して商売する、これは絶対に許せません。けれど、これは学校です。つまり、この学校で学んだ人が大人になり、異郷にあってふと思いだした時、学校のテラスの横に桜の木があった、もう散ったかな、五月になると蜜柑の花の香りが教室に漂ってきた。夏はホタルが乱舞した、秋には柿やみかんが色づいて、冬になると枯葉が静かな川一面に沈んでいた。日暮になると宿直の先生が糸を垂れて小魚を釣りあげ夕餉の足しになさったものだ。(笑) あれが据え膳ならぬ釣膳だ(笑)、過ぎし日をなつかしむことでしょう。所長さん大目にみて頂けませんか、といいました。所長さん大きな目に涙を浮かべ、水に流そう。(笑) でも言われましたよ続けて、三度はだめだよ、と[23]。(笑)

新谷中学校[24]

これは完全に生涯教育の場にしたかったわけでございます。ここが講堂。ここがP

23　喜木川に突き出した鉄骨階段やテラスは、日土小学校の保存再生工事の中で改めて問題になった。しかし、川側景観はその文化財的価値を構成する重要な要素であることから、愛媛県河川課と協議を行い、河川氾濫時での安全性の確認等を行った上で、現状維持の許可を得た。

24　松村の生まれ故郷・大洲市に、松村の設計で一九五五年に完成した。他自治体の建物だが、松村が個人的に依頼され設計した。武蔵高等工科学校時代の恩師・蔵田周忠の推挙により『建築文化』一九五五年九月号に掲載され、それを見た内田祥哉（当時・東京大学助教授）が、クラスター型の教室配置を採用した斬新な建築計画などを高く評価して『建築学大系32　学校・体育施設』（本章8参照）で大きく紹介し、松村の名前とともに、広く知られるところとなった。現在は建て替えられている。

TAと先生の出入口。威張る人や先生は此の狭い玄関からひょろひょろと入って頂いて(笑)、生徒は広い昇降口からいばって入る。ここが教室の二階建。ここが非水洗の便所。ここが金工と木工の工作室、設備は万端整っております。ここが理科教室、一階は実験室、二階が講義室。ここが家庭科教室、一階に料理、試食室、二階に裁縫作法室までございます。ここは農業実習室。ここにはパン焼き釜から精米機械まで置いてございます。計画の段階で先生の希望を聞き、それを全部実現してあげたわけでございます。そのことに対して教育委員会も村会も一言も口を挟みませんでした。見あげた見識であります。金は一寸出し惜しみしましたけれど。私の計画では、運動場と校舎の敷地を大きな木を植えて離したかったのです。中庭も広くするつもりでしたけれど、いろいろな事情でそれは実現しませんでした。ここへ生徒が入ってきます。ここは吹き抜け、階段を昇ると二階の廊下が宙にうかびます、室の周囲はガラス張り。中学生はホテルのロビーのようだといいました。なんと素朴な驚きでございましょう。竣工して一年目に発表いたしました。それが内田(祥哉)先生のお目にとまりましてご懇切なお手紙を頂き、ひじょうに感激いたしました。田舎におりますと、自分のやっておることが世界の学校建築のどの水準におるかということがわかりません。そのとき内田先生からお褒《ほ》めの、激励のお言葉を頂いたわけでございます。今も、そのお手紙を大切に保存しております[25]。

神山小学校[26]

いま迄は木造でございましたが、これは鉄筋コンクリートでございます。鉄筋コンクリートで何故建てたか、ということでございます。

二階の音がうるさい、これが木造の欠点

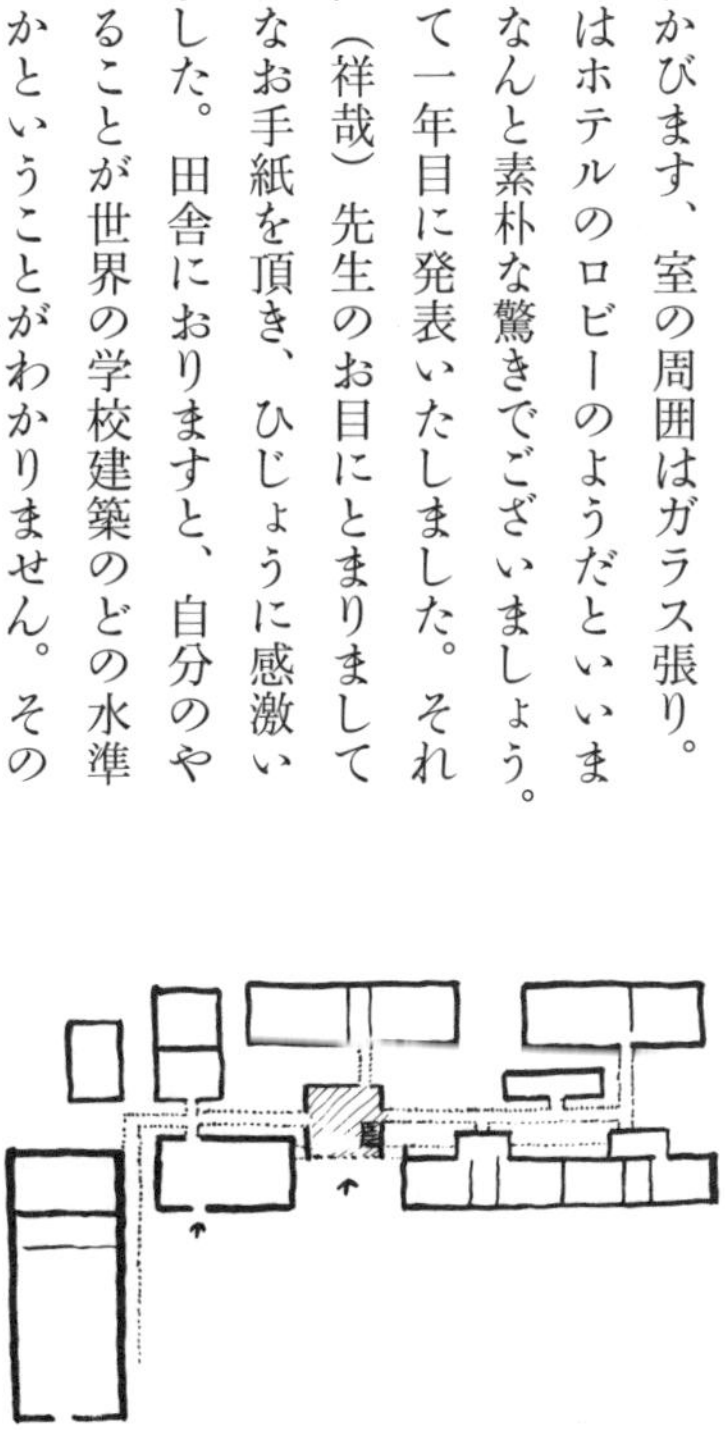
新谷中学校(一九五五年)

25
地方の一公務員として設計を行っていた松村にとって、内田祥哉に見出されたことは大きな励みとなった。

26
松村が設計した初めてのコンクリート造の校舎で、一九五七年に完成した。中廊下形式でありながら、各教室を互いに離し、しかも廊下の両側でずらしながら配置することで、良好な採光と通風を確保している。内装は木造で、他の学校に準じている。穴の空いたコンクリートアーチの庇が印象的。現在は建て替えられた。左頁スケッチの丸は便所。

でございます。今の鉄筋コンクリート造は寿命が短こうございますが、三五年前は、丁寧な仕事をしておりますから、ひびも全然入っておりません。当時は、鉄筋コンクリートの方が長持ちするんではないかな、という考えを皆さん持たれたと思うわけでございます。ところで此の平面図でお分りのとおり、この学校は今までの学校の一直線のタイプではございませんですね。教室がジグザグになっております。此の案を示しました時、教育長さん、こんな学校見たことない、採用できません(笑)、とおっしゃいました。無理もございません。それにお金がかかるはずだ。いや、かかりません、と嘘をついたんでございます。(笑) 物分りの良い教育長でしたが、これは、駄目だ、とおっしゃいます。設計させて貰えんのなら市役所やめます、と言いました。ともかく実現したわけでございますが、無理も時には通してみるものだと悟りました。これがその断面図でございます。非常に安い工費で建てました。そうしないと理想が実現いたしません。つらいところでございます。そのなかでコンクリートの固さをどうして補うか、そのことに腐心いたしました。間仕切り壁、建具、床、壁、凡て木造です。この鉄筋コンクリート造の庇、出が一・八メートル、大きい波の形に穴を無数にあけております。太陽の動きにつれて美しい模様が描かれます。中庭の二階の窓の外にはコンクリートの花壇を造りました。中庭に小さい池があります。鯉を泳がす、枝ぶりの良い猿すべりを植えるＰＴＡの方。美しい心は生きておりました。

ここで、私の設計した学校の凡てに共通していることは、南と北にあまりこだわっていないということでございます。南と北では、外が四度のときに南の教室は八度、北は五度、北は本当は寒いんですよ。だけど子供が寒いとか暑いとかそんなひ弱なことでは、これからの世の中は生きていけないというのが私の主義なんでございます。

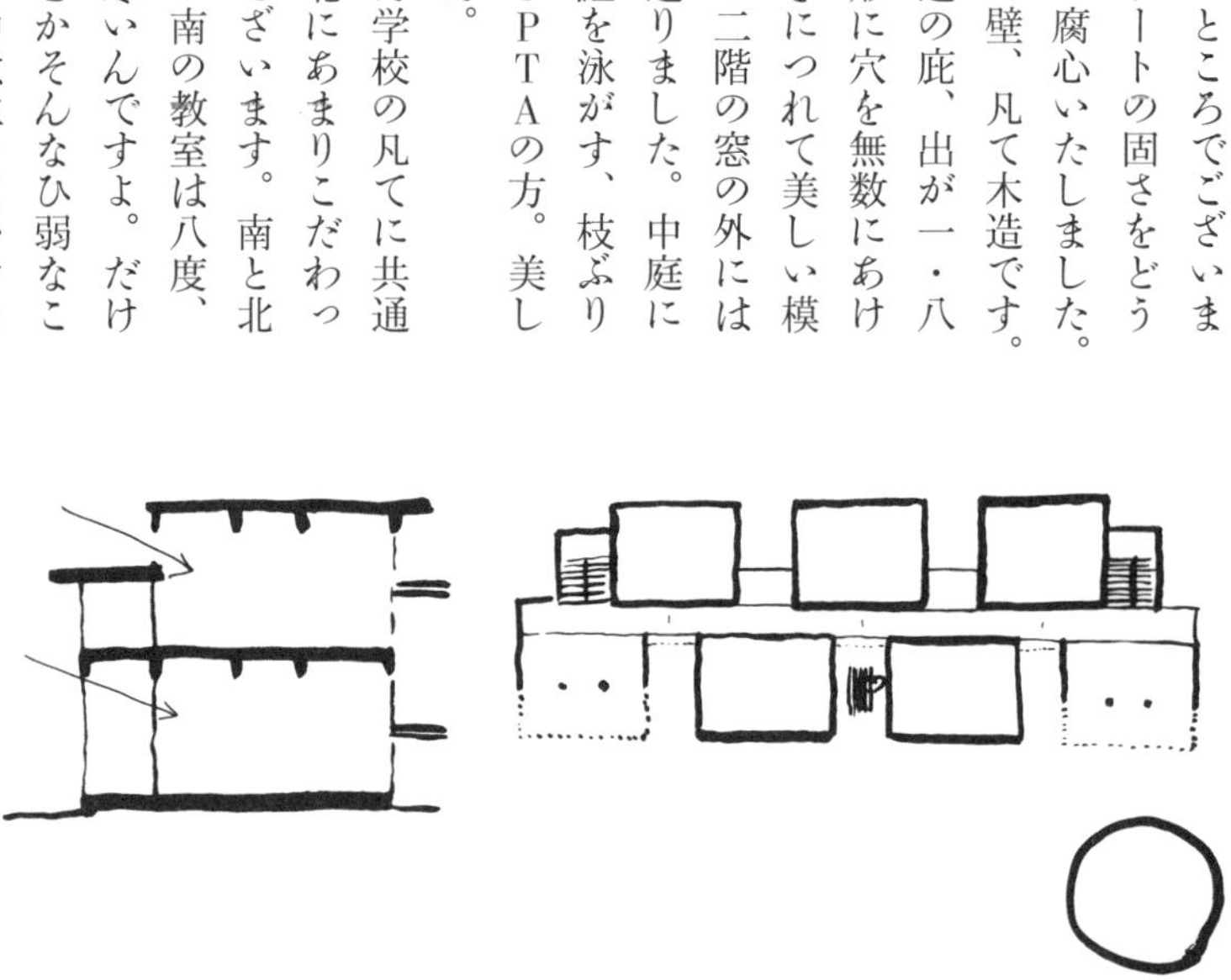

神山小学校（一九五七年）

それで、足洗い場をつくっております。遊び時間には生徒が外へ飛び出し足を洗って入ってくる。はだしが一番いいんでございます。学校でははだしで居れ、というのが私の主張でございます。

これから木造の学校がふえることでありましょう。ただ心配の種は、最近の風潮に迎合して、軽薄な、派手な、学校に見せ場をつくる、このことに気をとられるのではないかという事であります。私は見せ場をつくるというのはあんまり好かんので、自然で、簡素で、静寂である、このことが学校の環境としては一番いいんではないかと思っております。文部省に頼みたいことは、木造の学校をつくれ、ただそれだけ奨励してはいけない、木で学校をつくるのが芸ではないんでございます。木造の学校に木霊《こだま》が宿る、そんな学校をつくらないと本当はいけないのではないか。建築というものは、建物は、教育にとっては脇役でございます。学校の子供を良くするのも、悪くするのも、それは、先生の献身的な愛である、ということを付け加えまして話を終わらせて頂きます。

炉辺夜話
志に生きる

聞き手
宮内嘉久（宮内嘉久編集事務所）
横山公男（連合設計社横山公男建築家事務所）

宮内● だいぶ前に「半生回想」27をお書きいただきましたね（同人誌〈風声〉第六号／一九七九年）。あれの一番最後に、「地方だ地域主義だ、なにを今さら」と、こう言い捨てておられて、そのへんが、やはり一番松村さんのおっしゃりたいところだという感じが、あのときにもしましたけれども、建築家として今日までこの四国の地に、戦後、ずっと腰を据えてこられたわけですから、きょうは、これだけは言っておきたいというところを、ぜひ率直に出していただけたらと思います。ただ、あの「半生回想」にお書きくださったように、時代を追ってのほうが、こちらも伺いやすいかなという気もしますが。

松村● そのほうがよろしいですね。

宮内● 大正二年（一九一三年）一月十二日にお生まれになった。愛媛の城下町とおっしゃっていますけれども。

松村● 大洲《おおず》というところで、大洲七万石が六万石になりまして、私のほうに一万石をくれたんですよ。大洲市のもとは新谷《にいや》町ですが、殿様から一万石を分けて

27
松村正恒が同人誌『風声』第六号（一九七九）に書いた自伝的文章。『風声』は宮内嘉久の編集で、岩本博行、大江宏、神代雄一郎、白井晟一、前川國男、宮内嘉久、武者英二をメンバーとする「風声同人」によって発行された冊子である。一九七六年の「第〇号」から一九八六年の「第二一号」まで発行された。なお「半生回想」は、宮内が編集した同人誌『風声』と『燎』に掲載された文章をまとめた『内的風景』（水脈の会編、而立書房、二〇〇一）に収められている。

もらったんですね。飛地なんですよね。所々、くれるんですね。まとまってはくれない。（笑）それで二十キロから五十キロ離れたところを、ポコポコくれるんですね。

宮内● 点々と、それを合わせて一万石ですか。

松村● ええ。そうしませんと足らないんですね。

宮内● 新谷の殿様が松村さんのご先祖ですか。

松村● いやいや、ご命日に殿様に化けるだけです。（笑）そういう調子で面白いんですよ。二十キロくらい離れたところから祖母がきているんですよ。子ども心に、おかしいなと思いましたら、うちの祖父が、ここに単身赴任するわけですよね。（笑）そこで見初めたんでしょうな。それで私の家にきたわけですよね。

　私の生まれた家は、ここが殿様の屋敷、ここに学校がありまして、ここに殿様の評議所——いまでも立派な家と庭が残っておりますが、この一画で私は育ったんです。そして、ここが、ずうっと垣根なんですよ。垣根が枳《からたち》で出来ているんです。あれ二メートル以上は育たないんですってな。枳という字は只の木と書くわけですね。これはご承知のようにトゲがありまして、二センチぐらいの実がなりますよね。ところが、これが全然食えんのですよ。で、なんの役にも立ちませんでしょう。実も食べられない。大木にもならない。それで垣根でしょう。私の名前が恒でしょう。私の父が、なんとか——祖父がマサナオですから、これを置きたいんですね。この土をとって、これだけ残して、志高く、りっしんべんにしてくれたんじゃないかと思いましてね。（笑）

宮内● お父様のお仕事は何を……。

松村● 父は早く死にまして、小学校の校長をしよったと言いましたけれども、私、父の顔を知らんのですよ。祖母に育てられまして。だから祖父のことを知っているだけでね。父は四十二ぐらいで死んだんですよ。だから私が一歳ぐらいかな。

宮内● お母様の下でお育ちになったわけですか。

松村● 祖母のところで。だいたい私の母は養子娘で、祖父の妾の子なんですよ。徳川時代は、子どもがなかったら、家は断絶なんですよね。だから妾に子どもを産ますのはかまわんのですよね。ということで、私の母は妾の子なんですよ。私、子どものときは、学校へ行くまでに聞きましたことは、母が「カチューシャ可愛や」の歌を口ずさんでおりました。

宮内● あの頃、はやったようですね。

大正デモクラシーの気流の中で

松村● 小学生になった時分は「籠の鳥」。私の小学生時分には、松山のここに孤児院がありまして、孤児院の子が村に来まして、物を買ってくれ、買ってくれと言うんです。それを見まして可哀相だなと思いましたね。もう一つは、シベリア出兵の活動写真、あれがたびたび来るんですよ。それが、何のために戦争しよるのか、小学生ながらわからんのですよ。親も、あの戦争は説明できんのでしょうな。おかしな戦争でしたろ。そんなのも、よくおぼえておりますがね。

もう一つ、私、忘れられませんのは、受持ちの先生がひじょうに病弱で、若い先生ですから、よく可愛がってくれまして、一年ぐらい休職したんですが、その先生が長い手紙をくれるんですよ。その手紙を読みよりますと、ひじょうに寂しい人で。いまから思うと、あの手紙なんていうのは、堀辰雄の小説みたいな、もう心が震えるようなな。なんかそんなの、影響を受けたかどうかは知りませんが、その先生は、年上の先生に失恋しまして、自殺しちゃったんです。

横山● 女の先生ですか。

松村● いや、男の先生。年上の女の先生に失恋して、自殺したんです。そんな心の優しい先生にならったということですね。それと、もう一つは、父《てて》無し子という言葉を、子ども時分によく聞きましたね。

宮内● 書いていらっしゃいましたね。

松村●「父《てて》うち、母うち」という言葉があるんですかな。

宮内● それは知りません。

松村● いじめですな。あの頃は、子どもがいじめられるんですな。子どもを殴る、蹴飛ばすが、平気な時代でしたからな。そういうのが、私なんかの小学生時代の、貧しいうら悲しい世相でしたな。

宮内● 小学校の上級生の頃は、もう大正末期でいらっしゃいましたね。

松村● そう、大正の末期ですよね。中学生のあいだに代が替わりましたね。その頃、もうひとつ思い出しますのは、あなたご存じないですかな、〈赤い鳥〉。

宮内● 〈赤い鳥〉。鈴木三重吉の。

松村● ええ。巌谷《いわや》小波《さざなみ》[28]なんていう。そういう人が、全国の小学校を三人ぐらいで回ってくるんですよ。童話を、講堂に集めて話してくれるんですよ。

宮内● そんなこともやっていたんですか。

松村● テレビもラジオも何にもない時代でしょう。だから、あの童話の巌谷先生の話なんか、何というか、ずうっと引き

28 巌谷小波　いわや・さざやみ
一八七〇～一九三三
児童文学の作家であり研究者。内外の昔話や名作をお伽噺として平易に書き改めたほか、童話の口演や戯曲化も試み、全国を行脚してその普及に努めた。

込まれるんですよ。むかしから話芸というのがありますが、ああいう人はじつにいいことをしてくれたと思いますね。童話の運動というのはね。

　大洲中学に入学したのが一九二五年、大正十四年ですよ。中学生の頃は、ご承知のデモクラシーの時代なんです。それが、あとから不思議なのは、土浦先生のところに行きまして、土浦先生の奥様のお父さんが吉野作造。それは偶然ですけれどもね。そんなことがありましてね。だから私、中学生のとき、デモクラシーと、厨川白村《くりやがわはくそん》29なんかの恋愛至上主義なんですよね。そして、一方はデカダンの風潮がある反面、精神修養が青年をひきつけた時代なんですな。京都に有名な一燈園30なんてありましてね。青年の、一方でデカダン、一方で精神修養の時代。不思議な時代でしたな。

　それで、ご承知のように軍縮で、軍人が余ったから、中学から高校、大学、みんな軍事訓練をやっていたんですね。

　私が中学を出たのが一九三〇年ですけれども、考えてみると、結局、二五年から三〇年の、いわゆるアール・デコの時代です。私、アール・デコって、あまり好きませんけど。そんな時代で、あの頃のもう一つの特徴は、中学の校長というのは、絶対の権力を持っていたんですね。県なんかの干渉は受け付けない。そして先生も、全部、校長が選んでくるんですから。校長に任命権がある。

宮内● 勅任官ですからね。

松村● ですから校長が立派でしたら、立派な先生を呼んでくるんですよ。大洲は、有名な中江藤樹31という人がいるでしょう。あの先生のことを、この校長は全然、畑違いですのに、来てから研究してまして――私らの時代は、校長が修身を教えるんですよ。その教科書を自分がつくりまして。あの中江藤樹先生も、お医者の子でひじょうに頭の悪い子――お医者の親も見放したような子――を、その子があまりに熱心だから、自分で医学の勉強をして、そして、その頭の悪い子にわかるような医学の教科書をつくって、その

29
厨川白村　くりやがわ・はくそん
一八八〇～一九二三
東京帝国大学英文科を卒業した後、一九一七年に京都帝国大学英文科助教授となり、一九一九年、同教授。朝日新聞に連載後、一九二二年に刊行された『近代の恋愛観』（改造社）は、いわゆる「恋愛至上主義」を強く訴えてベストセラーとなり、大正恋愛ブームを巻き起こした。

30
宗教家・西田天香（にしだ・てんこう　一八七二～一九六八）によって一九二九年に京都の山科に創設され、現在まで続く生活共同体。

31
中江藤樹　なかえ・とうじゅ
一六〇八～一六四八
江戸時代初期の陽明学者で、陽明学の確立と、「知行合一」の道を実践した。近江国の農家の出身だが、九歳のときに伯耆米子藩主・加藤氏の家臣であった祖父吉長の養子となり、一〇歳のときに、米子藩主・加藤貞泰が伊予大洲藩に国替えで、祖父母とともに大洲へ移住した。その後、一六三四年に近江へ戻り私塾を開き、「近江聖人」と呼ばれるまでになった。松村の卒業した大洲中学校（現在の愛媛県立大洲高校）は中江の屋敷跡であり、同校には「至徳堂」として旧宅が復元されている。

子を一人前のお医者にしたぐらいの、中江藤樹というのはひじょうな人格者でしょう。そういう中江藤樹の心をみんなに教え込もうと……。

宮内● 校長がみんなに話をするわけですか。

松村● ええ。それと日記をつけろというんです。自彊術32ってご存じですか。

宮内● 自彊術。自ら助ける術ですね。前川（國男）さんもなさったという。

松村● 中国の太極拳みたいなものですよ。身体全体が健康になるんですよ。熱心ですよ。それを図解して、みんな裸でやる。人間の一生の基礎をつくってくれる。それでいまみたいに、学校が、時間が小刻みで、ぎっしり詰まるようなことをしてないでしょう。ゆったりしておりましたからね。愛媛県出身の偉い人がおりますよね。たとえば法学者の穂積重遠33――穂積陳重・八束兄弟の陳重の子――あの人なんか宇和島の人ですが、その人がたまたま帰ってきますと、すぐ校長が呼んでくるんですよ。いつも人の動静を気をつけているんですよ。呼んできまして、講演をするんですよ。

私はいまでも忘れないんですが、穂積先生が有名なお父さんの座右の銘であったという、スルー・バイ・オールウェイズ・シンキング・アンツー・ゼム――「精神一到何事か成らざらん」という意味ですわね。それを先生が書かれるでしょう。そうしたら、あとから、このくらいの紙に印刷して、生徒に全部くれるんですよ。おそらく講演が終わったあと、もういっぺん書いてもらって、それを写真にとって生徒に渡す。そのくらいに熱心な校長。あれは、一生よう忘れませんな。

それともう一つは、あの運動会の、私、人一倍運動神経が鈍いんですわ。走りましても遅いんですよ。だから運動会で運動場を五周する競技がありまして、二周目ぐらいになると、もう私が一等かケツかわからんですよ。三周目になりますと、もうほかのやつはゴールインですよ。（笑）次のクラスがずらっと一列に並んで、

32 じきょうじゅつ。一九一六年に中井房五郎が創案した健康体操で、当時かなり普及した。戦争によって一時途絶えたが、戦後に再び広まり、現在も各地で教室が開かれている。

33 穂積重遠 ほづみ・しげとう 一八八三～一九五一 愛媛県宇和島市出身の法学者・穂積陳重（ほづみ・のぶしげ 一八五五～一九二六）の長男で、東京帝国大学教授や最高裁判所判事などを務めた。

先生、こうやってピストルをあげているんですよ。そこを、私、スーッと通り抜けていくわけ。(笑) そうすると、私は遅いから、スパイクなんか買ってもらえんでしょう。裸足もしゃくですから、草鞋《わらじ》って知ってます?

宮内● 草鞋で走られたわけですか。なるほど。

松村● 小学生が大勢来ているんですよ。で、それを見つけまして、草鞋頑張れ、草鞋頑張れと、みんな言い出しまして。それで、もうやめておけばいいのに、もういっぺんやると。校長が苦虫を嚙みしめて。(笑) それで、草鞋頑張れ、頑張れというのも、一生、くじけそうになるとき、頑張らなきゃいかんというのが。

ところで、私、浪人を二年したんですけれども。だんだん家が貧乏になりましたからね。京都の予備校に行く金がないから。中学出た最初は、私はちょっと英語ができるもので、名古屋高商を受けたんです。そしたら、なんといきなり外人が出てきまして、べらべらしゃべって、これを日本語に直せ言うんです。あなた、外人も始めてなのに、そんな経験ないでしょう、田舎にいると。それで、これは駄目だと思ったら、案の定、駄目。次の年は、名古屋高工を受けましたのよ。そうしたら一次試験は通ったんですよ。そうしたら二次試験のときにハネられたんです。あの頃は、受験生も少なかったんでしょうかね、体格検査が厳重なんですよ。体重は四十五キロ、十二貫、それが限度なんですよ。ところが入学試験のときに、絵を描かせよったんですな。自在画ですよね。絵の先生が試験場にきておりまして、ずうっと見て回るんですよ。私のところに来ると、立ち止まって、見てくれよったんですよ。私の番号を覚えてくれておったんでしょうな。顔もね。ちょうど幸いなことに、その先生が体重の検査をしてくれておったんですよ。私は四十もないですよ。痩せて。その先生が十二貫と、大きな声で言ってくれまして、それでよかったんですけれども、最後の尻の検査で、痔が悪かったもんですから駄目になっちゃう。だけど、私は、今でもその先生に感謝しているんですよ。入学試験で落ちても感謝するような入学テストをしてくれたらいいと思いますな。

宮内● でも松村さん、いま、お話にありましたけれども、ほんとに英語がお好きだったというか、中学時代すでにお得意だったんですね。それと絵もそういうふうに注目されるようにお上手だったわけですね。

松村● いや、まあ、サッサ、サッサ描くのが、先生、気に入ったんでしょうな。

宮内● 名古屋高工は建築科を選ばれて、試験を受けられたわけですね。

松村● 隣村の中学の先輩が建築に入っておりましたからね。だから試験の時も、その人の宿屋に行って建築を受けたんです。それで二年、浪人したわけでしょう。あの頃、不景気でしてね。

宮内● そうですね。世界不況の年ですね。

児童問題と民家研究の学生生活

松村● ひじょうに暗い時代でしょう。藤山一郎の「酒は涙かため息か」、それから「枯れすすき」がはやった時代なんですよ。私、二年間浪人しておりますと、人生観が変わりまして。「人間、本来無一物」という有名な言葉がありますよね。生きるのは、ひとりの人間――一生、地位も名誉も肩書も、何も要らない。自分という、松村正恒というひとりの人間で一生をおくろうと。そうしたら、もう気が楽だから。それで無試験の学校を探したら、武蔵高工[34]（武蔵工業大学の前身）というのがありまして。武蔵高工って、あの頃はいい加減な学校でしたな。（笑）試験なんかやったら、誰も来やしません。行ったら、来ているのは落ちこぼればかりですよ。先生が木村幸一郎[35]――日照の。木村先生と、佐々木孝之助[36]といいまして、この人は日本建築ですが、お父さんが帝室技芸員で、この人も深川八幡をやったり。それから歴史は藤島（亥治郎）先生[37]ね。

宮内● 亥ちゃんと言っていましたけれども。

松村● そう、そう。あの先生が来ておられたけれども。年中、服が同じでしたがな。だから奇特な先生だと思いましたよ。教えてやろうという、その一心で。そうじゃないと、とてもこんなおかしな学校へ来れるはずはないですものね。私は先生に感謝しましたよ。木村先生もいい方でしたがな。佐々木先生――日本建築の先生がおられてよかったのは、深川八幡の、ちょうどその頃やっておられましたが、それと、純日本の家を見学させてもらうんですよ。私なんかの地方では白木の家がないんですよ。紅殻を塗るんですよ。

宮内● このへんの民家ですか。

松村● 大洲のほう。民家、紅殻を塗るのがはやっておりまして、あの時期は。学校なんか、柿渋を塗るようなことがあって。紅殻も柿渋も、ひじょうに耐久性があるんですよ。垂木まで塗るんですよ。

34　武蔵高等工科学校。現在の東京都市大学。一九二九年九月に創立され、東京の五反田にあった。当時は、電気工学科、土木工学科、建築工学科からなっており、修業年限は三年だった。

35　木村幸一郎　きむら・こういちろう
一八九六～一九七一
一九一九年に早稲田大学理工科建築学科を卒業後、一九二二年に同大学助教授、一九四二年に教授となり、環境工学分野の研究と教育に携わった。その間、一九二九年から一九三六年まで武蔵高等工科学校の教授を兼任した。

36　佐々木孝之助　ささき・こうのすけ
帝室技芸員・佐々木岩次郎の次男で、一九二二年から父の補佐役として佐々木建築事務所を支え、一九三一年から所長。関東大震災後の富岡八幡宮の復興などに携わった。

37　藤島亥治郎　ふじしま・がいじろう
一八九九～二〇〇二
岩手県盛岡市生まれ。一九二三年に東京帝国大学工学部建築学科を卒業し、京城高等工業学校に赴任して朝鮮半島の建築についての調査・研究を行った。戦後は東京大学教授として、法隆寺、中山道、四天王寺、中尊寺などの古建築や街道の調査・整備に携わった。

だから家が全部赤いんです。高級になりますと、私のほうでは、金持ちは漆を塗るんですな。だから東京に来てはじめて白木の家を見まして、びっくりしました。高級純日本の、佐々木先生がやられるような家ですからな。

それと武蔵高工はおかしな学校ですから、算盤を教えるんですよ。何のために教えるかと言うたら、きみら、どうせ……

宮内● 積算で。

松村● こんな学校では、どうせ偉ろうなれんのだから、(笑)算盤教える言うんです。私、最初の時間に行きましたら、みな、算盤が上手なんです。私、全然できんのですよ。これはいかん思うて、算盤出なかったんです。そうしたら算盤の先生が——零点でしょう。だから追試験をやってやる言うんですけれども、それも出なかったんです。そうしたらかんかんに怒りまして、必ず落第させてやると。私は平気なんですよ、こんな学校、どうでもいいと思ってますから。それで木村先生が心配しまして、ほかの点数を分けてもらって、その先生をなだめて……。

宮内● そうですか。木村先生は主任ですか。

松村● ええ。そういうことがありまして、私もちょっと強情な奴やと、みずから思いますけれども。だから、算盤は、私、足し算だけしかできんのですよ。(笑)

横山● 小学校では算盤はなさいませんでしたか。

松村● 全然しませんでしたね。子どものとき、習ったんですけれども、頭に入らんので……。

宮内● ぼくも算盤は駄目ですね。(笑)

松村● あなた、碁がお上手らしいが、碁も将棋も、習っても、道順をすぐ忘れるんですよ。(笑)

宮内● 途中で失礼ですけれども、蔵田(周忠)先生[38]は……。

松村● これから出てくるんですよ。

宮内● あっ、そうですか。

松村● それで私は算盤は投げましたけれども、午後は、日比谷の図書館に毎日行きまして、夜遅くまで。何勉強しよった

38 蔵田周忠 くらた・ちかただ
一八九五〜一九六六
山口県萩市生まれ。一九一三年に工手学校を卒業し、三橋四郎の設計事務所や曾禰中條建築事務所等で働いた。一九二七年に東京高等工芸学校講師となり、一九二〇年にドイツに渡り、バウハウスやグロピウス等の近代建築に接した。一九三二年に武蔵高等工科学校の教授となり、松村正恒はそこで出会い薫陶を受けた。多くの著作や翻訳によって欧米の近代建築思潮を日本に伝えるとともに、建築家としても多くのモダニズム住宅を設計した。

39 竹内芳太郎 たけうち・よしたろう
一八九七〜一九八七
愛知県半田市生まれ。一九二三年に早稲田大学理工学部建築学科を卒業し、一九二四年以降、東京市臨時建築局等に勤務した。その後、一九二七年に上野伊三郎や石本喜久治らと「日本インターナショナル建築会」を、一九二八年には柳田國男や折口信夫らと「民俗芸術の会」を、一九三六年には今和次郎や蔵田周忠らと「民家研究会」を結成した。その間、同潤会技師として東北地方の農山魚村の住宅調査に従事した。一九四一年に同潤会が解散すると同時に住宅営団東京支所に移るが、実質は農地開発営団の建築課長として開

か言うと、その頃から、私は児童問題の本を片っ端から読んで、よう買わないから、写しよったんですね。写すと、あれ、頭に入るんですな。毎日、夜閉まるまで行きよったんですよ。

横山● 武蔵高工に行っているときに、それをなさったんですか。

松村● ええ。あの頃は、東京でも、貧民窟というのがほんとにありましたね。深川のほうへ行ったらほんとにひどかったですな。それから山の手でも。あれ不思議なんですけれども、大邸宅がありますと、その裏のほうに貧民窟があるんですな。どういう訳か不思議でしたな。そういう時代で。武蔵高工はいい加減な学校ですから、先生も校長も、ポコポコ替わるんですわ。学期が済んで行ってみたら、ガラッと替わっている。先生もいやになるし――給料も払いませんしな。それで、今度、替わって、途中から竹内芳太郎先生[39]、ご存じでしょう。それと蔵田先生が来られて、蔵田先生が主任みたいになられたわけですが。

もう一つは、川喜田煉七郎[40]ってご存じですか。あの方が〈アイ・シー・オール〉[41]という本を出しているでしょう。銀座で塾[42]をつくって。そこへ私ら行きよりました。

宮内● えっ？いらしたんですか。

松村● ええ。たびたび行っております。あれ、偉いですよ。自分が教科書つくってね。あの頃は市浦（健）先生[43]がよう来ておられたかな。とにかく生徒が二、三人でも、川喜田先生、教えられるんですからな。月謝なんて、ただみたいなものですよ。あの頃の人は偉いですな。いかにして新しい建築を根づかせようという、その情熱がね。いまのポスト・モダーンのいい加減なのと違いますよね。

私はその頃、今（和次郎）先生[44]を――今先生は早稲田でしょう。だから民家研究会へ聞きにこいよと。ちょうどその頃に、日本青年会館で、日本全国の民家の模型をつくったんですよ[45]。それを手伝わされまして。おまえは四国じゃから高知をつくれと――四国は高知だけでした

拓地に入植する人たちへの住宅供給等の仕事に従事した。松村はこの時期、竹内の傘下で新潟事務所を拠点に日本海側の農村調査を行った。戦後は、東京教育大学農学部教授、日本建築士会会長、中部工業大学教授などを歴任した。自伝『年輪の記』（相模書房、一九七八）は、彼が生きた時代の建築界についての貴重な記録である。

40
川喜田煉七郎　かわきだ・れんしちろう
一九〇二～一九七五
東京生まれ。一九二四年に東京高等工業学校附設工業教員養成所建築科を卒業し、遠藤新の事務所等に勤務した。その後、分離派建築会展覧会に出展するなど、モダン・デザインに関する独自の活動を続け、一九三〇年にはウクライナ劇場国際設計競技に四等で入選し注目された。一九三一年には、バウハウスから帰国したばかりの水谷武彦らと「生活構成研究所」を設立したり、雑誌『建築工芸アイシーオール』を刊行するなどして、近代的なデザイン教育を開始した。一九三二年には銀座に「新建築工芸学院」を開設し、松村はそこに通った。戦後は雑誌『商店建築』の刊行にも関わった。
なお、初出では「川喜多」と記されていたが、今回収録に際し改めた。

けれどもね[46]。高知の民家をつくって、あの頃から今先生、お上手でしたな。茅葺屋根の民家の棟の上に、草が生えているような恰好、実感が出るんですな。まあ、こんな縁で、今先生と知り合えたわけです。今先生は、あとからもお話ししますが、お会いしたこと、私の生涯にひじょうによかったと、感謝しております。

その頃に、また、五反田に土浦先生[47]が一番最初に建てられた家[48]があるんです。

宮内● 土浦亀城さん。

松村● そこへ見に行こう言いましてな。だけど土浦先生、ああいう方ですから、学生が来たって、にこにこして、迎え入れて下さって。「こないだ家へ押売が来たんだけれども、靴ぬぐところがないから、びっくりして帰っていった」と。あの頃、先生のところは靴で入るんですな。

横山● ご自宅ですか。

松村● ええ。あの頃、外人が土浦先生のところによう出入りしておったんですな。だから靴をぬがんのですな。

横山● ガラス張りの多い、かすかに覚えているような気がしますね。

松村● 一番最初の家ですよ。それで、私は学生時代で金がないものだから、アルバイトに同潤会へ行きまして。そうすると現場行け言うて。江戸川アパート、有名なのがあったでしょう。日本で一番最初の。あの現場に行きまして。あれ、役に立ちましたですよ。

私は製図の時間に、小住宅を描きましたときに、一色に塗りまして、そして何も描かんのは悪いと思いまして、「父、夜帰る。インダストリアリズムの犠牲」と、肩書を書いて。(笑)あの頃、インダストリアリズムというのがはやったんです。そうすると木村先生、ぼくも夜帰るけどねと。(笑)そうしたら蔵田先生に呼ばれまして、きみは、いまからそういう思想にかぶれちゃいかん、まじめに勉強せいと。建築で一色なんていうことはあり得ないと。

宮内● ケント紙に一色塗って、こう書かれたんですか。(笑)

松村● 大きな字で書いて。

宮内● なんにも小住宅の図面はなしですか。

松村● いや、小住宅は小さく……。字のほうが大きいんです。(笑)それじゃあ怒りますわな。そんなことで、私、金がないものですから。蔵田先生に、「私、学校を中退しよう思います」と言ったんですよ。そうしたら、「それはいかん、卒業はしておけ」と言って、「そんなに困っているのなら、やるか」と言うて、先生、財布を出されたんですよ。見たら、先生の財布、空なんです。あの頃、みんな貧乏しておったんですな。そこで、「おまえ、英語できるか」言われるから、「少しできます」言うたら、小山(正和)さん[49]に世話していただいたんです、〈国際建築〉[50]の。

宮内● そういうわけでですか。

松村● で、小山さんのところへ出入りして、翻訳を少し始めて[51]、小遣いをもらえますからな。その頃、ノイトラがね。写真と小さな説明文を送ってくるんです

41
本章40参照

42
本章40参照

43
市浦健　いちうら・けん
一九〇四～一九八一
一九二八年に東京帝国大学工学部建築学科を卒業し、日本大学専門部の教授となった。一九三二年には新建築工芸学院でも教えており、松村はそのことにふれている。一九四一年に住宅営団に入り、戦後は戦災復興院技師として住宅建設に関わった。その後、鹿島建設を経て、一九五二年に市浦建築設計事務所（現在の市浦ハウジング&プランニング）を設立して以来、共同住宅・ニュータウン・既成市街地開発などの企画や設計に携わった。

44
今和次郎　こん・わじろう
一八八八～一九七三
青森県弘前市生まれ。一九一二年、東京美術学校図案科を卒業し、早稲田大学建築学科助手となり一九二〇年から同大学の教授となった。柳田國男ら民俗学者と知り合い、各地の民家調査を手がけた。その一方で、都市生活者の日常を詳細に観察する「考現学」を提唱し、達者なスケッチとともに多くの記録を残した。

45
一九三五年に開催された催し。松村は、武蔵高等工科学校の友人で徳島出身の酒巻芳保と参加した。

46
酒巻芳保の自伝『渚の砂に残る足あと』（私家版、二〇〇〇）によれば、酒巻は徳島の民家の模型をつくっており、松村の「四国は高知だけ」という発言は間違いであり、高知と徳島の二つの模型が制作されたと思われる。
　酒巻については、本書第6章「縁ありて」も参照のこと。

47
土浦亀城　つちうら・かめき
一八九七～一九九六
茨城県水戸市生まれ。一九二一年、東京帝国大学建築学科在学中に遠藤新と知り合い、彼が働いていた帝国ホテル建設現場を訪れてフランク・ロイド・ライトに出会った。一九二三年、ライトからの呼び出しに応じて妻の信子とともに渡米し、ライトの元で勉強した。一九二六年に帰国し、大倉土木に勤めた後、一九三四年に独立した。その後、ライトの作風から離れ、インターナショナル・スタイルの建築を設計し活躍した。

48
アメリカから帰った土浦が、五反田の島津公爵邸周辺の土地が分譲されたときに購入し、自らの設計で一九三一年に完成させた最初の自邸のこと。乾式構法の木造二階建て住宅で、一階に広いリビング、二階に寝室と書斎、そして屋上テラスがあった。前川國男や谷口吉郎など建築関係の友人をはじめ、絵画、写真、映画、演劇、文学などの分野の文化人が集い、ダンスパーティーが催され、華やかな社交の場となった。

49
小山正和　こやま・まさかず
一八九二～一九七〇
京都生まれ。一九〇八年に第三高等学校を三年で中退し、上京した。一九一四年に建築世界社に入社し、雑誌『建築世界』を編集するとともに、早稲田大学建築学科に入学して働きながら建築を学んだ。一九一五年に英文学科に転科し、一九一九年に卒業した。その後、早稲田大学建築学科出身者による『国際建築時論』を継承し、一九二八年に『国際建築』を、蔵田周忠、菅原栄蔵、能瀬久一郎他の同人制で創刊した。同誌は、一九四〇年九月号で戦時出版統制のため休刊するが、一九五〇年六月に復刊し、一九六七年六月号まで刊行された。その間、戦前は多くの海外情報を伝え、戦後はさまざまな特集号によって建築思潮をリードした。また同誌の編集部からは、田辺員人、平良敬一、宮内嘉久などの優れた編集者が巣立った。一九六五年度、「近代建築思潮の導入育成についての出版活動」で日本建築学会賞を受賞した。

50
本章49参照

51
英語が得意だった松村は、小山正和からの依頼を受け、『国際建築』で、ワルター・グロピウス、リチャード・ノイトラ、フランク・ロイド・ライトなどの書いた多くの論文の翻訳を行っている。この作業が松村の視野を広げたことは間違いない。

ね。翻訳やったということは、私はひじょうに勉強になったと思いますな。もう一つ、ライトが中国へ行っておったんですな。それで、ライトさんの随筆があって、それも訳したんですよ。それが、北京の廃園みたいなところへ行きまして、池の辺で石に腰掛けて考えている。それでよう忘れないのは、将来残る民族——国家じゃない——は、ロシアと中国であろうと、書いたんですよ。

宮内● ライトが。

松村● それを谷川先生に話したら、そういう文章を知らんと言われるんです。

宮内● 谷川正己さんですか。

松村● 古い〈国際〉を調べたらあるはずなんですけれどもね。

宮内● それは、まだ学生時代ですね。

松村● 学生ですよ。私は、ディプロマは、「子どもの家」[52]というのをつくったんですよ。児童問題を勉強しよりましたからね。私がやる「子どもの家」というのは、単なる託児所じゃないんです。乳幼児から始まって、託児所というのは、二十四時間の託児所なんですよ。ということは、学童保育ももちろんやるんですよ。二十四時間というのは、あの頃、母親が病気、それから牢獄へ入れられた時——思想犯の多かった時代ですからね。母親だって牢獄へ入る時代。そういう時に子どもをどうするか。それも預かってやらなくちゃいけない——というようなことを考えて、子どもの家というのをつくったんですよね。

土浦事務所へ

ところで就職の段になりましたときに、私はそれほど深刻に考えませんで、初めから何とかなる気でしたから、だから佐々木先生が、竹中だったら二人は確実に採ってくれるからというので、東京支店へ行きましたのよ。そのときに、「きみ、酒、タバコやるか」と言われますから、私は、「たばこ飲みませんが、酒は好きです」と言ったんです。滅多に飲めへんのですよ、酒なんか。好きは好きなんです、飲んだらおいしいから。どのくらい飲むか言うから、「そうですな、五合ぐらい飲むと気持ようなります」言うたら、(笑)そしたら、あとから、もう一人のやつは入ったんですけれども、私は採ってもらえなかった。理由は、嘘でもいいから飲むなんて言わないほうがいいと。(笑)五合も飲むやつを現場に置いておいたらろくなことはないと。(笑)それはそれでおじゃんになりまして、こんどは徳永庸先生[53]——ご存じないでしょうな。あの先生が来ておられたんですよ。あの方は佐藤功一先生と同じに、もう日本中、大きな家は先生、よくやっておられたでしょう。徳永先生は小倉市役所を世話してやると。将来は建築課長を約束してやると。月給は七十五円もらってやると。私は郷里に近いでしょう。喜びまして、これはええわいと思いまして。七十五円というのは、まだいいほうなんですよ。

宮内● そうですね。

松村● それで蔵田先生に相談に行ったんですよ。これはいいから、私、決めようと思いますと。そうしたら蔵田先生は、なんと「やめろ。わしが徳永先生に断ってやる」と言われるんです。「おまえ、東京を離れるな」と。ええ加減なもんですよ、先生も無責任な。そしてどうされたかと言うと、蔵田先生は、私をレイモンドのところに世話するつもりだったんですよ。ところが、あの頃、ご承知のように、もうレイモンドさんも、事務所を縮小する時期でしょう。

宮内● 日本の軍部の圧迫が響いてきたわけですね。

松村● 人を雇うどころじゃないんですよ。それで、このとき、土浦先生がちょうど事務所を開かれる時だったんですよ。四十になったから開くと言うてね。土浦先生はライトのところから帰ってこられて、英語ができるでしょう。大倉土木におられたんですね。いまの大成。そうしたら、そこの専務がやっぱり東大出で、土浦先生を重宝がられる。先生、ひじょうに自由がきいたんですな。そして、ビルを借りて、自分で事務所をつくっておられたんですよ。

横山● 勤めながら。

松村● 勤めながら事務所を。そうして弟さんが図面を描いて。それをこんどは先生が堂々とやられることになって、そして、土浦先生のところへ蔵田先生が、おまえ、あそこ行けと。私はだから命令で行っただけのことで、土浦先生のところへ行こうと思って行ったわけではないんです。そして行ったら、きみは徒弟だと。月給はひと月たったら決めると。なんともらったのが三十円。

宮内● 半分以下ですね。

松村● 金のことを考えると、しもうた思いましてね。だけど長い目で見たらよかったと思いますけれどもね。そしたら、二、三ヶ月もたたんうちに、ひょっこりじいさんみたいなのが入ってきまして、私の骨相を見てやると。そのとき、弟さんがおられなんで、もうひとりの人とふたりだけだったんですけれども、じいさ

52
「children's careschool」とタイトルを書いた建物配置図の写真が、武蔵高等工科学校の松村の卒業アルバムに残っている。

53
徳永庸　とくなが・よう
一八八七〜一九六五
福岡県生まれ。一九一三年に早稲田大学理工学部建築学科を卒業し、辰野金吾・片岡安建築事務所に勤めた後、一九一七年に早稲田大学助教授となる。一九一九年には、同大学教授の佐藤功一を補佐して佐藤功一建築事務所を創設し一九二七年まで関わり、同年、徳永庸建築設計事務所を創設した。早稲田大学には一九四四年まで勤めた。その間、一九二九年から一九四〇年まで武蔵高等工科学校の教授も務めた。一九四六年には福岡支所をつくり、九州を中心に多くの建築を設計した。その最初期の作品である佐賀市の徴古館（一九二七）は、一九九七年に国登録有形文化財となり、佐賀藩主・鍋島家の歴史資料を展示する博物館として使われている。
　なお、初出では徳永庸一と表記されていたが、今回の収録にあたり改めた。

ん、建築事務所の標札見ずに入ったんでしょう。骨相だから、顔を見たり、頭をつっつきよったんですけれども。そして気の毒そうに、「おまえ、この仕事、続ける気か」と。「いや、こないだ始めたばかりで、今のところ、やめる気はない」言うたら、「おまえ、今なら間に合う、やめとけ、おまえには向いとらん、おまえは人間が大物じゃない。どうせ四、五人くらいしか人はよう使えやせんし。今ならわしが教えてやるから。」と、こういう職業があるから――三つぐらい教えてくれたんですけれども、それは誰にも言わんですよ、あなたにも言わない、恥ずかしいから。(笑)

宮内● おっしゃってください。

松村● 一つは、役者になれと、俳優に。それと外交官になれと。もう一つは忘れましたがね。そこへ変ろうとは思いませんでしたけれども、「しもうたな、あのおっさんの言うとおりに、職業を変えておったらよかったな」と思ったことはありますけれどもね。土浦先生に叱られる度に。

ただひとつ、じいさんほめてくれたのは、おまえは人情の機微に通じているということと、おまえは一生喰うに困らんやろう、パトロンが次々と出てきて、と言ったのが当っただけですよ。善意に解釈いたしますと。

土浦事務所、あれ、日本橋にありまして、倒産した銀行のあと、三階を借りておられまして、窓を開けますと、すぐそこに森五商店――その頃、村野(藤吾)先生の作とは知りませんでした。なかなか渋い色で、夕日を受けるような角度で、均整のとれたいい家やなと思いましたね。いやでも毎日、見ておったんです。

あの頃、東京には高い家がなかったでしょう。

横山● 森五というのは、もうその頃あったんですか。

松村● 私が事務所に入った頃ですから、もうその前に建っておったわけでしょうな。先生は、野々宮アパート――ご存じですか。あれを、ちょうど建築中でした。あの頃は先生も、図面を、自分で直しておられたわけですよ。住宅なんかプランだけ描いて、これで、いきなり、設計せい、ですよ。その代わり古い図面――たくさんあるでしょう――が束にして置いてあるんですよ。それと首っ引きですよ。わからないと、そこへ行って、それで描くんですよ。

そして木造の梁の寸法がわかりませんのよね。あの頃、だいたい丸太でしたね。で、弟さんに、丸太の表を作ってもらって、それで描きまして、展開図は、描いておくと、先生が帰ってきて、直してもらうんです。先生が図面の前に座って。その頃は先生も暇でしょう。だから一つ一つ直してもらって。そしてマントルピースなんか描きますと、「きみにはバランス感覚はない、駄目だね」と叱られるんですよ。構造図描いて、詳細図描いて、仕様書うつして現場に行くんですから、勉強になりますわな。

宮内● それは勉強になりますね。

松村● あの頃は現場監督に嫌味な奴がお

りまして、階段の端をどうするんだと言うんですよ。ちょっと聞かれるとわからないんですよ。角にするのか丸にするのか。帰って、それを本読んで……。

　土浦先生、もう、その頃は、目黒のほうへ移っておられました。有名な自宅を建てて。すぐその前に、長谷川三郎[54]という抽象画の絵描きの、あの人の家を建てましたときに、その現場、私、一番最初にやったんです。

横山● 野々宮アパートは、その頃、やはり併行してやっておられたんですか。

松村● ええ。入って一年ぐらいで出来ました。

横山● あれは、なかなか当時としては、最尖端のきれいな家でしたね。

松村● あの点で、土浦先生、先覚者だと思いますよ。その前に歯医者のビルが、銀座の裏のほうにありまして、横窓がずうっとあって、野々宮も同じですけれども、壁のところのタイルの色を変えて、あれをポスト・モダーン頃になって、やたらにね。あの手を先生、やられたんです。

横山● あれ、銀座のみゆき通りか何かにありましたよね。

松村● それと、木造で陸屋根の家というのを私は梁を教科書どおりに描いたら、深川の棟梁——あの頃、深川から渋谷まで自転車で通ってくるんですね——が、棟梁も初めてですよね、陸屋根の家は。だから手古摺って頭にきておったんです。

　私が階段の仕事をやるときに、「棟梁、狂わんようにしてもらわんといかんのですが」と言うと、棟梁は、そのとき、癇癪玉が破裂しまして、「おい、若造」と、こう言い出しまして、「わしを何と思っているんだ。一分一厘、すいたら言うてこい。わしは畏れ多くも、貴族院の玉座の細工をした大工ぞ」と、こう言うんですよ。だからびっくりしましてな。これはもう一流ですよね。それから、私は大工さんを見る目が変わりました。大工道具なんか、絶対に現場で跨いでもいかんと。言葉遣いから態度から、そういう職人を見る目が、あの棟梁に鍛えられましたよ。そういうまでは、こっちの若造の

54
長谷川三郎　はせがわ・さぶろう
一九〇六～一九五七
山口県生まれ。一九一〇年に神戸へ転居し、旧制甲南高校を経て東京帝国大学美学美術史学科に学んだ。その後、欧米で創作活動を始め、パリで富永惣一や坂倉準三とも親交をもった。一九三一年、ロンドンにおいて美術評論家の娘・ヴィオラ・デ・ブーアと結婚して一九三二年に帰国し、一九三五年に土浦亀城の設計で建てた自宅が「長谷川邸」という名前で発表された。多くの抽象絵画を残したが、晩年は東洋の精神性と西欧絵画の融合へとテーマを変えた。アメリカで熱心に活動し、一九五七年にサンフランシスコで客死した。

言うとおりの細工をしておってですよ。（笑）ああいうのがいいですな。気合のあるのに鍛えられんといけませんな。まやかしは駄目ですな。

　それと、土浦先生のいいところは、六年間、残業が全然なしだったんですね。

宮内● あっ、そうですか。定時ですか。

松村● アメリカ式で。時間中働いたら、残業はせんでもええ。パッと帰る。ということは、それからの自分の私生活のスケジュールがたつわけですね。それで、私は翻訳しておりますと、英文に、フランス語がよく出てくるんですな。それでアテネ・フランセの夜学へ行きまして、あの頃のアテネ・フランセへ行って、これもいいことをしましたのは、あの頃《チボー家の人々》を訳しておられた山内義雄さん55。その先生が——偉いですな。翻訳しながら、アテネ・フランセへ行ってフランス語を教えているんですから。あの頃の学者は偉いですな。人のために教えてやろうという気がね。だから熱心ですよ。フランス語の文法を、二、三時間。ああいうフランス語に堪能な方は、フランス語の文法でも、とにかくエッセンスを教えるでしょう。頭に入りますな。文法の先生に習ったらいつまでも頭に入らんけれども。半年ほど、通ったのかな。箱根の現場に行くまで。それで、フランス語の論文を訳しましたよ。あれ、調べたらわかると思うけれども、あの頃、〈建築知識〉という雑誌がありましたな。それに。マダガスカルの民家の論文。それを辞書と首っ引きですよ。だからフランス語の《コンサイス》、あれが真っ黒になって。

宮内● それも〈建築知識〉に出されたんですか。

松村● 〈建築知識〉を調べたら載っていると思いますよ。そんな無駄な苦労をしましたがね。

　その頃、土浦事務所におった人は、高谷隆太郎さん56、村田政真さん57、郡菊夫さん58、森田茂介さん59、森田良夫さん60、インテリアデザイン、河野通祐さん61、画学の笹原貞彦さん62、それに小

55 山内義雄　やまうち・よしお
一八八四～一九七三
東京生まれ。早稲田大学教授などを務めたフランス文学者で、ロジェ・マルタン・デュ・ガールの『チボー家の人々』（*Les Thibault*, 1922-1940　邦訳『チボー家の人々』白水社、一九三八～一九五〇）など多くの翻訳書を残した。一九四一年にはレジオン・ドヌール・シュヴァリエ勲章を贈られた。アテネ・フランセでは一九二四年から一九四六年まで教えた。

56 高谷隆太郎　たかや・りゅうたろう
一九三九～一九六〇年土浦亀城建築事務所勤務。

57 村田政真　むらた・まさちか
一九〇六～一九八七
一九二九年東京美術学校（東京藝術大学美術学部）卒業。一九三九～一九四五年土浦亀城建築事務所勤務。

58 郡菊夫　こおり・きくお
横浜高等工業学校卒。一九三四～一九四七年土浦亀城建築事務所勤務。

59 森田茂介　もりた・もすけ
一九三七～一九三九年土浦亀城建築事務所勤務。

川信子さん[63]も。名の通った人はこんなもんですな。

その頃の蔵田先生のところには、たびたび、大勢で行きよりました。あそこは子どもがいないから、夕飯を御馳走になるんですよ。私の間借りしておったところからすぐ近くで、夜になると行きまして。夕食だけじゃあ済まんのですよ。仕事を手伝わされるんですよ、先生の内職を。図面を描くのをね。

横山● 代官山か何かにおられたんですね。

松村● そう、そう。代官山。ところが、時々、先生は、あの頃から、謡曲をやっておられたの。あれは早稲田の内藤多仲先生の影響なんです。蔵田先生、舞台に立たれたんですよ。能をやられているんで本式ですよ。腹がふとると、ちょっと腹ごなしに、一曲語るから聴けというような。こっちは何にもわからんから、早うすまんかな思うて。(笑)

宮内● 落語の大家の義太夫みたいですね。(笑)

松村● その頃、〈国際〉の小山さんのところにも、よく行きましたね。行くと、夕食をたびたび御馳走になるんですよ。

宮内● その頃、小山さん、どのへんにお住まいだったんですか。三鷹[64]?

松村● 三鷹じゃない。街の中。大使館なんかがだいぶあるところですよ。

宮内● 麻布。

松村● そう。麻布。

宮内● 麻布市兵衛町。そうですか。戦前の〈国際〉の所在地ですね[65]。

松村● あそこによく行きよりまして。あそこにひとりっ子のお嬢さんがおりましてね。私は結婚したと報告しましたら、「うちのキヨコをもらってもらうつもりでおったんだが」なんていう手紙をもらいましてな。そんなら早う言うてもらったらよかったんですが。(笑)だけど、あのお嬢さん、我が儘やったから、もらわないでよかったですけれども。(笑)

あの託児所のまとまったのを、〈国際〉で出してもらいまして、それを小山さん、こっちが頼まないのに……。

宮内● 託児所建築の特集[66]。

60 森田良夫　もりた・よしお
一九三七〜一九三九年土浦亀城建築事務所勤務。

61 河野通祐　こうの・みちすけ
一九一五〜二〇〇一
京都生まれ。京都市立第一工業学校建築科卒業後、日本大学専門部政治科に入るが、学徒動員に拠る授業打ち切りで中退。一九三五〜一九四三年に土浦亀城建築事務所、一九四四年からは日立製作所に勤務した。戦後は、雑誌『生活と住居』の編集長を務めた後、「児童福祉施設研究所」を設立し設計に携わった。松村とは土浦事務所時代から晩年まで親交が続いた。

62 笹原貞彦　ささはら・さだひこ
一九一四〜二〇〇五
一九三七〜一九三九年土浦亀城建築事務所勤務。武蔵工業大学の教授を務めた。

63 小川信子　おがわ・のぶこ
一九二九〜
一九五二年日本女子大学家政学部生活芸術科住居専攻卒業。一九五四〜一九五六年土浦亀城建築事務所勤務。日本女子大学名誉教授。

松村● そう。それを別刷にしてもらいまして、百部、ちゃんと厚紙の表紙をつけて。満州におるときに送ってもらいまして。あれ、助かりましたがね。私はそれをもとに、託児所を、ずうっと細かく、本になるぐらいつくったんですけれども――本にはならなかったですわね。

その頃、だから私は日曜ごとに、東京の託児所――愛育会というのがありました。いまでもありますわね。そこへ行ったり、社会事業研究所へ行ったり。それから保育問題研究会67というのがありまして、そこの会があれば、だいたい日曜ごとですわな、保母さんの会だから。そこへ行きましたり。

私、その頃は、イギリスというのは託児所なんかもひじょうに進んで、それから病院もイギリスが。私、イギリスというのを高く買っているんですけれども、すべてが、あの当時は進んでおりましたね。病院でも、盲人の専用病院がすでにあったくらいですよ。

だから私、病院も、その当時の資料をぜんぶあさって、一冊の本になるぐらいに勉強したんですよ。やっぱりそれがあとになっていろいろ役に立ちましたけれどもね。病院はどんどん進みますのでね、あんまり手に負えんようになりましたけれどもね。

私が尊敬している建築家というのが、吉田鉄郎さん、深い学殖と品格がありました。それと、もう一人は吉村順三さん。あの方も媚びず傲らず信念を持っておられます。吉田先生と吉村先生は、いままでも……。

宮内● 当時、吉田鉄郎さんはわかりますが、吉村さんはレイモンドのところにおられて……。

松村● 戦争の前と後になりますな。

宮内● 作品をご覧になって。

松村● 作品を見たのはあとですけれども、吉田鉄郎さんは、東京と大阪の郵便局をやられた時代でしたね。住宅をやられても、なかなかきちんとしておりましたのでね。

そのころ、土浦事務所は、日本で仕事

64 小山正和が最期まで暮らした自宅は三鷹市井の頭にあった。それまで住んでいた麻布の住まいを売却し、一九五六年に井の頭に土地を買って新居を建て移り住んだ。木造住宅で茶室もあり、薄いコンクリートシェルの門には「国際建築協会」の門標も残っていたが、残念ながら二〇一四年に解体された。

65 当時の『国際建築』には、発行者と発行所の住所が「東京市麻布区兵衛町二丁目四六」と記されているのでそこのことだろう。

66 松村は、小山正和から『国際建築』で子どものための施設の特集をつくる機会をもらい、一九三九年九月号で「特集・新託児所建築」をまとめた。本書付録IIにその一部を収録した。

67 児童心理学を専門とする城戸幡太郎（本章76参照）が一九三六年に発足させた組織で、児童の教育問題を軸にさまざまな社会事業に取り組んだ。松村はその会員になり、保育施設の調査研究に関わった。一九四二年に発行された『保育問題研究会月報』第五号の新人会員名簿欄に松村の名前があり（一九七八年に白石書店から刊行された復刻版による）、農地開発営団時代に参加していたことがわかる。

がなくなったから、新京に行きましてね。
宮内● それは何年頃ですか。
松村● 十三年（一九三八）頃でしたな[68]。新京へ行ったときも、私、小学校をやらされよりましたがね。そのときに、あその教育長の言葉が忘れられないのは、「昼間はきみと打ち合わすことができないから、夜、ぼくの家にこい」言うんですよ、官舎にね。行きますと、「きみ、思いつきで、これ、設計してるんじゃないか」言うんですよ。「思いつきは駄目だよ。科学的に根拠がある、合理的な設計をせい」と。あれは忘れないですな。
横山● 日本人ですか。
松村● むろん日本人ですがね。いいこと言うでしょう。設計は思いつきじゃ駄目だと。そういうことがありましたな。
戦争が始まる前に、私は引き揚げたんですけど。辞めた理由というのはね、土浦事務所へ入ってからも、ずうっと思っていたんですけれども、建築事務所というのは、それこそ朝に事務所、夕べにホテル。頼まれた仕事は、いちおうなんでもやるわけですね。そういうのが、どうも、こんなことを一生やって、どうするんだと。
それと、土浦先生は、私には、ドラフトマンじゃ、ドラフトマンじゃと。一生ドラフトマンなんて、いかんなあ。足をあらいたいなあと、常々思っていたんですよ。土浦先生、悪い方じゃないんですけれどもね。そういうところがある。それと、私、建築事務所にいて、個々の建築を設計しよっても、意味がない。少なくとも都市計画を考えるべきじゃと思いよったんですよ。都市計画と、計画原論と両方やらんといかん。だからもういっぺん勉強しなおそうと思ったんですけれども、だけど私のように、いい加減な学校を出ているから、そういう機会がなくて、それは、もう夢に終わりましたけれどもね。ただ、その頃、藤井厚二さんね。
宮内● 京都の。はい。
松村● あの先生の本と、もう一つ、大阪市役所に、建築技師で伊藤正文[69]という方がいたんですよ。これも早稲田だっ

68
当時、土浦事務所の所員であり、松村とも親しかった河野通祐の自伝『蚯蚓のつぶやき』（大龍堂書店、一九九七）には、「昭和一四年二月、第一陣として、郡さんと松村さんが東京を離れた」等、渡満は昭和一四（一九三九）年と判断できる記述が複数箇所あり、昭和一四年の間違いだと思われる。

69
伊藤正文　いとう・まさぶみ
一八九六～一九六〇
東京生まれ。一九一七年に早稲田大学建築学科を卒業し、辰野片岡建築事務所に入所した。一九二四年には大阪市技師に転じ、一九三九年に退職するまで、大阪商科大学（現在の大阪市立大学）や多くの大阪市立小学校の校舎を設計した。上野伊三郎らによるインターナショナル建築会に参加するとともに、機関誌『インターナショナル建築』を編集した。「インターナショナル」に対して「ローカリティ」という概念を提出し、それらに関する多くの論考を発表した。また、その考察を実際の設計にも結びつけ、風土性や場所性を意識した上で、日照や通風に対する環境工学的配慮をした学校建築を設計した。その後いくつかの学校で教え、戦後は一九四九年から一九五九年まで大阪市立大学の教授も務めた。

たと思いますけれどもね。《建築保健工学》70という本を読んで、非常にこの方の考え方に共鳴しまして。勿論、事務所をやめることについては、蔵田先生は強硬に反対されました。でもそむきました。こういう二つの理由と、もう一つは、満州におりますと、軍が、もうじつに威張りくさるのと、そして日本人が傲慢なんですよね。日本におるときは、あの頃は、「奥さん」という言葉は、そうやたらに使わなかったんですよ。「おかみさん」ですよ。それが満州に渡ってきますと、おたがいに、奥さん、奥さん、と言い合って、こんな馬鹿なって。

それともう一つは、公園なんか散歩しておりますと、満人、悠然と歩いているんですよ。大人の風格ですな。私が歩いていても、それこそ眼中にないんですよ。そういうのを見よりまして、これは、日本なんていうのは、いつか彼らにやられると。満州国なんていうけれども、これは長続きしないと、もう私は見切りをつけまして、帰ってきまして、そして日本に帰った途端に戦争が始まったんですよ。

宮内● それは賢明でいらっしゃいましたね。

戦争末期の経験

松村● あのままいたら、シベリアに引っ張られるところでしたよ。そういうところは先を見る目がありましてね。日本に帰ったら、こんど、私、どうも新しいところばかり行く縁がございまして、さっきの竹内先生が国策会社の農林省の外郭団体の農地開発営団71というところが出来まして、そこで竹内先生、建築課長になられまして。

宮内● 住宅営団と横並びみたいな組織ですね。

松村● そこへ入ったんですよ。竹内先生は気心が知れておりますから、勤めやすかったんですよね。

宮内● ちょっと途中で恐縮ですが、竹内さんのお名前で思い出しましたけれども、竹内

70 伊藤正文が戦前に著し、内容は現在の環境工学に相当する。『環境保健工学 第一部』（工業図書、一九三八）および『環境保健工学 第二部』（工業図書、一九三九）の二冊からなる。

71 営団とは、近衛文麿内閣における国家総動員体制の下でつくられ、国からの統制管理を受けた特殊法人で、経営財団の略である。一九四一年三月に関連法制が制定され、同年からさまざまな営団（帝都高速度交通営団、食糧営団、樺太食糧営団、交易営団、住宅営団、産業設備営団）が設立されたが、そのひとつが農地開発営団である。

「半生回想」で書いていらっしゃいましたが、タウトが日本に来た頃に、具体的にタウトとの接触はお持ちだったわけですか。

松村● タウトは久米権九郎さんがひじょうに応援しておられましてね。いろいろ世話をしておられましたね。そういう関係で、蔵田先生と久米先生と親しかったものですから、それで、何となしに……。座談会に出席したり。

宮内● なるほど。

松村● タウトとは、あんまり深くないのに、建築家協会が〈建築家〉という機関誌を出したでしょう。藤井正一郎さんにあれの第一号に、タウトのことを書けと言われまして72。

宮内● あっ、そうですか。お書きになられましたか。

松村● いや、私、断ったんですよ。グロピウスなら書けるかもしれないけれども、タウトを書く資格はないと。いや、絶対に書けと。もう蔵田先生は亡くなっておられる。名代のつもりで、書いたんですよ、タウトの亡霊と対談する形式で。

宮内● それともう一つ。兵役関係はどうなさったんですか。

松村● 私、さっき言ったように、痩せていたから丙種です。ところが丙種でも、みんな兵隊に採られたんですよ。それが不思議なことに、私だけお呼びがない。奉公袋って、むかしございましたね。いつ召集令状が来ても、すぐ郷里へ帰れるように、出張の時、あれを持って行きよったんですよ。ご奉公したい一心で。だけど、とうとう来なかったんですよ。あれ、来んでよかったんですよ。私は在郷軍人の——あの頃、訓練みたいなのを、みんな集めてやりよったんですよね。軍人が「畏れ多くも」と言うと、ピタッと、こうやるわけですよ。私は直立不動しない。畏れ多く思うてないから。ダラーッとやると、そいつが手帳を出して、私の名前をつけるんですよ。私、採られたら、ひどい目に会うたにちがいないと。みな採られて令状が来ないのは村で私ひとりだけ。それは寂しいんですよ。戦友がい

72 日本建築家協会の機関誌『建築家』第一号（一九六八年秋号）に、松村が書いた文章。タイトルは「BRUNO TAUT」で、松村が述べているように、タウトとの会話を通して建築のさまざまな側面を論じたもので、いかにも松村調の戯作文学という趣で興味深い。本書第3章に収録した。

ない。（笑）みな戦友の話をするでしょう、誰も彼もが。いまでも戦友が集まると言うでしょう。あれ聞くたびに、寂しい思いを。（笑）

宮内● 結構ですよ、それは。どうも途中で失礼しました。

松村● もう一つ、私は戦災にあってないんですよ。というのは、これから話すんですけれども、新潟に住んでいたから。

宮内● 竹内さんの農地開発営団で。

松村● このときに、みんなに、東京におったってしようがないから、地方に行って、地方の実情を知りながらやったほうがよかろうと。それは正しいんだけれども。東北大の佐々木嘉彦さん73って、ご存じですか。あの人も一緒におったんですよ。私はこっちだから、雪国を知らん。あの人は仙台の方。だからあの人には九州に行ってもらって。私は新潟に行ったんですよ74。そして雪国を経験したんですがね。

それで新潟にずっとおりまして、終戦を迎えたでしょう。そうしたら、爆弾を落とすのは、長崎の次は新潟や、言うていたんですよ。昼間はしようがないから仕事をして。夜になりますと、命令で、四キロ以遠、逃げておれと言うんですよ。毎晩。ひと月ぐらい。布団かぶって、朝方になると帰ってくるんですよ。しまいに、もう面倒くさくなりまして、もうどうでもいいと思って、近くに新潟県庁がありまして、そこの地下室、ある程度まで入れるんですよ。そこへ行って寝ておりました。

宮内● でも新潟は、まあ原爆は落とされなかったものの、空襲はなかったんですか。

松村● 新潟は、不思議と焼夷弾を落とさなかったんですな。あと不思議と落とさなかったのは、金沢。だから戦災の苦しみを味わってないんですよ。ただ、雪国へ行きましたから、日本海岸の豪雪地帯が全部、私の守備範囲に入っているんです。秋田から山形、富山、長野、石川、福井まで全部ですからね。

宮内● 大変ですね。

73 佐々木嘉彦 ささき・よしひこ 一九一六〜一九九五 山形県生まれ。一九四一年に早稲田大学建築学科を卒業し、同潤会、住宅営団、農林省などを経て、東北大学、八戸工業大学教授などを務めた。住居、住環境、農家住宅、東北地方の都市住居についての研究がある。

74 松村は一九四一年に農地開発営団に入り、東京事務所に配属されて竹内芳太郎の部下となった後、翌年、新潟事務所に転勤になった。

松村● 時々行きまして。だから、ボサッとしていてもいかんから、というので、雪国の農家の調査をしまして、それで「雪国の農家」75というのをまとめまして、これも本にしてもらう約束だったんですけれども、どさくさでとうとう駄目でしたがね。良き思い出になりました。

宮内● 松村さん、やっぱり丹念に仕事をまとめられるんですね。雪国の農家や託児所と関連すると思いますが、城戸幡太郎さん76との接触は、これからお話しいただけるわけですか。その時代のお話ですか。

松村● そうなんですよ。この時代ですよ。一九四一、二年の話です。城戸幡太郎先生にお会いしたのは、保育問題研究会で。東京はよく県人会というのがございますが、私はああいうのは好きませんから、城戸先生が松山の人など話題にも。東大の心理学者として、会長として。それから三木安正先生。城戸先生のあと、心理学を。精薄児の研究をしておられましてね。それから阿部和子さんという、これは有名な東北大の阿部次郎という哲学者がおりましたでしょう。あの人のお嬢さん。それから社会事業研究所へ行きまして、ここで浦辺史さん77、朝日新聞社の《現代人物辞典》にも出ていますが、浦辺さんはね。のちに日本福祉大学の教授になられましたがね。それから塩谷アイさん。これは傑物でしてね。れっきとした共産党員で、共産党の都議に出ましたね、何期も。託児所が専門なんですよ。一生独身でしたがね。立派な人でした。この本の中にも出ていますが、浦辺さんと塩谷さんと三人で、東北のほうの生活調査をやりました。ここに書いてあるでしょう。

宮内● 「松村正恒に同道を願い……」と書いてありますね。託児所建築の研究家……。

松村● 一九四二年ですね。

宮内● もう大東亜戦争が始まったあとですね。

松村● 城戸先生、三木先生、それから阿部和子さん、浦辺さん、塩谷さん。これ、

75 戦後、蔵田周忠はこの原稿を相模書房から出版しようと尽力したが、実現しなかった。松村と蔵田との間で交わされた書簡からその経緯はある程度わかる。二〇一一年に、その原稿をはじめとして、農地開発営団時代のことを記した他の原稿や図版が東京都市大学図書館蔵田周忠文庫に収蔵されていることがわかり、そのうちの主なものを本書付録Iに収録した。

76 城戸幡太郎 きど・まんたろう 一八九三～一九八五 愛媛県松山市生まれ。東京大学で心理学を専修したあと東京大学助手となり、さらにドイツのライプチッヒ大学に留学し、帰国後、法政大学教授になった児童心理の専門家である。一九三六年に保育問題研究会を結成、一九三七年には精神薄弱児施設小金井学園園長に就任し、同年、教育科学研究会を結成した。その後、ファシズムの脅威が強まる中、活動を守るために大政翼賛会に加入したが、政府は民間教育研究運動を敵視し、治安維持法違反の疑いで城戸を検挙拘置した。戦後、一九四六年には、城戸は国立教育研修所所長や教育刷新委員会委員になり、民主教育の創造に尽力した。

全部、この時代に投獄されているんですよ、憲兵に。塩谷さんこれは共産党員ですけれども、ほかの方は全部、徹底した自由主義者ですよ。城戸先生なんか、戦争が始まってすぐ、この戦争は負けるよと言うておられた。獄中の浦辺さんの留守宅に、野菜を送ってあげて。阿部和子さん、女性でもあれだけ徹底したら偉いものだと思ったんですが、もう家財道具なんか、何にもないんですよ。引っ越しいうたら、布団まるめて、小さな荷物もって動かれるぐらい、聖女でした。生活を切り詰めて、むろん独身ですけどね。こんな人に知り合うたということは幸せでした。

さきほどの雪国の農家の研究についてですが、これ、生活を主にして――むろん建築も含みますが、生活状態を調べるのが目的だったんですよ。あの頃は、本家・分家というのがはっきりしておりました。大地主も歴然として残っておりましたね。それから集落の勉強をしたかったんです。でも、これは一人ではできませんな。だから中途半端に終わりましたがね。あの当時は、戦争がだんだん、末期になっていくでしょう。社会秩序が目にみえてみだれていく、崩壊していく時代でしたな。社会秩序がみだれるにつれて、本家・分家の長いあいだのつながりが壊れていく。人々の心がすさんでゆく。

どうしてこうなったか、農村から労働者の徴用があったでしょう。あれで農民は自覚していきましたね。労働運動の芽がみえてきました。農地改革の地ごしらえも出来つつありました。もうこれで、農村は都市の失業者を受けいれる場所では無くなった、と淋しくも思いました。

人が動きだしたというのは戦争のお陰でね。外地を知り、徴用であちこち行く、動く癖がつきました。私が始めて雪国に行った頃は、汽車に乗りましても、お客はほんとうに少ないんですよ。鈍行でしたら一人か二人。それが、どんどん動きだしたのは、そういう習慣がついてから。

それから私、敗戦で、新潟におってもどうにもしようがないから、帰ってきま

77 浦辺史 うらべ・ひろし
一九〇五～二〇〇二
東京府南多摩郡由井村（現・八王子市）生まれ。戦前にさまざまな社会事業の現場に身を置き、戦後は日本福祉大学の教員として教育・研究に携わった。昭和初年に小学校教員として東京の多摩地区等で自由主義的な教育をめざすが、特高警察等の圧力により挫折を余儀なくされる。一九三三年から東京帝大セツルメントの職員に転じたが逮捕され、保釈後、東京市社会局を経て、社会事業研究所に入り、戦時下でのさまざまな弱者に対する社会事業に取り組んだ。また同研究所参与であった城戸幡太郎とも活動を共にした。その後、一九四三年五月二六日に特高に逮捕され、一九四五年一〇月まで拘留された。戦後は、日本生活問題研究所などを経て、一九五五年に中部社会事業短期大学に転じた。同短大は一九五七年に日本福祉大学に昇格し、浦辺は教授を務めた。初出には社会事業大学とあったが改めた（第6章「老建築稼の歩んだ道」内も同様に改めた）。妻の浦辺竹代も東京帝大セツルメント以来の同志であり、児童問題や社会事業に生きた人物である。

したんですけれども、農地開発営団を辞めたのは、それとなんですわ、軍人が帰ってきましてな。上の偉いやつが、そして、私、グニャッとしているから、怒るんですよ。きちんとせんと。（笑）帰った途端の軍人上がりだから。

宮内● 営団にですか？

松村● 所長がね。きちっとして、復唱せんと怒りそうな奴が。私みたいにグニャグニャしているのは気に入らんのですよ。こんな奴の下におれるかと思って、逃げ出してきたんです。それから三年間、私、空白があるんですけどね[78]。

宮内● あっ、そうですか。それは敗戦をはさんでですか？一九四五年をはさんで。

松村● 戦争がすんでから市役所に入るまでの間。

宮内● そうですか。お住まいはこっちにもどられて。

松村● こっちへ帰ってから。

宮内● 失礼ですけれども、ご結婚は松村さんは。

松村● あれは昭和十八年頃でしたかな。

宮内● そうなんですか。それで三年も空白では大変ですね。

八幡浜市役所時代／画期的な学校建築の誕生

松村● 売り食いですなあ。全然働らかんこともなかったんですけどね。まともな職業はない。これではどうにもならんからというので、一九四八年、私、三十五歳のときに、親戚の者の口利きで八幡浜市役所――私の郷里から四キロぐらい離れたところの市役所へ行きましたんですよ。

市役所へ行ったら、あの頃の役所というのはお通夜みたいに静かなんですよ。あれ、みんな眠りよったのかもしれませんけどね。（笑）そのとき、ありがたかったのは、市長の教え子で、あの頃は京大を出たっていい仕事がないから工業高校の先生をしておった人が、私を市長に保証してくれたんです。市長は、むか

78　松村は一九四三年に妙子夫人と結婚し、新居を新潟市内のアパートとした。その後敗戦となり、東京の農地開発営団に戻るがすぐに辞め、一時高松で暮らした後、故郷・大洲へと引き上げた。新制中学の教師になるなどの話もあったが肌に合わず、一九四八年に八幡浜市役所土木建築課建築係の職員となった。

し、東大の地球物理を出まして、松山高校、広島高校の校長先生をしておったような学者なんですが79。

宮内● 寺田寅彦の系統ですね、地球物理でしたら。

松村● 人格者でね。家がむかしからの素封家だからおっとりしてますわな。その方が市長でしょう。それから助役も、これは神戸高商を出ておりまして、如才のない、なかなかしっかりした方で。私の履歴書みて、学歴はおそまつなようでと、ともかく私を絶対信頼してもらえたのと、市長――菊池さんというんですが――偉いと思ったのは、京都の蜷川知事と同じように、陳情に上京されないんですよ。それで議長が陳情して、一文でももらおうと――貧乏しておりましたからな。それでも市長さんは陳情されなかったんですよ。そんなことを振り分けるのは中央官庁の役人の仕事じゃないかというわけなんです。なかなかの傑物ですな。

宮内● その方――仲立ちになられた方は先輩ですか。松村さんを市長に紹介された方は。

松村● 先輩じゃないけれども、同業ですからね。互いに信頼しておったわけですが。

宮内● いきなり課長の席につかれたんですか。

松村● 課長じゃないな、あの頃は。土木課ですから。

宮内● 土木課の建築係の係長ですか。

松村● 八百長の一人で。(笑) その頃はPTAが金を出して学校を建てる時代なんですよ。新制中学を次々建てるんだから金が足りないでしょう。金も出す、口も出すということです。(笑) ところが、ありきたりの学校しか頭にないんですよ。こう、玄関があってね。そしたらね、気に入らんのですよ。

助役室へ役員がやってきましてな。わしを呼びつけて、あの設計はいかん言うんですよ。学校らしい学校を建てろと。私は学校らしくない学校を設計しようと思って張り切っているのにね。私はその人に言うてやったの。私は金を百万――あの頃、百万円といったらちょっと大金ですよね。百万金を積まれても私は言うことをきかんと。そうしたら助役があいだに入りまして、なんとか折れてくれんかと言われましたけどな。根本は折れんと言って。「校章ぐらい、ちょっと付けておきましょう」と言ったんです。(笑)

議会でも、私、自分の言うことを通すものですから、そうしたら市会議員が、あいつを辞めさせろと市長室へ談判にくる。そうしたら市長が心配しましてな。「松村くん、やっぱり少しは聞かんといかんよ」と。(笑)

宮内● しかし、それは大変だったでですね。

松村● そのくらいせんと、もう駄目なんですよ。訳の分からん奴やから。その頃、あなたもおいでになった〈新建築〉が公募をしたことがあるでしょう。あのとき、私、応募しましたのよ80。そしたら、早速、送れと、言うてきてもらったんですよ。その頃、川添(登)さん、紹介に、私のことを託児所建築の権威だと――権威だって、ほかにないから、そう言うてもらってね。川添さんは、大学を出て、しばらくして、ね。それで私に興味があったわけなんですよ。

宮内● そうですね。彼も託児所や児童施設をやりましたからね。

松村● そう。そんな関係で、私、だいぶ得しているんですが。

宮内● 小学校の一番最初に手掛けられたのは……。

松村● 一番最初が長谷小学校で[81]、山のなかで……。私、山のなかの学校は、それは学校だけじゃいかんよと言ったんですよ。村の集会所。公民館といっしょにして……。

宮内● 機能を兼ねなければならんと。

松村● そういうふうに建てました。あの頃は、小使いさんが、山のなかだから、一家を挙げて泊り込みなんですよ。山のなかで崖に建てる、そうすると小使いさんの一家が、南側で、ずうっと海が見えるの。別荘みたいなところに陣取るわけですよ。小使いさんが一番喜びまして。

宮内● それはそうですね。

松村● 話があとさきになりますが、落成式のときに、工事報告をするのが私の役目になっておりました。だけど、私はありきたりの報告はせんのですよ。何坪だとか、そんなことは見たらわかる。だから、そのときに、みんなに、私の考えと、建築の見方と、いわゆるみんなを教育するわけですよ。(笑) それは具体的にね、おもしろおかしくやったんですが。長谷小学校の落成式のときは、小使いさん嬉しさのあまり、これで月給が倍になったら、市長様々じゃが、てなことでね。(笑) そういった話をするわけですよ。

私、自分から宣伝しようという気はひとつもないの。蔵田先生が、さっきのように、私に責任があるわけですな。おまえ、どういう設計しているのか報告せい、と言うわけですよ。報告すると、雑誌に出してやるから、もっときちんとして——というんで、雑誌に出してもらったわけなんですよ。江戸岡小学校のときも——蔵田先生は、あの頃はジャーナリズムの旗手というか、どこへでも顔が効き

79 本章18参照

80 『新建築』一九五五年一〇月号に発表された「全国建築作品公募」という企画に松村が応募し、同誌一九五六年三月号に、一九五五年に完成した江戸岡小学校の特別教室棟が掲載されたことを指す。

81 八幡浜市の工事台帳の記録によれば、松村の同市での初期の仕事は竣工年順に、愛宕中学校(一九四八)、神山公民館(一九四八)、松蔭小学校(一九四九)、白浜小学校増築工事(一九四九)、神山小学校計画案(一九四九)、川之内小学校(一九四九)、八代中学校(一九五〇)、八幡浜市立図書館(一九五一)、市立八幡浜総合病院東病棟(一九五二)、長谷小学校(一九五三)となっており、長谷小学校は「一番最初の仕事」でも「一番最初の小学校」でもない。なぜ松村がこう答えたのかは不明である。

よったのですな。〈建築情報〉82が困っているから、これは〈建築情報〉へ出してやろうということになる。そしたら、一つじゃいかんから、〈文化〉も出してやるから、もう一つ送れと言われたんですけれどもね。私はあの頃からそういうのは好かんのですよ。(笑)同じのを両方へというのは。わしは、いやですと言ったんです。それから結核病棟83をつくったんです。

横山● 八幡浜でですか。

松村● ええ。八幡浜でね。ちょうど法政大学が出来た時分ですよ。

宮内● 大江宏さんの、ガラス張りの大学院。

松村● あの当時、私も、これをつくったんですよ。これ、ガラス張りなんですよ。ほんとは、ちょっと見えませんけどね。これが庇ですよ。ここへずうっと横線があるでしょう。あれは花壇なんですよ。構造はこういう構造にして、屋根はこう懸かっているんですけれども、ここへ二階をのっけて、ここへ窓があるんですよ。これ、あまり殺風景だから、ここへコンクリートの花壇をつくったんですよ。

宮内● ここに花壇のグリーンがくるわけですね。

松村● 南側も北側も全面ガラス窓、その中間に重いものを取りつける。二階建の木造が傾かないかと、真剣に心配する人がいまして。この階段、スロープくらい、ゆるい、両面ガラス。病室が全面ガラスですから、幅二米七〇を三枚の板戸の上げ下げで光を調節します。

これを造りましたとき、——戦後早い時期ですから、職人なんか、もうとにかく生まれて初めて見るんです。電気がつきますと、みんなびっくりしましてね。

横山● 何年でございましたっけ。

松村● 五三年頃ですね。それから五四年が新谷中学をやりましたね84。これをやったときに、私はいつも一年間たってから発表するんですが、そうしましたら、内田祥哉先生から手紙をもらいましてね。——その手紙、まだしまっておりますがね。ひじょうに感激しましてね。むろん初対面ですよ。クラスタータイプ85というのを、いま、東京で考えて、いちおう結論が出たところを、先を越されて実現しているのを知り、感心している、近いうちに見にいく。それまでに、どんなに使われているかいうのを、細かく写真で送ってくれないかということがありましてね。

宮内● そうですか。でも松村さんが、オープンプランニングの考え方を、クラスタータイプを考えられたというのは、いつごろから勉強なさってのことでしょうか。戦争中ですか。

松村● 満州におるときに小学校をやったと言うたでしょう。あのときは、だいたい、こういうようなプランでしたがね。その頃から。それと、もう一つ、あの頃は学校がたくさん建った時代ですからね。文部省が……。

宮内● 文部省基準がありますね。

松村● 文部省がたびたび講習会を開いておりましたでしょう。役にたちました。それはそれとして、田舎の学校は、ずうっと、これが一列で、開放廊下なんですよ。暖かいほうだから。だけど、こういう家が建ちますと、一階、これは廊下ですからね。こうやって、ここが外廊下になって、靴ぬいで、傘を置くんですよね。だから、これは暗いでしょう、この教室が。二階も廊下越しですからね。

これが私、気に入らんのでね。なんとかして二面採光にしたいというので、いろいろと、これを上げてみるとか、これを下げてみるとか、いろいろ考えて、最後に両面採光するのには、廊下とこれを離さなければいけないということになる。それがまず一つと……。

横山● これも満州の頃から……

松村● いや、満州は寒いところですから、これは向いていません。それと生涯教育というの――さっきいいましたイギリスというのは生涯教育というのはむかしから盛んなところなんですね。あの頃、グロピウスがちょうどイギリスに亡命して、田舎の学校を設計したのが出ておりまして、昼間は学校ですけれども、村民の学

82 雑誌『近代建築』の前身である『建設情報』の間違いと思われる。蔵田周忠が江戸岡小学校を『建築文化』と『建設情報』に紹介した経緯は、拙著『建築家・松村正恒ともうひとつのモダニズム』（鹿島出版会、二〇一一）四九六～四九七頁参照。

83 「結核病棟」は、松村が設計した市立八幡浜総合病院の一連の施設のうち二番目の「市立八幡浜総合病院結核病棟」（一九五三）である。たしかに大きなガラス面の階段室などはあるが、この後に続く三人の話の対象は、それ以前に設計した「市立八幡浜総合病院東病棟」（一九五二）と判断できる。なぜなら、遮光庇や花台があり「ガラス面がちょっと見えない」、「ずうっと横線」状の「花壇」がある、「コンクリートの花壇」で「二階建の木造が傾かないかと」心配した人がいる、「この階段、スロープくらい、ゆるい、両面ガラス」、「幅二米七〇を三枚の板戸の上げ下げで光を調節」といった内容はすべて「東病棟」に当てはまり、「結核病棟」には該当しないからである。「結核病棟」は『建築文化』一九五三年一〇月号に掲載されたが、松村は「東病棟」も紹介し、前述の特徴を記述しながら両者を比較している。三人の語り口からすると目の前に「東病棟」の写真か図面や、この号が置かれていたのかもしれない。『素描・松村正恒』には「結核病棟」の写真も掲載されており、編集過程で建物名が混乱したのではないかと想像される。

84 新谷中学校の竣工年は、松村自身も、またそれが掲載された『建築学大系32 学校・体育施設』も一九五四年としているが、実施設計図の日付は、一九五四年八月一日から同年一一月二七日であり、同校の学校要覧でも一九五五年五月に落成と記載されており、一九五五年とすべきだと思われる。

85 新谷中学校が掲載された『建築学大系32 学校・体育施設』では、「クラスタープラン（Cluster plan）」とは、「一本の柄の先に木の実が房を成すのにたとえ、細かい単位がつぎつぎと集って全体を形作る平面の形式をいう。／学校の場合、具体的には、二～三の教室を集めて〝ふさ〟の単位として、それらを集めて、全体を形成させるものである」と定義されている。当時の東京大学吉武泰水研究室では、この形式の学校建築について研究と実践が行われ、一九五二年に成蹊小学校、一九五五年に目黒区立八雲小学校が竣工したが、空間性の観点からは、新谷中学校の方が勝っていると言わざるを得ない。

校でもある、というふうにやっておりました86。

それで私、一番最初に言いましたように、学校の隣で育ちましたでしょう。ところが、あの頃は、夜になると、青年がきて夜学校をやりよったんですよ。それと、夏休みになりますと、村の青年が、日曜、祭日なんか、修養の道場にするわけですよ。学校というものは、そういうふうに活用するものだという、子供のときからの頭がありましてね。

生涯教育の場にも、学校というものはしなければいけないと考えると、どうしてもクラスタータイプになるわけですよ。すべて独立して利用するようになるというような。そういうことで、結論がそこに行ったわけなんですよ。私はクラスタータイプというのは知らなかったんですよ。内田先生から……。

宮内● あとで知った概念で。(笑)なるほど。

松村● 私と結果が一致しただけで。ということがありまして。しかし、いろいろ苦労しておりますよ。新谷中のときは、一九五四年、木造の学校なんか大手は見向きもしませんでした。

宮内● そうでしょうね。

松村● それを鹿島が落札したんですよ。

宮内● 新谷中学をですか。

松村● 大林なんかも八幡浜市では。

宮内● 四国に支店が出来はじめた頃。

松村● それと、都会にも、まだまだ鉄筋や鉄骨の仕事があまりない時代だったんですね。だから地方の学校でもやるわけですよ。

宮内● なるほど。

松村● あの連中は、政治力を使うんですよね。(笑)

宮内● それは、まあそうでしょうね。

松村● 是が非でも取りたいんですから。それで、落札したら、ぱっと合うんですから。(笑)あのときから、私、くさいなと思っていたんですよ。(笑)それで私、引渡しのとき、判を押さなかったんです。それが結果においてよかったんですけれども。

ところが、あの頃、台風が、どういうわけかよく来よりまして、アルミ葺の屋根がそれをまともに受けて、屋根がそっくり飛びました。そのときに——私、鹿島、偉いと思いましたね。本社の重役で、学者、その方が、わざわざ来られました。《建築学大系》に工場建築を執筆された実は、私、直訴したんですよ。これこれで、どうも仕事が悪い、こういう結果になって、と。立派な方でした。全部葺きかえろ、と四国支店に命じ、アルミは大波スレートに折れ合いましたが、いまも、有難く感謝いたしております。

だけど、収まらないのは、村の連中ですよ。手を抜いていると。また二つの派がありましてね。村長派と、もうひとつ。田舎ではようあるでしょう。それがいがみ合って、裁判に持ちこんだことがあるんです。村民裁判。それで私も、夜になると……(笑)

宮内● 人民裁判ですね。

松村● 私は証人なの。そしたら、結局、私も悪いと思うわけですよね。なにを監督しておったと、村民は思うわけですよ。壇上に立つと、ワーッと野次るんですよ。あれ、野次ったときに、あがったら負けなんですよ。泰然自若として、発情した蛙が鳴くぐらいに思っていると、（笑）収まるんですよ。

そういうことがありましてね。結局は、鹿島の責任者、村長、裁判になりまして、むろん執行猶予付きでしたけどね、有罪判決で。私の家にも家宅捜査にきたんですよ。村会議員のところなんかへ……。

検察庁というのは面白いですな。何回呼んでも同じことを聞くんですな。ちょっとでも違っていたら、逮捕令状。最初から最後まで、私は判を押してないのだから、認めていない、それで押し通したんです。あれ、助かりましたな。

横山● それは、やっぱりそういう疑いを持っていらっしゃっていたので押さなかったんですね。

松村● そう。先を見越しておったんでな。人が悪いんですよ。

宮内● しかし先見の明がおありですね。

松村● その頃から覚悟を決めました。設計料を頂くからには、少なくとも、それ相当の保証をする。建築屋は、絶対に甘えてはいけない。遊びなどと軽々しく口にするものでは、ない。

宮内● そうですね。

松村● 新谷保育所87をやりましたとき、私、川添さんに悪いなと思って。川添さん、イタリアの雑誌に、なにかやっておられたでしょう。地方の保育所の生活を写真撮って送ってくれないかと言われたのに、どうもあんまり自信がないから、送らなかったんです。

神山小学校88をやったとき、あれ、ジグザグのやつですけどね。

横山● コンクリートのですね。

松村● 知っておられるでしょう。

横山● はい、これはよく覚えております。

松村● あのとき川添さんに、学会の〈建築雑誌〉に、神山小学校を独創的だとほめてもらいました89。これが、外国の雑誌に紹介してもらった最初で最後ですけれども、あれを〈建築文化〉に出しまし

86 付録II解題参照

87 松村が個人的に設計した大洲市立の保育所で、竣工は一九五四年。木造平屋建てで、保育室や遊戯室の開放的な水平連続窓が印象的なデザインである。現在は建て替えられている。

88 本章26および、第5章「神山小学校について」参照。

89 川添登は、『建築雑誌』一九五八年一二月号の「混乱する都市の中で——建築作品一年の回顧」で、「日本経済の相対的な安定をなによりもよく建築の側面から知らせてくれたのは、学校建築の質の向上」であり、「今年は学校建築ブームといってもさしつかえない程、質の高い学校建築が多数雑誌に発表された」とし、「学校建築の向上」という項を設けて東京大学吉武研究室と早稲田大学安東研究室を紹介した後、「しかし、一方では戦前に作家的立場にあった八幡浜市役所の松村正恒が、四国の小さな都市で『神山小学校』のような意欲的な作品を造っていることを高く評価してよいだろう」と書いた。

たら90、アメリカでフォード財団というのがあるんですね。いまでもありましょうが。そこが見つけまして、写真を送ってくれと。送りましたら、世界中の各国から一例ずつ、学校建築を出しまして、フランスは、コルビュジエの有名なマンションの、託児所なんかのですな。

宮内● マルセーユのですね。

松村● あれが載っておりまして。本の題は、このくらいの本ですが、《コスト・オブ・アーキテクチャー》91。コストという言葉をフォード財団が選んで一冊の本にしたのは、ただたんに単価じゃなくて、計画原論、構造、設備、メンテナンス、これらを、ひっくるめての評価です。綜合して良い実例を、という意味でした。私は、だいたい頭が理論的じゃないんですよ。だから勉強しても、実務的な勉強をしますので、《建築学便覧》——ごついやつね。あれを最初から最後まで読むような愚かな勉強をするものですから、そういう評価をしてもらうと、我が意を得たりということですよ。

私は最初の頃は、鉄筋の二階建てぐらいのやつは、計算しておりましたよ。

前後しますが、五八年に日土小学校が——このとき神代雄一郎さんがひょっこり、市役所に見えまして92、あのとき、びっくりしましたね。あのとき、神代先生、全国を、地方のを調べると回っておられた、そのついでだと思いますよ。そういうことがありまして、この日土小学校、内田先生もよく見てもらいましたんですが93、有名な盈進高校。アメリカ人がやった。あそこの細井理事が、ずっと全国の学校を見て回られまして、最後に日土へ来て、学校らしい学校に出会ったとはっきり言うておられます。この日土が自分の発想の源になったと。

宮内● そうですか、なるほど。

松村● 五九年が狩江小学校94。この小学校は、本当は私のクラスタータイプの最後の形だと思いますがね。中庭も広くとりましたからね。

その頃に、今和次郎先生の古稀記念論文集95いうのが出来まして、その中で私

90 『建築文化』一九五八年一二月号。この校舎以外に、松村が構想した全体計画図も掲載されている。

91 神山小学校は、『建築文化』に掲載された後、フォード財団が支援したNPO組織「Educational Facilities Laboratories」から掲載依頼が彰国社に届いた。アメリカ各地の教育委員会に無料配布される学校建築に関する本で、各国の事例紹介の章に載せたいとの内容であった。それを同社の編集者・清水英男が松村に知らせ（一九五九年七月二四日消印の封書が残る）、実現した。ただし書名は松村の記憶違いと思われ、正しくは*The Cost of a Schoolhouse*（一九六〇）である。

92 一九六〇年頃、神代は平凡社の『世界建築全集』の編集のために地方の建築を丹念に取材する機会をもっていたが、そのルポタージュを「建築家は地方で何をしたか」という文章にまとめ、『建築文化』一九六〇年一一月号に発表した。松村を訪ねたのはそのための取材だと思われる。この文章は、神代の『現代建築拝見』（井上書院、一九六五）にも収録されており、現代建築と伝統との関係や地方における建築や建築家のあり方について考えた、神代の出発点といえるものである。

は、伊予の民家いうのを、一項入れてもらいました。

その翌年、一九六〇年、今先生が講演にこられたそのついでに、吉田町というところがございまして、三万石の城下町。その頃は、そこに武家屋敷がまだ残っておりまして。大きな武家屋敷ではなかったんですけれども。

横山● どのへんでございますか。

松村● 宇和島の隣です。江戸城松の廊下で浅野君を抱き止めた伊達という殿様のところでね。それで今先生と、そのときにいっしょに旅行しまして、宇和島に由緒ある宿屋がございまして、古い木造で、風呂に入りましても、洗い場も浴槽も木なんですよ。

宮内● 檜で。

松村● もう壊しましたけどね。あれが最後でしょうな。そのときに今先生といろいろお話ししたんですけどね。私、今先生を偉いなと思いましたのは——そうそう、今先生、色紙を出しましたら、「愛は最上のレクリエーション」と書かれた。先生の愛というのは、むろん崇高な愛でしょうけどね。それはすべてに通じる愛でしょう。先生らしい。あの先生、ご承知のように社会党の闘士なんですな。

宮内● 戦後のお話ですか。

松村● 戦後。だけど、先生としたら、戦前からずっとですよ。三多摩の、新撰組なんか出た、あそこの社会党のなんですよ。支部長いうですかな。

宮内● そうですか。

松村● だけど筋金入りなんですよ。あの先生は、人類愛に根ざした社会正義の。むかし、安部さん、おりましたな、あれ早稲田じゃなかったですかな。

横山● 安部磯雄さん96。

松村● そう、そう。ああいう系統だと思いますね、考え方としてはね。いろいろ話しましたなかで、こんなことを言われました。あの方は、いわゆる自由人ですから、言いたいことを言う、人の世話にはならない。「恒産なき者は恒心なし」という言葉がありますよね。先生は、東京のあれ、どこかずうっとはしの、むか

93 内田祥哉は、一九五八年一〇月に高松で開かれた日本建築学会と日本建築士会の連合四国大会に出席した後、八幡浜に足を伸ばし、松村の案内で日土小学校と新谷中学校を初めて見学した。

94 本章19参照。そちらに記したように竣工は一九六〇年が正しい。

95 『民家——今和次郎先生古稀記念文集』(竹内芳太郎編、相模書房、一九五九)のこと。堀口捨己、岸田日出刀、藤島亥治郎、蔵田周忠ら錚々たるメンバー二五名が寄稿した。松村は、自ら調査した愛媛県内の民家に関する「伊予の民家」という文章を(本書第4章に収録)、巧みな手描きの図面とともに寄せている。

し、安く土地を広く買えたんですよ。貸家を四、五軒建てるぐらい広いんですと。そういうふうにして一定の生活に困らないようにしておかんといかんなあと。所帯じみたというとおかしいけれども、毅然と生きる心構えを話されました。

　あの先生の子どもさんは大学へ行ってないんですよ。映画の畑に入られたとかね。今先生、そのときに講演されて、やっぱりさすが、音吐朗朗とはあのことですよ。素晴らしかったですね。そのときに、開口一番、何を言われたかと言いますと、ぼくは大学入試に破れた、そういうのを集めて大学をつくりたいと。かくされた才能を見つけだして、伸ばしてやりたい、本当の学問を身につけ、真人間に育てて世に出したい、と。おそらく子どもさんのことも頭にあったかもしれませんけどね。とにかく痛快で、面白い、あの先生の話は。ご承知のように、靴はズックが一番いいと。ジャンパーで、よれよれのズボンですからね。（笑）

横山● そうでしたね。なんかずた袋みたいなのをかついで。

松村● 私もまねしようと思うんですけれども、冠婚葬祭だけは、私はネクタイを締めるから、まだ俗物ですな。（笑）

横山● 松村さんとはお話が合うでしょう。

松村● 合いますけれども、俗物だから。（笑）

　こういうこともありました。その頃、私、「伝統論」——そこまで行かなかった時代か。それに関係なしで、学校建築にも地方色を——いわゆる地方の伝統を取り入れたほうがいいんじゃないかと悩みまして、教育長に相談したんです。教育長はそういうことをあんまり言わないんです。あんまり乗り気じゃないですからね。そしたら私も考えまして、あんまり、伝統、伝統というと、結局、停滞する。保守的になりますのでな。私は、それは、もう改めようと。その時代の考え方、そして材料を使って、合理的な設計でいこうと決めたんですけどね。一時、そういう悩みも持ちました97。

　教育長が熱心に、きみ、学校建築に就

96 安部磯雄　あべ・いそお　一八六五～一九四九
日本における社会主義運動の先駆者。福岡市生まれ。一八八四年に同志社英学校を卒業し、欧米留学をして一八九五年に帰国後、同志社教授を経て一八九九年に東京専門学校（早稲田大学の前身）の講師となった（一九〇七年から教授）。一九〇一年に社会民主党を結成、一九二四年には日本フェビアン協会を設立するなどして社会運動、女性解放運動を展開した。一九二八年には第一六回衆議院議員総選挙に社会民衆党から立候補し衆議院議員になり、社会民衆党党首、社会大衆党執行委員長を歴任した。戦後は日本社会党の顧問も務めた。

97 松村は、本書第4章に収めた「伝統論私見」や「対談　風土と建築」では、伝統や地域主義への単純な回帰に批判的な立場を示しているので、その背後にあった思いを知ることができる興味深い述懐である。

いてまとめたらどうですかと。私、博士論文をいろんな人にもらいましたけれども、あの博士論文というのは、本当の先だけですな。

横山● 名前と反対ですね。

松村● 今先生はご承知のように、最後まで博士を取られなかったですよね。竹内先生も蔵田先生も無理して——というと失礼ですけれども博士を取られましたけれども、今先生は博士を要らない——というか博士以上の——幅が広かったら博士になれないんですな。アホらしゅうてね。(笑)

私は最初の頃、学校をやる時分には、学校へ行きましても、先生がみんな自分の意見を活発に述べまして。それが、だんだんだん、三十年後になりますと、学校へ行きましても、私は貝になりたいと。言わないんですよ。先生仲間にスパイがいるんですよ。愛媛県というのは、勤務評定を一番最初にやったところですからね。そういうところですから、学校がひじょうに暗い気持になっている。先生が言うんですよ。もう学校はいやだと。そういうおかしな県なんですよ。だから学校がそういうことではいけない。だから生涯教育の場に開放すべきだということを。ところが最近は、管理ですよ。

その管理がいかにひどいか言いますと、日土小学校、ヴェランダがありましたり、外へ階段が出ていますよ。むかしは子供がそこへ出て遊びよったんです。四、五年前に行きましたら、そのへんがずうっと草ぼうぼうなんですよ。ヴェランダや外階段へ出さないように校長が指導しているんです。万一のことがあったら自分の責任になるから。変わったな思いましてな。

宮内● 情けないですね、ほんとにね。あそこは一番いいところなのにね。

建築と建築家の生き方をめぐって

松村● ところで私、市役所を四十七歳で辞めているんです。三十五歳から四十七歳の間の市役所勤めが、私にとりましては一番楽しかったですな。それというのは、自分の思うとおりにできるんです。

宮内● お役所の中で名物男だったんじゃないですか。(笑)

松村● いま言ったように、議会と……。

宮内● けんかをするんでしょう。(笑)

松村● 私の言うとおりにさせてもらえないんだったら、私、もうしません、と言うと、教育長でも困りますものな。それは、神山小学校の頃、こういうジグザグの学校をつくるわけですからね、これは金が余計に要りますよね。

横山● にもかかわらず、大変少ない材料でといいますか、先生が描かれたのによると、鉄筋量も少ないし、コンクリート量も少ないですね。

松村● あの頃、有名な構造の先生で、部材は最小限に、破壊する限界までの計算しろということを、しきりに言われました。そこで東京の若い知人に、計算してもらいますと、驚くほど鉄筋が少ないんです。いまでももっておりますから、地震でも耐えておりますから、かまわないんですけれども。鉄筋が少ないと、その時の市会議員が、鉄筋をごまかしているんじゃないか言うたぐらい少ないんですよ。（笑）

横山● いや、ほんとに少ないですよね。

松村● そして、あれは私、どうか思いますけど、スラブがこれだけなんですよ。ほんと、合理的と言えば合理的で、下端筋がないんですから。これはどうかと思いますけどね。でも持ちこたえている。あの頃はコンクリートを丁寧に打ちよりましたよね。

横山● それがあるでしょうね。

松村● それでクラックが起きんのですよ。

そういうことがありまして、私にとっては市役所時代が一番楽しかったんですが、充実した時代でもありましたんですが、それ何故辞めたかいうことは、柳原亨君という後継者も育ってくれましたのと、それと、役所におるのが、どうもやっぱり、いま言ったように、息苦しいんですよね。空気がだんだんね。時代も変わりますとね。だからもう潮時だと思いまして、辞めたんです。

宮内● 一九六〇年ですか。

松村● ええ。その年に辞めました。それで松山に出てきたんですけれどもね。しかし、医局にいるときは一所懸命勉強するが、開業した途端にヤブになると、正直な開業医が言うとりましたがね。（笑）私も、これは、市役所にいるあいだ医局みたいなもので、開業――開業は違いますが、駄目ですな。（笑）思うようにできんでしょう。

宮内● そうでしょうか。

松村● 思いどおりにする人もありますけれども、私は他人の金で思いどおりにするというのは、横着だと思いますな。

それと、むろん私は市役所におる時分でも、メンテナンスのことはいつも念頭にありましたけれどもね。まず個人の家だったら、メンテナンスを考えてあげんと不親切ですよね。ということになると、やっぱり消極的になりますよね。冒険がちょっとしにくいですよ。よほど施主に理解がないとね。だから、それから先は、新谷小学校をやったのが一九六八年ですけれども、写真撮るのに、〈新建築〉に頼んできてもらったのは、そのときだけです。そして、あとから気がついたら、これは工業高校の教科書に、計画の本に出ておりましたがね。

私、本当は、もっと校舎をバラバラにして、第一案をつくっておったんですよ。そうしますと、それは金もかかるし、ちょっとこれは自分の村に対して、寄付で建つのには贅沢じゃなと思って、それはやめまして、ある程度、こうやって、もっと妥協した案にしたんですけどね。それでもやっぱり教科書に載っておりましたから、いかに、ほかにはいい加減な学校が多かったかということですな。

ほかの仕事はみんな、私、じっとしておって、仕事をさせてもらいまして、助かりました。だから、さっきいった骨相観の、パトロンが次々と現われるという、これかなと。（笑）だから、それだけ、公の仕事をずうっとしてないんですよ。

横山● 独立されてからは。

松村● ええ。ということは、裏工作せんと、あれ、獲れんのですよ。（笑）

横山● ふつうですと、長いあいだいらっしゃれば、ほとんど、そこのお役所の仕事は……。

松村● いや、それが駄目なんですよ。もう役所の仕事といったら裏がついておりますのでね。ひどいのになりますと、ある町に関係できて、町長が辞めますと、あと十年ぐらい、町長の月給を出すような事務所があるんですからな。それと、私、指名願、出さんのだから、仕事は来ませんな。頭下げていかんのだから、仕事くれるはずもないんですけどね。

横山● 設計入札参加願いと同じですからね。

松村● そうなんですよ。だから、もういやになりましてな。

宮内● 独立というか、事務所をおつくりになったときに、建築家協会にお入りになられたわけですか。

松村● しばらくしましてな。広瀬鎌二さんがおりましょう。

宮内● 武蔵工大ですね。

松村● 家協会に入ってはと誘われ。土浦先生と蔵田先生の推薦で入りまして。だからわりあい早い時期に入ったんですよ。入っても、あんまり協力しませんでしたね。最後の解体する前二年ほど、毎月大阪に行きよりましたけどね。それまでは、ほんと、無責任な。

　それから一九八〇年に、日銀の松山支店というのがあります。あの保存運動を98。これがなかなかの、長野宇平治さん99が日銀におられるときにやられた、小さい家ですがね。私、来たときから、この家は置いといたらいいなと。二階建てで小さいんですよね。だけど、やっぱり、ああいう時代の様式建築として。松山には様式建築は一つしかないんですから。だから教材としても置くべきだと思いましたんですが、私らが言うていくのが遅うございまして。ああいうところは秘密主義でしょう。だから一旦壊すこと

98
日本銀行松山支店は、長野宇平治が設計し一九三二年に完成した。ルネッサンス様式を取り入れた、小規模ながら気品のある建物であったが、一九八〇年四月に、日本銀行松山支店はその取り壊しを発表した。それを受けて、松山青年会議所、日本建築学会愛媛支所、愛媛県建築士会、愛媛県設計監理協会や文化人によって「松山日銀を守る会」がつくられ、市民への呼びかけも行いながら保存運動が展開され、松村も深く関わった。日本建築学会から保存要望書も提出されたが、残念ながら解体された。

99
長野宇平治　ながの・うへいじ
一八六七〜一九三七
越前国高田に生まれる。一八九三年に帝国大学工科大学造家学科を卒業し、横浜税関嘱託、奈良県土木工事技師嘱託を経て、一八九七年に日本銀行技師となり、辰野金吾の指導下で、大阪、京都、小樽等の支店を設計した。その後、一九一二年からは台湾総督府嘱託となり、一九一三年からは自身の設計事務所を開設した。一九一七年には日本建築士会初代会長として、建築士法の成立に尽力した。

になって発表するものですから、だからもっと早く知っておったら、市や県が、ほかへ土地を探してやって、どうぞこちらへと言わないと、向こうは、もう古くなったし――それはそうですよね。五十年も経ったというでしょう。だから、それは使い勝手、悪いことはわかっておりますよね。冷暖房もない。

あそこのは、現金の保管庫が一番大事なんですな。そういう操作がひじょうに非能率だから建て替えたいと。それは無理もないんですよ。だから、そういうお膳立てを地元がしないから、向こうとしては今さら方針は変えられない。私に会長になれ言うから、会長はいやだ。会長は、もっと文化人とか経済界の立派な人にして、私はいわゆる代表幹事でいいと。それで、最後までいきましたが、あれ、人間というのは、運・不運というのがございまして。

そのときの日経の支局長が、奈良県庁舎の保存運動の経験者、朝日の若い記者が熱心でしてね。記者クラブも応援してくれる。そうなるとテレビも、NHKも民放も放っておけんでしょう。

このように周囲がひじょうによかったのと、日銀の支店長に、横山昭雄さんという、国際金融論の著書もある、立派な方が、私がやっている期間中、ちょうど、その方が相手でした。一年ぐらい。

その方と、一番最初、ふたりだけで会いましたときに、私、この日銀の支店がいましたときに、私、この日銀の支店が、全国で考えたら絶対に残さんといけない家とは思わん、と言ったんですよ。本店と大阪を譲歩してくれてあるし。だけど、松山ではかけがえのない、松山の人にとっては、戦災も免れたし。

ランドマークというとちょっと大げさですけれども、ひじょうに心の、あそこに家があるなということは、いわば原風景ですわな。そういう価値があるから、私たちは運動するんだということを言うて、だから両方が理解しあいまして、進めましたのよ。

結局、壊すことになりましたんですがね。その条件として、あのころ――一九八〇年ですがね――四百万かかったんですね。本式の模型をつくってるんです。このくらいありますよ。それはもらっても置くところないから――さっきいったように長野宇平治さんは、正岡子規とは一高で同級生だったんですね。そういう因縁がありますので、いま、子規博物館で預かってもらったんですよ。誰でも見せてくれるんですけどね。地下室に入れてしもうているけど。

それと、日銀もいらなくなったから――日銀は保存がいいですな。五十年間、ちゃんと設計図、もっているんですよ。むかしの、ご承知ないですかな、油紙の上にインキングしたやつ。あれ、きれいに保存してあるんです。それを、向こうもいらんから、ぜんぶ貰いまして。あれを見ましたら、あの頃の建築というのは、もう平面なんか、どうでもええですな。ファサードの、それだけ。(笑)

壊しましたら、コンクリートの強度四百八十から七百ぐらいあるんですよ。いかにコンクリートを立派に打っておるかいうことですな。あれ、計算したかどうか知りませんが、鉄筋でも、馬鹿みたいに、壊すのに骨折れたぐらいに。清水建設が壊したんですけどね、立派な報告書をつくっておりますがね。そのくらに頑丈につくっておりましたね。

横山● やっぱり銀行だからということなんでしょうね。

松村● それは、むろん銀行でしょう。金のことを言いませんからね。念には念を入れてやっておったんですな。あんなことはもう絶対にできませんな。

横山● おしいことをしましたね。地域にとってかけがえのないというのが、ほんとの保存理由ですよね。

松村● ほんとはね。ああいうのは、ひとつぐらいは、なんぞ、むかしからの何がないと、さびしいですよね。

宮内● そうですね。

松村● そういうことがありまして。一九八三年に《愛媛の近代洋風建築》[100]という本を、文化振興財団から——愛媛県はあんまり立派なのはないんですがな。そういう本をつくりましてな。委員長をやったから、「愛媛の近代洋風建築の意味するもの」という、巻頭文を書いたことがあります。

　その次は、やっぱり八三年に、《四国の民家》[101]いうのを、学会の四国支部が、四国中をクルマで回りまして、調査して、本を出しましたんですけれども、そいつの愛媛県の分を、面倒くさいから私ひとりで受け持ったんですけれども。

　そして一九八六年に、木造建築研究フォラムで「木霊の宿る校舎」と題しまして話を[102]。

宮内● 昨夜いただいた……。

松村● ええ。古い学校が残っているところでやりましてね。聴衆は町民が大部でした。

宮内● 面白いですね。あのお話、夕べ読ませていただきましたけれども。

松村● あれ、実際は、もっと面白かったんですよ。活字じゃないやつのほうが。

(笑)

宮内● なるほど。

100 『愛媛の近代洋風建築』(日本建築学会四国支部編、愛媛県文化振興財団、一九八三)のこと。松村は、日本建築学会四国支部内に設置された「愛媛の近代洋風建築」図書出版に伴う調査研究委員会の委員長として、「近代洋風建築の意味するもの」という文章を巻頭に寄せている。

101 『四国の民家——建築家の青春賦』(上野時生編、日本建築学会四国支部民家研究調査委員会、一九八三)のこと。日本建築学会四国支部内に設置された四国の民家研究調査委員会(委員長:山本忠司)の調査・研究結果をまとめた書物で、松村は、「愛媛県の民家」の章に、「愛媛県の概観」「愛媛県の農家について」「庄屋について」「内子の町並み」「旧家について」「伊予の茶堂について」などの文章や建物解説文を寄せている。なお編者の上野時生は、高松在住の写真家で建築家との交流も深く、一九五八年から隔月で『四国建築』という雑誌を編集した人物である。

102 本章に収録した講演である。

松村● それからは、講演をよう頼まれてやりましたんですが、昭和の終わり、ちょうどあの頃、天皇陛下がご病気のときに、ここの民放から、一分間で時代の移り変わりの感想を述べてくれと頼まれまして、それで私、そのときに言ったのは、私が五十年前に、託児所の研究を少ししておった。だけど私は託児所をつくりながら、託児所なんか必要のない時代を念じておったと言うんですよね。ところが実際は、夫婦共稼ぎで、託児所が、無認可保育所までいるような時代になったでしょう。私としては、理想がほんと壊れたんですよね。それが壊れたということ。それと、一番私にとって美しい景色というのは、街の建物が壊された、その空き地が一番美しい。（笑）家が建つとだんだん悪くなる。

　私は建築家——きのうも言いましたように、いわゆる建築家としての才能がないということは、出端に気づきましたから、本当は、私は建築家協会103より、技術者集団104というのがありましょうが。あそこへ入ったほうがよかったんですよ。（笑）芸大の亡くなられた……

宮内● 山本学治さん105ですか。

松村● あの人は立派でしたね。あの人もここへ来られたことがあるんですがね。私に入れ言うて、勧められたことがあるんですよ、技術者集団に。それともう一つ、全日本建築士会106、これが一番最初の会長が今先生ですね。次が竹内先生。いわゆる野人の。あそこも入れと勧められたんですけれどもね。

　もう一つ不思議なこと、白井晟一さん——あなたも何を選ぶかで、たしかに親和銀行いいけれども、建築はこれでいいのかな、なんて、漏らしておられたことがあったでしょう。

宮内● 《建築年鑑賞》107のとき。それは藤井（正一郎）108ですけれども。

松村● 私は、白井晟一さんとは、全然、行き方が違う——行き方というより才能に雲泥の差がありますけれどもね。その白井さんから書の豪華な本、あれ二冊と——白井さんとはずっと会わずじまいだ

103 現在、建築の設計と監理を行う建築家の団体として日本建築家協会があるが、一九五六年に設立されたその前身としての日本建築家協会（家協会）のこと。同会は、一九四七年に生まれた日本建築設計監理協会が一九五五年の世界建築家連合への加盟に伴い改組・改名したもの。その後、日本建築設計監理協会連合会と合併し、一九八七年に新日本建築家協会として再スタートを切り、さらに一九九六年に名称を日本建築家協会へ変更した。

104 「新建築家技術者集団」のこと。一九七〇年に結成された全国的な建築運動の団体で、通称は「新建」。一九六〇年に関西を中心に結成された「新建築家集団」、一九六九年に東京を中心に結成された「新建築技術者集団」や、その他各地の団体により結成された。そのときの代表幹事は、上林博雄、西山夘三、平松義彦。その後、海老原一郎、武基雄、山本学治らも代表幹事を務めた。

ったんですよ。それから作品集が、やっぱり三つぐらい出ましたかな。親和と、それから静岡の芹沢美術館。それ、みんな貰っているんですよ。こっちはありがたいですな。会うたこともない方にな。

あとから白井さんが亡くなられて、息子さんがこっち来られまして、私は、これこれいただいて感激しておりますと言ったら、あなた、うちの父にお会いになったことはないんですかと言って、父はあなたのことをいつも純粋じゃ、純粋じゃと言うておりましたと。純粋だから貰ったのかと。あまり純粋でもないけど。（笑）

宮内● いや、それはいいお話ですね。

松村● それと、私は、黒川（紀章）先生が、共生の思想としきりに言うでしょう。日本文化というのは――もう、昔からずうっと共生ですものな。思想というより身についてしまっているのに、なにをいまさら、共生、共生いうのかなと。（笑）今は経済人まで、あれは我田引水ですな――と、しきりに思うんです。

宮内● 面白いですね、黒川紀章もね。自分の発明みたいな顔して言ってますからね。

松村● 私はね、何に憧れているか言いますと、瀬戸内海の小さな船の、船長さん。寂れた港へ着きますと、船長が一日中、用事がないから、暇さえあればペンキ塗り。そういうのをじっと見よりますと、ああいう船長がいいなと。

宮内● でも、松村設計事務所でそれを実現してこられたわけじゃないですか。で、弟子をお断りになったんでしょう、何人もの志望者を。

松村● 大勢来ましたけどな。気の毒でしたよ。来た人が、断っても、何時間もねばるんですからな。向こうも諦めましたときに、鞄の中から汚い風呂敷包みを出しまして、中から恭しく開けますと、粘土細工が出てくるんですよ。これをぼくは毎晩かけてつくったんです、見てください。みつめていると私に似てくる。執念って、おそろしいなと。これ持って帰ると、わしを恨むんじゃないかと。（笑）

105 山本学治　やまもと・がくじ
一九二三〜一九七七
東京生まれ。一九四五年に東京大学第二工学部建築学科を卒業し、一九四九年に同大学大学院修了した後、東京美術学校建築科に赴任。一九六四年に東京芸術大学教授。大学で専攻した構造工学と建築史の観点から、幅広い評論活動を展開した。

106 一九五七年の建築士法の改正によって、建築士でなければ設計できない床面積が一〇〇平方メートルに下げられたことに伴い、多くの大工等が二級建築士資格を与えられたことに対応し、一九五八年に結成された団体。

107 宮内嘉久が編集した『建築年鑑』（一九六〇〜六五年は美術出版社から、一九六八・六九年は建築ジャーナリズム研究所から刊行）が出していた賞。白井晟一は親和銀行本店で一九六九年度に受賞した。

108 藤井正一郎　ふじい・しょういちろう
一九二五〜二〇〇四
建築評論家。一九四七年に東京大学第一工学部建築学科卒業、戦災復興院を経て一九五六年から日本建築家協会に勤務し一九七六年に専務理事。一九八七年に新建築家協会専務理事となった。

汽車で来て、夜汽車で帰る言いよりましたがね。断るのって、辛いですな。

横山● ずうっとお弟子さんはお採りにならなかったんですか。

松村● 三十年間、ふたり事務所におっただけですよ。大きくもならん、小さくもならんです。だから世の中、不景気になろうとどうなろうと、平気なもんですよ。

だから私は、結論としては、自分がつくる建築、そしてあってほしい建築というのは、何気ない美しさですよね。わざとらしくないのがいいというのと、それと滲み出て、心に染みるような、そういう建築であってほしい。そして、私なんか、過去からずうっと考えてみても、そういう建築のほうが、いつまでも心の中に残っておりますな。何気ない、本人もひとつ宣伝しよう、名を出そうと思ってない。だけど何ともいえないものがある。これ見てくれというようなのは、その瞬間はいいですけれどもね。嫌いなんですよ。(笑) 百年記念館をつくったのは誰でしたっけな、東工大の……。

宮内● 篠原一男ですか。

松村● あの方が高松に講演に来たときの話、一流品の椅子を持ってきて、撮るわけですよね。それで、あと、済んだら片づける。だいたい建築写真には人間がおりませんな。あの方は徹底して人間いないでしょう。人間がいないから、住宅が芸術になる。その瞬間だけが芸術、住宅としての機能は問題ない、どんな使い方、暮し方しようと。つまり人が住めば芸術でなくなる。その時の司会者として、篠原先生に言いました。あなたの話を聞いている間は、分るような気がするけど、話が済んだら分らなくなる。(笑)

宮内● そういうふうにおっしゃったんですか。

松村● 本人を前にして。

宮内● みんながいる前で。

松村● 黙して語られませんでした。(笑)

私はつねづねこう思っております。人間の行き方も考え方も、茶道と禅の原点に帰らんといかんと。建築家に限らん、誰でも。禅の美術というのは、ご承知のように、簡素、自然、不均斉、静寂、幽玄、脱俗、枯高、この七つの条件を満たせばいいと。私も、できれば、こういう心境でありたいなと思いますがね。

横山● お話を伺っているうちに、伺いたいと思っていたことはみんな出てきているんですけれども、やはり松村さんというと、どうしても地域の中でお仕事をしてこられた方という印象が、やっぱり一番強いですよね。

松村● そういうことですわな。

横山● 作品を拝見すると、しかし、にもかかわらず、地域性といいますか……。

松村● ございませんわな。

横山● そういうものがあまり感じられない。それについては、さきほど、伝統というのにあんまりこだわると保守的になると。だから自分は前向きにやらなきゃいけないんだというふうな結論を出されたと。その言葉の中に尽きちゃっているような気がするんですけれども。やはり拝見すると、その時代でもっとも進んでいるところを、一所懸命やっていると。

しかし、伝統というのを意識していないのにもかかわらず、簡単に土に馴染んでいるというか、風景の中に完全に溶け込んでいるという気がするんですね。そういうふうに受け取れるわけですけれども、そのへんをどういうふうにお考えになってやっていらっしゃるのかなと思ったら、いまの伝統にこだわると保守的になるので、ということで、もう尽きているように思うんですけれども。そういうふうに受け取ってよろしいんでしょうか。

松村● 伝統のことは、宮内さんが〈国際〉を引き継がれたときに、文章を書けといわれて、書いたことがございますけれども109、伝統論のときは、通じ易いように、形で言い表わしますわね。だけど私は、形よりは、伝統は心だと思いましてな。人の心が伝統だと、私は思っております。

形ではむかしをまねませんけれど、心はやっぱり。さっきの禅の美術の七つの項目を言いましたが、これが私は日本の伝統の心だと思うんですが。これが表現されれば、隅々まで行き渡っておれば、それでいいんじゃないかというような考えなんです。

横山● 松村さんの中にもあって、それが出てくるという形で、とくに意識はしておられないけれども、そういうことはちゃんと入っているというふうに感じますね。

松村● はい。だから、もう、つねに簡素で自然であるということだけ心掛けて。

宮内● しかし、その中でポエジーがありますね。松村さんの作品には詩があると思いますね。

松村● もしもあるとお感じいただいたら、それはやっぱり子どもなり大人に対する、使う人に対する愛情ですよ。思いやりを……。

宮内● そうでしょうね。

横山● いつも言ってらっしゃいますね。神山小学校でしたか、神山にしろ日土にしろ、そういうその場所で、そこの子どもたちにもっともいい環境を与えるんだということを、おっしゃっていましたね。そういうところに表れているんですよね。

109 本書4章に収録した『国際建築』一九六五年一月号掲載の「伝統論私見」のこと。

松村● だから、さっき言いましたように、私の最初で最後の、フォードの本の中に出ておったやつも、結局、アメリカ人も、ちょっと気がついてくれたんかなと。

横山● それから、昨日いただいた文章の中に、ノミはいらない、ナタでいいんだ、というようなところがありましたね。

松村● 私、小細工ができませんのでね。

横山● 意識としてはナタなんでしょうけれども、しかし、ナタを使いながら、ナタの荒っぽさというのはまったくないですね。ひじょうに精緻な建築をつくっていらっしゃる。そういう印象を受けましたですね。

松村● 本当に私、小細工ができませんのですよ。

横山● さきほどおっしゃったなかに、「何気ない」という言葉が、それから「滲み出る」という言葉も。この中に、松村さんの建築観が尽きているようですね。

松村● ええ。そうありたいと。私、四、五年前に、事務所の窓から見える景色があるんですよ。木が三本並んでいる。それを一年間、スケッチしたんですが。春夏秋冬、月に一枚ずつ十二枚。そうしますと、一番美しい景色というのは、新芽のとき、そして枯れ葉。新芽が、かすかに出る頃が、きれいですね。心が、なごみます。新芽が若葉になり、青葉に変り、青が日ましに濃くなってゆく、この期間の長いこと。ところが秋になって、紅葉が枯葉になり、みるみる葉が落ちて裸になる、この時間の短かいこと。光陰矢のごとしとはよう言うたもんだと。そして最後に枯れ葉になるでしょう。枯れ葉になって、まだ梢にしがみついているんですよ。ああ、あれを老害というんだな。ああなっちゃいかんなと。(笑)あれはいい経験でした。

宮内● そうですか。なるほど。いいお話ですね。どうも長時間にわたってありがとうございました。(終)

一九九二年四月一六・一七日/愛媛・松山にて
記録　中島栄

◀江戸岡小学校教室棟の矩計図。昇降口の上に架けられた大きな梁、二階床の持ち出し梁が二階廊下を支える構成、トップサイドライトから二階の教室への採光の仕組みなどがよくわかる

第2章 無級建築士自筆年譜

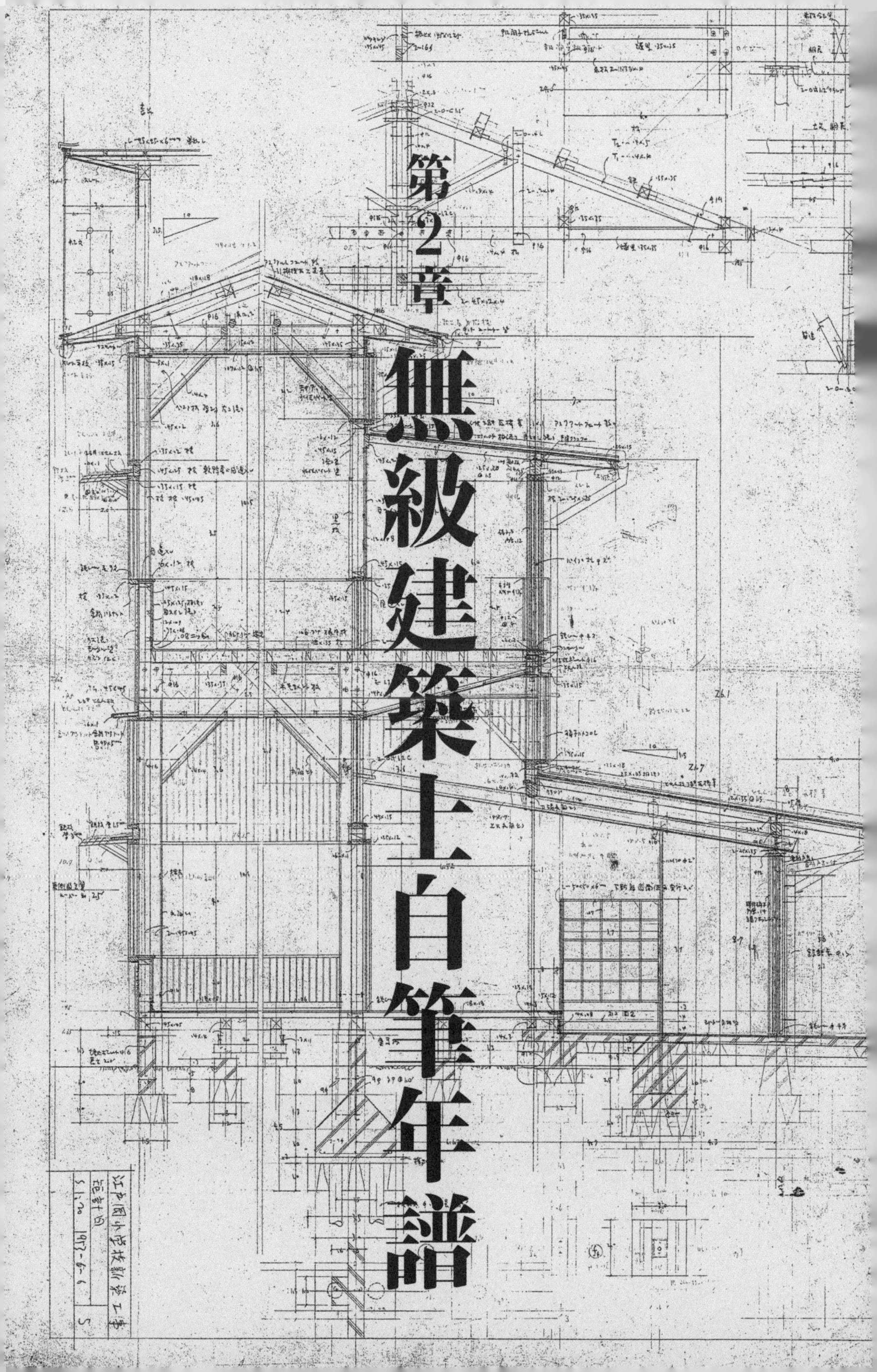

解題

『無級建築士自筆年譜』は、編集者・植田実の統括による「住まい学大系」の一冊として刊行された松村正恒にとって初めての単著である。書き下ろしの自伝的文章と自筆年譜、雑誌や本に発表されてきた文章や写真、写真家・淺川敏による松村作品の撮り下ろし、松村から提供されたスケッチや若い頃のポートレートなどが集められ、栞には内田祥哉と香川県の建築家・多田善昭の文章もあり、松村に関する多くの情報が詰め込まれた宝石箱のような本といえる。

淺川による江戸岡小学校、神山小学校、日土小学校、持田幼稚園の写真は、それぞれの姿を長いタイムトンネルの向こうから、多くの読者に対しておそらく初めて伝えたものであり、たいへんに新鮮で、しかも、あまり見たことのない不思議な光景として受け止められたのではないだろうか。

ここに収録された自筆年譜は、『素描・松村正恒』のために書かれた自筆年譜と重ねるといっそう興味深い。編集部が年譜中のキーワードに、松村の書いた文章から関連ある部分を引用して註を加えているのも優れた工夫であり、参考になる。

編集担当は、植田との仕事も多い中野照子である。同書刊行の経緯は彼女による「あとがき」に詳しい。それによれば、一九九二年四月に上京した多田が、「松山にすばらしい建築家がいる。その人となりと仕事を多くの人に知ってもらいたいんだが」と中野に話したことが始まりらしい。松村のことを全く知らなかった彼女は、八幡浜や松山で松村の設計した建物を見て感動し、本づくりを決意する。最初、松村からは「こんな年寄りの話、つまらないからおやめなさい」と何度も言われたらしいが、しかしそのうちに、「学術書でなく、硬くなく、読み始めたら止まらない、マンガ本みたいに編集できませんか」「できれば、ほろ酔い気分で編集して。書いたものを写真で、ひとつの物語に仕立ててください」と言われるようになり、次々と資料が届いたそうだ。その結果、最初に書いたように、松村に関する実にさまざまな情報がちりばめられた本となった。ただし刊行は一九九四年六月で、前年の一九九三年二月二八日に亡くなった松村は、残念ながらその完成した姿を見ることができなかった。

その中から今回は、「私の生きてきた道」「建築と建築家——燕と雌鳥《めんどり》の対話から」「八十路に思う」「自然で簡素な学校をつくるに真剣だった」（初出の『学校建築の冒険』[1]を原本とし、省略されていた前半部分も加えた）を収録した。前三者は書き下ろしで、とくに「八十路に思う」は、中野の「あとがき」によれば、一九九二年一二月一五日に「追加してほしい」と松村から届いた最後の文章とのことである。

「私の生きてきた道」と「八十路に思う」は松村自身による回想録である。幼い頃から現在までを軽妙な筆致で描いた文章で、とくに、学生時代、土浦亀城建築事務所時代、農地開発営団時代、八幡浜市役所時代に関する記述は興味深く、『素描・松村正恒』で語られた内容と重ねると、松村の人生を再現するための手がかりが満載の文章といえる。

「建築と建築家——燕と雌鳥《めんどり》の対話から」は、松村が書いた狂言の台本である。彼は一九六〇年代から狂言を始めた。『老建築稼の歩んだ道』[2]に収められた一九八五年執筆の「狂言」という文章に「ずるずると迷いこんで二五年」とある。師匠は、国の重要無形文化財能楽（総合指定）保持者で大蔵会を率いていた古川七郎だ。燕と雌鳥の対話によっ

1 INAXギャラリー企画委員会企画、内田祥哉監修『学校建築の冒険』INAX東京ショールーム、一九八八年

2 松村正恒『老建築稼の歩んだ道』私家版、一九九五年

て、小手先のデザインを誇る現代建築家をユーモラスかつ辛辣に批判した内容で実に楽しい。考えの浅い建築家をカラスに喩えて「ケンチク・カー」と鳴かせ、人々がそこで「何もしない」ガラス天井のアトリウムを「アト利ウム」と呼び、「暗いと物が見えぬのかしら、闇と淵の奥底が分らぬはず、それにしても暑さくらい分るだろう」と批判する。好き嫌いは分かれるかもしれないが、松村の人柄と批評精神の一端がうかがえる興味深い読み物である。

「自然で簡素な学校をつくるに真剣だった」は、学校建築を特集した書物（前出『学校建築の冒険』）に松村が寄せたもので、八幡浜市役所で彼が設計した学校建築についての自註といえる。建築以外の世界と建築を観念的な言葉で結ぶような説明ではなく、教育に対する高い理想を、松村が考え抜いた建築的方法によって実現しようとした経緯がわかる文章だ。

私の生きてきた道

幼い頃の思い出、目ざめて叱られ泣いている、寝ている間に布団のうえに粗相するとは不覚でした。里子に出されていたのです[3]。

里の父親を源さんと呼んでいました。肩車にのって源さんの頭をしっかり抱いて、秋祭の神楽を見に、源さんも浮かれていました。祖母の住む隠居の前が道順でした、手をふり笑顔で送ってくれる、源さんも満足気であった、ように思います。

入学が近づいた頃、里の母親につれられて実家に、弱々しい母の姿をみて、帰りたいと駄々をこね。枳《からたち》の垣をへだてて小学校の運動場。私の屋敷も広く、実をたわわにつける棗《なつめ》の木、黒竹の竹藪、でも家は古く不便きわまり、うす気味わるい、思いだしても、ぞっとします。玄関の土間に火消しの七つ道具が昔のまま吊ってあり、高い床下に刀を詰めた頑丈な箱が無造作にほってありました。座敷には槍と長刀が、襖に貼ってある書が五山のものとは後に知りました。使い古しの箱形消火ポンプが何台も、

3 松村正恒の父親は小学校の校長をしていたが、松村が二歳のときに四二歳ぐらいで亡くなった。父親は東京の病院で入院治療をしていたようだ。また母親は、松村の祖父の非嫡出子であり、松村は祖母のもとに離され、そこで育てられた。

遊び道具にもってこい。

入学式には一人で、式が終ると近くの氏神へ親子つれだって参拝する、その帰り途、とかく世間には、余計な世話をやく人がいるもの、「坊は一人か、父ちゃん違うからの」義父と知る、その時の心の痛み、あまり覚えていません。

義父は裁判所勤め、律儀一点張。祖母から聞いた話、歩けるようになった頃、日暮になると祖母の家から見える道に出て、遠くに義父の姿が見えると声をたてて笑っている、毎日もらうおみやげがおめあて。そんな話を聞くと、自分がその化身になるから不思議です。

小学校の敷地は一万石の陣屋跡。校庭に大木が二本、樅《もみ》の木は亭々と梢まで三十メートル、幹の直径二メートル。椋《むく》の木は傘のように枝をひろげ、まわり十メートルが日陰に、幹は空洞で大人でも四人はいれる、大人にもよりますけど。空洞をよじ登り枝にぶら下る、天然の器械体操。

ここで難題もちあがり、万一にも樅の木が倒れますと、校舎まっぷたつ、方角を誤ると私の家がぺっしゃんこ。村議一決、上半分を切りおとす。静かな村に降ってわいたビッグショウ、一九二三年夏の陣。選ばれた木樵《きこり》、大声で予告して小便を、無理もありません、高い木の上で半日がかりの仕事。村民は遠まきに固唾をのんで見守ります。慣れ親しんだ風景が、かき消される、その瞬間を。母の姿が見えません、立ち退きを迫られています、一目散に馳けこめば、うす暗い茶の間で長火鉢を前に長煙管《きせる》。生れ育った家で死ねば本望、世に言う糞度胸、小柄な母の姿が今も瞼に。

あの頃、旅まわりの芸人が時おり街の辻に現れ楽しかった、車は通らない。河に張り出した縁のある家から、三味線の陽気な音がひびきます、お妾さんの家と知り、昼間から遊んで暮せる、汗水ながして働いてやっと暮せた頃。それなのに妾を軽蔑する風がない。友達が籠に果物いれて売り歩く、ついて歩く。裏長屋にひっそり住んでいた若い妾が、きまって二つ買う、さびしそうな笑顔で。長雨には河はかならず氾濫、そのつど河下の子等を迎えに母が、一刻を争います、学校は殺気だち、雨は激しく降って降り止む気配なし。

時代は、子供心にもおも苦しい、逃げ場を求め、なかば諦め暗い空気がただよっておりました。理由は色々でしたが気の狂う人も珍しくない。夏の休みの或る日のこと。

海岸通いの発動機船に、やつれ果てた若い女の人が普段着のまま馳けこんで、物陰に身を寄せおびえている、間もなく舟は岸を離れる、その時、血相かえた裸足の男が飛びのって、見つけるなり髪を鷲づかみ、必死に抵抗するのを曳きずりおろす、ポンポンの音まで悲しい船出でありました。

戸棚の中に古い琵琶が、祖父が折にふれて弾いていたとか、歩きながら自作の漢詩を口ずさむ、余裕綽々と生きていたらしく。私の母は生きの親と育ての親、身近に母を二人、人知れぬ悩みと悲しみを胸に秘めていたはずです。生きの母は三味線を、育ての母は琴を、血は争えません、母は三味線の撥を手にして楽しげでした。昔も今も、三味線の音を耳にすると私は気もそぞろ、胎教とは恐しきもの、感心しています。

子供の頃、庭に舞台を作り友達を集めて芝居をするのが妙に好き、脚本演出衣装すべてお膳立て、役者にも。長じて縁あり能狂言に興じるとは、おかしな話でございます。

中学校は五キロ離れた隣の町、二輛連結の軽便鉄道で、坂にかかると歩くほうが早く、駅に向かって走る客みつけると、五分くらい発車オーライ。遅れようものなら二時間待ちを。

中学生と女学生は別の車。飛びぬけて美人の女学生がいました、寄宿舎にいた上級生、照ろうと降ろうと駅に現れ、黙って見つめている、汽車を見送る、片想いの半年は露と消えてゆきました。

中学校の一隅に古い井戸があり、近江聖

人中江藤樹が用いたとあって「中江之水」と崇《あが》めて今日に及び、ところが私の生れた場所も中江藤樹と所縁《ゆかり》あり、となりますと、私は聖人とは同じ水を飲んで育った仲、「君子の交わりは淡きこと水の如し」とゆくべきところ、何のはずみか、「醺士《くんし》の交わりは頼りなきこと泡の如し」藤樹先生の遺訓、致良知、知行合一、恥じいるばかりであります。

中学生の頃にも、いじめ、はありました、豪快に、どやす、と言っていましたが。これには常習犯がいて私は無縁でした。下級生全員を雨天体操場に集合させ、我等四年生も居並び型どおりの訓戒をたれ終った男、何を思ったか、私に向かって、後をやれ。

翌日、校長室に呼ばれ、下級生への集団制裁は退学に値する、内心ふるえあがりました。

始末書でその場はおさまりましたが、常連はまだ懲りません。下級生に柔道の選手で大きい男が生意気だ、と呼びこみ土下座させ周りから睨みつける、誰も口をきかないらしく、私に来い、注意しろ、逃げるわけにもゆきません。帰り道は大きい男と同じ方角。翌朝、私の顔を見るなり、「あいつに仕返しされなんだか」案じてくれる友情のかけらは持っていた、根はいい奴らでした。

その頃は中学のカリキュラム、のんびりしたもので突然に外から来て講演する。忘れられない話、「朝鮮の国家は亡んだ、しかし朝鮮民族は未来永劫亡びない」

また或る時、「僕は男です、と自信のある者は立ちあがれ」と叫びます、誰も立たない、「僕は男です」と名乗ってやりました。

昼食が終ると薬缶《やかん》は空に、当番が出席簿を教卓にのせる、とある生徒、丸めて薬缶に突き差し。生徒に不人気の教師、入るなり烈火のごとく激怒、「犯人は名乗り出よ、卑怯だぞ」対峙したまま時をきざみます。私の席は教卓の真ん前、あまり自慢にもな

りませぬが、義侠心むらむらと燃えあがり、

「私です」

　教師の専門は地理、少し頑張って百点満点。それで先生の気持は和らいだようですが、真相は遂に打ちあけることもなく卒業。その事があって以来、私を見る同級生の眼は変りました。五年になって、級長が成るものと決っていた自治会長に私を祭りあげ。

　子供の頃は大学にいけるものと信じていましたのに家庭の事情で思うに任せず、かくなるうえは早く世に出たい、草を枕に遠くの山に陽が沈む、あかず眺めながら、山の彼方に幸すむと、はかない希望にふける。「苦しみは変らない、変るのは希望だけだ」この言葉に勇気づけられたのは、ずっと後のことでした。

　悶々の日を送りながら素浪人の私は心に契《ちか》いました[4]。「一人の人間」として、学歴、地位、名誉、肩書、富など頼らない、肩で風を切る、波乱万丈もとより性に合わぬ、飄々ながら胸を張り大地を踏みしめ、前へ前へと歩いて行こう。かりそめにも浮いた瓢箪の真似はすまい、胸を出そうなどと甘いこと考えまい。

　かくして突き当りましたのが、名もなき無試験の門、物好きな人間だと、自分を笑いました。救いは、教育愛に燃えておられた教授の面々。ただ私は、教えられることより、みずから学ぶ方針ですから、日比谷図書館を古巣と定め、時代の波にもまれながら必死に暗中模索の日々でした。ある講師の談話が忘れられません。「君たち、いずれ世に出てもまれる、偉くなる心配はないが、毎日疲れて家に辿りつく、それからの時間の使い方が、伸びるか縮むかの別れ道だ。努力すれば或る線までは誰でも到達できる、しかし、その線を乗り越える、頭角を現わす並みたいていの事ではない」。聞けども凡夫、馬耳東風、一向に梲《うだつ》あがらず、蟹の横這い、鋏に切れ味どころか錆びつきました。

　製図の時間に、ぽんと肩を叩かれました

4　松村は大洲中学校を卒業した後、二年間の浪人を経験している。得意な英語を活かし名古屋高等商業学校を受験したが、外国人による一種のリスニング試験があり不合格。次の年は名古屋高等工業学校の建築科を受けたが、痔を病んでいた松村は二次試験の「尻の検査」で不合格となる。絵は得意だったようで、自在画の試験では試験官の目に留まったらしい。建築科を選んだ理由についての積極的な説明は見当たらない。「隣村の中学の先輩が建築に入っておりましたからね。だから試験の時も、その人の宿屋に行って建築を受けたんです」（第1章「炉辺夜話　志に生きる」）と述べている程度だ。

のが蔵田周忠《ちかただ》先生との縁の始まり。苦しまぎれに翻訳の仕事にありつき、最初のもの、忘れません、アメリカの美術館の紹介記事。建物は古い様式ながら展示と収蔵に新しい試みがありました。一九三四年の頃。

友と同居した間借の家主、有名な映画館の伴奏マスター、海軍軍楽隊出身が自慢の種。日曜の晴れた朝、ヴァイオリンの冴えた音が静かな住宅街に響きわたります、我を忘れる、生きる証しでありました。映画が無声からトーキーに変わる、彼の出番が減ってゆく、真綿で首しめられる思いでありましたろう。夜ふけに酔って帰っては家の者に無念の憤りを当り散らしておりました。

とかく話題の多い学長がいて、中国経済学者として名が高かったとか、校庭の一隅に古材で小さい家を建て、蔵書に埋まって、うら若き佳人の秘書と。忘れえないのは、この事ではありません、人影まばらな駅のプラットフォームを、悠然と行きつ戻りつしておられた姿、遠く眺めて大人の風格とは、かくの如きかと胸にきざみました。人は何時、誰に見られているか分らない、一挙手一投足ゆめおろそかにすべからず、と戒めて今日まで。

世俗を捨てた身なれば、落ちつく先も風まかせ、蔵田先生の言われるまま、気がつけば土浦亀城先生が齢《よわい》四十にして開かれました事務所の製図板と、にらめっこ。

一年すぎて洋服も二着、サラリーマンの風は装えども中身はしがないドラフトマン、サンドイッチマンのお仲間でした。ある日のこと、間借の部屋に辿りつく、見れば置き手紙、洋服を失敬する、嗚呼、着服とは、これか。学生の頃、風邪で三日二晩寝こんだ時、食堂から粥を運んでくれた、その友の仕業。これで急場がしのげるなら、一着残してくれた気くばりが嬉しかった。「貧しくば持ち去るも良し野立傘、明日の日和を天にまかせて」「盗人の置き忘れたる秋の月」

女形のように優しい事務所の先輩、築地小劇場の切符が入る、素寒貧にとって此のうえない楽しみ。後年の名優たちも下っ端の身でしたが一心不乱の芸が思い浮かびます。

箱根のホテル[5]の現場に二年間、竣工した宣伝パンフレットに名文が。客の途絶えた季節はずれ、秋から冬にかけての落葉樹の佗しい林の描写、閑散とした宿の風情、いやがうえにも旅情をそそります。筆者は箱根登山鉄道課長、後年、戯曲『王将』でも名をはせた人[6]。人に隠された才能を見抜くことのむつかしさを、ひしひしと身に覚えます。

フランス語は独学に近く、財布の底をはたいて我が物とした大英和辞典、見開の四隅に印鑑が恭々しく押してある、命の綱と思ったところが我ながら、いじらしい。なにしろ冴えた頭でなし、秀才が一時間のところを一晩かかる、刻苦勉励のほかありませんでした。

この翻訳も内職、本命は児童保護問題の勉強。とりあえず託児所建築をと、暇さえあれば都内の施設を訪ね、乳幼児の生活状況をつぶさに見学。保育問題研究会の会合にも、つとめて出席。社会事業研究所が全国の託児所を調査された資料を見せられましたが、建築として検討に値するのは東大セツルメントのみ、他は貧弱きわまる。乳児保育所で、ここは病院ですかと、つい口に出るほど悲惨な状態でありました。一九三六年の頃。

農繁季節保育所についても、優れた実績ありと聞けば、秋田県の寒村に出掛け、長野県に慈母の如き保姆ありと知れば夜行列車の旅も苦になりませんでした。児童問題を扱った名著ひもとき礼を尽して著者に教えを乞う。私にとりまして児童問題とは、教育、心理、予防医学、社会政策、英才児と鈍才児、遺伝か環境か、及ぶところでないと知りつつも、手を染め頭を悩ませました。

農地開発営団に移りましたのが一九四二年[7]、竹内芳太郎先生が建築課長になられ

5 強羅ホテルのこと。松村は、一九三七年から、竣工する一九三八年まで現場に常駐した。

6 劇作家・北條秀司（ほうじょう・ひでじ 一九〇二～一九九六）のことと思われる。北条は本名が飯野秀二、大阪に生まれ、関西大学を卒業後、上京して箱根登山鉄道に勤めながら一九三三年から岡本綺堂に師事して劇作家となり、歌舞伎、新派、新国劇に多くの脚本を提供した。『王将』は三部作で、一九四七年から五〇年にかけての作品である。

7 『無級建築士自筆年譜』で松村自身が書いた年譜によれば一九四一年である。また、松村を農地開発営団に呼んだ竹内芳太郎は、設立されたばかりの農地開発営団の理事長・村上竜太郎から一九四一年五月に呼び出され、興農部の建築課長就任を打診され、快諾しているといった事実から、一九四一年だと思われる。

た縁。雪国に四年暮せたのも、私には得がたい経験。ものみな珍しく、なかでも閉口したのが便所。落ち着く先は半年間の肥料溜、天井から垂れ下った命綱を両手で握りしめ、目を瞑って出を待つばかり。かたわらの箱に、切りそろえた柔らかそうな藁、手が出ません。

佐渡の家、広い土間の隅に風呂桶が、すっぽりかぶさる藁の笠、離れた所から綱で上げ下げ。腹にすえかねた嫁、姑、亭主のへだてなし、蒸すにまかせて素知らぬ風情《ふぜい》。すすめられたが入る勇気は湧きませんでした。

まごまごしたのが正月元旦、昼になっても下宿の爺さんお呼びがない。しきたり存ぜぬとは迂闊千万、朝の雑煮は元旦一日の昼まで喰い溜め、道理で餅の料理が豊富。次に握り飯、俎の上に山のように飯をのせ、分厚い三角形に仕上げてゆく、両手で器用に。醬かけて火に焙れば出来あがり。三角を両手で握ってかぶりつく、ゆえに握り飯、片手で頰ばる、ゆえに握り、と合点。

戦い敗れて故郷におちつき、縁ありまして人口四万の市、小役人の列に加わることに。「支那には四億の民が待つ」との勇壮な歌とは裏腹に「四国で四万の民のため」にご奉仕の身。ここで考えましたことは、人並みに励み大過なく日を送るか、智恵はたらかせて責任とるか、ふたつにひとつ。幸運にも一三年、私の生涯で最も充実した、悔いなき日々を送れましたのも、上司に恵まれ、同僚に支えられてのこそ。生きる、とは所詮奇遇の連続、そのうえ多くの人の力の結集で成り立つ。その意味でも善意あふれる請負、その下で黙々働いた職人連中、思い起して有難く、なつかしい。

ある時、職人衆を前に熱弁を、仕事の出来映えは、家が長持ちするか、しないか、みなさんの腕と良心にかかっている。鍛えられた腕の冴えと誇り高き職人魂に自信を持たれよ、と。並みいる人々の目も輝き、私も充ち足りた気分でありました。

市の職員としての苦労は、無理解な議員が時にはおる、頑迷固陋な病院の医師に遭遇することでした。今から四〇年前の話、木造校舎に色彩の全く無い頃、控え目に色を塗る。ところが謹厳実直をもって聞えた新進気鋭の議員、色気にうつつをぬかすとは何たる仕業、公然と批判して私を色きちがい。黙殺するほかありません。忘れてしまっていた、その人から、折りにふれて便りあり、たまたま会えば懐かしがって、おみやげまで。伊予史談会幹事、色も慾もない好々爺、浮世も満更すてたものでもありません。

それにしても議員諸公との交わり、練りに練られた苦労人、人生の勉強には役立ちました。若いころ夫婦で船に乗る一杯船主の船長さん、鷹揚で気くばり厚い。小さい旅芝居の座長さん、とかく他人の粗《あら》さがし。

建設委員会が港湾視察に九州出張、議員のはからいで私も同行。連休で船は超満員、その時、事務長を呼びつけた座長さん、「我々は重大な使命を帯びての公務の旅、寝る場所を用意されよ」と無理難題。ようやく案内されたのが普段は絶対に人を寄せつけぬ操舵室。レーダーなき時代、暗がりで黙々と夜の海を見張っている、見知らぬ世界を知りました。城山に登り、西郷どん最期の場面を語るガイドの説明に、とめどもなく流れおちる涙をぬぐっていたのは、座長さんでありました。

市役所では、ここを舞台に生きとし生ける人々の縮図を垣間《かいま》見る思いでした。泣く人、笑う人、怒る人、悩む人、嵩にかかる人、人間模様の坩堝でした。しかし仕事のうえでは、これら俗世間の利害得失を超越し、商業主義に毒されることもなく、極端に切りつめられた予算のなかで、いかにして理想に近づけるか、建築の真髄に肉薄しうるか、純粋の気概を保ちうるか、このことに腐心すれば良い、身は貧しくとも心は充ち足りておりました。私にとりましては、まさに試躍所でありました。

独立して。度量が小さい、清濁あわせ呑む器量がない、自分をあわれと思います。その例ひとつ。高潔にして義理ある方が知事選に立候補、応援の先頭に立っておられる方また同じ間柄。対立候補に不足なし激戦でした。

対立候補の側近と昵懇な私に親しき者あり、選挙とは関係なく純真な気持で私を、その側近に紹介、その方より会いたいとの電話。その方も無心とは知りつつも時期が時期、二股膏薬と勘ぐられる、己の良心の手前ゆきませんでした。もし私に卑劣な野心あれば、この好機を逃さなかったはず。投票の前日、応援団総決起、旗をかかげ自転車つらね戦国の合戦さながら。途中警告ありしと蜘蛛《くも》の子を散らすが如く姿は消え、残るは私一人。終日タクシー貸切り、道すがら尋問あり、答えていわく「前の車が私の行かんとする道を選《よ》り取りしては妨げる」戦は小差にて敗北。

「先生と言われて喜ぶトウシロー（素人《しろうと》）バカもある」と墨書した小旗つるし店を開いて三〇年、仕事欲しさに根廻ししたり、接待したり、策を弄したこと無し。見かねて友が仲を取りもち仕事さがし、有難ききわみ。

私は傲慢ではありませんが、他人には横柄とうつるらしく、人に媚びず、気にいられようと振舞わない、損な性分。昔、苦労人の蔵田先生が「お前は要領が悪い」と口癖に申されしは此の事か、でも私は先生に叱られたことは一度もありませんでした。

私のように身勝手な者が、よくまあ仕事がつづけられた、さいわい、頼んで下さる方が人格あり見識あり純真無垢であった、その信頼に応えたいと精いっぱいの努力は惜しまなかった、と自負しています。この間に世の中、人の心は、向上したとは思いません。うわべはともかく肝腎の芯が腑抜け。すべて其の場かぎり、見なおし手なおし風まかせ。虎視眈々《こしたんたん》われ関せず。

私が敬遠して止まぬ人種、建築家、学あ

る人に倫理は地に堕ちたと指摘されても恬として恥じられない。それどころか多弁であり、天賦の才能ひけらかし、自作は完全無欠と思《おぼ》し召す。自分の名を挙げるに急なあまり、公が、これまた知性とぼしく先見の明なき輩《やから》、彼等が企てる箱物に加勢する。箱師か箱屋に成り下る。

ご託を並べるも良い、ビジョン、イメージ、コンセプトも拝聴するも良い、ところが実際には、仰《おお》せの通りには活用されていない、使い勝手は我慢を重ねている、知らぬ存ぜぬ。建築稼の私などには到底考えられないことが罷《まか》り通る。腹の黒いカラスは可、可と肩を入れ、盲滅法ニワトリはケケ結構ずくめと持ちあげる。

形に色など末の末、建築家としての高邁な識見と謙虚な態度が問われている、と思っています。私が片時も忘れていないこと、山深く、人知れず咲く、名はなけれど清楚な花一輪、立ち去りがたい、そんな建築が創れたらとの思い。簡素で自然で静寂で、望めるものなら、香気と身と心にしみとおる翳《かげ》り、凛乎たる気品が漂うならばと。

ことさらに飾る、化ける、人目を引く、浅ましきことと思っております。前に向かって進むとも、上を向いて歩くまい、足元を見つめよう、物の道理真実をわきまえよう、「おとな」になろう、そう思いつづけています。

建築と建築家

——燕と雌鳥《めんどり》の対話から

盲目の老女と建築

鶏● 建築と建築家が世にはびこり、「社会を動かす」と悦にいり気炎をあげている、そんな手合いが近頃やたらと目につくじゃない。

燕● 目の毒、気の毒。

　ある日のこと、盲目の老女が豪勢な文化会館に入ってきた。連れの男が目を輝かして説明する。すだれのような天井の上に屋根がない。「嘘よ」ああ在る在る硝子、今頃の人間の好みらしい。「暗いと物が見えぬのかしら、闇と淵の奥底が分らぬはず、それにしても暑さくらい分るだろう」広い、向うにいる人の顔が見えない。高い、アレ烏《からす》の奴ないてる、ケンチク・カー。

『ここで何するの』何もしない、ぷらぷら人が歩いている、アトリウムと呼ぶらしい、「そう、アト利ウム、[8]欲の深い人間の言いそうなこと。鳥ならアトニゴサズ。聞くけどね、人間は坪いくら高い安い騒いでいるが、ここでは、そんなこと考えないの。そんなケチなこと考えていては国際テキな建築家には成れない。人が魂消《たまげ》て幻惑され度肝つぶし、あれよあれよと浮かれて宙に舞う、そのことしか眼中にない。眼は世界に向いている、世界が振り向くツボを心得ている。坪いくらなんて阿呆なこと。

「そうだろうね、弱者の呟《つぶや》きなんて聞く耳もたぬ」耳なしが増えたのかね都会じゃアト利ウム大はやり、猫も杓子も口あけて上を向いて、歩くわ歩くわ。

　見境もなく飛びこんで、聞くとなしに小耳にはさんだ話。土をこねて作る巣なんて泥くさい、早々に逃げだした。

鴻鵠の志

鶏● 建築家なんて偉そうに構えているが、子供みたい、可愛いね。高い高い大きい大きい、たわいもないこと競い合い、金銀ちりばめ胸を張り、それを自慢の種にする。ところでワタシ気になる言葉があるの、『鶏が先か卵が先か』人間よく口にするじゃない。

燕● 人間って、悧巧なようで、どこか抜けて。

鶏● ずっと建築を垣間《かいま》みてきて思うの、どこまでが創造で、どこからが模倣か、二番煎じや三番か、はたまた茶殻。

燕● 待ってましたの茶柱か。

鶏● 茶化しちゃ駄目よ。世界を股に旅をすりゃ功徳もあろう、星の数ほどある建物を目に丸ごと焼きつけて、ひらめく度に小出しして、傑作まがいを生み落す。よくもまあ、この世に次々と。私たち顔負け、籠の鳥の悲しさに、生んだ卵は棚ざらし。

燕● いやそれは生みの親の僻目《ひがめ》、老鶏の僻耳というものだ。気位たかき建築家のセンセイがたの、口にされ記されしことどもを仔細に検討すれば、深遠にして難解、学と想の広大無辺はかり知れず。「燕雀いずくんぞ鴻鵠の志を知らんや」とばかり。ボクはその度に尻尾まく。

鶏● 大きく出たね「おおとり」とは、人にたとえれば大人物。キミの親類筋の信天翁《あほうどり》とは月とすっぽん。たしかに雲の上の存在だが、私が知りたいのは、その鴻鵠クラスはジャーナリズムを味方にしたいのか、それとも歯牙にもかけず超然としているのか。またジャーナリズムは対等に構えているのか、それとも以上か以下か、そこのところ。

燕● 以上は少ないと思うよ。我が物顔の鴻鵠クラスを忌憚なく批評し、正すべきは叱正する評者こそ世に出て欲しい。以下では、いくら牙むいても歯が立つまい。ましてボクら陰でこそこそ言ってもね。

8 「そう、アト利ウム、で始まる部分に対応する閉じ括弧はなく、不明である。

なにしろ鴻鵠気取り、己の言うこと為すこと絶対正しい、と思いこんでいるから始末におえぬ。

箱師に箱屋箱提灯

鶏● とにかく凡才の意表をつく、世界を唸らす、天賦の才を遺漏なくひけらかす、鼻持ならぬ人種だものね。ワタシ世間が狭いから、北の国の倉本聰さんの言葉が気にかかるのよ。

　地方都市の行政が我劣らじと建てる箱物のひとつ文化会館とやら、それを評して、舞台まわりの使い勝手の悪さは言語に絶す。それでいて外まわりホール客席の豪華絢爛、使う側にしてみればガランドーの倉庫にひとしい。訳も分からず行政は自慢する、ご設計いただいたのは聞いて驚くなかれ、かの高名なる。

　独善と言うか誤算というか欠陥は、行政が誇るハコモノに限らない。相手の無智に帆をかけて民間に及び、有難いことに、これが泣き泣き寝入ってくれる。ついこの間も、山の奥に建った中学校。通り道の店屋のあるじ、見学者ひきもきらず店は繁昌、でもね、有名な先生のお手を煩《わずら》わしたらしいが長持ちするかね、って。

燕● 建築にはムダムリムラの三拍子そろうほど大なるほど、世上の喝采鳴りやまず、あとは野となれ山となれ。

鶏● 建築と建築家が二一世紀の花形なんて戯《ざ》れ言《ごと》をいっているが、そうなる前に、建設業と結託して都会を幽霊の棲み家にしたのは誰だ。中央の省庁が得手勝手に似たり寄ったりの計画をする、これは、おかしい、と反省を促すどころか仕事にありつこうとする浅ましさ。ある教授、建築家の倫理は地に堕ちた、と公言し、またある教授、業者も三舎《さんしゃ》を避けるほどの設計獲得合戦、と罵られても一向に反駁する気配もない。

　それどころか世間のウォーターフロントの声に乗じて、だいぶん苦心している様子だが、人間は、かく動くであろう、こう感ずるはず、と決めてかかっている。昔のウォーターフロントでは、水と建物と人々が自然な姿で一体だった。もとより人間の醜い慾望も渦まいてはいたが、生きていることの悲しみ歓び、汗と涙が舗道にしみこんでいた。虚勢も虚飾も目立たなかった。それが今、嗚呼、ライトアップで色直し。

燕● ボクは北から南、大空から見おろしながら考える。まったく人の世は、むなしい。争いに明け暮れ、譲ろうともしない。だまし合い、嘘と慾の鍔迫り合い、あわれだね。

　こんな世に在りても「社会を変える」と建築家はうそぶく。主役になって舞台で、どんな見栄きるつもりだろう。

鶏● 見得を切るのは任しとこう、なにしろ見え坊ぞろい。でも、見え透いてるよ芸の手の内は。感動し感涙にむせぶ客があると良いけれど、座が、しらけないかね。

　宇野重吉さんが、小さい町の古くて小さい小屋で、芝居するのが無上の幸せと言いつゝ世を去った。舞台と客席が、ひとつの心に融けこんでいたからだろう。街で見かけるピカピカ建物、干からびて血も凍てついた感じ。

燕● ピカピカ、命みじかし
　燃えつきる、命とおとし
　人は辛苦のりこえ、物は風雨に耐えてこそ。

鶏● ワタシなんか最低よ、幕切れは、首しめの段。

燕● 地方都市の夜、一番目につくものパチンコ店、昼は悠遊の殿堂が夜ともなれば竜宮城。内需拡大のいっぽうの旗頭、なにはばかることあろう。世にあふれる者、金の亡者に、くよくよ信者。

　でも考えてみればパチンコ族は健気《けなげ》だよ、騒に身をおき忘我の境を楽しむ。聞くところによると、ゴルフクラブハウスが絢を競っているとか。貴賓に金満家に心機一転、同船相救け合うゴルフ族、滑稽な姿である。

士は鱈腹《たらふく》くって高楊枝

鶏● 近頃は鳴りをひそめた様子、昔、世に評価され尊敬される建築士を志そう、エイエイオーと。知恵が売りものの烏《からす》、山中にて円陣を張り、黙して半日、一羽がカー、長い長い間をおいて頭目らしいのが、おごそかにカー。衆議一決、烏合の衆を解く。鶏群の一鶴とは、ひと味ちがうわね。

　士は叫び笛吹けども効目あらわれず、それに引きかえカーの奴、図ぶとく腹ぐろく、役者が一枚上だよ。まあ士でもカーでも構わぬが、ワタシのような弱者の身になってもらいたいよ。自慢じゃないが先祖代々、兎小屋以下よ、押しあい、へしあい、産むための機械よ、精もない。

燕● 惨めなのは鶏ちゃんだけじゃない、人間の住宅問題も解決されてはいない。古い港町の裏通り、やっと擦れ違う道に両側から二階が迫り出し、床の低い平家は日と縁もない。こんな状況に目をつむり、量より質などと寝惚けたことを言いよる。高級志向、数寄屋好み、これまた独り善がり。寿司喰うのと訳が違う。

鶏● 生れてこのかた裸足の暮し、そんなワタシが言うと嫉妬に聞えるけど、一流の建築家が超一流の料亭を設計する、勿体ぶって豪華な本ができる。設計するも本にするも勝手だが、料亭建築に普遍性はない、それで誰が幸せになると言うの。ワタシが考える建築家の倫理とは、これなのよ、単純さ。

　茶室ならまだいいよ、でもね、利休が命を賭けたのは茶室でなく茶道よ。建築の前に建築家の志操が見識が問われるべきよ。

　ふたこと目にはデザイン、正直に小手先の芸と言うべきよ。東洋と西洋を束にして木《こ》っ端《ぱ》微塵《みじん》に打ち砕き、篩に掛けてみたら。人間の考えること為すこと、どうも目先のこと。あとになって、見直せば事は足りる、なにさ、甘えるんじゃないよ。

燕● まったくだ。早い話が近いうち四国をトンネルで九州と近畿に繋ぐらしい、

ワシは。

鶏● 偉そうに、つばくらめ、と言ったら。ワタシあなたを見る度に思うのよ、背が黒で腹が白、腹に一物、性《たち》の悪い虫でも居るんでしょう、腹を割って話してごらんよ。

燕● 瀬戸内海に橋を架けるのも反対だった。瀬戸内は船に限る、船で動いてこそ、美しさ、怖《こわ》さが分かる、身も心も清められ鍛えられる。不心得者は後をたたぬ、このままでは瀬戸内は荒廃する、荒涼たる月を眺めて涙する日も間近であろう。

　ワシなら四国の真ん中ぶちぬいて、太平洋の鯨《くじら》を瀬戸内海に誘いこむ。アトリウムとか大水族館とか矮小な話を持ちだすな。

どじな話かも

鶏● 話を地に戻そう。建築が退屈で仕様ない、と良く言う。それで奇想天外なことを試みる、サーカスの落し子かも知れん。ポリスと名のつくもの、アートにアグリと枚挙にいとまなし。いっそ、アクビ欠伸ポリスは、いかがかしら。

　昔の並木道に街並み、揃っていて何の変哲もなかったけど飽きることは無かった、心にひびくものさえあった、並木道には自然の移り変りが趣を添え、街並みは外も内も造りは同じ。見分けは看板に暖簾《のれん》。あたたかいすだれ、肌にふれる言いまわし、にくいわね。普段は退屈かも知れない街並みを、そこに住む人が、その日を目当てに来る人々が、盛りあげた、知恵をしぼった、活気よみがえる。これが本当の姿だと思うよ。無精《ぶしょう》者が住みついては、街に灯が消える。

燕● 無精卵で育つから無精者に成熟し、骨もなければ種もない。今の世に教育ありて学問なし。人も我も共に幸せ、ということを会得して、人間は始めて、心に余裕を生む。

鶏● ワタシたち無暗矢鱈に、産み落とすだけ、恥ずかしい。

燕● いやいや人間は学ばねばならない、精根つきるまで続けてほしい。

鶏● そのうえ、子育ての経験が無いの、それでも人間に同情したい。片親、共働きの子供、二四時間無認可保育所、そして精神障害児のこと、何故に手あつい保護が出来ないものか。世の中は狂っている、不合理が多すぎる。鶏群の世界ばかりじゃないのね。

　身近な話、建築費も高すぎるって良く聞くよ、卵価を見習えって。

　強慾で抜け目のない人間ども、寄って集《たか》って吸いあげるんじゃないの。建築屋にも責任はあると思うよ、家ーにもね。

　でも、こんなこと尻目に、建築と建築家が「世を変える」と言う。挺古摺らねば良いけどね。

燕● 宴《うたげ》の段取りじゃないの、発信ごっこ、縄張りごっこ、綱引き競争。

八十路に思う

いつも言うように、瓢簞が流れついた所が、ある学校であり、ある学科であった、まことに頼りない人生の旅立ちであった[9]。

日本は非常に不況であった、世情不安であった、そんな時代だからこそ、命を賭けて奔走する志士がいた。

貸間を探すには苦労がない、ある広い屋敷の門に貼紙がある、友と恐る恐る訪ねてみる、古く広い格式ある家、年配の品格ある浪人風の主人が案内、うす暗い室がつづく、畳がふやふやして、うす気味わるい。

小さい家の二階に階段はさんで室、東工大留学生の中国人がいた。下の便所に降りるのが面倒で、窓を開けてトタン屋根の上に。夏になって隣の親爺が臭くてかなわん、と文句を言ってきた。安普請で堅樋が下水管につないでなかった、伏兵が、まさか居たとは。

私は従順な性格ではない、講義を聞いていても、こんなこと本に書いてある。出来の悪いのばかり集まっている、そんなの標準にされては、たまらない。一年上のクラ

9 二年間の浪人を経た武蔵高等工科学校への入学のこと。

スに秀才が二人いた、その一人、卒業して久米權九郎事務所に入り三年して肺結核で夭折。天理教のコンペに三等入選、一等は前川國男さん、蔵田周忠先生の秘蔵っ子だった。岩崎さんと言ったが、どう勘違いされたか、私をつかまえて良きライバル、と。惜しみても余りある天賦の才能であった。もう一人が本多さん、温厚で真面目、農林省に入り生活改善事業に熱心。かたわら独学でロシア語をマスターし文献翻訳に従事される、ソ連崩壊は感無量であったと思う。農地開発営団で戦争中を共に送ったのは竹内芳太郎先生の縁であった。戦争末期、私は新潟に。乳児の新品を預かってくれ、と帰られた晩に東京は大空襲。敗戦まもなく新潟を離れる時にアパートの家主に頼んでおいた。

なにもかも不案内な世界であったが、ヨーロッパを中心に新しい建築、機能主義合理主義建築の理論と実例が伝わってくる。様式建築の時代は終焉を迎えつつあった。新しい知識の吸収に夢中であった。朝日新聞社の講堂でヨーロッパの近況を知らせる講演会、バウハウスの動き、ブルーノ・タウトの来日、日本の建築も大きく変りつつあった。それでも、ジードルンクが何時、日本で実現するか、夢のようだった。

早大の学生だった武さんらと銀座の喫茶店にタウトさんを招いたことがある。タウト先生も時間を持て余しておられたと見え気安く応じて下さった。三〇年後に武さんと会ったら、私を覚えていて下さった。勿論私も武さんのこと忘れてはいなかった。当時の日本は、タウトさんに十分な活動の場を与える余裕がなかった。日本の風土と人情、伝統を作品に存分に発揮されたかったことと思う。最近きている外国の出稼人とは雲泥の違いがある。

二〇年前に、旧家協会機関誌第一号に藤井専務理事から、タウトに就いて、と小論文[10]を求められたのも奇しき縁であった。

新しい建築の勉強に事欠くことはなかっ

10 本書の第3章に収録した「BRUNO TAUT」のこと。

た、多くの優れた先輩が実物で理論で指導されていた。ある時、藏田先生に告白した、コルビュジエは社会改革の旗手であると、先生は言われた、いや違う建築改革に情熱を傾けている。家は住む為の機械である、彼の予言は適中した、悲しむべきことである。

当時の潮流に棹さしながら思ったことは、大衆の為に建築がある、都市がある、その為の理論であり実作である。その理想を追求するが故に真剣であり、世界に活気があった。前川國男さんが、夜もふけた時分、日本刀の鞘をはらい日本の行く末を憂え意を決せられた、との話が忘れられない。形とか色とか、そんなふやけた腰ぬけの戯言とは訳が違う。

藏田先生のお陰で、当時最も程度の高い雑誌を、売れることより理論で武装し世論を喚起したいと志し『国際建築』を同人の形で出しておられた小山正和さんに紹介される。アメリカの状況を翻訳することに依って知り得た。ライト、ノイトラの活躍が目立った頃である。翻訳に就いては思い出が多い、英語の中にフランス語が良く出てくる、知らなくてはアルバイトに傷がつく、アテネフランセの夜学に通ったのは、土浦亀城建築事務所に入って間もなくだった。熱心な先生がおられた、山内義雄さんと言って、難解な文法を短い時間で要領よく教えられた。その頃先生は、『チボー家の人々』を訳しておられたはずである。教師というものは、五の力しかない人が一〇教えようとするから面白くなく頭に入らない、一〇の力のある教師が五を教えると、凡才でも覚えて身につく。習い事の凡てに通じる真理である。もっとも教師の側に、習う側に熱意が無いと、話にもならぬけど。

私の尊敬して止まない近江聖人と称えられた中江藤樹先生は、父の跡を継いで医者に成りたい、低能ゆえ父も諦めている、それでも本人は真剣である。その時、藤樹先生、いくら幼稚な時代とは言え、医学書を自分で作り根気よく、人の何層倍もかかって教える苦労を惜しまれなかった。そして一人前の医者になれた、容易に真似られない美談である。

　ある時期、つづけさまに翻訳を載せるので、英語に達者な先輩が原文と引き比べて、誤訳迷訳珍訳は無いかと調べていたが、それっきり。でも最近、当時の訳文を読み返すと、論文調で生真面目すぎる。フランス語も一年の学習で雑誌の論文なら訳せた、『マダガスカル島の民家』、フランス語とは、それで縁が切れた。なけなしの財布の底をはたいて神田の古本屋で大英和辞典を我が物としたときの感激が未だに忘れられない。現在のものと比べてみると内容は格段に劣るけど。

　英語との縁は切らなかった、志した頃は、読めて書いて話せるように、それは果せなかったが、八幡浜市役所に入ってからも、外国雑誌は読んでいた[11]。市長助役に高い教養があってのこと、出費を私一人の為に惜しまれなかった事に感謝のほかは無い。お蔭で、蔵田周忠先生訳グロピウス『生活空間の創造』下訳の時は[12]、辞書なしで日本語に直し、それがそのまま本文になっている。翻訳は、幅広い教養を身につけ美しい日本語の表現に大いに役立った。相談相手もなく孤独な地方の暮しでは外国雑誌は親しい友の代りをした。中央の建築運動には全く無縁であったが、外国雑誌は自分の考えと力量を確かめる唯一の手がかりであった。

　話を元に戻し、私は我ながら手のつけられない頑固者だと思う。落書しては小学校の先生に注意され、中学校では下級生を制裁したと始末書を書かされ、武蔵では、算盤が苦手ときて追試験さえ、落第させてやると脅されても意を曲げない。いっそ、あの時、追放されていたら、少しは面白い人生が歩めたのに。

　もとを正せば、何事も人に強いられるのが嫌い、くどくど説明されるのも嫌い、我

11　八幡浜市役所時代の部下であった柳原亨によれば、市役所で二つの海外建築雑誌（ひとつは『AR（*The Architectural Review*）』誌、もうひとつは不明）を購入していたとのこと。松村は大洲市新谷の家から国鉄で八幡浜市役所へ通勤したが、往復の列車の中でそれを読み、勉強を怠らなかったようだ。

12　ワルター　グロピウスの*Scope of Total Architecture*を蔵田周忠と戸川敬一が翻訳した『生活空間の創造』（彰国社、一九五八）という本があるが、松村は蔵田の依頼を受け、その下訳を受け持った。松村家に残る蔵田からの手紙を読むと、彼が松村を信頼するあまり松村に依存気味の関係になったことや、松村が実に細かく翻訳を行い、蔵田がやや閉口したことなどがわかる。

儘で自分の決めた道しか歩かない。コンピューターの人相判断では、姓名と生年月日のみで出た答が大体これと違わない。度々言いますけれど、若い頃の骨相見の言に従っておくべきだったと後悔している。「苦しみは変わらない、変るのは、はかない希望だけ」の人生。

学生の頃から熱中したのは建築のことではない、児童保護問題。なんという美しくも高貴な志の持主であろう、と自分を誉めてやる。

毎日のように日比谷図書館で閉館まで頑張る。世の中には色々な人のいることを知る。紋付袴で法律論争に日を暮らす、司法試験の浪人たち、大分くたびれている様子であった。私は、どういうわけか、ぼんやり時間を過すのが性に合わない、人には、それぞれ行き方があり、宿題を後に残して先ず遊ぶ、のんびり過す、私は、先ず宿題を片づけて後は知らぬ顔、だから私の座右の銘は、「待機の姿勢」。仮初めにも大器の姿勢ではない[13]。試験の点数かせいで、そんなことより実力さえあれば良い。力がないなら負けて平気、だが決して泣き寝入りはしない、仕返す手を考える。それも根廻しなんて姑息な手段は弄しない、正面切って。足が短いから走るのが遅い、ワラジで走ってやろう、まあ、こんな調子。

それと金銭感覚、金儲けの才覚がない、全くない。だから卒業して就職先を決める時、月給も定めず、先約の半分にも足らなくて平気でいられる。良寛さんが、お椀一つで、めし、汁をすまされたと聞いて、人生の先達と崇《あが》める性《たち》だから。食い道楽もなし、飲み、で胆嚢炎となり。炎は下火に限ると思い知り。

また話を戻し、二〇歳を過ぎれば自分の才能の本質と限界を知るもの。学問を体系づけたり、論理に即して結論を出す能力の無いことを自覚している。始めの頃は、建築とは何ぞや、いかにすれば奥義を極められるか、苦心惨憺したが解決の道標さえ摑

13 この言葉を書いた松村の書（四〇×七〇センチメートル）を左に示す。待機を「大器」に掛け、それを否定しているところが松村らしい。

めない。だから私の勉強は実学のみで恥ずかしい。蝸牛《かたつむり》の仲間で、角だせ槍だせ頭だせ、と言われてやっと角を出す始末。『託児所建築』、『雪国の農家』を一冊分に纏めてみたり、『病院建築』しかり、『仕様の手引き』しかり14。無駄なことに時間を費やしたようで結構役には立ってくれた。一プラス二が三にはなるが、一プラス三が一〇には化けぬところが泣きどころ。こんな調子ゆえ、作るもので人の意表をつく、出し抜くなどの芸当に縁はない。木枯らしに耐えている裸の小さき木、必死に根を張っている、見あげれば梢に枯葉ひとつ、おお我が仲間と懐かしい。

建築家としての才能がない、と覚ったからには、モニュメントなど造ろうと思ったことは曾《かつ》て無い。その機会も、幸いに訪れなかった。名優は、舞台に立っているだけで重みがあり、その後姿で感情を表現すると言う。建築する、と言うことには大きい責任がある。私は、自分の非力を知るが故に、戦々恐々として今日まで来た。私の持論どおり三〇年の建築の命を、此の世から葬られる事は、嬉しき限りである。

だから新谷中学校が取り壊される時、一年前から校舎を清め、最後は合宿して別れを告げた生徒たち。狩江小学校、生徒が主になって「木造校舎お別れフェスティバル」15、作詞作曲した「別れの歌」を合唱し、皆が思い出を綴り語り、取り壊されても私達の心の中に、「いつまでも建っています」、と異口同音に。最後の夜を、学校を舞台に胆だめし、合宿、そして思いを込めて落書した。二年間につづけて姿を消したが、呼ばれて、私の生き方を述べる機会を与えられたことは、生涯の良き思い出となる。

私は当初から建築作品に依って名を挙げたい、そんな野心は、さらさらない。地方に引きこもり、どんな仕事してるか知らせ、との蔵田先生の励ましに応えただけ。それも竣工して一年間、使った結果を確かめて、

14 「託児所建築」は『国際建築』一九三九年九月号の特集「新託児所建築」（本書付録IIに一部収録）、「雪国の農家」は農地開発営団時代の日本海側の農村の調査記録（本書付録Iに収録）のこと。『病院建築』と「仕様の手引き」は、松村家で編者らが発見した三冊の手づくり勉強のノートのうちの二冊のことだと思われる。いずれも、雑誌の切り抜き、雑誌の図面や写真をインクでなぞったトレーシングペーパーを台紙に貼ったもの、万年筆で松村が文章を記したシート、『国際建築』の誌面などに厚紙の表紙をつけて金属リングで束ねられている。松村の熱心な勉強ぶりが実感できる貴重な資料だ。

15 このお別れ会のことを書いた松村の文章「狩江小学校お別れ会」は、本書第5章に収録した。

見られて恥じない自信があってから報告したに過ぎない。生徒が入ったことも無い学校を撮影し発表し得意満面の建築家の了見が計りかねる。建築は単なる作品ではない、観る物でもない、拍手喝采がそれほど欲しいなら、サーカスでぶらんこ乗れば良い、ハラハラの芸。建築に見せ場を作る、それが腕の見せ所、と心得ている。私は逆である、見せ場でない、感心する所、それも何気ない仕種《しぐさ》。お別れ会の狩江小学校で、会場を講堂とせず、向き合った階段。非常に緩くて明るい、生徒にお気にいり思い出の場所、そこを雛壇にするとは、我が意を得たりと実に嬉しかった。

土浦事務所での収穫は、平面スケッチを与えられ、手を取って訂正されながらも図面を描いて現場監督すること。ある現場で、私は信じて疑わない、日本一の棟梁に啖呵を切られて職人の真骨頂を胆に銘じたこと。若輩のくせして経験ゆたかな現場監督に向かい、私は予算に合わして図面を描く、と生意気に。言った手前、これを厳守してきた、それが出来ないのは素人だ。予算超過して、なおかつ威張るなど私ごとき凡人の為すべき事でないと自戒してきた。二年間現場にいて、請負の人に設計図は施工図は、絵では無い、時は金なり線は金なり、分ってるのか、手間と材料の無駄を指摘された。建築生産に不合理な点の多いことを痛感した。

託児所建築の研究に熱が入り、休日は実地見学、保育問題研究会の会合に出席、社会事業研究所で此の方面の有能な方の教えを受けていた。楽しかった、生涯に二度と訪れることもない花の季節であった。軍部がイギリス、アメリカを嘲弄する理由が不可解であった。その反面、ヒトラーやムッソリニの政策にも一理はあった。

建築家の資格を私なりに解釈して、私は家に縁はなさそうだ、それならば早く足を洗ったほうが良い、と悩み始めたのは、事務所に入って五年目。蔵田先生が思い止まれ、と親身も及ばぬ長い便りを矢のように下さった、それでも私は志を翻すことが、できなかった。結果としては良かったと思っている。

土浦事務所に入ってからも、先約の徳永先生ご推薦先へ、鞍替えしないかと度々すすめられた、人生とは、明日の知れぬ露の命と、つくづく思う。

民家研究の、と開き直るほどのことでもないが、民とは、名もなく貧しき人々の暮しが関心の的であった。虚栄を競う場所、自分が衆目を集める存在であろうとする、そんな構えは造りたくない。草庵の茶が良い、気取りのない居酒屋の雰囲気が良い。

ところが、建築家という人種は、この逆の道を好むらしい。泥くさい、鈍感な、冴えない、船ならば櫓の音がきしむ、花ならば徳利に挿して良く似合う、私のような人間には成りたくないらしい。

新谷中学校と狩江小学校がクラスタータイプの範疇に入ると教えられて、ああそうかと振りかえる。隣に生れて、小学校が有効に最大限に使われている、それを当り前のこととして育ってきた。学校は、凡ての人々の舞台であった、人生劇場であった。喜びばかりではない、悲しみ苦しみ悩み、忘れ去りたいこともあろう。それでも学校全体に鍵がかかっていないように、人の心にも鍵がかかっていない、血が脈うっていた。今の学校は、形が整っているが、凍てついている。空疎である。

私にとって学校は最初から生涯学習の場であった。新谷中学校を計画する時に考えたことは、ひとつの町、人の住む町の原型を造ることであった。廊下は道、昇降口ホールは人の集まる広場、周囲が硝子、二階への階段、昇って左右に分れる廊下は空中に浮いている。その廊下からは中庭を隔てて夫々《それぞれ》の目的を持った棟が見透せる。縮められたが中庭は広く取りたかった。棟を樹木と花の中に置きたかった、廊下を歩いていて変化に富んだ風景が発見できること、中庭に降りて楽しめる、力を合わす助け合う、心で身で覚える場にしたい。この根底には、中学校が最終の学校である、集団就職の時代であったこと。体育と徳育が主で知育は従。正しい人間の生き方を学ぶ、町であった。四年間を農地開発営団で過し、託児所建築を手がけたことは、無益ではなかった、心に焼きつき身で覚えたことは、泉のごとく沁《し》みいづるもの、そして、流れるもの、と知る。学校建築は土浦建築事務所時代に満洲で手がける機会があった。ある教育長、宿直室は「どこでも」と口すべらした時、烈火の如く怒り、「宿直室は何の為に在ると思っているか、畏れ多くも天皇の」それいらい天皇家に好感が持てなくなった。どういう訳か、私は相手を不機嫌にする癖がある、その時に逆らっては損だ。大抵の場合、怒る方が堪忍袋の緒が弱い。

　またある教育長、名前まで覚えている、平井さん。えらい熱心な方で夜分に公舎へ来い、落ち着いて検討しよう、その際言われた言葉が忘れられない、「思い付きで設計しては駄目だ、科学的に万遺漏なきよう全能を傾けよ。先生と生徒の立場で、教育の理念も忘れるな。君だから敢て言う、名建築が創れなくても、良い学校を造れ」一九四〇年のこと、管理という言葉を耳にしなかった、偉い、と思う。

　学校が管理社会になったのは私の知る限りでは二〇年前、管理されると空気まで固まってしまう、生徒の冒険心は萎む。何年か振りに日土小学校を訪ねた、河に沿った空地に草が茫々、河に出ている階段やテラス、ヴェランダに、外出しないよう指導している節がある。教育も、ここまで萎縮したかと冷たい風が心の隙間を通り抜けた。

　街並み保存を言う、辛うじて亡き骸は在るが、私には幽霊街道でしかない。過ぎし昔を知るが仇となる。人が街並みに惹かれる理由は、昔そこに繰り拡げられたであろう人々の生き様、染みついている人々の喜びの叫びを、悲しみの涙に思いを馳せるからであろう。ひとことで言えば、暖かい心根であろう。これを、学校建築に蘇らすことが大切なのである。

市役所に籍を置いた頃が新制中学に移行する初め、運の巡り合わせであった。最初のうちは無理解も抵抗もあったけれど、根気よく主張を押し通した。作品を遺そう、などという狭い量見では相手を納得させるのは無理だ。

これこれの計画がある、是非とも私に、などと平身低頭したことは無い、見かねて友が仕事を探してくれた、有難い。私の郷里である小学校でも、理不尽な要求を市の教育委員会が出す、そんな陳腐な案、私の出る幕でない。郷里の会長の取り成しに応じ、当初の費用、維持管理費を考え穏健な案に漕ぎつける。最初の理想案を押し通すべきであった、と今も夢を見る。夢とは不思議なものである、私の知人に金文字で夢とだけ刻んだ墓石の下に眠っている人がある。自分の不注意とは知りつつ失敗したこと、かけがえのない思い出の品を掠められた時のこと、何十年前のことが夢に再現する。悲しい。

八〇年を反省する、波乱のない人生であった、闘争心を燃やした日とてない、勇気が無かった。『忘れられた子ら』という同名の本が同時に世に出たのが一九三七年[16]。精神障害者の楽園を、自分の力で築きたい、見果てぬ夢に終ってしまった。生きながらえて、恥ずかしい。

「親のない子たち」の施設の原案を作ったことがある。補助金の査定が決定すると県の係が二ヵ月で着工したい、と言う。施設長は敬虔な方である、懇願された、でも断った。理由は、このような施設こそ、隅々にまで気を配り愛情の限りを尽す可きだ。それが杓子定規に造ってやる、そんな了見が許せなかった。完成して後に、天使のような施設長は申された、飛んだ迷惑を掛けるところであった、と。

私は建築家（稼）に成って良かったとは

16　意味がとりにくい。日本の障がい児教育の先駆者である田村一二（一九〇九〜一九九五）の著書に『忘れられた子等』（教育図書、一九四二）があり、一九四八年に同じタイトルで映画化もされている。おそらく松村は田村のことは知っていたと思われるが、年号に違いがあり詳細はわからない。

思っていない。建築家は堕落した、と信じている。そう批難されて反応もなく花は咲きつづける、それが不思議である。建築界という土壌が汚染されてしまったのか。ビニールハウスに在って外界と遮断されての末成《うらな》り瓢簞か。

人より早く市場に出て高い値のつくのを待っている。評価の高い品種を見つけては、接木に余念がない果樹に似る。何時、敵が現われるか、色つけ種つけ押しのけ我勝ち万々歳。憐《あわ》れ。建築という職業に就いて満ち足りている人、なんの反省もない人が羨ましい。これで良いのか、これが正しい道なのかと、迷いつづけて世を去るのかと思うと、寂しい。

思えば八十路、慠る暇とてなかった、恒に畏れていた、神を、八百万《やおよろず》の神々を。

自然で簡素な建築をつくるに真剣だった

まえにも言ったことがあるのですが、木で学校をつくるということと、学校を木でつくるということとは、同じように聞こえますが、じつは意味がまったく違うのです。わたしは、学校を木でつくりました。あくまでも、学校をつくるのが目的なのです。木は材料にすぎません。

戦後、八幡浜で学校をつくりはじめた頃というのは、材料というと木以外になかったのです。RC造になったのは、その後です。ですから、最初から木でつくろうとしたわけではないのです。木しかなかったから、木でつくったのです。

ところが、最近ジャーナリズムが木でつくった学校を、やたらにもてはやしますでしょ。あれは、おかしい。文部省も、木でつくった場合には補助金を出すという。つい最近まで、RC造じゃなければ絶対にダメと言っていたのに。

あれ、じつはちゃんとした理由があるのです。つまり、間伐材の処理なのです。間伐材が出て、その売れ行き先として、学校建築に注目したわけなのです。学校建築は住宅とくらべると、木を沢山使いますからね。

しかしながら、いくら木でつくれといっても、街中にある学校を木につくり換えるというのは、じっさい難しいことです。御存知のように、建築基準法で厳しく規制されていますから、不燃化せざるをえない。そうすると、木造というのは、現実問題としてまず無理です。そうなると、都市化されていないところということになりますが、じゃ山の中ならどうかというと、これもなかなか難しい。学校というのは、村にとって重要な避難場所です。もし仮に、災害が発生した場合は、学校が避難場所になる。だから、ＲＣ造の方が安全なのです。

文部省が、戦後ＲＣ造を奨励したのも、冷静にみれば必ずしも悪いとはいえない。ところが、今度は木造もいいぞ、というわけでしょ。それも、木を大量に売りたいからね。これでは、理由が不純ですよ。だいたい、文部省に限りませんが、お役人の言うことを真にうけると、あとでみんな後悔するのです。裏目に出ることが多いですから（笑い）。

もちろん、木造がよくないと言っているわけではありません。わたしたちは、木で育ってきたわけですから、木のいいところはよく知っています。ただ、木で学校をつくる、という発想があまり歓迎できないのです。

また、木で学校をつくる、という発想で言うと、いかにも木でつくりました、という学校がいくつかできてきましたね。これみよがしに、木を使っているということを強調する。あれは、木を売るためのショールームです（笑い）。最初から堕落していますよ。

それから、つくり手もそれを過剰に見せびらかそうとする。これは、最近の特徴でわたしは気にくわないのだけれど、木であろうがＲＣ造であろうが、一個の建築作品として見てくれ、と言わんばかりの学校が目につきますね。作品としての、一種の見せ場をつくる。これも、わたしはとても不満なのです。

教育理念と学校建築で話題を呼んだ盈進学園の細井久栄理事は、学校を建てるにあたり、世界に目をくばって研究されました。日本中の学校建築を見て回られて、最後にたどりついたのが日土《ひづち》小学校だったらしいのです。細井先生は、やっと学校らしい学校に出会えた、とおっしゃいました。確かに、手のこんだ、お金のいっぱいかかった学校はあるけれども、細井先生の考えておられたのは、そうした学校ではなかったようです。わたしのつくった学校は、それこそ素朴きわまりないものです。けれども、それがかえって細井先生に理解されたのであれば、これは大変うれしいことです。わたしは、学校というのはここにあるぞ、と主張するものではなくて、ひっそりと建っているのがいいと思っているのです。自然のなかに融けこんで、ひとつも目立たない学校が、わたしの理想なのです。

私は若い頃、託児所建築に夢中でした。教育すべきは英才児か鈍才児かとも悩みました。今はやりの零才児教育なんて笑止の沙汰です。

利己主義の露骨な現れにすぎません。託児所建築を考えながら託児所など不要な社会でありたいと念じましたが、不覚でした。

託児所産業がまかりとおる世になろうとは。もともと私も二四時間、事情ある乳幼児から学童を預かる施設を、子供の家と称して目論見ましたから喜ぶべきことかもしれませんが、荒涼たる憤懣を禁じえません。

ともあれ託児所は、良き習慣を身につける生活の場所。これをうけて学校は、良き市民の道しるべたることに変わりはありません。

建築は、このことに、そっと手をかせばよいのです。私は朝夕に復誦しております。

少にして学べば則ち壮にして為すことあり、壮にして学べば則ち老いて衰えず、老いて学べば則ち死して朽ちず。ご存じ、佐藤一斎の言葉であります。

一九五五年、郷里新谷《にいや》に中学校が建ちました。

当時は中学卒業生の多くは社会に出ていきました。彼らにとって中学校は最終の教育の場でありました。世に処してゆく術を身につけてやりたい、人に恥じない意志の強い人間に育ててやりたい、先生も生徒も村の人も熱心でした。

社会教育施設のない頃です。学校を最大限に活用したい、このことが計画の基本にありました。村民の生涯教育の場でありたいと願いしました。

子供の頃、小学校が青年の季節夜学校、先生は小学校の先生、その思いが私に焼きついております。

ところが夢はみじんにこわれました。純真素朴は通用しなくなっておりました。片手間の指導者に期待をかける余裕は既に失われておりました。

そして今日、教育は、金になる商売、教養は、お遊びの一種に堕落したのであります。

今、指導者不在ということを言いましたが、これは教育全般にいえることなのです。とくに、近年学校の先生がやる気を失っています。これは、大変残念なことです。先生自身があまりものを言わなくなっている。むかし、「私は貝になりたい」というテレビドラマがありましたが、ちょうどあのような状況になってるのではないでしょうか。

愛媛県は、教員の勤務評定を最初にやったところなのです。あれが、先生の口を塞いでしまったように思う。と同時に、管理社会になって、学校も小さな管理社会になってしまった。むかしは、学校に鍵をかけるなどということは考えられなかったことですが、今ではそれが当り前になっています。今、オープンスクールということが盛んに言われますが、あれもひとつの管理教育だと思うのですよ。案外自由にさせているようで、そこから抜け出すことはできないようになっている。あれで卓抜な創造力とか強靭な持久力が芽生えるのでしょうか。

わたしは、そんなことをするよりも四〇人学級ならそれでもかまわないから、教師に助手をつければいいと思っています。各クラスに助手を二、三人置く。その方がよっぽど効果があがると思うのですがね。

そのためには、先生にやる気を出してもらわないと困りますが。だいたい、学校が荒廃している、などと言われることは、先生にとってはずかしいことなのです。学校を楽しくさせるのは、先生の力ひとつです。しかし、そうするためには、今の管理教育をあらためないとダメでしょうね。

今の学校建築に欠けているのは、教育に対する根本的な思想です。私が学校をつくっていた頃に、ヴィジョンということが盛んに言われたものですが、今は、それに変わってイメージということが強調されている。ヴィジョンが言われた時代には、深慮遠大な視点があったと思うのです。ところがイメージあるいはデザインが言われる今日、そういう視点がどうも欠けているように思われる。ものの考え方が、非常にせまくなっていますね。それは、風潮だからしかたのないことなのかもしれませんが、これではただの自己満足に終わってしまうのではないでしょうか。今の学校建築を見て感じることは、単なる小手先のデザインに終わっているのではないか、ということです。

かつての学校は、全国一律でした。わたしは、それをいかにして壊せるか、と苦心してきたのです。もちろん、いろんな抵抗にもあいました。それこそ、職を失ってでもやらなければならない立場に、何ども立たされました。なかなか自分の考え通りにはいかないものです。しかし、なんとかして学校を変革したかった。

けれども、それは人目をひこうだとか、自分のデザインを見せびらかしたいということでは、まったくなかった。これまでの、学校のかたを破りたかっただけなのです。自由な発想で、学校をつくりたかったにすぎないのです。目的は、だから、常に学校にあったのです。教育の環境とともに、教育も変わってほしいと願いながら、学校を設計したのです。

建築は、所詮器にすぎないのです。それでいいのです。今のように自分のしたいことをやろうということではないのです。だからわたしは、誰が設計したか、などということはどうでもいい。いい学校ができれば、それでいいのです。

わたしは、小学校をつくるとき、まず子供になったつもりでプランを考えはじめるのです。マルローの空想美術館というのがあるでしょ、あれにならって空想の学校を思い浮かべるのです。ふとんのなかで目をつむる、子供に変身する、童心にかえる。学校のなかを走りまわる、座ってみる、変化と感動を探りだす。決められた敷地がよみがえって学校のかたちが現れる。歓声が聞こえてきます。

先日、久しぶりに日土小学校へ行ってみると、つくったときは分らなかったけれども、部屋のなかの空気が違うのです。何かが伝わってくる。静けさのような、落ち着きとか、やわらかさとか、雰囲気のようなものがね。空間の香りといってもいいかもしれない。もちろん、子供にはそういうものは感じ取れないかもしれない。しかし、いつかその学校を卒業して大人になったときに、ふっとその感じを思い出すことがあったなら、こんなにいいことはないんじゃないかな。

むかしは、学校は村のほこりだった。そこには、きっとそうした目に見えない何かが宿っていたに違いないのです。わたしは、そういうかたちだけではない、こころとでもいっていいようなものを学校建築にこめたかったのです。

学校の主役は子供であり、先生です。決して建築家ではない。建築は、あくまでも脇役にすぎません。わたしたちは、そのことを忘れてはならないのです。（談）

日土小学校

愛媛県八幡浜市日土町
一九五八年竣工
施工　藤本次郎

なんの変哲もない外観です。堂々とした構え、記念性のたぐいにわたしは無縁です。その土地の雨にぬれ風にもまれて建ちつづける。木は内も外もペイント塗り、時たてば色直し、さっぱりしたものです。

校舎の裏側に小川が流れていて、川岸に学校が建っているのです。そこで、おもいきって二階のベランダを、川の上へつきだした。河川法違反という横槍が入りましたが、なんとか理解していただきました。

両面採光と通風のため教室を廊下から離し、窓台も低くして目にしみるのは川向こうの山の緑のみです。薫風にのって蜜柑の花の香りが教室にたちこめます。小魚のはねる音がしじまをやぶり、落葉の沈む川の底は冬の絵に変わります。

それに幸運というか有難かったのは、この学校は地元の大工さんが施工したのです。だから、左官屋さんとかブリキ屋さんとかみんな地元のひとたちです。自分たちの村の学校だから、自分たちの子供や孫がそこで勉強する。だから、一生懸命やろう、という気持ちでつくりましたから、大変よくできています。金銭勘定を度外視して、もってる技術を出しきって取り組んでくれた手づくりの学校です。

この学校が、昔の姿をとどめているのは、当時の助手でした柳原亨君の絶え間ない支えのお陰です。公共建築に非常に大切なことと痛感しています。つくった人、村の人、縁あって立たれた先生、学んだ人の志が、この学校には息づいております。

新谷中学校

愛媛県大洲市新谷町
一九五五年竣工
木造一部鉄骨造
施工　鹿島建設

結果としてはクラスタータイプにおちつきましたが、むらの子供と大人に役だてたいと真剣そのものでした。

金工の工作室に、家庭科室、裁縫室や試食室もつくりました。また、農業実習室には精米機械からパン焼き釜まで置きました。先生方の希望をできるだけ汲み取って、実現できることはみんなやりました。

生徒用の玄関を吹き抜けにしたら、生徒のひとりがホテルのロビーみたいと言いましたが、心臓の役を果たして大きくはばたく空間に、胸のたかなりを覚えたとみえます。村の中学校を建てること、それは小さな都市計画、理想の村を樹立することに通じます。

ここの施工は請負でしたが、やはり三〇年近くたってみると、だいぶいたみがひどいようです。ここも仕上げにペイントを使いました。

付録 I

「雪國の民家　第一部」他、東京都市大学図書館・蔵田周忠文庫所蔵原稿

解題

松村正恒は、一九三五年に武蔵高等工科学校を卒業して土浦亀城建築事務所に入所し、満州の新京で勤務した後、同事務所を一九四〇年に辞めた。そして、一九四一年から一九四五年の敗戦まで農地開発営団に勤め、その間、彼は主に新潟事務所で日本海側地域の農村調査を行った。そのことについて松村は、『無級建築士自筆年譜』に収められた「自筆年譜」の「昭和一六年（一九四一年）」の項で、「農地開発営団へ、建築課長竹内芳太郎先生の膝下。新潟に移住、秋田、山形、長野、富山、石川、福井が守備範囲、域内に日本三大豪雪地帯あり、『雪国の農家』編む。武蔵工大・蔵田周忠文庫に保管」と書いている。

ただ、農地開発営団が一九四一年にまとめた『農地開発営団の使命と其の運営』[1]という冊子によれば、新潟事務所の業務地域は、秋田、山形、新潟、富山、石川、福井であり、長野県は含まれていない[2]。また、「『雪国の農家』を編む」と松村が書いている原稿を、彼は戦後になって蔵田周忠に託し出版を計画したようだが、実現にはいたらなかった。蔵田とのやり取りも残っているが[3]、松村としては無念だったに違いない。

ところで、松村が「雪国の農家」と記した原稿を含め、彼の農地開発営団時代の活動を示す資料は松山市の松村家には見当たらなかったが、二〇一一年一月に東京都市大学図書館の蔵田周忠文庫で松村の同原稿を含む複数の原稿や、蔵田に宛てた手紙などの存在が確認された。その後、二〇一四年九月九日に編者が再調査して以下の（A）～（I）を確認し、現存する原稿全頁の写真撮影を行った。あとがき、図版、註釈なども準備されていること

1 農地開発営団編『農地開発営団の使命と其の運営』農地開発営団、一九四一年

2 詳細は、拙著『建築家・松村正恒ともうひとつのモダニズム』（鹿島出版会、二〇一一）一一一頁参照。

3 その経緯の詳細は、前掲書、四九二～四九三頁参照。

から想像すると、やはり出版企画はかなり進んでいたと思われる。

（A）「開墾地の家」
（B）「雪國の思い出」
（C）「雪國の民家　第一部」
（D）「雪國の農家　第二部」
（E）「東北の旅」
（F）「あとがき」
（G）図版解説（旧）、図版解説（新）、雪國の民家諸図版（封筒入り）、雪國の民家図版メモ、雪國の民家図版レイアウト、註
（H）蔵田周忠への手紙
（I）相模書房・引頭百合太郎への手紙

（A）～（D）は、松村が日本海側の農村を調査した際の記録であり、農家の建物や暮らしが書かれている。（E）はそれに比べると旅日記という趣の文章で、松村が移動中の列車の中などで見た風景や出来事が、独特の抒情的な文体で記されている。そこには、『老建築稼の歩んだ道』に収録された「人それぞれの生き方――老建築家から教師の卵達へ贈る言葉」（本書第3章）に登場する旅芸人の少女のエピソードが書かれており、感慨深い。

いずれも、当時の農村の生活記録として重要であり、また、松村の動きを通して農地開発営団という組織の一端も想像できる貴重な資料ということができ、本書に（C）～（F）および（G）の一部を収録した。

東京都市大学図書館・蔵田周忠文庫に保管されていた松村の原稿や手紙

雪國の民家 第一部

一

荒れ狂った日本海も、「アカシヤ」の花が小雪のように散る頃には、海ぞいの淋しい駅に汽車がとまると、ものおとひとつきこえてこない靜けさである。梅の香もうすらぐと、まもなく、櫻の蕾はほころび、そして、あわたゞしく散ってゆく。新緑の北國は、なつかしくも、また、すさまじいが、「ハマナス」の実が眞紅に熟す頃は、もう、秋の風である。嵐の日がつづく、雪になる。心も焦るが、言葉も早い。

根雪までには、雪がこいを造っておかねばならない。

一晩のうちに、一・二米もつもり始めると、また、雪降しである。

今年は雪が少ないといっていたが、それでも、三米六〇ちかい雪道を、あとからくる出稼ぎの娘達は、「雪が消えねばどうにもならねえ」と、五月をまつ悲しい聲である。

雪融が近づくと、小さい子まで、木の「ショベル」を持って、雪の塊を河に押し流す、いぢらしい風景をみる。

長い冬籠りに耐えきれず、人々は、山を越え、海を渡って、働きに出た。嫁取りや聟入りも、冬の間の出来事であり、雪の上で藁を焚き、祖先の靈を迎えるのも、この頃の行事である。子供等にとっては、数々の樂しい思い出が殘る冬である。

二

家は埋まり、野は一面の白である。豪雪地の街は、降した雪が二階の屋根の高さはある。

これを切りとって、道を開いた後に残された、四角の大きい雪の塔が、新雪を冠って、狭い街の両側に並んでいる風景は、異様に美しい。雪明りでは「ガンギ」の道も、慣れない者には歩きづらい。

雪國の街の家は、切妻が道路に面し、軒先は接している。少しでも離れていると、雪で埋まる。自分勝手なことは許されなかったのである。

越後の出雲崎は、古い港町である。山の上から見下すと、同じ高さの奥深い木羽葺屋根が、山の迫った僅かな土地に、道をはさんで長々と延び、その上を歩いて渡れそうな氣がするのである。多少の違いはあっても、同じ様式の家が並んでいた昔の街は、今よりずっと落ちついて、一種の風格を保っていたと思ふ。

ジメジメした露路をぬけて浜辺に出ると、海に柱を立て、家を支えているほどの、狭苦しい漁師町である。店の入口脇に、簡単にかこった場所がある。どの家にもある。よく見れば、なんと、小便所である。さらに面白い家があった。店の出入口には、潜戸付の開戸があり、その前に「ガンギ」があるのが普通だが、ちょうどその大戸のところえ、低い格子をおとしこみ、それに引戸がついている。これは、同じ郡（北蒲原）内の古い農家でみたと同じ手法である。古い町の家ほど農家のおもかげをとどめているのは、争へない血のつながりである。

三

新潟の雪は濕っている。『ヌカ』が降るようだ。

すばらしく大きい『ボタンユキ』のこともある。

静かな、美しい眺めである。そんな日は、うつろな心が雪にのり、天にものぼる心地がする。

北にゆくほど、雪の色は純白で、サラサラとしている。吹風くには、あつらえ向きにできている。この、雪のちがいほど、秋田と新潟では、言葉も、人の顔立も、ちがっている。

屋根につもった越後の雪は、自然にはおちにくい。たゞ困るのは、柿葺屋根に凍りついた雪が、家の暖気で下の方からとけ、滑りおちる。

そのとき、柿板をさらってゆく。これをさけるため、越後の中魚沼地方では「ナデヨケ」といって、椿か杉の枝を屋根に敷き並べる。さらに、もうひとつの悩みは、奥羽で「スガモリ」、越後で「シミガエリ」と呼んでいる、これもやはり前と同じ現象で、軒や庇に凍りついた雪融水の逆流である。

茅葺は農家に、柿葺は漁村か町家に多い。

手頃な石のえやすい土地では、石置屋根をみる。石の大きさ、その並べ方は、土地毎に異なるが、この石は雪止めの役もする。ただ困るのは、石の下になった柿板が腐朽しやすく、七・八年しか壽命がない。三年目には修繕しなければならぬ。

鼻隠と破風板が、柿葺の軽々しさを補っている。これが、町家になると、ことさら見榮を張り、細部にもそれぞれ趣向を凝らしている。

屋根から雪を降すより、降した雪が埋った軒天を、掘り出すことの方が苦勞である。従って、雪國の家は、軒を高くし、屋根の形は單純に、家の廻りには空地が欲しい。ところが実際には、越後の豪雪地でさえ、雪降しに最も悪い谷、いわゆる「ダキ」を造っている。「チュウモン」を、あとからつけたしたためである。前を「ウマヤチュウモン」後を「ヘヤチュウモン」と呼んでいる。

草屋根の材料は茅か葭である。これは雪がこいの材料にもなる。葭はまた、土壁の木舞に使はれ、さらに、北國でよく見かける、窓や入口に年中吊してあるところの簾にもなる。

四

北國は水田が多い。雨が多いせいか、湿った感じである。

部落も、山の上にあることは稀で、その麓か、田の中に、林にかこまれて集まっている。散居の例外が富山平野にあるが、それだけに屋敷林にたよること多く、もともと冬の寒風を防ぐために植えたものであろうが、今では、これが繁茂して、宅地の威容を整え、不時の用材をもかねている。このため、日当りがたいへん悪かったが、最近、大木は伐られ、なんだか拍子ぬけがしたようだ。

雪國の農家は、概して大きい、古い、しかも荒れている。激しい風雪に耐えてゆくために、家の形は粗野であり、重厚である。

草屋根独特の威容と、莊重な調べに心ひかれぬわけではないけれど、輕妙な棟飾り、こった煙出し、すべて他國の眺めである。

それはちょうど、野良で鍛えた農婦の姿にて、頓着しない逞しい色と線をもつ。周囲の風物にとけこんで間然するところなく、不敵な構へで動じない。大地に深く根をおろし、頑固と思はれるほど、民族の傳統を承け継いできた家である。そこに漂よう神聖な雰圍気と風格は、実に人々の魂のふるさとであったのだ。

農家は、近よって見ると、乱雑である。しかし、そこにあるひとつひとつのものに、汗がにじみ、先祖の血がかよっている。

どことなく生気がみなぎっている。底力がある。家の中へ入って見るがよい。素朴、剛健。太い柱、とてつもなく大きい鴨居、煤けた梁組。焦々した鋭い神経では到底わりだせぬ、愚鈍ではあるが豪放な図太さである。優雅に洗練されるには、あまりにもきびしい北國の自然であった。

五

杉の木も、永年の雪とのたゝかいに、まっすぐには育たない。一度は雪に歪められて太るのである。雪國の人々は、この曲った根元の利用を忘れない。

即ち、深い軒出を支えるためには、小屋梁を持ち出して旅桁を受けるのであるが、このとき、この材を用いると、出梁の部分は水平の化粧材となり、屋根裏では敷梁に向って登りの梁となる2。

富山の町家では、深い軒を支へるのに、屋根の勾配にそって、そのまゝ梁を持出しているが、頭のつかえそうな低い二階の構造法としては至極かなっている。

代々承け傅えてきたこれらの構法から、たやすくは離れられない人々である。例へば富山では、「ヒロマ」の小屋梁を、二重にも三重にも井桁に組むのを、特に「セイロウグミ（井籠組）」とよんで、これを誇りとしている。しかし、これは、多分に大工の仕業である。茅を葺く前の軸組は、見たところ実に頑丈である。たまに雪で倒れることがあるが、多くは合掌に組んだ小屋組にかぎられている。この屋根裏は、雪國では、このうえもなく重宝で、少くとも一年間使う薪と藁は貯えておく。こゝを、越中では『アマ』、越後では『ソラ』と呼んでいる。間がぬけているようにはみえても、空間の利用には、妙なところで、力んでいるのが農家である。

雪がこいをした冬は、家の中はうす暗い。葺下して掾側を建増した家などは、軒が低くてなをさらである。さすがに家の埋まる豪雪地では、「ガンギ」の上に欄間がある。そのため天井が高く、二階をもうける余地は充分ある。よく晴れた冬の日に、炉端を離れて二階に上ると、全く別天地の心地がする。

純粋な形のまゝ残っている家は少なく、多くは後から手を加へ、富山でよく見かけるように、草屋根の後半分、瓦を葺いた家もある。それでもまだ、「カネテ」などと呼んでいる室があるのは、凵字型であった大昔の名殘であり、基本の形だけは、今に保っているのである。引違戸の、しかも中途半端なところへ、平気で室の仕切がとりついているなど、いかにも農家らしい。

六

ことわるまでもなく、古い民家は、すべて徳川時代の遺構である。それにしてもこの家が、生活の傳統とともに、無意識のうちに子孫の薫陶に役立った力は没すべくもないのである。

武家屋敷に見るあの端正な奥床しさ、風格のある雰囲気は望むべくもないが、神と佛に仕へることを、ひたすらに念じてきた農家にも、また捨てがたい尊とさがある。

數え立てればきりのない美点をもつ民家ではあるが、これからの生活に、今のまゝ、使えるわけのものでもなく、折があったら、新しく建てかえたいと、望まぬ者とてはないのである。それにしても、村の生活の激しい変り様は、実にここ數十年來のことである。封建時代のことをふりかえって見るがよい。衣服についても、春秋は木綿袷一～二枚、同半纏、胴着（冬兼用）、肌着各上下一枚、夏は木綿單衣二、布の帷子一、絹綿混織の縞の單衣、冬は木綿縞の綿入上下一枚宛の外、絲縞（絹綿混織）一〜二枚（富山県西礪波郡鷹栖村）に限られていたし、食物に関しても、朝は糧飯（「カテメシ」）と稱し、屑米を搗き割りたるものに、「ズクナシ」と稱する木の若芽を乾燥、貯藏せるものを、米と半分に混じ、晝は朝の殘飯に漬物か味噌汁、夜は雑炊と稱し、味噌汁に野菜と米を少々いれたもの（新潟県南蒲原郡森町村）で我慢していたのである。祭か正月に、餅か赤飯を作るのが、せめてもの樂であった。あの祭の前の言い知れぬ興奮は、昔の子供も味った経驗のくりかえしであったのか。

　このような粗衣粗食の生活を盛る家にも、地主と中百姓、それに小作人とでは、歴然と差別が設けられていた。即ち、地主の家は張間五間、間口十間、室数にして六乃至十。中百姓では四間に八間、四乃至六室。これが小作人に下ると三間に六間、一乃至三室しか許されなかったし、建具すら自由にははめられず、床は籾殼を厚くおき、その上に菰か莚を敷いたものである（青森県南津軽郡六郷村）。

　このような食生活では、爐ひとつあれば間に合ったであろうし、狭い室を寢間と定め、藁にもぐって寝たことを考えれば、いまさら萬年床などと指彈されるのは、片腹いたい次第であろう。藁蒲團の敷き放し、押入はなし。晝間戸を閉めておけば、われわれのごとく、いきなり覗き込む無礼者もなく、寝床をあげて、その室を他に流用せねばならぬほど、狭苦しい百姓家でもない。

七

　炉のない冬の生活、そんなことは、考えても見たことのない雪國の人々である。子供はさほどでもなく、炬燵で樂しく暮しているが、炉端から離れられないのは大人である。雪に閉じこめられた冬の夜、靜かに燃えつづけるあの火を見守るのは、たしかにひとつの魅力である。

　北國の人は、よくお茶を飲む。自在鈎を調節しては湯を沸し、煙草盆の代りもするこの炉端に、眞夏でも、人はつい寄ってくる。家のなかの適度な暗さと、湿っぽさのせいか、これが少しも不自然には感じられないのである。

　晩秋の霙に冷えきった身体を暖め、深い雪道に重くなった藁靴を乾かすには、炉の火にたよる他はないのである。火棚の上にのせてある藁靴はよく見るが、越後の山の中では、ぬれた靴のまゝ、炉端に座って話しこみ、乾いた頃に、やおら腰をあげる。悠長なものである。

　この室を、地方によって、「ダイドコロ」とも「チヤノマ」とも、或は「オマエ」「オエ」とよんでいるが、床は、板張か莚敷、炉端だけ茣座が敷いてある。客なり主人の座る場所は、おのづから決っていて、ことさらお世辞は使はない。

　百姓は親子そろって野に出るし、隣近所の者がきて、炉端で話す題目も、多くは農に関することであり、それは、自分も知りたいし、また、聞かしても置きたい子供の年頃を考へ、こうして、自分達も席にはべるのだと、雪の日に出會った越後の家で、主婦は、つゝましく語った。これが農家の眞実の生活である。

働き手がそろっているせいか、その家は清潔であった。なにとはなしに生活にゆとりがあり、うるをいがあった。眞面目に働く農家の人々にとっては、いまさら娯樂などと騒ぐ必要もないのである。

信仰に篤い農家の人々は、神を迎えて共に興じ、祖先の靈を飾って感恩報謝した。農村に傳はる四季おりおりの行事だけは、せめて子供と若者のために、絶やしたくないと思っている。

農民の生活とむすびつき、農村の生活に快いリズムを與えるところに、これらの行事の價値がある。勿論、これだけではみたされない。停滯してしまふ。人々に刺戟をあたえ、正しい意味の欲望と探求心を起させることが肝心である。

八

ひとつの屋根の下に、人は牛馬と共に住み、同じ釜の飯を喰ってきた。それをわれわれは不潔だと考えるが、「フランス」人形のような身裝と神経では、農家の生活にとけこんでゆくことは覺束ないのである。さしづめ泥人形の面魂を借用に及ぶか。

農村の子供は土にまみれて遊んでいる。構ってもらえない子の中から、犠牲者が出てくるのは悲しいことである。心から子供のためを思って造られた遊具を與えられない彼等にとっては、安っぽい玩具などよりは、その辺に置いてある、大人の道具に魅力がある。幼兒の躾に、農村の生活は、限りなく惠まれているが、親にその餘裕がなく、託兒所は水泡の如く無力にして、惜しいことである。

冠婚葬祭と農業本位にできている農村の家そのものには多くの缺陥がある。その優なるものが便所と炊事の設備である。米は「カマド」で焚くけれど、汁や煮物は炉の火である。そのために、流しと炉の間を何度も往復しなければならない。しかも、その流したるや、給排水の不備と相俟って、満足なものとてさらになく、始から働きにくゝ出来ている。物のおき場もそのまゝに、家政萬端、若いころ、親に習ったとおりのことを、疲れきった身体で處理してゆく、農家の主婦には全く同情する。

人糞が大切な肥料であり、おまけに冬の間は、一度も汲取らない雪國の農家では、便所の位置と構造は、まづその点を考慮にいれて定めねばならぬ。雪にうづもった家などでは、眞暗で、小便所の不潔なことは話にならぬ。水洗便所はとうてい望めないが、現在の狀態はすてておけない。人糞などを、肥料として使はなくなれば問題はないのだが、結局、農村の生活にからまる諸問題は、個々に取扱っていては、永久に解決されはしない。

廣い「ニワ」のかたすみに壷が埋めてある、それが小便所であったのには、聊か面喰ったが、富山では、さらにおどろいた。十糎位の長さに切りそろえた藁をいれた箱があり、便槽はそれで一杯だ。藁といっても、はかまのやわらかい部分だが、紙のかわりに使っている。

　しかし、これはまだ良い方であった。縄を一本、外に渡しておき、終ったとき、これをまたいで五〜六歩すゝむ。山の中には、まだこんな暮しもある。

　雪の深い所ほど、便所は、家の中に、それも殆んど、玄関脇にある。長い間の習慣で、我慢はしているが、農家とて、これを最上の策だとは思っていない。雪がそれほど深くないせいもあるが、開墾地に新しく建てた小さい家では、壁一重へだてた便所が耐えられぬ、掘立て小屋でよい、のびのびと外でしたいと言う。悲しい諦の言葉である。

九

　少し気のきいた家になると、入口の数も多くなる。その構造と呼び名は、土地によって異なり、例へば庄内地方では、「ニワ」の入口を「戸の口」、座敷の入口を「ゲンカン」と呼ぶのに、越中では前者を「ゲンカン」、後者を「カミシキダイ」「シモシキダイ」と呼んでいる。式台の軒先に、巻いたまゝの簾がだらしなく下っていた。秋田の武家屋敷には、このところに、昔ながらの簾が、ものものしく吊してある。

　狭いと、なんだか物足りないほど、農家の「ニワ」は廣々と造ってあるが、共同作業場の利用が盛んになれば、無用の長物と化するであろう。雪堀りの苦勞にさんざんなやんできた雪國の人々は、家はなるべく小さくしたいとねがっている。土地、家蓄、農具、すべて共同管理にすれば、農村計画は根本からちがってくるが、現在の農民は、おそらくそれをのぞんでいないと思ふ。たゞ確実に言いうることは、將來の農業經營の方向をあわせかんがえてみて、農民は、農家としての機能を果しうる限り、小住宅を要求するようになる。

　勿論これには、家事勞働の合理化と、公共施設の完備を條件とする。しかし、その性質上、農村住宅を、都市の最小限住宅と同一に取扱うことはできない。ある程度の彈力がほしい、野趣がほしい。手作りの花を一輪たづさえて、訪ねてきた人の心を奥ゆかしいと感心した。

　越後の、山のなかでの出来事だったが、田植前の、佐渡の風景も、わたくしにとっては、また、生涯忘れられないもののひとつである。五月の朝。したゝるばかりの新緑。さつき、桃の花。土から生えたとしかおもえない茅葺の母屋。諧調あふるゝ石置屋根の納屋。うきぼりされた白壁の土藏。これらが、静かな田の水に映っていたのである。

　間取りにも、その姿にも、血のかよった親しさを感ずるところに、農村のかもしだす力強い雰囲気がある。旅人の目に映るのは、單なる村の外貌に過ぎぬけれども、行く先々でうける印象は、つねに新しい。

　母家だけの農家は少なく、家につゞい

て「クラ」があり、「ナヤ」がある。その使い勝手はまちまちだが、「クラ」と呼んでいる土藏の二階には、ふだんあまり使わない家財道具を保管し、一階には食糧品を貯藏している。鼠の入る隙もない。

始めて見て珍しく思ったのは、越中平野の「灰納屋」である。炉にたまった灰を肥料にするために、一・二〇乃至一・八〇米立方の瓦葺の小屋を造り、内側は床、壁、天井ともに土造とし、上に投入口、下に取出口がある。充分注意はするけれど、焼けることも偶にはあると言う。そのせいか、母家から遠く離して建てゝある。

「ナヤ」が廣ければ、母家の整頓はしやすいわけだが、それでもまだ、農産物や農具の数々、燃料から牛馬の飼料まで、「チヤノマ」や「ニワ」に散乱するのは避け難い。富山のある農家で、「ヒロマ」と便所を踏板で連絡したのを見た時は、別に不思儀にも思はなかったが、越後から庄内平野にかけて、「ニワ」の外で下足をぬぎ、持物まで、そのあたりにおいてから、「チヤノマ」まで、土間の踏板をわたってゆく習慣は、封建思想の名殘かとうたがわれる。

十

「新—三」「福—二」は、豪雪地にあって、冬は雪にうづもれてしまう。「長—二」は雪も風もすくない土地にある。「秋—二」は雪こそつもるが、山に近いため吹雪になやむことはない。しかし、「山—二」「新—八」「富—二」「石—一」は、いづれも海近い平坦部にあり、積雪量は比較的すくないけれど、冬の寒風は、ようしゃなく吹きつのる。これらの條件があづかって、農家の建築様式を決定しているのである。

即ち、豪雪地の家が、平面にひろがるよりも、立体の空間の利用に意を用い、農業経營の低さと相まって、多分に融通性と求心性をおびているのに対し、おなじく雪國でも、平坦部の家は、すべてこの逆をいっている。

冬でも屋外の作業ができる温暖な地方では、母家と附属家とが、その使途を完全に分離している。そして、家のまえの庭は作業場であり、母家の土間は、内と外とのかんしょう地帯になっている。家の中は、きわめて自然に外と融和している。

これに反し、「長—一」—「新—八」—「新—三」の順にたどってゆくと、あきらかなように、雪が深くなるにつれて、家は次第に外と遮断され、からのなかにとじこもってしまう。家の中にわりこんできた作業場である土間も、その姿をけしてしまう。内が外へひろがるのではなくて、内が外をも包んでしまっている。

図「案—一」は、私が三年間、雪國に住み、公務のかたわら、農村と農民の生活にふれた貧しい経験から考えたものである。母家と附属家は土間をへだてゝ使途をあきらかにしているが、居間（いわゆるにわ）を中心に、すべてが結びついている。家の各部分は、起りうべき色々な場合を想定したつもりである。居間を土間としたことは、椅子式の生活にも應じられるためだが、いまのところ、冬は、敷物をろのまわりにしいて坐る。

雪國に関する限り、農家の生活は、もっぱら坐式である。動力にたよらなかった籾摺、米搗の時代には、ぜひとも土間の必要があったが、いつのまにか板張に変ってしまった。坐って流しを使うのを、あたりまえのことに思っている。一半の責任は、在來の家族制度に歸すべきだが、なんといっても、採暖の問題が解決されなかったことに大きい原因がある。仕事するにも、炊事するにも、人を訪ねても、すぐに、坐り込んでしまう。

家そのものが、まがりなりにも冬の生活を主にしている関係上、晩春から早秋にかけての、激しい勞働期間にも、冬の習慣が、そのまゝ持ちこまれているのである。生活の暗い面は、すべてこゝに胚胎している。

採暖の問題は、衛生上からも、燃料経済の上からも、北國の特殊な気象を考慮しつゝ、解決されねばならないが、根本は、衣食住を綜合した改善策にまつほかはなく、さらに多くの問題がからんでくるし、思いつきの程度では、禍の種をまくにすぎぬ。

今までにも、むしがまとか、おがくづを燃料とするかまど、そのた農具をはじめ色々なものを、農家に宣傳し、賣込む手合は、たえなかった。ただ、それが、十分利用されていないし、生活の合理化に少しも役立っていない。賣る方は、もうけが目的だし、買う方は、無智ときている。

しかし、このようなきれぎれの改善でも、現在の農家の生活にとっては効果がある。けれども結局は、農業の経營法が進歩し、農民の生活に余裕ができるようにならなくては、農村住宅の浮ぶ瀬はない。まづそれには、正しい生活態度をみづから養いうるように、社會施設をとゝのえることが必要になってくる。

たゞ農村住宅の理想としては、生産と消費の部面を、はっきり分けたいが、農業そのものが規則正しく行はれがたく、生産と消費の限界も実に微妙であり、そのために、農村の生活と、従って住宅が、机上の論どおりに進められないのである。勿論、堕性を克服するだけの生活技術の訓練が不足しているためでもある。

その点「案―一」の如きは、過渡期の一農村住宅にすぎぬ。たゞ悲しいかな、この程度の家さえ、新墾地では夢なのだ。もっとも、この案では、順次、建増が可能なように計画はしている。雪に埋もれない豪雪地でさえなければ、簡單な掘立小屋に笹葺屋根で辛抱もできるが、雪國では、それができない。できないこともないのだが、それではあまりに、雪國の人々がみじめである。住宅問題は、全國各地の種々の條件を勘定にいれて解決されることが肝要である。

農村計画の指針もなく、農業経營の飛躍も考えられづ、生活程度の低い今日では、やむをえないといえばいえるが、敷地は、空いたところ、家は、大工まかせ、建てるからには、孫末代との意気込みである。生活そのものが、凝固した、ひとつの型に束縛されている。『かたつむり』の寄合と思えばまちがいない。

越後とはかぎるまいが、古い部落では、本家のまわりに分家がある。計画のなかったことが、今、いろいろな方面に支障をきたしている。いつまでも放任しておいてよいものだろうか。

上下水の完備、汚水浄化装置、燃料ならびに煖房問題の解決、宅地の整理、それに建築上の諸問題が解決できれば、「案―一」の如き姑息な手段を弄する必要はなく、居住に供される部分を階上におき、除雪に機械力を用いることにすれば、農村の生活は、はるかに樂になる。共同住宅で、椅子式生活を、便宜と考えるようになるかもしれぬ。

農村の自然は荒れるにまかせ、子供達の自由な遊び場は既にない。「フクロウ」の寂しい鳴聲に日暮を泣いた彼等も、空をみあげて、爆音に胸とゞろかす今日ではあるが、村の現実は、あまりにも詩情とぼしく、目前の利の追求に走りすぎる。生きることで、精一杯だと、言うかもしれない。

まさしく、世は、空轉している。

一九・七記　二三・三訂正

編註

原稿の最後のページには、次の四つの註釈が書かれていたが、原稿内には2以外の番号が振られていないため、記録するに留めておく。

なお、次頁からの「雪国の農家　第二部」には、本文内に註釈番号が一つ振られているが、註釈自体は残されていなかった。

原註

1
このことは室の呼び方でも知られ、たとへば、富山で「ミセ」につづく室を「オエ」と呼んでいるのもこれに類する。

2
越後、魚沼地方では「セガイ」或は「センガイ」と呼んでいる。「ロクセンガイ」「ノボリセンガイ」の別がある。栓飼の意味かと思う。

3
以下小野武夫氏著「徳川時代の農家経済」による。

4
一日に一斗みにいっぱいたまる。ろも大きく、深さは一尺ある。

雪國の農家 第二部

一

北陸地方の農家は、概して古い形態を保っている。しかもそれは、天災を蒙らない土地ほど、他郷の者の往來の少い村ほど鮮明である。

そしてその形態には、貧富の別が判然と現はれている。「まき」と呼ぶ本家分家の関係は、今も尚つゞけられているのである―。

生活程度は確かに低い。粗衣粗食に甘んじ、ひたむきに働きつゞけても尚追はれる苦しさであった。今われわれが接する農村の住宅は、自立しえなかった、都市の繁榮の犠牲に供されていた時代の、農民の貧しい生活の名殘である。

今日でさえ、この地方の農業技術には見るべき進歩の跡もない。このことはそのまゝ住宅にも反映し、不便と不衛生とに不感症かと疑はれるほど耐えている。その最も著しい例が便所である。

小便所は大概家の中に在る。しかもそれが、入口の脇に在るのにも余り感心しないのに、甚しいのになると炊事場の片隅にある。それでも豪雪地では、両便所がひとつの屋根の下にあるが、越後も信濃川の下流地方になると、大便所は別棟に、しかもそれは、立っては満足に入れない掘立小屋。快く排泄するためと言うよりは、肥料を溜めるために使はれているのである。

しかしこれも止むを得ないことで、堆肥舎のない雪國の農家では、長い冬の間、堆肥を一度も取り出さないために、蓄舎はまるで穴倉のように石段を下ってゆく。雪融を待って根こそぎ掃除をするのである。さすがに農民もこれには耐えかねて、蓄舎と便所は、なるべく母家と絶縁せしめたいと願っている。亦それを実行もしている。

従って、昔の住宅の形式をそのまゝ保っているものは稀で、殆んど増改築はしているが、原型を辿ってゆくことは至難でない。

即ち、越後の農家は、家の中は全部土間であった。僅かに「ざしき」が畳敷であったかと思はれるが、天井は勿論なかったし、間仕切さえ完全には設けてなかった。図「新―二」に見る「にわ」と「ちやのま」の間仕切も鴨居から上部は開放されている。もと一部屋であったことは明らかである。

この図「新―一」の如きを、越後中魚沼郡地方では「ひとつや」と呼び、中門のある家を「たつや」（ふたつや）と称している。すべて元は「ひとつや」であったものに、次々に中門を、前に「うまや」、後に「なかま」或は「ねま」を建増して「ふたつや」とした。古老はこれを説明して、風害に耐える構造法ではなかったかと言う。或はそうかも知れないが、事実は、使用上の不便を補うとゆう意味の他に、家の外観を整えんとした意図も含まれていると思ふ。「ひとつや」の下家よりも、入母屋造りの中門をそなえた「ふたつや」の方が、富者の風格を添えるには役立つ。

封建時代に農家に大小の定めがあったことは、今の家にも明らかに観取されるが、図「新―一」の如きを、この土地では「八間間口の家」と呼び、このような家に住むことの矜持を自他ともに許していたのである。

因みに越中では、中門のある家を「つのや」と呼び、「片づの」「両づの」の別がある。ところが此の地方では、改造の度に「つの」がとられ、今では「つの」のある家は珍しい。図「富―三」に見る如く、「つの」は凡て家の背面にある。越前では、中門造りを「そでいえ」造りと呼ぶ。そしてこれらの家が、決まって「つまいり」なるに反し、「そで」のない貧農の家は「ひらいり」である。

越後魚沼地方の農家の構造において特に注目されるのは、俗に「ぢようや造り」（南魚沼）或は「中側造り」（中魚沼）と称する構造法である[2]。即ち、外壁と絶縁してその内側に、「ぢようや柱」と称する太い柱を配置し、それを「さし」と呼んでいる殊更大きい鴨居と胴差で連結している以外土台はなく、柱は単に玉石の上にのっているに過ぎぬ。この柱が、昔は掘立柱ではなかったかと、畑を耕していて、遺跡で知れると土地の老人は語っていた。何れにしろ「にわ」が土間であるためには、土台に載せては邪魔になる。

この「ぢようや造り」には大黒柱に相等する柱はない。強いて尋ねれば、「にわ」と「ちやのま」の間にある後方の柱を指す。この柱に架っている「ちやのま」の「なかまちゆうもん」寄りの「さし」を「えびすさし」と呼んでいる。小屋梁を支えているだけに堂々たる成である。半ば装飾をかねて漆塗のこの「さし」も、「にわ」では煤けた胴差に変り、時として中二階の床を支えている。

　この「定家造り」には一定の方式はないが、図「新—六」は「じょうや造り」の本格的なものであり、図「新—一」は「中側造り」の好例である。

　これが次第に崩れて図「新—二」「新—三」となり、図「新—四」では全く影を没している。これを「あんどん造り」と呼ぶ。

　「じょうや造り」は建物を強固にすると信じられている。雪國の大張間の架構としては確かに安全な策である。かゝる方法を講ずることに依って、二重乃至三重に太い小屋梁を自由に組むことができるし、雪國の深い軒出を支えるために俗に「せいがい」と稱している、梁（てんびん）を持出して端桁を受けるには実に都合がよい。

　しかし、必ずしも構造上の利点のみ考えたのでないことは、柱の位置が規則正しく配列されていないことでも頷ける。かくの如き不合理と融通性は、農村住宅の随所に見られるところであって、例えば図「新—二」は、中二階を設けた場合、図「新—三」は、「うまやちゅうもん」の屋根裏を利用した場合、小屋梁を実に無造作に且機轉よく組んでいる。

　ところが、かゝる構造に利用されるに都合よく、雪深い山の杉の木は育ってくれる。即ち、雪に虐げられながら生びてゆく杉の木は、眞直には伸びないで、根元がすべて曲っている。

　この部分が「せいがい」には、この上もなく誂えむきなのである。

二

越後魚沼地方では、棟の方向に「なかびき」と稱する大梁を架け、それに小梁を渡している。

　越中では「ひろま」だけ、「せいろう組」と稱して井桁に梁を組み、ことさらに見榮を張る。工人はまたそれを得意として理不盡に家を建てゝゆく。必要以上の巨材である。一晩のうちに一米近くも雪の積もる此の地方では、その度にミシミシと家がきしむ。そして長い年月の間に僅かづゝ家が傾いてゆく。柱と梁を、できるだけ大きくしたいと願ったのも無理はなく、また屋根裏を物置に使っている点も斟酌しなければなるまい。

　この点で図「新—一」は甚だ合理的であり、屋根裏を利用しない部分の小屋梁は、積雪丈余に達する豪雪地でありながら、実に細く、それを受けている「さし」もまた細い。たゞ、「にわ」の中二階を支えている「さし」のみ際立って太い。

　草屋根は合掌（さす）で支えているのだから、梁の大きさはこれで充分である。

　屋根裏を「わらにかい」（越後高田附近）と呼んでいる土地があるほど、こゝは藁や薪の貯藏所に利用されている。所によって呼び名は変る、即ち越後「そら」、越中「あま」、越前「つし」。

このうち越中、越前では屋根裏を全部利用しているが、越後では「にわ」と「ちゅうもん」の中二階の他はこゝを使用していない。これは積雪量に関係する。即ち、豪雪地の越後では冬の採光を慮って軒が高く、長押の上には必ず高窓を設ける。従って中二階をとるだけの餘裕は充分ある。「うまやちゅうもん」では、屋根の方形を一部切妻にして、床から鴨居まで窓を開く。

越後の雪深い土地に較ぶれば、越中、越前の平坦部では、越後でもそうだが軒高は一般に低く、従って屋根裏の採光は、無造作に設けた入母屋の開口に頼っているが、煙出しを兼ねたこの窓で充分用は足りている。張間の大きい家になるほど、屋根裏の空間は増々大きくなる。こゝに小屋組を補強する必要が生じてきて、図「富―二」では、中央部の合掌に野地に沿って筋違をいれ、図「福―一」では、すべての合掌を繁梁で固めている。

越中、越前には、越後で見た「中側造り」はない。しかし柱は規則正しく建っている。図「石―一」の如きはその典型的なもので、「にわ」「おえ」にある六本の柱が構造の主体となり、この部分を合掌に組んだ他は屋根はすべて葺下しである。図「富―三」では、「ひろま」の周囲の柱が他のものより大きく、家に依って多少の変化は見受けられるが、概して一定の型にはまっている。

これが越前大野にくると、図「福―一、二」に見る如く、「にわ」の周囲に配置された太い柱が目立つ。特にその中央に位するものを「中柱」と稱し、これに「ひのうえ」と呼んでいる大梁を架け渡している。「中柱」の前後の柱を「先達」と稱し、構えの大きい家になるほど、これらの木組は実に堂々として瞬間膽を奪ふ。

雪の少い土地では、軒出を深くするために特別の工夫を凝らさないが、さもない場合には、家の程度に應じて何等かの対策を講じている。図「福―一」が、そのために梁の架け方を加減しているのは苦しい算段と見受けられるが、合掌の極度に擴がることを防ぐ目的と、大きい屋根面の風圧を減じつゝ天井高を少しでも大きくしたいとの目的を両立せしむるためには、図「新―五、六」及び図「福―一、二」の架構に十分の理由を見出すことができる。雪の重さに耐えかねて合掌の倒れることが往々ある。合掌尻を陸梁に追入とする工作を簡略にしたのが原因している。

雪國の農家で感心するのは中二階である。勿論かくすることには少からず無理を伴い、人が住むには満足なものでない。越後の豪雪地で「ざしき」を全部中二階にした例を見たが、一般には「ねま」か「うまや」の上部を利用している。従ってその下階は、冬期は全く採光の途を塞がれるが、中二階では雪の反射も手傳って明るい。冬の仕事場であり、幼い者達の遊び場である。

「うまやちゅうもん」の中二階では、小屋梁が邪魔にならないように工作した苦心の跡が伺えるが、多くは後から増築した「なかまちゆうもん」は、普通の二階建の構造である。それでも天井は低く、特に葺下しの部分を天井張りにして、狭いながらも一室設けたところなど、若者のために配慮した日本の農家の生活が偲ばれてなつかしい。

かくの如く、「ちゆうもん」なり葺下しを建増す毎に農家は次第に膨れていったが、その苦しい建て方は、貧農の家になるほど著しい。図「新―四、七」はその適例である。中二階の高さは低く、階段は至極簡単で踊場もなく、壁に突き当ってから横飛びに昇降する。

これを当り前のこと、心得ているから、集會場の新築に当って、階段に面積をとられることが容易に納得できないのである。実際また、階段が設けてあるのは良いほうで、中二階へ梯子で昇る場合も多い。その場合、手摺の代りに程よい位置に縄が吊してある。便所の中に吊してある縄と同じように、備えてあればあるだけの効果はある。

図「新―五」の「にわ」を、「うまや」の二階から見下した時、敷きつめた廣い莚敷の片隅に、炉をかこんだ人々の姿も、煤けた高い天井の下では小さく見え、言い知れぬ感激を覚えたものだが、越前の豪農、図「福―一」の「にわ」に踏み込んだ時の興奮には及ばない。目に映る一切は豪快である。こせついた技巧は微塵もない。黒光りのする頑丈な長い梯子が、「にわ」の空間を眞一文字に悠々と「つし」まで昇ってゆく。

これに較べると、貧農の家は、何處の土地も同じく淋しき限りである。小屋の組み方も四苦八苦。図「新―七」に見る如く、低い小屋梁の不利を補ふため、方形屋根の軒先を切断することによって生れた妻に欄間を設けて採光している。「がんぎ」の屋根は草葺の軒先（こつら）につらなって、高窓を設ける余地もなく、妻の欄間はちょうど床の間の上にある。見栄など構っては居られない。荒れ放題の家の内。

「がんぎ」の上の欄間さえ雪に埋もれて、堀り出さねば光も採れない雪國である。柱を三尺間に建てることの無駄を指摘したのは誤であった。雪の圧力で柱も弓なりに曲ってしまふ。共同作業場に控柱を掘立にして雪害を免れんとしたところ、融雪期になってから控柱が押され、そのために貫で堅固に連結された柱は、逆に外側にふくらんだ。貫が弱ければ雪の重さで折れるし、控柱がもし掘立でなかったら、これも折れるか、柱を内に押すに決っている。結局控柱は有害無益。但し方杖は有効である。

これもまた融雪期に起る現象であるが、地上の積雪が屋上のそれと連結し、凍りついた柿板などもろともに滑り落すこともあれば、棰を軒桁から折ってしまふ。雪國の雪融あとの光景は、暴風の吹き荒れたあとのように、悲しい諦めの靜けさである。

三

　かつて新墾地の農家には、「にわ」と「ちやのま」の一棟に「ねま」の下家があったに過ぎぬ。「ねま」さえなかった時代には、土間の一部分、今の「ざしき」のあたりに寝ていたことゝ思はれる。従って、最初に床を張ったのは此の「ざしき」であった。図「新―四」の「ざしき」と「ちやのま」の間仕切は、鴨居が一本宙に下っているだけで、建具はなく、図「新―一」にありても、建具こそ備えてあるが、「にわ」と「ちやのま」の間仕切には、鴨居から上に何の仕切もない。

　図「新―七」の「ちやのま」とあるは、薪や俵などで辛うじて仕切られた「にわ」の一部で、敷かれた莚の凹凸は甚しく、まともには到底歩けない。莚の下には乾草か藁、ときに籾殻を厚く敷き、毎年これを取り換えるならわしなのだが、この家はそれを怠っているのであろう。冬は確かに暖かく、炉の傍で茶飲話もしていると、ついうつらうつらとなってくる。「にわ」は物置同然、「なかま」は暗く、とり散らして踏み込めない。「ざしき」と「ちやのま」には約三〇糎の差があるが、仕切の扉はなく、僅かに「ねま」にあてた「おくざしき」だけ破れ障子でかこっている。しかし流石に雪國、「とをり」と「がんぎ」は廣い。

　この「とをり」を「くつぬぎ」と呼ぶ土地あり（図「新―六」参照）、「がんぎ」で沓を脱ぐ前者の生活との違いである。

　図「新―九」及び図「山―一」に見る如く、「にわ」の一部に「いなべや」が設けてある。この設備がないと、刈取った稲束を「ざしき」にまで山と積まねばならない雪國では、脱穀調整法の発達が、どのくらい家の中の雰圍気を変えてきたか計り知れぬ。籾摺の臼の変遷は、土間で差支えなかった「にわ」を一面の板張と化せしめた。作業場を持たない豪雪地では、今も尚二つが利用されているのだが、養蠶で鍛えられた人々には、たゞ寝る所と食事の場所さえあれば我慢はできるのである。

　しかしまだ、「にわ」が莚敷の土間である家は残っている。図「新―七」に就いては既に述べたが、図「新―五」は「くつぬぎ」から上ってまた下る「にわ」であり、図「福―二」は「にわ」の半分が莚敷になっていて、入口と土間とは框で仕切ってある。雪の深いこの地方では、入口の外だけ深い軒の出で保護されているが、越後の豪雪地には、必ず「がんぎ」が造ってある。

　越後も平坦部の雪の少いところでは、土間が残っている。なければ納屋がある。蓄舎も別にある。そしてこの土間には、入口の敷居から「ちやのま」まで踏板が橋の如くに渡してある。

　従って沓は外で脱ぐわけだが、この風習は、図「秋―一」図「山―一」に見る如く、北國のひとつの特徴である。

　概して、長い冬を雪に閉されることの多い土地ほど、純然たる土間の面積は少い。雪國の生活を制約しているこの事実は、一面進歩であると同時に退歩でもあった。

越後の農家の生活の中心は、「にわ」の「じろばた」である。夏でさえ火を焚いて、この傍を離れようとはしない。北陸は確かに湿気が多い。

瑞々しいと言うには少し憂うつに過ぎる。水田が多く、稲作に関する限り旱魃もさほど苦にはならぬらしい。

従って、雪に埋もれた、火の気のない室の寒さは一入である。その寒さを防ぐには、くすぶることくらい我慢しなければならないし、それで空気の暖まるのを、じっと待っているのである。高い欄間から淡い光のもれてくる「にわ」にいきなり入ると、雪の反射で眩しかった眼には、しばらくの間は家の勝手が分らぬ。漸く慣れるにつれて、煤けた梁など見えてくる。

欄間とゆうのは、格子に内側から紙を貼ったものだが、これに日光が直射すると、室内は明るくて気分がよい。子供達は、そこに設けられた炬燵で遊んでいる。軒出が深いために、欄間の紙が破れることはないらしい。しかし鴨居から下の開口部は、「がんぎ」か小さい縁側を造って保護する。何もない場合には、丸太を組んで雪を除けねばならない。

越後平野、庄内、羽後にかけて、吹雪の荒い寒村では、茅で造った高い風除が、なくてはならない初雪頃のいとなみである。吹雪く夜、とろとろと燃える炉の火を見守っているのは、耐えがたく淋しい。僅かの戸の隙間から、吹き込み積る粉の雪である。いつ果てるとも知れぬ吹雪く野で鍛えられる雪國の人には、忍従である。事に處して愼重を極める。

立山連峰から吹き降す寒風に曝される越中平野の寒さも亦格別。一重の、しかも破れ障子は、この寒風を防ぐには物の役にも立たぬ。

炉の藁火では、脊に覺ゆる悪寒をどう始末しようもない。人々もまた、この寒さに耐えかねて、「いんなか」(炉)に足を投げいれる。そこに、程よい石がおいてある。

どの家でも、一坪足らずの灰納屋を持っているこの地方では、惜し氣もなく燃料に藁を使っている。その焚き方を見ていると、一握のわらの元を叩いて揃え、その腰を折ってから燃やすのである。祖母、母、娘とみな同じ動作をくりかえす。たゞこれだけのことにも、農村の生活の片鱗が伺えるのである。

越後、越前の豪雪地では、「にわ」の「いろり」のはたが團欒の場所である。しかるに北陸の海寄りでは、この中心が、「ちやのま」、「おえ」或は「ひろま」と呼んでいる、「にわ」につづく室に移ってゆく。即ち「にわ」が、その存在を次第に明確にしてくる。

信濃へ入ると、「にわ」の呼び名は「だいどころ」と変り、「ちやのま」との仕切りもなく、炉は上り框に接して設けられ、その造り方も幾分変っている。「だいどころ」は完全に土間で、その奥まったところに炊事場が設けられ、「ちやのま」の「反対側」に「うまや」「みそべや」などがある。そして此の部分が中二階になっている他は、屋根裏を利用していない。従って、藁屋根の小屋組は合掌でなく東立である。

図「長ー一」の「こぶやせ」と稱する、薄暗い小部屋は珍しい。産婦を隔離した室だが、勿論現在は使っていない。

寒気きびしかれども雪は少く、簡單な梁の架け具合、幾分形の整った草屋根の葺き方も、越後境の豪雪地に近づくほど、次第にそれは、粗野な姿に変ってゆく。

四

小春日和の信濃路は、掾側を開け放して明るい感じに照り映えているのに、今でこそ伐出して、「ぢやんぎり頭」のように殺風景にはなったけれど、嘗ての越中の農家は、うっそうと繁った屋敷林にかこまれて、低い軒高のせいもあるが、明るい濶達な感じからは程遠かった。「ざしき」にこそ掾側があるけれど、それも閉めておく時の方が多く、「ひろま」の外側には細かい格子戸が建てこんである。これが越後平野にくると、低い格子が手摺の如く柱間に落し込んである。

ちょうど越中と越後の中間に位する土地で、「ちやのま」を「れんじま」と呼んでいるところがある。外側に櫺子が設けてあった証據である。

盛夏の頃が衣類の虫干である北陸では、その日一日、萬年床も陽の目を見る。農家の生活を知るに及んでは、萬年床の習慣も一概に批難するわけにはゆかぬ。長い冬を雪に閉じこめられていた農民が、雪融を待ちかねて春山に稼ぎ、息つく暇もなく農作に追はれ、夏から冬への激しい移り際を、狂気の如く働きつゞける生活には、家の中の整頓など、心ならずも等閑に附せざるを得ぬ。そして、冬ともなれば、さなきだに暗い「ねま」は、光も射さぬ別天地である。

越後の豪雪地では、「くづどこ」と稱し、板で造った枠の中に撰り分けた藁屑をつめ、その上に布を敷いて寝る。中流以上の家では、綿の代りにわらを詰めた「くづぶとん」を使っている。毎年中味をとりかえるから、掛蒲團はたとえうすくても、その寝心地はたとえようもない。

萬年床の習慣は、「ねま」にあてられた押入もない狭い部屋が、他の室と絶縁して設けられている限り改め様もないのである。だから新墾地の家で、寝床をあげなくては始末の悪い場合のみ、この習慣がなくなるが、ちょっと隙さえあれば、直ちになづむ悪習である。しかし、「ねま」が不潔だ、「だいどころ」が非能率だとなじるより、ひとりだちができないように虐げられてきた農村の機構そのものを、根本から改めることが先決問題だと思ふ。

けれども、農村の根強い生活の傳統と習慣は、容易に改められるものではない。四囲の情勢は次第にそれらを破ってゆくようだが、詩と眞實への愛着がうすれてゆくのは悲しき限りである。しかし、惰性とゆうものは恐しい。

新墾地の移住家屋そのものに、計劃上の過誤があったには違いないが、住み慣れて腰もおちつくと、勝手にそれを改造した。其の結果は、彼等が生い育った家への復帰であった。それを、旧慣への後退と一概に片附けてしまえない、脈々たる生命の躍動を犇々と感じるのである。

雪降しの苦痛を軽減するために、家の小なることを切に望んでいる雪國のそれに較ぶれば、新墾地の家は、農家の生活の最小限度と言えよう。六帖の「ざしき」、八帖の「ねま」、「ちやのま」と「にわ」。手狭な便所と風呂場、それに別棟になって納屋と牛舎がある。図「附－一」参照。

それだけの家を与えられて先づ試みたのが、「ちやのま」を擴張して、炉端にゆとりを設けることであった。即ち、「にわ」と「ちやのま」の何れかを中途半端な廣さから救はんとして、後者を選んだのである。従って、入口に近い板の間は、雑然と農具の置場に占められ、開けることも稀な掾側が同じくこの用途に充てられている。

「いろり」が調理設備の一部分をなす雪國の農家では、炊事場が独立して、土間であることは不便であった。いつしかそれは板張に改められた。そこには、流しさえあればよいのである。炊事場を總稱して、越後で「すいばん」、越中で「ながし」と呼んでいるのに徴しても此の間の消息はうなずける。秋田の或る開墾地では、炊事場と共に「にわ」を全部板張にして、「いろり」をこゝに移動した。改造しない者は、改造するだけの餘裕がないと見做されるほどの現状である。

次には便所の處置であった。家の片隅に設けられた都會風の便所は不評であった。夏の臭気に耐えられぬ。肥料として溜めるのが目的の農家では、使い勝手は犠牲にしなければならなかった。その土地は雪の降りようも少なかったが、掘立小屋のみすぼらしい便所が裏に造られた。便所とは名ばかりの、吊された莚の中に、板を渡した桶が埋め込んであるにすぎない。わらを紙に代え、手を洗うわけでもない。

入浴にもひとつの流儀があった。浴槽が炊事場に据えてあるのをかねがね不可解に思っていたが、農村の人々は、浴槽の中で湯にあたゝまりながら身体をこするのである。なんのことはない、垢を溜めているのである。

入浴に要する時間は至って短かい。もらい湯にきた人々も、炉端に着物を脱いだまゝ入ってゆく。脱衣場も洗場も、これではその必要を感じない。従って、新墾地の家でそのまゝ使はれているのは、狭苦しいと思はれる風呂場のみである。

「こもかむり」と俗に言っている、深い浴槽の中に腰かけて、頭の上から滑車に吊した笠を被る。一種の蒸風呂の風習が佐渡に殘っている。古い入浴の様式と思ふ。

越中の農家で入浴をすゝめられた。長州風呂の底に、汲み忘れたかと思はれるほど僅かに湯がある。えびの恰好をして、脊と腹を温めねばならない始末。しかしこれは、水汲みの不便であった特殊な場合だが、とにかくこれで我慢してきた人々である。燃料を費した水を、むざむざ捨てるようなことはしない。これもまた肥料の源である。

水利の便なることは、敷地選定の重要な條件であった。山に近い農家では、湧水を汲むか、流れ水を導いている。越後の南魚沼地方では、この水を溜めたところを「みづぶね」と呼んでいる。絶えず動いているからさほど不潔でもない。図「福―一、二」では、わざわざ石段を下ってまで、屋敷の中に導いた流れの水を使っている。小川で洗面するなど別に珍しいことでもなく、早起さえすれば、清い水が使えるわけである。考をめぐらせば不衛生の限りだが、「いろり」の煙が眼病をつのらせるのと同じ様に、さけられぬ農村の現実である。

一切の食糧を自家で生産し、それを貯藏しておかねばならない農家である。乱雑になるのも致し方がない。炊事場の散乱振りも、今の生活様式では改めようもなく、「かまど」の數が多いのも、そしてそれらが分散しておかれるのも、牛馬の飼料を調理するこの地方では止むを得ない。味噌造りの大きい「かまど」も、取り拂ってしまうわけにもゆかないのである。

ともあれ昔の農村の生活は、貧しくはあったけれど樂しいものであったと思ふ。

五

それだけに亦農村の住宅には、今から考えれば、無駄な点ばかり目につくのである。冠婚葬祭のために住宅の大部分が、道具の半分が、用意されていなければならなかったし、亦それが家の誇でもあった。

図「福―一」は永平寺の近くに在る豪農の家である。門塀でかこまれた屋敷の中を、更に仕切られた庭の植込に面して「しきだい」がある。「しきでのま」略して「しきで」がこれにつゞき、左に向って、二間半四枚引違の襖を開けば「ぶつま」に通ず。その奥にある「きゆうそくしつ」は法要に備えて設けたもの。「ほんざしき」からは泉水を配した庭が眺められ、夏の日も、しっとりとした靜かな落着がある。

しかし普段には、「しきで」を主婦の居間に使い、「にわ」の土間から出入している。こゝでひとつの特徴は、いきなり「いろり」の傍が見られるのを防ぐため、「めんどがき」と稱する頑丈な衝立が、土間の脇に造付けてあることである。更にもうひとつの特徴は、越後で見る「がんぎ」の代りに、この出入口のある妻側から「うまや」の「そで」に亘って、梁を大きく持出して軒出をことさらに深くしていることである。家の構えとしては、さすがにこの方が立派である。黒く塗った腰高の下見板、入母屋の飾など、貧農には到底望むべくもない家造りである。

「おりまわし」とあるのは、「にわ」が土間であった当時の上り段に違いない。このあたり中農の家になると、図「福―二」に見る如く「でのま」と「おいえ」

に簡略されてしまふ。大便所は両例ともに、「うまや」の「そで」を少し離れて別棟に設けられ、冬の間は簡單に渡廊下を造って連絡する。

加賀の國では、「にわ」は純然たる土間で、「おえ」が「だいどころ」の用をなし、「しきで」に相等する「おく」と稱する次の間を控えて「ぶつま」がある。(図「石―一」参照)

更に越中に下ると、「しきで」は「ひろま」と変り、「しきだい」に「かみ」「しも」の別がある。「ちやのま」が居間、「だいどころ」が食事の場所。「ざしき」が「ぶつま」をかねている。

狭いながらも「ぶつま」を独立して設けている例を、越後平野で見受けるが、山間部にゆくと、「ちやのま」の一隅に佛壇を飾っているにすぎぬ。秋田、山形また同じ。

ところが佐渡にわたると、「ちやのま」を「おまえ」と呼び、「しきだい」「しきだいのま」を経て「ざしき」に通じ、佛壇は床の間の脇にある。いづれは海を越えてきた習俗であろうが、越後の影がうすいまゝ今に到るところにも、歴史と風土に左右される農村生活の一面が見えて興味深い。

たゞ「だいどころ」と呼ばれている板の間が、昔「にわ」であったことは疑なく、そこに設けられた「いろり」は、冬の生活の中心を「おまえ」から奪った。しかし、さほど寒さのきびしくないこの地方では、「いろり」は炬燵で間に合っており、子供達は「おまえ」の隅に設けられた炬燵で遊ぶ。

寝間、炊事場、便所とゆう日常生活にとって最も重要な部分が、それほどに顧みられなかったのは、封建時代の農村の社會経済がもたらした結果であって、越後南魚沼地方に「なべかけづ」とゆう言葉が殘っているほど、本家は分家の世話をやき、分家はまた本家へのつとめを怠るようなことはなかった。

例えば、正月に本家に贈るもの、約三升の「たちもち」四箇、白米二升、和紙、「つけぎ」。近来はこれも、「たちもち」が二箇に減り、品物は手拭、風呂敷と変っていたが、今はどうしていることか。これに対し本家は、分家の男全部を招いて酒、餅などを振舞った。また孫分家は、本家に対して「そば」、雑穀を贈った。

三月の節句には「きりもち」、五月の節句に「ちまき」、お盆には線香、ろーそく、九月の節句に「きりもち」と、その主なるものを挙げてもかくの如き有様だが、本家務めはこの他に、初九日の行事あり、冠婚葬祭に馳せ参ずるは言うも更なり、嫁取り婿入りさえも指図を受け、田打一人、田植一人、米搗一人の三人役は、本家に対する賦役の最小限であった。田植の終った日の祝宴は、仕切の襖を取拂って、男は男、女は女と、愉しい騒ぎであったらしい。

かくの如くにして、日常は粗衣粗食に甘んじてきた農家には、「ながし」と「いろり」さえあれば食の用は足りたし、家族の数さえ御膳をそろえれば、戸棚にしまっておく物とてもない。この習慣が今に至るも失はれず、鍋釜の散乱となって現はれるが、調理設備の不完全は勿論のこと、調理する材料と、その量の関係もあるのではないかと同情される。

食事の場所は、雪の深いところほど「いろり」の傍を離れない。土地の習慣もあり、家によっても異なるが、大体北陸の海岸筋は、「いろり」の傍を離れて、「ちやのま」「だいどころ」「かつて」と室の呼稱は一定しないが、居間とは別に専用の室で定った席につく。板の間にたいてい莚が敷いてある。コ字型に並べてある所もある。食事の場所に充てられる此の室は、總じて天井もない下家で、その片隅に流しなど設けられ、寒風は容赦なく吹きこんでくる。置き去られた俎、傾いた釜の蓋。味っている暇はない。

調理、育児、農作と農村婦人の激勞は想像を絶している。幼い子達の姿を見て、母の怠慢を責むるは非情である。農村の生活と住宅とは、婦人に対しては実に無慈悲である。それを自覚していないのではない。生活に追はれてきたのである。周囲の圧迫が彼等の理想を麻痺せしめてしまったのである。東北から北陸にかけての雪國では、古い生活の殘滓が多いだけ、それが生々しく感じられるのである。

かくて雪國の家々は、湿っぽい自然にいだかれて、陰うつな形と色の暗い影を宿しているのである。

六

開墾地の掘立小屋を観ると、農業を營む生活にとって、最小限度の要求が何の程度でみたされるかゞ知れて面白い。勿論それは、原始的な農業経營であり、生活である。新墾地なればこそ耐えてゆける生活である。

まづ水を求めて風当りを避けたまでの算段はよかったが、運悪く豪雨に見舞はれると、山の斜面とひとつゞきになった茅葺屋根の掘立小屋には、浸透してきた水嵩は増して床を没す。「こをろぎ」が、せっかくの新芽を喰い荒してしまふ開墾地では、これも亦忍ばなければならない試練である。

雪國の小屋でも、家の中心はやはり「じろ」である。その最も簡單なものは、地面を單に掘り下げたに過ぎず、その周りに藁を敷き込んで寝間兼食事の場所とする。隙間もる寒風さえ防げば冬は閉されて暖いが、夏は蚤になやまされると訴える。湿気の多い北陸では、土間の生活はさぞ住みづらいことゝ察せられる。從って、少し氣の利いた小屋になると、寝間の部分だけ床を上げている。

「うまや」、農具置場、肥料溜、これだけは、住む所の他に缺くことの出來ない設備である。たゞ雪の少い平場なら、これを別棟の至極簡單なものにしても差支ないが、雪深い山里になると、夏の日のうるささを氣にしながらも、ひとつ屋根の下に備えねばならないのである。

短かい夏であり、さほど蒸し暑くも感じられない夜のことを考えれば、窓の開閉も不自由なこの小屋の暮しも、自活の目安が立つまでは、我慢もできる日々の忙しさである。苦闘いくとせ、永年の勞苦むくいられた時には、人々はみな本建築にとりかゝった。そしてそれらの家は、彼等が生い育った農家よりは著しく改善されたものではあるが、生活様式の本質に変り様のある筈もなかった。しかし、それで良いのかも知れない。

　時間に束縛されないとゆうことは、どうにか喰ってだけはゆけるとゆう強みとともに、農村の生活と、彼等の性格を幾何ばかり規定していることか。夏と冬、作業に繁閑の別はあれど、たゞ勞力を唯一の頼りにして、遮二無二土に挑んでゆく。

　仕事の相手は生きている。世話の仕甲斐は目に見えて現はれる。切っても切れない土と水との宿縁である。研ぎすました、洗練された美しさなど、人にも、家にも、微塵もない。力業である日常に、なりふりかまっている暇はない。その趣味は低俗であろう、野暮であろう。活字と講壇からの教養ではない。炉辺の物語と、野良の見聞がその凡てゞある。幼ない者の遊びと歡も、成人の仕事の眞似事と手助けの他にはない。叱られて、泣く泣く習熟してゆく彼等の心根は、悲壮であり、強靭である。

　太陽の光に面と向っても、堂々とその眞價を発揮しうるものは美しい。傲慢な風ではない。全体の調和から一歩も抜け出ることは許されない環境である。清楚な美は求むべくもないけれど、地肌のまゝの、盛り上る力の美しさに接するは容易である。唯悲しいことに、苦しい生活の内情が、彼等をかつて我利の走狗とし、逞しきその姿の美しさに似合はず、瞳に映る心の汚濁は蔽ふ可くもない。虚心坦懐に事が運ばれ、誠實と精進のみが、唯一の頼りとはなりえないものか。

　ともあれ盆の頃、室一面に澁紙を敷き、開け放した掾側からは、濃緑の峰々を越えて涼しい風の吹き込んでくる午下りのひとゝきは、重荷をやっと下した時のようにすがすがしい心持である。磨きあげられた鎌、鉈、鋸などの、整頓された光のみひとしを目にしみる。室の中には装飾とて何一つなく、凝った庭の眺めが樂しめるわけでもない。單調だ、無爲だと、あざけられゝば返す言葉もないが、ことさらに色彩に頼らねばならないほど、貧しい環境におわれてはいないのである。今も、薔薇の花が鮮かに浮んでくる。それは、人の気配も稀な寂しい高原の開墾地に咲いて、人間のみすぼらしい營みを優しく庇っていた。

　移りゆく大自然の色、香、音。それは、間断なくつゞけられている。そのかもしだす雰圍気は、言い知れぬ寂しさをそゝるけれども、またわれわれを如何ばかり慰め、勇気づけてくれることか。雪國の自然の移り様はあわたゞしく、それを追ふ家の中の変化も乏しいが、何を好んで固苦しい、型に入った暮しを求めよう。一切は番茶の味である。胡座を組んだ恰好が、僞らぬ農村の人と家との姿である。

　纖細な、尖った神経の手法など見たくもない。

　そこに漂えるものは、民謡の旋律である。

深刻な追求はなければども、寂しさと悲しみに撤しうる喜がある。ことさらに街った跡もなく、たゞ印象に殘るのは、草屋根の無造作な形と色、棟の飾りに煙出しか。

しかし、唯こゝに見逃しえないのは、豪農の家と調度にみなぎっている氣品と格調である。それは、今も殘れる武家屋敷の威嚴と幽玄味には遠く及ばざれど、一種犯しがたい風格は、遠く望みし屋敷の構えと、近くに觀る年を経し柱、梁、床などの色と形にも汲みとられ、捨てがたい、否、学ぶべき眞實が宿っている。精神の豊かさと、たしなみと、毅然とした美しさが、そこにある。

七

概して北國の農家は乱雑で、清潔な感じを伴はない。さっぱりとした小綺麗さなどとは凡そ縁遠い生活である。

積雪丈余に達するか、多く降らざるも吹雪くかの雪國では、長い冬を家に閉ぢこもって暮さねばならない。そして、暮れるに早いその頃は、子供さえ多くの時を家に過す。しかるに、彼等の家の多くは、冬の生活にとって決して樂しい存在ではない。冬を男達は出稼いで、家のことなど顧みる暇もなかったろうし、冬のために備えておくほどの才覚も、貯へもなかったのであろう。たゞ忍從と諦念より他にとるべき術はなかった。

農村の住宅は焼失しない限り嚴存し、生死がそこに繰返されてゆく。貧農も、苦しい胸算用のはてに家の建増はしたけれど、縮少することなど到底考えも及ばない。來る年々の冬を、雪に埋もれた家を掘り出してきたのである。幼い子供さえ、木の小さいショベルを持って雪を掻いている。もしそれ雪融の頃ともなれば、大人達の仕業を眞似て、雪の塊を流れに押し出す、いぢらしい彼等の心である。

街の家並は、降し、投げあげる雪のため、やっと人がすれ違へるくらいの雪道を、上り下りする度に、雪に埋もれた家々をはるかに見渡すことができるのである。この雪道から、雪の階段を降りてゆく「がんぎ」は、深い底にある。雪がすっかり消えてから再びこの街を訪れると、夢ではなかったかと疑ふくらいである。

だから土地の人々は、家の混むことを極度に嫌っている。道路に面した切妻の軒先が相接し、その間に溜った雪が、冬中壁板に附着している様は、雪融頃が思いやられて寒心にたえぬ。街は仕方がないと諦めているが、家の廻りに充分な空地があり、屋根には「だき」（谷）のないことを、永年の苦しみから切に願っている。そして棟の方向が南北に走っていることを、雪を均等に消えさすための條件としているが、このことはまた、冬の西北風が造る雪庇を避ける條件とも略一致して、雪國の家の方位を決定する。

切妻側は、屋根から雪を降さないだけ積雪量は少く、冬の採光は専らこの面を賴っている。

もしこの側に流れがあるか、深い池でも掘ってあれば、雪は殆んど溜らない。

とにかく雪國の家は、夏と冬の生活を、従って家の利用の方法を截然と区別すべきだと考える。まづそこで冬の生活を考えれば、共同作業は別として、一切の活動が、ひとつゞきの屋根の下で行はれるとゆうことが、問題を処理する上の基本條件となる。

冬の生活の中心が「じろばた」であることゝ、各部屋にあまねく光をとりいれる、このことを両立せしむるためには、吹抜の構造が、今のところ最も要領のよい解決法ではないかと思ふ。「じろばた」を中心として考慮すべき点は、炊事場との関係、食事の場所、薪の置場、來客を迎える姿勢、寝間との連絡など。

「いろり」が採煖の熱源たることは断るまでもないが、雨の多い、湿度の高い北國では、夏でさえ「いろり」の火は燃えて、人々は自然な動きを示しながらこの傍に寄ってくる。茶飲話の目のやりどころが欲しいし、煙管を叩くに炉縁がある。

「じろばた」は殆んど莚敷で、元來汚れも目立たないが、特に雪の上では、履物も汚れないのを幸、人々はぬれた藁沓のまゝ「じろばた」に坐り、話のうちに乾かして外に出てゆくのである。雪國の農家の生活は、大体こんな水準にある。

冬に備えて、小便所はたいてい家の中にある。使っているのは男と限らない。女の子まで姿勢を崩すには少々驚く。大便所は入口の脇にある。土足で使用するのを建前としているが、位置は、ちょっと此處以外に考えられない。それに「がんぎ」を設ける関係上、出入口が一つしかない豪雪地以外は、たとえ普段は使はないにせよ、來客用の玄関が別に設けてあるのだから、あながち此の位置を批難するわけにもゆかない。

「かまど」まで持ち込んで、「いろり」が煮焚の場所に利用されるのも、燃料の経済上やむを得ないが、調理法は随分無茶なものである。かくの如く「いろり」が炊事場の一部を形成している以上、流しのみ土間に離して設けるのは、確かに不便であろう。しかし何れにしろ現在の、主婦の炊事中の動作を黙認するわけにはゆかぬ。それに亦、農繁期においてさえ、いちいち沓を脱いで食事する風習も、できることなら改めたいが、今日の農家の生活狀態を知ると、これは別の方法で解決するのが順序だと思ふ。協同炊事も一つの方策たるを失はぬ。

「いろり」の上に中二階を設けた場合には、煙筒を造って屋上に煙を導く。吹雪く夜は、煙の吸込が悪いと言ふ。逆流することさえある。風のない時は、隣室の戸を開いて冷気を導くと、煙の吸込はよい。けれども、戸の開け閉めにさえサッーと寒さを感じるほどの「じろばた」では、くすぶるくらい我慢ができなくては、とても雪國の冬は過せない。

炬燵で煖の採れないことはないのだが、「いろり」で火を燃やしているために藁をつんだ屋根裏は暖かい。現在の農家の構造では、このような原始的な煖房法が或は適当なのかも知れぬ。然り、これを徳としている屋根裏の使用法もあるのである。

老人と若者の存在を無視することがで

きない農家では、「ねま」の配置に相等苦心を要す。この点、現在の農家は曲りなりにも問題を解決している。外から見て、こんな小さい家がと思うものも、中へ入って調べてみると案外廣いのに面食ふ。こぶのように穴倉のような「ねま」がそこここにある。

　農村住宅を複雑ならしめているもう一つの素因は、家蓄の飼育、農作物の手入及びその貯藏、農具の處置などに占められる部分が、住居のそれに劣らず面積を要し且重要性を具えていることである。特に雪國では、これを全く別棟として切り離すことに難点があり、冬期間の考慮と共に農作期に、これが如何に有効に活用されるかを豫め考えておかねばならないのである。

　農繁期を対象にして炊事、入浴、幼兒保育などの協同事業が行はれてきたが、組織もなく計劃もなく續けられているから、何時になっても無きに勝る段階を脱却しえない。利をもって釣るは易いが、確実な信念をもって導くは容易でないと、今更の如くに痛感する。農村の生活様式も次第に單純ではありえなくなるだろう。しかしそれが、どのような形式をとろうとも、夫々の年令と性に應じ、清楚な、質朴な生活のなかに一切を溶けこまし、眞劍に道を求むる者を讃えるような、貞節な社會を築きたいと念じている。ともあれ個人の住宅が、すべての機能を満しうる時代は過ぎ去った。寢て、喰ふ、それさえも絶体のものではありえなくなる。人間を矮小にし、卑屈にする今の農村住宅には訣別すべき時がきたのである。

　やがて農村も、自からの力で起ち上る時が來よう。いつまでも、原始に近い生活に止まっている必要もない。炊事も煖房も一切が電化されたとて、農民の本來の性格にひゞが入るとも思えない。所詮農村の生活は、土と水と光とから永遠に絶縁されることはなく、神とともに生きる敬虔な、慾心を超越した營みが彼等の生命だからである。

八

　現在の農村及び農家は、過去の生産方式と生活の遺構であり、無秩序に、しかも圧迫と因襲に束縛されて発達してきたものである。と言って、今直ちにこれを破壊し、整頓し直すとゆうことも事実不可能だ。しかし、日本の風景を形づくり、旅人の詩情をかりたてゝきた農村の部落も、近づいて仔細に觀れば、顰蹙すべき多くの点がある。衛生上からも、農業経營の上からも、これを放任しておくわけにはゆかぬ。やはり一應計画を示し、その線に沿って除々に改造してゆく他はない。

　これまでの我が國の開墾地は、在來の村落と関係を保ちつゝ発達してきたもので、村造りとゆうほどの新しい問題には遭遇しなかった。今後大規模な集團移住が行はれるに当っては、將來の農業経營と社會生活とを見透して、理想に近い村落を計画してゆかねばならないが、その際心すべきは、單に合理主義一点張りで解決することの非であり、古き生活の傳統の美点まで奪ふことの罪である。

これは住宅に就ても同じである。たゞ雪國とゆう制約がある。雪に埋もった冬の生活を如何にして保証するかの問題である。豪雪地の平家建が致命的な缺陥を持つことに就ては既に述べた。家を「掘り出す」仕事は苦痛である。

家の周囲をあたかも露天掘のように、段々に掘り下げては雪を投げ上げる操作を繰返している。屋根から降した雪の始末である。屋根の積雪が自然に落下すれば問題はないのだが、勾配一尺二寸の草屋根もこの難を免れることはできない。五寸五分の勾配があれば、柿葺の雪は自然に落ちるが、湿気を含む越後の雪は、板に凍りついて禍をなす。

もう一つの問題は、掘立小屋で我慢するか、或る程度整った家を建てるかである。前者をもって成功した例は多い。しかし、全くの掘立小屋とゆうものは、補修に煩はされること多く、長くはそれに耐えられない。豪雪地では雪に埋もって手の下し様もない。従って、事情さえ許せば後者を撰びたい。事実また、外界との親密な関係を絶たれるほどの不毛の地においては、せめて居住の安定を計ってやることが先決問題であろう。勿論最小限の要求がみたせればよい。現に豪雪地の開墾地では、低学年の兒童は冬期間、寺子屋教育を受けている。左手の不自由なその先生は、夏は炭燒である。

農民の負擔を軽減するために、開墾当初は一切を協同にしてはどうかとゆうことも考えられる。住居と仕事場ばかりでなく、蓄舎、堆肥舎を最初から、雪國で、各人が維持することは困難である。足並をそろえることが肝心だ。低能は、低能だけの村を造ってやればよい。

次に施工技術の問題がある。開墾に先立って道路が造られるだろうから、運搬は容易と假定してよい。従って、工場で大量生産された部品を現場に運び、組立てることも一応は考えられる。ところが、山間部の大工がする在來の工法を見ていると、日本建築は最も精巧な、最も能率のあがらない組立家屋だと感心する。なるほどこれは、解体するために組立てゝいるようなものだ。優れた膠着剤がありさえすれば、部品を接合した方が手取早い。「にわ」の途方もなく太い梁を見上げて、煤けると蟲が喰はないなどと有難がっているのは昔の夢だ。その梁から太縄で、米俵を吊すなどの豪放な藝当が見られないのは、ちょっと心殘りではあるけれど。

結局わたくしとしては、今のところ、図「案―一」におちつく。これは越後の豪雪地に建つことになっている。棟は南北の軸にすべて切妻、軒下に流雪溝を設けたいと計劃している。

面積は、母家が一階二一・二五坪、二階一九・七五坪、附属家が各階一九・二五坪、延坪七九・五坪。冬は、「にわ」に一面に莚をしく。夏は、爐にふたをする。農繁期には土間で食事をする。「にわ」と炊事場は、硝子戸を敷居とともに取外しうるようにして仕切るか（冬）、なわのれんでもつるす（夏）とよい。

附属家は、これではまだ狭いかもしれ

ない。

　共同作業場（集會場をかねる）を十戸単位に設けることにしたから、それを充分利用したい。

　二階の作業場は、養蠶なり藁加工に使う。いづれにしろ問題は、冬の生活をいかにして快適ならしむるかにかゝっておる。その点からも、「なんど」は廢して「ちやのま」を明るくしたい。「いま」と「ちやのま」に、吹抜の掾側が欲しいところである。

　屋根の雪が自然に落下する程度の急勾配にしたいと思ったが、高原に吹く春先の烈風を遮る屋敷林もなし、資材の点からも中止した。実例も多いことだし、新しい試でもない。むしろ耐雪家屋に進むべきだと思っている。降る一方から屋根の雪を掻きのけてゆく装置を備えればよい。勿論この場合には、協同住宅であることを前提とする。

　吹抜の構造としないで、居室を二階におき、一階を蓄舎などに充てればよいとも考えられるが、炊事場及び便所を一階に設け、しかも「いろり」の傍を離れられないとあっては、折角の試験家屋も台なしだ。廣掾は燦々と陽光に映えているのに、産婦は、裏に建増した暗い「ねま」で寝ている始末。部分的に解決できてもどうにもならぬ。無智と因襲が、農村の生活を如何ばかり暗澹たる状態においていることか。

　嚴しい自然には虐げられ、なをその上に時の政治経済に支配されて、どうする術もなか

〔原稿欠け。原文ママ〕

そこに躍動している。

　ある精農は謙虚な面持で答えた。自分が營々と辛苦するのは、決して子孫の爲ばかりを思ってではない。郷土が美しく實ることを唯一途に念ずるが故であると。

　然り、人の世の榮枯盛衰は激しく、自然もまた昔日の面影をとゞめない。絶えることなき惱と爭は、清く澄める幼兒の瞳にも何時しか汚濁を加え、青年の純情と夢をことごとにふみにじってゆく。

　彼等を堕落から救う道は、生活の協同化と、責任の自覚を促すよりほかにない。すべてのことが、公式どおりに解決できないことはわかっているが、今日の社會経済生活の不合理を正すとともに、人々が眞の信仰心にめざむることが、何よりも必要なことだと思っている。ともあれ、平和なうちに、切磋琢磨する農民の姿を、ひたすら念じている。陰うつな日の多い雪國の農家は、概して美しいとは思えない。しかしそれでも、通りすが

〔原稿欠け。原文ママ〕

農村の住宅も、在來のものから急激な飛躍はないと思ふ。それでよい。今こそ、農村の生活を正しい方向に導いてゆく好機である。彼等に、彼等の持っている根強い美点を反省させなければならない。

そして、わたくしたちに求められているものは、追求してやまざる眞実への誠と、そこで永劫生死をくりかえす人々への、溢るゝばかりの愛情である。

二〇・九・三〇記

東北の旅

一　羽越線　昭和十七年

三月二十五日

金塚[1]あたりでは緩い勾配の民家が目につく。

この辺の田は一面の水で、小舟を浮べた所もある。畔には「ハゼカケ」の「ハンノキ」[2]が行儀よく並んでいる。

櫻はまだ蕾、水のない田に草のみ青く。遠くの山にはまだらに雪が残っている。

今日は曇天でうっとしい。

鉄路に添って防護林の杉がつきない。

女の子は「モンペ」、若い女の「マント」が目につく。籠をさげている。

阿賀野川には雪融水の濁流が渦を巻いている。

瓦屋根も次第に多く、木羽板葺は石置、中には棟だけ石をのせたものもある。部落は屋敷林にかこまれて陰気だ。大きい家には藏がある。妻の出が多い。

西の空は雲間から光がもれ、少し明るくはなったが、もう黄昏近い。

松[3]と杉の林。「ハゼキ」は畔につんで藁がかぶせてある。

編註

原稿では註釈に番号がない箇所があったが、対応するように通し番号を打ち直した。

原註

1　新潟県北蒲原郡

2　水田…「ハンノキ」、乾田…「タモ」

3　平木田の近く

4　秋田以北

淋しい漁村。砂浜に立っている塔婆に屋根がある。

日本海は荒れ狂う。人も少い、家も少い。ただ「トンネル」。遠くの島は佐渡か粟島か。

杉皮の石置屋根。女がづきんを冠っている。岩のある波打際は美しい、頂近くに松がある。鳥が一羽北に飛ぶ。

黒い巌。当って砕ける白い波。時に家の灯が見える。淋しい。夜になった。

三月二十六日

山は[4]雪、空は暗い。

農家は曲家、古い。松林がつづく。

遠くの山は群青色、頂近くは白茶色、そしてその上に、灰色の「ベール」。

手提籠は新潟のものより深い、男は頬冠。

小松の林がつづく、草のように生えている。部落がその中にある。木羽板葺、切妻、壁は板。

なんとよくもつづく松林、田も見えぬ。果樹園がある。

八郎潟が見えてきた、田の中を走る。

民家は「ベンガラ」塗、白壁、妻の出が大きく、雪圍はそのまま殘っている。

田は暗渠排水の工事中。

雨になった。春雨である。

八郎潟には小舟が浮ぶ。

家の前はすぐ田である。雪囲にもたれて、子供がぼんやり汽車を見送る。

秋田、

風が肌寒い、零下四度、静かなおちついた街、通る人もない。夜見る家の美しく、重厚な安定感にしばし見惚れる。

思い切り深く大きい切妻が並び、棟飾りも堂々とそびえ、悠然と延びた下家の上に横長窓。リズムがある。

朝早く街を歩く。悲しいかな、昨夜の感激がうすらぐ。雪が降ってきた。顔に痛い、寒さきびし。

四月五日

頬に心地よい海の風、

水平線は乳色の空、青い青い海の色、

かもめが低く飛んでゆく。

静かな波が渚に打ちよせては返す。

釣の小舟も浮んでゐる。

沖には舟が一艘、遠く煙を殘してかすかに動いている。

岩、岩、トンネル、トンネル。

小石の屋根、

光る波、

四月の始のうららかな午さがり、日本海に臨んだ寒村の風物である。

人も牛も寝轉ってゐる。

桃色は櫻のつぼみ、眞赤な椿は青の中。

名も知れぬ花、白、黄。緑の若草。ひばり、蝶々。

「鼠ヶ関」は既に過ぎ、「越後早川」にさしかかる。

山の萱を刈ってゐる母子。

河原で遊んでゐる女の子の群がある。

あの子供達が大きくなったら、きっと、この靜かな樂しい日のことを、なつかしむことだろう。

上越線

まことに姿優しき家並である。

澄みきった荒川の清流、
さはやかな四月の風、たんぼの水もぬるんでゐる。

見下した小石の屋根の美しさ。

山が迫ってきてトンネルを出るたびに、左を流れてゐた荒川が右に見えたりする。

雪溶水は瀧をなし、狭い河巾の水は岩につきあたって、白いしぶきをあげながら流れてゆく。


「羽前松岡」

萱葺が多い。雪囲を家のまはりに造り、光は欄間にたよってゐる。もう雪はないのだから、早速とりのぞいたら良さそうに。

雪溶で山田は水びたし。それが田から田へ、音を立てて流れおちる。

水のおもてのさざなみ。

きった木を束ねてゐる親子がある。

嬰児をおぶった男の子が出てゆく汽車を見送ってゐる。

次第に河の水が濁ってくるのは雪溶のせいだろう。

炭になる林の中をぬけて行く。

「トンネル」に入ったのに、窓をしめないから煙でむせる。そばには泣く子をおぶったかあさん達がゐる。誰も閉めないでゐて、「トンネル」を出てからあちこちで急いで窓を開けてゐる。すると、すぐに汽笛がなる。

河は泥水になったけれども、なんと美しい空の色。


「羽前椿」

いい名前だ。盆地、切妻の萱葺。

陰になった遠くの雪山は、空の色にとけこんで姿も見失ひ勝になる。

樹の影が長く尾をひく時刻になった。

白河を渡ると「今泉」

久し振りに遭ったのであろう母と娘が、思ひ出しては語りつづける。つつましい表情。

思ひ切り急な勾配にして、切妻の出が深く、あざやかな黄色い壁に束が一本、正方形の大きい窓が程よい位置に無造作にあけられ、全体の調子が印象深い。

四月三日

うららかな小春日和。

谷々にまだ雪の残ってゐる藏王は、かすみの中に浮んでゐる。

駅につく度に、聲を張りあげて仲間と別れをおしんでゐた若い女達も、「漆山」[5]へ来ると降りてしまった。彼女達の口から、美しい歌がもれてくるようにとは、私の悲痛な願である。思ひ出すのは、春の月の美しかった夜、感じやすい宿の乙女の歌聲に、うっとりと聞きほれてゐた旅の枕。

麓の濃い青と、淡い空色との間に、なだらかな月山と尖った羽黒山が、純白の頂を連ねてゐる。

四月四日

「楯岡」[6]から「西郷」までの野道を歩く。

空にはひばりがさえずってゐる。

雲一つない暖い陽氣。このあたりは一帯の水田、周囲は雪をとどめた山にかこまれ、部落はその襞に長々と横たはってゐる。

仰げば、浮塵に反射する光が眩しい。

今年は例年より十日も早く雪がとけたと言ふ。

農繁期を前に、のんびりかまえた農村の風景である。芽出たい行列に出會う。

西郷[7]からの歸り、遠くから眺めた「楯岡」の街は、ふるさとのそれを、ふと思いださせる。

三　東北の旅　昭和十八年

二月二十五日

沢口村[8]に通づる松並木の街道を、馬橇が供出米を積んでゆく。秋田の雪は浄らかである。それは乙女の肌のように美しく、手をふれるさえ心とがめる。ああ、この純白。

吹雪く野に傾く電柱の姿わびしく、米代川には寒風がつのる。荒れた秋田の民家は寒かろう。日暮れて鷹の巣に着く。

二月二十六日

秋田から山形に越える汽車道の夕暮は、何故にかくも物悲しいのであろう。雪が飛ぶ、民家は雪に埋れている。積雪四・二〇米。

この道を通る度に思い出す。

十月の雨が降っていた頃、東北の町を流して歩く藝人の一座に賣られてゆく少女と別れた日。

姉さんは「シバタサーカス」の團長の、おかみさんだと言っていたあの青白い顔、汚れた水兵服に新しい下駄がいぢらしく、隣の姉さんに、今から「オーバー」なんか着いて笑はれないだろうかと尋ねては、そっと窓を眺めた淋しい横顔。ちょっと貸してと、姉さんが讀みさしの文庫本を

5　奥羽本線
6　奥羽本線
7　山形県北村山郡西郷村
8　秋田北秋田郡

めくっていたが、すぐあきると小さい「トランク」の蓋をあけた。

　学校の教科書と石鹸箱がある。少女はその中から在学証明書を出して姉さんに見せた。そしてそれを書いてもらった受持の先生の名を何度も口にした。

　繪葉書を見せて、ひとつひとつの思い出を語る。それは大鰐のものだった。

　それから間もなく、姉妹になった五つの子役と戯れる頃には、旅の樂しさに心もまぎれた様子。子役の「ポケット」には「クリーム」の小箱が入っていた。

　新庄へ来た。辯当賣の聲が聞えると、少女は餞別にもらった一円五拾銭の中から、思い切って辯当を買った。箸は子役に與え、自分は蓋を割って、それも多くは喰べなかった。

　雨がやんだ。二人は窓をあけた。少女は子役にささやいた。母さんが恋しくないかと。でも、子役にはなつかしむ母のおもかげはなかった。

　汽車が駅を出る度に、少女はふるさとの名を呼びつづけた。

　一座は温泉のある町にきて降りた。学校へ行けると信じていた少女の「トランク」の中味も、日がたつにつれて次第に変ってゆくだろう。

　それにしてもあの夜、思はず「オッカア」と叫び、旅の枕を涙でぬらしはしなかったか。

二月二十七日

　新庄から乗りかえて瀬見温泉へ行く。雪明りでは道を見失い勝である。瀬の音が激しくなった。山を曲ると温泉場である。河岸に四・五階建ての家が建ち並び、明るく騒いでいる。橋を渡って表に立てば、唯の平家である。どの宿も断られる。最後の家の主人が言う。泊めてあげてもよいが先づお客さんに聞いてみる。なにぶん八帖に既に六・七人、そこへ割り込んでもらわねばならないが、ふとんは或はお貸しできぬかも知れぬ。いやはや、これでは引退るほかはない。

　客は附近の農家の人々で、正月休みを湯治にきて自炊しているのである。東北にはまだこのように気安い温泉場が多い。旅の者に荒されない山の湯で、雪にとざされた長い冬を、地の謡を歌いながら樂しめる人々は幸である。

二月二十八日

　雪の庄内平野もくれそめた。人々は堆肥を運ぶに忙しい。その黒点は果もない。雪山の色は刻々に移りゆく。旅人の足どりも早い。淋しい早春の夕である。

　馬橇の幌の破れ目から星が一つ二つ見えてきた。村の灯が遠く眺められる。橇の中がボーッと明るくなることもある。雪の野道には行き交う人も途絶えた。

　山の湯9へ着いた頃には暗い空に星が降るようにあった。夜もすがら雪融水の音高し。

三月一日

　雲もない青い空、雪山は霞に包まれている。

　ひときわ高いのが羽黒山。

鶴岡はしっとりとおちついた町である。

暖い今日は雪融にぬかるんで、馬橇や犬橇も苦しそうだ。深く大きい切妻の家、明障子。

丸い石垣のある河には古い木橋がふさわしく、水には遠い雪山の影がある。傘屋があるのだろう。塗ったばかりの雨傘が残雪の中に並んでいる。

子供は橇の乳母車にのって、母さんの買物を待っている。六つばかりの男の子が一人、毛糸の帽子を冠って下駄をはき、小さい風呂敷包を脊負っているのを見ていると、何故だか悲しくなる。鶴岡は静かな美しい北の國の町である。

9 湯田川温泉

あとがき

　この小文は、わたくしが、新潟の農地開発營団にいた頃、雪國の農村を、それも限られた土地を、おとづれたとき、仕事の暇々に調べたものを整理したものである。

　雪の降るのがめづらしい土地に育った私には、雪國のことは、すべておどろきであった。

　自然と、それにもとづく人情とが、家の形にはっきりと表はれている。雪國の生活は、たしかに特異な生活である。

　私は、その雪國の生活を深くさぐりたいと思った。村落の発達の過程を知ろうと企てたり、市を通じて町と村との関係をたしかめようと計劃もしてみた。東北から北陸にかけての雪國は、これらのことを果たすのに、実にめぐまれた土地である。

　すべて緒についたばかりで雪國を去らねばならなかったが、もともと計劃を立てゝの研究調査ではなく、なにひとつ結論をみいだすことはできない。農村の住宅問題ひとつとりあげても、簡單に解決はできそうにもない。時機を待つより他はないと思っている。

　さて、この小文をつゞる機縁をつくって下さったのは、当時の建築課長であった竹内芳太郎先生である。先生の雪國の話を聞いていた時分は、遠い國のことに思っていたのに、年をへて、羽越線を旅する人の群のなかに、自分をみいだす羽目になってしまった。せっかく、雪國を調べる機會を与えて下さったのに、怠け者の私は、先生の御期待にそうことができなかったのを心苦しく思っている。

それを、思いがけなく、藏田周忠先生が、本にしてやろうと交捗して下さったのである。御言葉に甘えて、一切を先生におまかせしてしまった。先生にとっては、私は、荷厄介にちがいないのだけれど、当の私は、先生にめぐりあえたことに、かけがえのない幸福を味って生きているのである。

もう、これだけでも有難いことゝ思っていたのに、今和次郎先生が、序文を書いてやろうとおっしゃる。親しく御話をうかゞう折もなかった私に対してである。御礼の言葉もない。民家の調べをつゞけることが、せめてもの御恩返しと思っている。

最後に、この小著をひきうけて下さった相模書房にふかく感謝している。ことに、引頭百合太郎氏には、御面倒ばかりおかけする。これも他生の縁と御ゆるしをこうばかりである。

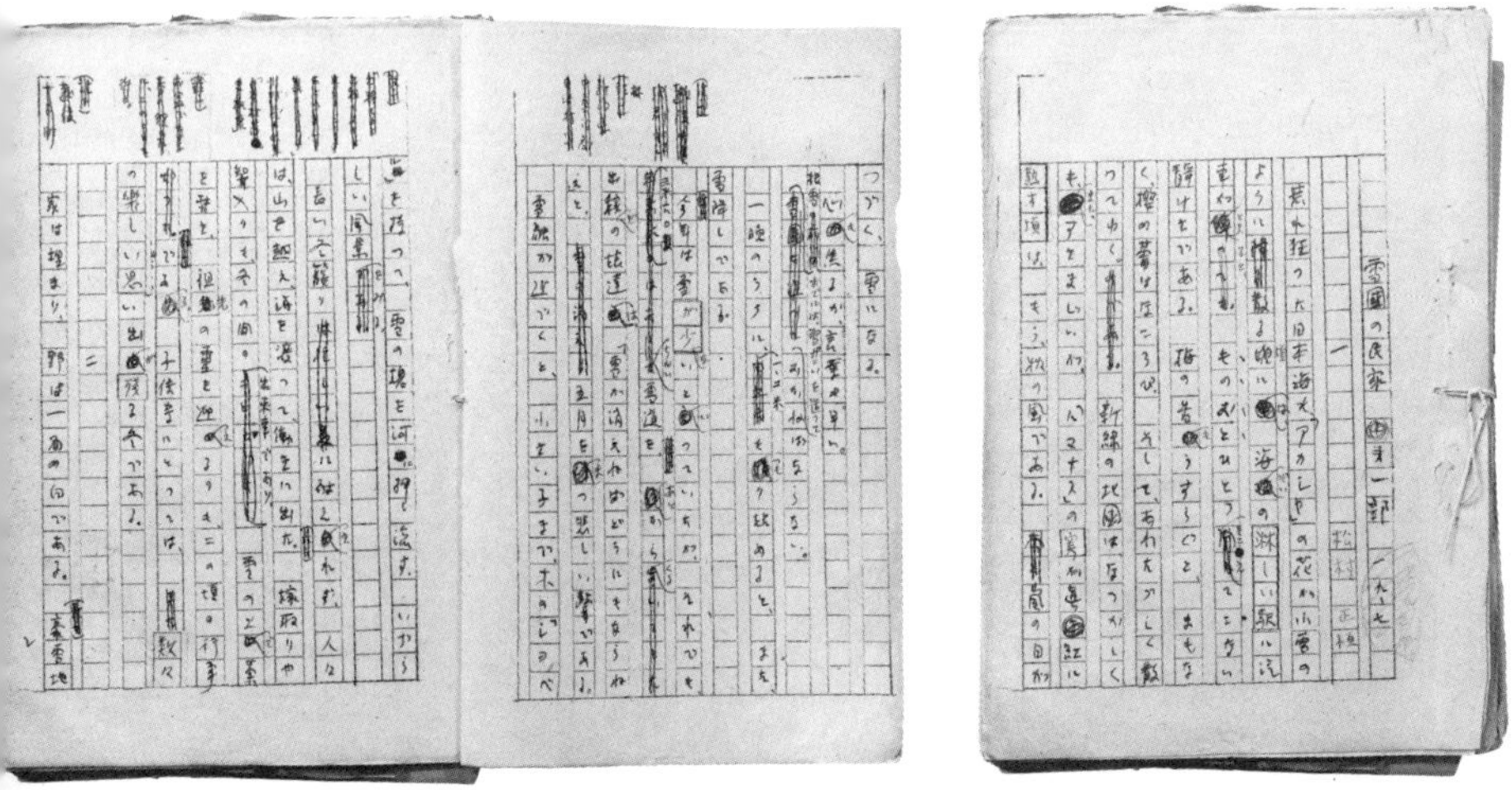

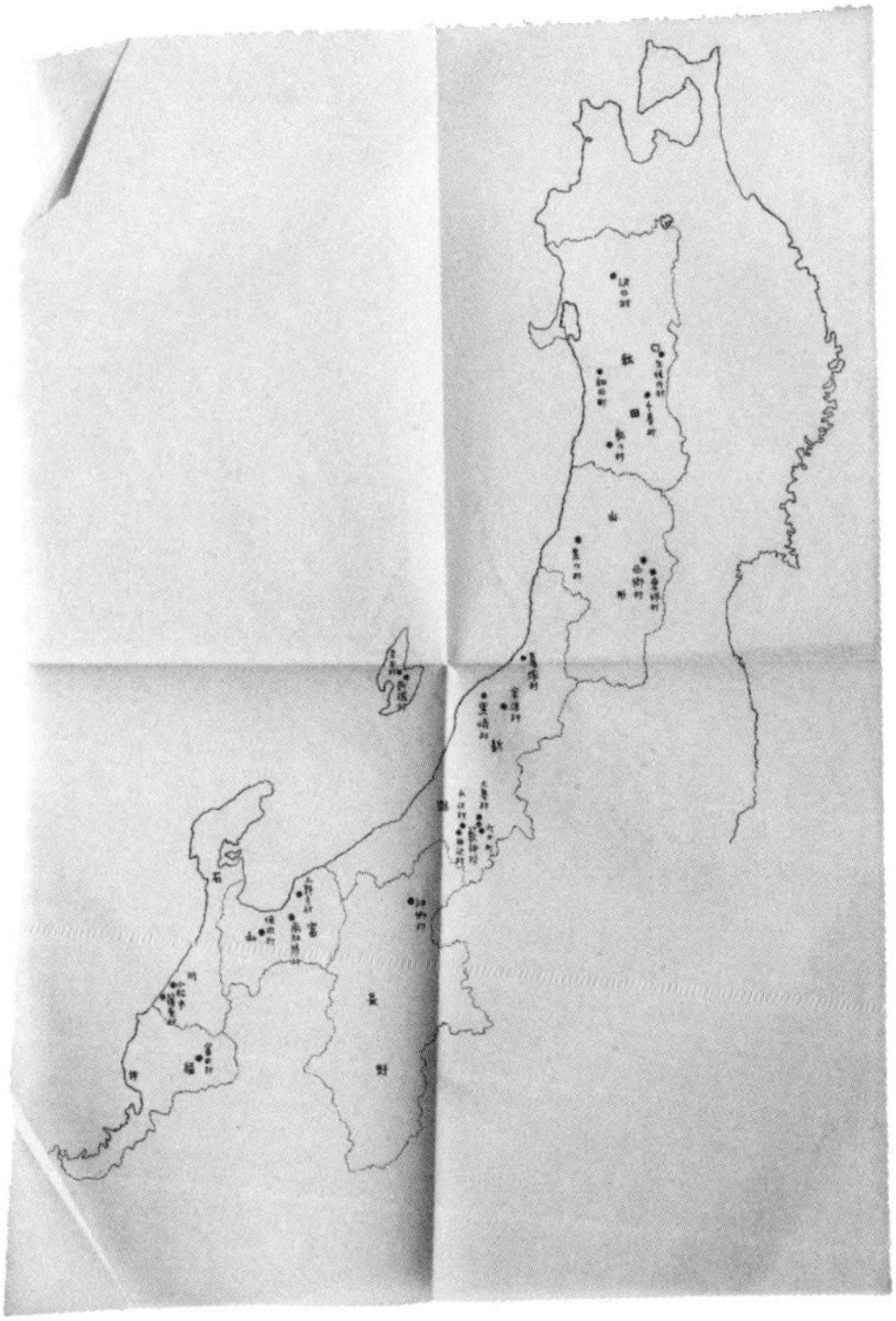

松村が調査した場所を示すと思われる地図

▲「雪國の民家　第一部」の原稿。枠線はガリ版印刷と思われるB5サイズほどの原稿用紙にペン書きされ、紙紐で綴じられている

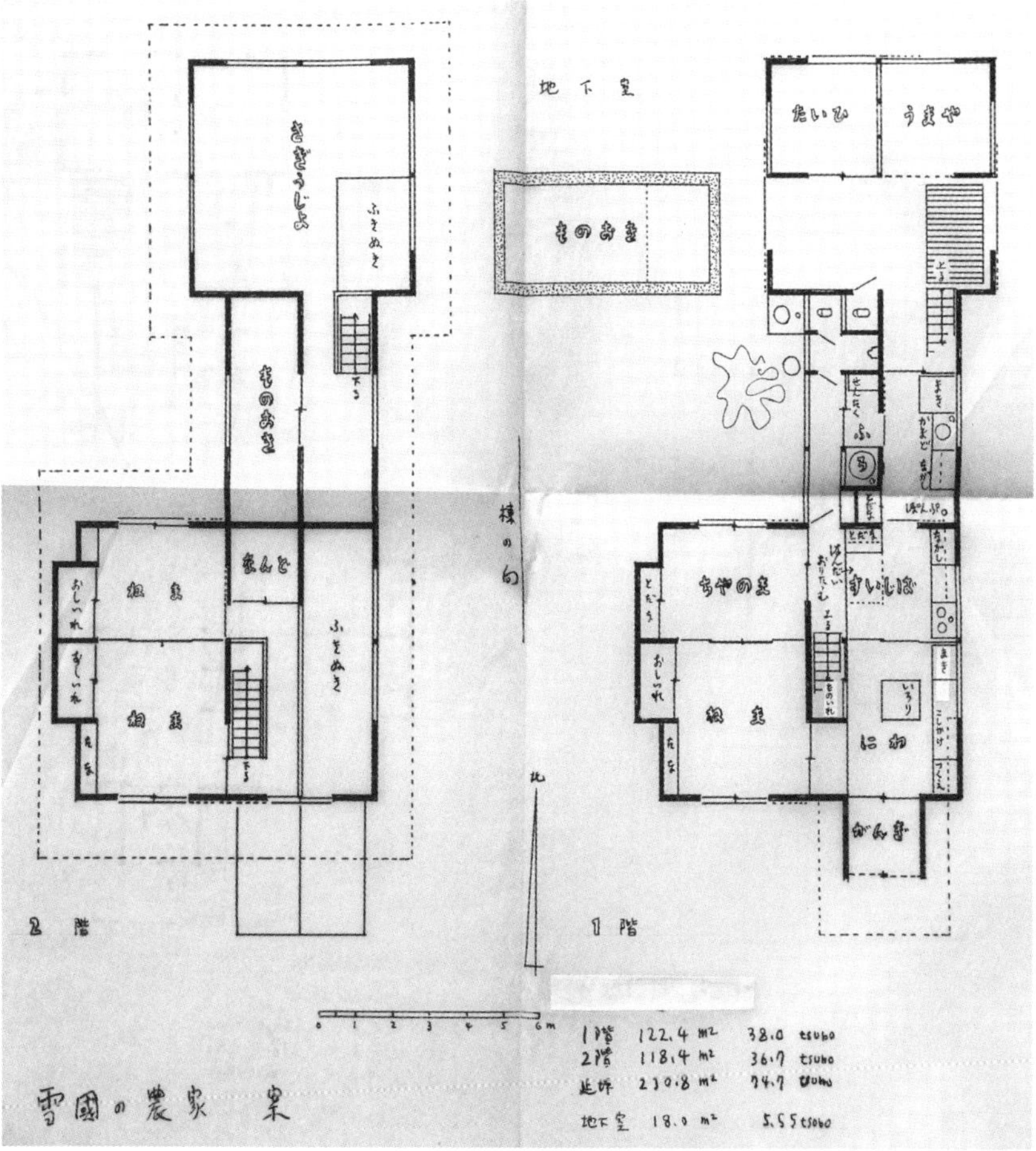

▲松村による農家の新しい住まいに対する提案図面

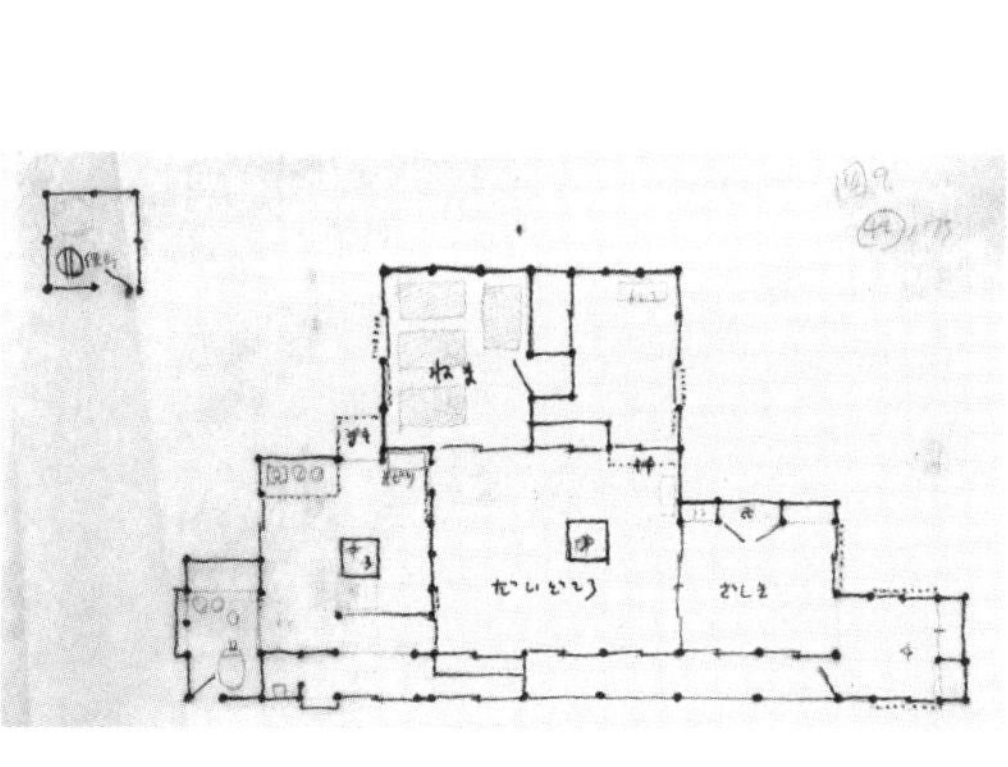

調査した農家の間取り図

◀松山市の事務所で製図板に向かう晩年の松村正恒

第3章 建築家論

解題

現代の多くの建築家と違い、松村正恒は自分以外の建築家について論じた文章をほとんど残していない。もちろん、八幡浜市役所の職員時代にそのような原稿依頼があるはずもないし、自由な立場になった独立後でも、建築雑誌などのメディアから次第に忘れられていったという事情がある。

しかし松村は、地方で自分の世界の中に閉じこもっていたわけではなく、建築家や設計事務所のあるべき姿について考え続け、その成果を、他者への批評を通して論述するのではなく、自らの実践において体現しようと努力した。そして、八幡浜市役所での公務員としての建築設計者、および民間の独立した建築家という二種類の経験を通して考えたことを中心に、数こそ少ないけれど、いくつかの個性的な文章として発表している。

「足る事を知り身辺飾る欲なし――わが事務所経営奮闘記」「建築家よ花魁になるな 人知れぬ山中の花であれ」はその代表である。前者には、松山での独立後の事務所経営の苦労が赤裸々に綴られ、いささか辛辣な筆致で建築界批判が展開されている。後者は晩年のインタビュー記事であるが、八幡浜市役所時代から近況までを松村が語り、自治体およびそこに勤める建築設計者のあるべき姿から、JIAの提示した兼業問題、そして建築家とは何かまで、彼の思いが語られている。

「地方営繕への提案」は『公共建築』一九六七年九月号[1]の特集「地方自治体の建築」に書かれた文章だ。「ミツバチと俗に呼ばれている建築家」と「カタツムリと呼ばれている

[1] 営繕協会編『公共建築』一九六七年九月号、日刊建設通信社

先生」による対話形式で進む公共建築論であり、松村節が全体に溢れ大変に面白い。話題が転じるたびに、「議会というもの」「配置と平面計画に全力を」「市民の教育を」といった小見出しがつき、最後は「真の建築を創る」で終わる。八幡浜市役所を辞めて七年目に書かれた文章であるが、まさに戦後が遠ざかり、松村がめざしたような公共建築による実験も減る中で、「地方営繕」という建築組織とそこで働く設計者のあるべき姿を示した文章であり、その内容は今でも十分に通用する。

「BRUNO TAUT」は、日本建築家協会の機関誌『建築家』一九六八年秋号[2]に掲載され、ブルーノ・タウトの亡霊と対話をするという設定で、都市、建築、建築家などについて面白く論じた文章である。参考文献のひとつに、恩師・蔵田周忠の『ブルーノ・タウト』[3]が挙げられている。

珍しく自分以外の建築家について書いたものとしては、蔵田周忠に関する「蔵田先生と私」、土浦亀城に関する「アメリカ仕込みの合理主義者」がある。いずれも自らが習い、仕えた師であるから、いわゆる蔵田周忠論、土浦亀城論とは趣が違うが、両者への敬意に満ち、土浦に対しては若干の皮肉も交えつつ、自らが接した師の生き方を通して理想の建築家像を探ろうとした味わい深い文章だ。

「人それぞれの生き方――老建築家から教師の卵達へ贈る言葉」は、松村が愛媛大学教育学部の学生に対して行った講演である。師という文字の使われ方から語り始め、さまざまな事例を挙げて人と人との多様な関係を教育学部の学生たちに説いている。松村自身の大洲中学校時代の経験や、農地開発営団時代に東北で目撃した旅芸人に売られた少女の話まで、味わい深いエピソードが満載だ。

この講演の中で松村は、「私は自分を建築稼と称します、俗には建築家と呼びますが、家

2　日本建築家協会編『建築家』第一巻第一号、一九六八年秋号、日本建築家協会

3　蔵田周忠『ブルーノ・タウト』相模書房、一九四二年

とは、大家、一芸に秀でた人のこと。稼を稼ぐと読むと下品になります、禾は穀物を意味し、稼は穀物の種、種を蒔き育てる。／これで良い、と思った時から人は老い始める、稼と称することにさえ抵抗を覚えています」と述べている。遺稿集『老建築稼の歩んだ道』、そして本書『老建築稼の歩んだ道　松村正恒著作集』へと引き継いだ書名を生んだ講演である。この発言の中から、建築家と建築が果たすべき役割は、社会の中に「種を蒔き育てる」ことであるという松村の考え方を読み取ることができるだろう。そして彼は、同じ役割を教師の卵たちに期待したのである。

最後に載せたのは、「子孫に與うるの書」という松村の書だ。「子孫」と書かれているので、血縁のある後裔に向けた言葉ではあるだろうが、建築家をめざす次の世代へのメッセージと広く解釈し、活字に置き換えずに収録することで、彼の思いを直接伝えようと考えた。横三メートル七五センチ、縦八〇センチの立派なものだ。

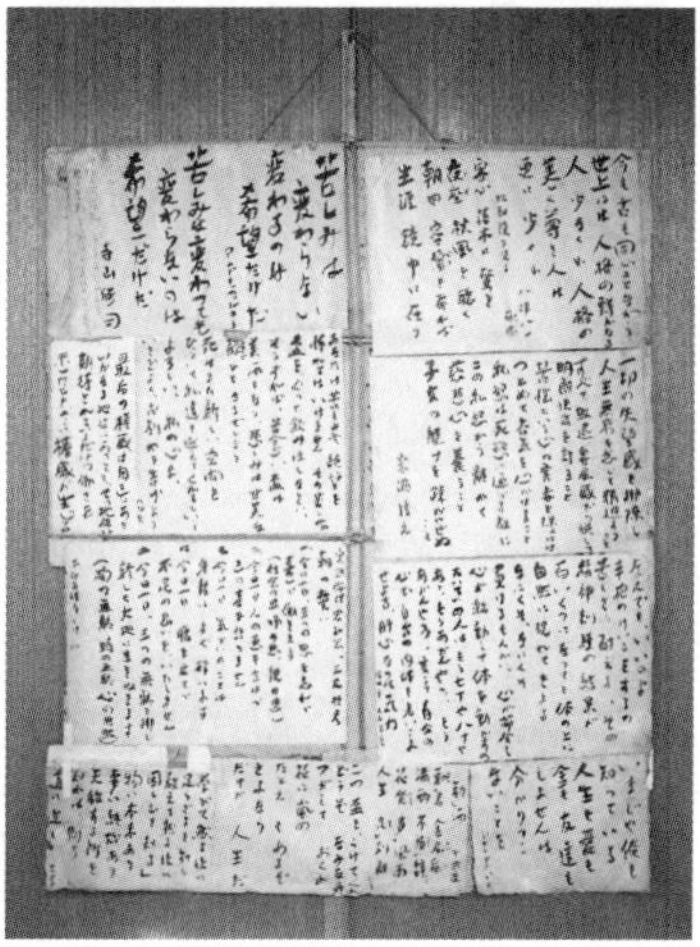

松村正恒は、他者のであれ自らのであれ、気に入った言葉があると身近な紙に筆で書き、それを貼り合わせては一メートル四方ほどの凧をつくっていた。写真はそのひとつである。

足る事を知り身辺飾る欲なし
――わが事務所経営奮闘記

（一）

建築の設計を業としたのは、まぐれである。迷い悩みつづけて四十年、今では行くよりほかない道である。私はこれまで自分を建築家と思ったことはない。では何と思う。建築の職人、職人としての修行に励もうと心がけてきた。

そもそも建築家と呼ばれるには条件がいる。資格ではない。資格は行政の便宜上きめたものである。それを勘ちがいしている向きがあるようだ。手で設計する、手の内をさらけだす手合、これ最低、ニセモノ。少し進歩して頭で設計する。頭の中味がすけてみえ厭味で臭味がある。まだ上がある、心で設計する、心とは至心であり慢心なき人。しかし、これに安んじてはならぬ、虚心に設計する。この境地に達すると建築の神がみえる、謙虚な人である。ゆれ動く人間の心をとらえ、弱い立場の人の側に立って、生きる希望と勇気を与えることのできる人、空間と時間を超越した人、これぞまさに真の建築家、ホンモノ。教えて教えられるものでない、天賦の才であり人格である。これを知るゆえに私は自分を建築の職人と見立てているのである。

(二)

私のような人間が建築事務所を経営するなんていうことは、もともと無理難題であった。経営才能はなし、職人ゆえに、気に喰わぬ仕事は、したがらない。自分に不満足な結果が生まれると、金も欲しくない。大勢の人を雇って、そのために、仕事を取って廻る、そんな芸当はできない。第一、仕事を取る、という言葉が気にくわぬ。仕事は頼まれるものである。虚業家には、絶対になりさがりたくない。金のためだけで仕事はしたくない。私を信頼してくれる人のために全力を投入する。今日まで、それで通せたことを有難いことだと思っている。

ところで、設計報酬の規定は、最高額を示すという意味であった方が良い、その率の決定は各人の判断に待つのが正しいと思う。私の所では、住宅五〜六パーセント、事務所、病院四パーセント、工場三パーセント、いずれも設計監理料こみ。設計の内容は、縮尺二十分の一の詳細図まで、必要に応じて、現寸図。内訳明細書は作らない。従って積算は原則としてしない。紹介もなく、電話で料率を確かめ、いずれ改めてと切ってから改まった人は、ついぞない。

国は地方から財源を吸いあげる、日本の富は東京に集中する。地方で五百万円のダイヤが売れ残っても、東京では一億を高いと思わぬ人も多かろう。東京で一億の住宅を建てる人の十パーセントと、地方で一千万円かける人の十パーセントは値うちが違う。ただ、地方では、東京の建築屋を、いや建築家を高く評価する、それにつけこめる人は幸いである。地方では、複雑な、一人よがりの現寸図を要求したり、金に糸目をつけず材料を吟味する施主は少ない。たまに、金にあかしてなどという施主がいれば、きまって趣味が悪く風格もない。その悪趣味に迎合する建築屋、青少年の美意識の涵養に禍を及ぼす、そこに思いを致さない、害虫に等しい建築屋に限って、繁殖力さかんとくるから始末が悪い。

（三）

たとえていえば、私の事務所など、枯木に張ったクモの巣のごときもの。良い獲物がかかりはせぬかと待ち構えている。とは言うものの、運よくかかっても、すばやく駈けより、からめてしまうわけではない。しばし機を窺い、相手を見きわめる。

　こんなこともあった。小学校を設計したことのある村の長が来て、庁舎を建てることになった、設計料はいくらか、監理をふくめて四パーセント、いずれ改めてと折り返して言う。ある人が二パーセントでやる、お引きとりをと。二パーセントのセンセイ、監理料二パーセントを請求したと聞く。このセンセイの、もう一つの手口、入札に出す図面と仕様書を、二通り作る、お目あての業者が見積もると安い、他の業者は高くなる、手のこんだ芝居、大入り袋は山分け。

　紹介なしに商店主がきて、住宅を頼むとの話。ちょっぴり不安、案の定、建前の翌日どなりこむ、真々一・九二メートルとは何たることだ、畳一・九五メートルの割にすべきではないかと。叩きこわす、建てかえろ、との無理難題。やっとその場はおさまったものの、引き渡しに際して、また悶着、襖の間があきすぎる、紙一重にしろ、これには参った。設計料にはなりそうもないと思いきや、耳をそろえて八パーセント、わが事務所にとって空前絶後の設計料。住宅にしては豪勢な落成の宴で、新調の衣裳で披露した主人の舞が黒田節。

　申し分のない施主の例。十九ベッドの診

療所であった。着工の二年前から敷地を示し、希望を述べ、ぼつぼつ考えておいてくれ。その後思い出したように打ち合わせの機会をもつ、次第に先方の意志が通じてくる。結局でき上った案に全く異議なく、途中の設計変更なし、竣工しては御満悦。

こんな例にも事欠かない。ある事務所の案が、どうも気に入らないとの話。みれば幼稚、よくもこれで設計を稼業と、無智というか無能というか、厚顔というか。仔細に点検すれば、階段を昇ると頭がつかえる。円満に話は切れているとのことで引き受けたが、全く馬鹿につける薬が欲しい。

支払いの段になって設計料を値切る施主がある。絵には金を惜しまないのに、設計という作業を評価したがらない。もっとも、大学教授とか真面目な公務員で、一千万円の家を建て、質素な家に満足して、そのうえ、当方に感謝されると、設計料を戴くのさえ心苦しい。一人の経営なら、安くしてあげたいといつも思う。

最も不愉快なのがエセコンペ。三遍こりて手はださぬことにした、要するにオトリだ。報酬はない、時計を礼にとどける、刻む音がふるっている、ケチ、ケチ、時を知らせる音がムチン、無賃。さらに非劣なのがある。報酬なし、審査員は霧のなか、平面はできている、設計期間は二週間。なめるなと蹴って後で知る、平面を考える必要のなかったことを、頼まれる事務所が決まっていたことを。

私も家協会の一員、本部からは、エセコンペに応じるなとの通達しきり、ところが、地方に出張しては頬かむりの会員がある。わが友、かつて嘆いて曰く、家協会は目クソが鼻クソを笑うの図。他界した彼が、蓮の花の上にあぐらをかいて夢に云う、恥と外聞を気にして生きられるだけ幸いと思え、仏の心になれ、貧しくば持ち去るもよし野立て傘、あすの日和を天にまかせて、この境地でゆけ、と。

当地で風の便りに聞く。住宅の設計を無

料ですると吹聴する者あれば、官公署の設計入札〇・六パーセントで応ずる者がある。その穴埋めは、材料と下請の指定業者からのリベート。こんな恥ずべき話を聞くまでもなく、設計入札したことなし、しようにも、ご指名をお願いしていなかった。私の方針は、こうだ、たとえば、ボーリングを指名する、お礼を届けてくる、断る、わずかの利潤だ、案ずることはないと。請負業者を指名する、リベートをくれる者がある、お心づけ以上のものは返す、その分だけ工事に注ぎこんで欲しいと願うからである。

こんな話も聞く、官公署の設計者の選定は霞ヶ関の議員会館、上納金の多少で宙に浮くことは覚悟のうえ。請負業者の決定は東京からの電話、これは天の声とか。政治と結託しないことには夜も日もあけぬ時勢。いまのところ、私には縁なき世界の出来事。

不快なことばかりでもなかった、良き思い出もある。私の生まれ育った村の小学校を、村の人の好意で設計できたことである。市の教育委員会は陳腐きわまる案を強行しようとする。どうしてもといわれるなら残念ながら断る、ときっぱり言う。しかし、足らぬ分を寄附する村の人の発言と、私への絶対の信頼に委員会は降りた。奮起し、責任の重味を感じたこと、言うまでもない。市の設計監理料二パーセント、その二十五パーセントを喜んで寄附。ところが後がいけない、私の設計には金がかかる、標準設計に応じない者に用はない、とお声は一切かからない。

当地で、設計料のもつれが裁判に発展し、目下控訴中、日経アーキテクチュア四月十七日号に載っている一件である。複雑な事情もあるようだが、施主と設計者の信頼関係が薄れたのも残念、設計者をここまで追いつめた同業者の堕落と、最近とみに度を強めている施主の品格のなさが歎かわしい。施主は、建築を商売の道具と心得、建築屋もまた、設計を商売と割りきる。いうなれば、昔の旦那が居なくなったのだ。大衆社会とは、悪の華の土壌でもあったのか。

話は飛ぶが、私は原則として、請負業から設計を依頼されない。例外はある。たまに設計を持ちこみながら、私の厳格な監理に甘んずる業者がある。立派である。請負業の鑑と感服している次第。

(四)

かくて、我がクモの糸はほころび、嵐に立ち向かう。そして思う、世に跳梁する建築屋ハダシの、建築家と自画自讃している連中、果たして社会にとって有益な存在か、信頼されているか、と。己を捨て、先覚に見習い、謙虚に正しい道を歩む者がいかに少なくなったことか。設計を業とすることに虚しさを覚ゆるばかりである。

その昔、恩師蔵田周忠先生に訴えた。良いものを讃えると同時に、悪の追放に立ちあがるべきではないかと。放っておけ、それが先生の答であった。しかし、それは、人々が反省し良心に満ちていた時代のこと、今日のごとく、百鬼夜行してなお栄える時勢に、放任して良いものかどうか。

(五)

これ以上に言うことなしと思っていたら蛇足を加えよとのこと。なぜ言いたくないかと問われれば、経営者として落第、参考になることは何もない、そのうえ、建築屋としても失格、忠告する資格もない。建築事務所で繁栄を望むなら、商売一途に要領よく、理想はかなぐり捨て、政治屋と結託し、請負の味方として頑張ること。

求められるままに実相を記せば、役所勤めを中止して事務所を開設したのが十八年前、四十六才の秋、枯すすきと縁ふかし、知人のすすめで、松山市の中心地、当時としては最高級のビルに入る、三階にある二十五平方メートルの狭い室、電話番号○九六三、これまた先ぼそり。ビルは繁華な大通りに面している、賃貸料には差はないが、窓に金文字を書いて広告する気もないから、隅の静かな室を動こうともせず今日に至っている。

所員は、現場監督、施工図面作製、積算に男性一人、申請事務、住宅設計専門に女性一人、ほかに事務を雇っているだけ。収入が少ないから、給料を十分に出せないが、一向に退職するとも言わず、当初より所員の出入なし。構造、設備の設計は外注。私は車を持たず、タクシー専用。仕事を探しに出歩くこともなし、現場を必要に応じて見にゆく外は、設計に専念。

事務所の仕事の内訳、件数は住宅が多い、次いで病院、診察所、自動車販売会社の建物、銀行支店、工場、幼稚園、旅館、私立の学校。ゴルフはしないが、深い縁あって、クラブハウスを二ヵ所。小学校をひとつ。これを除いて公の建物がないのは、次の理由による。頭数を揃えていないから、オカミの信用をいただけず、献金しないから政治の偉いセンセイ、見向いてくださらない。

いつの場合も金をかけないものばかり。予算に見合った図面をかくことは、若い頃から修練しているから苦にもならぬが、無理を押し通し、無駄を強いる前に、金の出どころを気にするのが習性となったことを悲しむ。

とりすまし、一分の隙もない洗練された人間の背景となる建物より、汗と脂にまみれ、間の抜けた、愛嬌のある人間の背景にある建物を作りたい、いや作ってきた。高級バーより場末の居酒屋が心地よい。こんな心掛けでは金もうけになるはずもない。

そのくせ、ある時、私を信頼してくださった未知の人格者の推薦で私立短大の設計をした。第二期工事は学長の縁故で設計施行になる。設計料を節約したいから、というのが理由、それなら安くするから是非に、とは頭を下げなかった。私の理想とした学園が実現しなかったことを、今も残念には思っている。思う存分やった、などという経験は一度もない、これからもないだろう。それで良い、粥《かゆ》をすすっても節を曲げぬ、その節を、わきまえているからである。

もともと器用でなし、才能もなし、うしろ楯なし、組織もない。ひとつひとつ丹念に仕上げてから次に移る。おかげで、今日まで、途切れることもなく、続けてこられたが、これから先は分からない。これまでは設計料も口約束。

足ることを知り、身辺を飾る欲なし、名誉も地位もほしがらず、最大の敵は、そねみ、怠け、と己を叱咤し、ヴェルレーヌの詩『落葉』を口ずさみ、于武陵の勧酒[4]に人生を思う。

4 中国・唐の時代の詩人・于武陵（う・ぶりょう 八一〇〜没年不詳）の五言絶句「勧酒」のこと。井伏鱒二の名訳「コノサカヅキヲ受ケテクレ／ドウゾナミナミツガシテオクレ／ハナニアラシノタトヘモアルゾ／「サヨナラ」ダケガ人生ダ」で有名。

建築家よ花魁《おいらん》になるな 人知れぬ山中の花であれ

――気骨の設計者が語る、徳は孤ならずの信念

日本で初めてクラスタータイプの校舎を設計するなど、四国にその人ありと知られる松村正恒氏、高潔なその人柄には「気骨」という言葉こそふさわしい。しかしその内面には、庶民への慈愛の念とあふれるような人間味も秘められている。自ら、建築家と呼ばれることを嫌い、デザイン全盛の時代のさなかにあって「インターナショナル・スタイルは少しも間違っていなかった」と言い切る。建築は人知れぬ山中の花でいい――。信念の設計者に、感慨を誘う一通の手紙が、三十二年前に設計した小学校から届いた。愛媛県下の小さな海辺の町に建てた小学校が解体される。お別れの式を開くので、設計者に出席してほしいという依頼だった。明浜町立狩江小学校だ。

——狩江小学校は松村さんが八幡浜市役所にいた時期の作品ですか。

松村● 最後のころです。あれはあそこの町長さんがわざわざ頼んできた。その意気に感じて全力投球した。発表こそしなかったが恥ずかしくない学校でした。もっとも三十二年の間に、三百六十人の生徒が五十七人になって、校舎も相当傷んでいた。それなのに生徒は懐かしんでくれて、自分たちでお別れの会を計画してくれた。建築がスクラップになる時代に、建築が文化だなんて声を大きくしなくても、建築が人の心に染みるということはまだあるのです。

私は、自分が建築家、アーキテクトになろうと思っていなかったから、モニュメントをつくろうなんて気持ちはない。だから、こういう名もない、普通の弱い立場の人の建築に参画しようと初めから思っていた。幸い学校建築に携わる機会が多かった。そういうのは私にとってはよかったと思うのです。

自慢したことがないので誰も知らないでしょうが、一九六〇年にフォード財団が出版したcost of school houseという本に私の神山小学校が出ています。

なんでアメリカ人がそれに感激したかというと、私は、はだしでいるのが好きで、子供がはだしで運動場に出られるように入口に足洗い場があるような学校ばかり設計していた。そうすると内と外がくっついている。日本建築の特色は、内と外との境界がないということ。それを彼らは感心したのだと思います。だからそういう意味で風土色がある。風土色があってなお独創的なやつを選んだと思うのです。

——コストも評価されたというわけですね。

松村● コストという意味は単価ということではない。コストの中には平面計画から構造、設備、あらゆる問題がある。それでできあがったものが、うまく学校として機能していなければ意味がない。全部含めた結果がコストです。そういう意味で選んだということで私はとてもうれしかった。

今の日本の公共建築、学校にまで最近言えますけれど、非常にぜいたくです。無駄遣いであると同時に、建築家が自分のために立派にするようなのです。立派なものをつくって、それを雑誌に出す。自分の名前を出すためにカネをかける。それは間違っている。

場所を考えて、予算に合う設計をする、施主に損をかけないのがプロです。予算が一億円しかないのに一億二千万円の設計をするのはプロじゃない。

私は設計をする時、一本の線、一平方メートルの面積でも、そう簡単にこうしたら美しいだろうとは考えない。この一本の線、この一平方メートルの面積にどれだけの価値があるかを考える。建築は自然で簡素であれ、これが信条です。むろん心理的な効果も考慮します。

地方というのは貧しい。町村は国の交付税で賄っている。貧しい暮らしを見ているから、よけいな設計料をとって高級車に乗ろうとは思わない。

――ぜいたくすることはないけれど設計料をきちんともらうことは必要でしょう。

松村● 安い設計料だから建築家として地位が低く見られるのではないかという人があるけれど、私はそうは思わない。私自身が立派な行為をしていると思っていれば、ひとつも軽蔑されることはない。自分の生き方を、知る人ぞ知るで私はいいと思っているのです。

医者でも確実な診断を下すのなら、何十万円払ってもいい。ところがいいかげんな医者も、卓越した医者も、一定の料率みたいなもので報酬を決めるのはおかしいのです。私の知り合いですい臓がんで死んだのが、三十人のお医者にかかったけれど、そのうちひとりだけ「すい臓ではないでしょうか」と言ったそうです「医者なんて頼りにならない」と死ぬ前に言いました。

建築家も、独創したというのならそれに見合った設計料を請求してもかまわないけれど、ただきれいに絵に描いて、見栄えがいいような家を設計したから高い設計料を請求するというのは間違っているという主義なのです。

でも、たいていの設計者は独創性がない。というのは、設計料を目当てに楽をして設計するだけですから。自分の頭で考えない。決まり切った型で、人目を驚かす見せ場はないかと外観に凝るくらいが関の山です。

学校を設計するなら、ぜいたくをしたり、これを見よとばかりの見せ場をつくる必要はない。設計する人間は教育はどうあるべきかという考えを持って、例えば文部大臣の立場で、いかに日本人を育てるかという考えを持って設計すべきだと思うのです。

――人目を引くような設計は安易だと。

松村● 盈進学園が木造校舎を建てる前に、細井久栄さんという理事が日本中の学校を見て回られた。最後に私の設計した日土小学校に来られて「立派な、カネをかけた、見せ場のある学校はいくらでもあったけれど、心に訴えるものがなかった。しかし、一番最後に、本当に私が探していた学校らしい学校があった」とおっしゃいまして、私は非常にうれしかった。

立派なものをつくってワーッと人を驚かすわけではない。山の中、清い小川の岸に名も知れぬ花が一輪咲いている。その傍らを人が通るかも、通らないかもしれない。でも、もし誰かが通った時に、ああきれいな花がある、と見とれてくれればそれでいいという主義で設計していますから。話は飛びますけれど、白井晟一さんという方がおられたでしょう。私は面識がないのですけれど、書の立派な本を二冊、作品集も三冊贈っていただいたのです。それでもとうとうお会いすることがなかった。亡くなられてから御長男の彪介さんに「父はいつもあなたのことを純粋な人だと言って感心していましたよ」と言われて、心底より感激しました。

今度も三十年たって学校が壊れる時に、記念の式、お別れ式をしてくれたということが、私の建築家としての考え方が、間違っていた、間違っていないということとではなく、私としては、望んでいた通りにことが運んだな、という満足感がある。

去年、三十六年前の新谷中学校にも呼ばれました。生徒は壊れることを知っていながら、ごしごし磨いて、合宿して別れを惜しんでくれた。有名な言葉が有るでしょう「徳は孤ならず必ず隣あり」恩師の蔵田周忠先生から遺言みたいに聞いた言葉です。私に徳があるという意味ではないけれど、徳は孤ならず必ず隣あり、であったなという感慨にふけっているわけです。

――裏返せば徳のある建築家は少ない。

松村● このごろ私が思うのは、建築をするということは、リゾート開発なんかなおだけれど、それだけで一種の自然破壊なのです。瀬戸内海の橋ができて、あれが点景として非常にいいと思う人もありますが、本当は瀬戸内海の景色は島が多くて、私は何も無い方がいいと思う。家が建つということもそれだけで自然破壊です。

都市に住んでいる人はかわいそうだけど、あれはもう幽霊。足が地についていない。東京だけでなく、松山でも都市の真ん中で「風土」なんて言っても、言う方がおかしい。風に香りがあるわけでもない、自然の風なんかない。機械の中で住んでいるようなものです。

本当の自然、風土の味というのは、地方も人口過疎のところでないともう無いですね。本当の日本の良さというものがそこには残っている。だからそれが壊れるのは惜しい。

――風土の破壊に建築家が力を貸している。

松村● だからあまり好きな人種じゃない。偉そうにしているだけ。花形の建築家というのは花魁《おいらん》。飾り飾って人の目に着くような、けばけばした建築をつくる。そんな建築も建築家も花魁です。インテリアデザイナーは芸者「どんな芸でもお目にかけましょう」。それにコンサルタントやコーディネーターは昔の遊廓のやり手ババアだと思っている。それくらいのものです。

私が建築を始めた時は、第一次大戦後のいわゆるインターナショナル・スタイルの時代です。私は今でもインターナショナルということはひとつも間違っていないと思っています。日本だって私が中学生くらいまでは非常に自由な、どこへでも人間が行って住めた時代、それがいつの間にかナショナリズムの時代になってしまった。

建築でも、いわゆる特権階級の建築を破壊しようという時代です。特権階級が威張るからソ連なんか崩壊したわけでしょう。特権階級のものでないということは、生活最小限住宅なんてあのころは言ったけれど、大衆のために、困っている人のために考えてやろうというひとつの時代であり、運動であった。それは間違っていない。

それを最近は高級化時代だと言う。建築家は高級な建築をさせたら喜んで、花魁みたいなやつが現れてくる。高級化というのは一種のへつらいですよ。誰かが犠牲になって、その上に成り立っている。日本が高級化と言って建築をつくる半面に世界には飢えている人間がいる。そういう人間のことを考えない。建築家は堕落してしまった。

建築家が医者と弁護士のような存在であれ、なんてよく寝言を言いますけれど、あれは違うのです。医者や弁護士でも悪いやつもおりますよ。でも原則としては弱者の立場に立っている。建築家は大部分は強者のために奉仕している。建築家じゃない、建築屋です。

――ポストモダンなんて認めないこと。

松村● ポストモダンなんか引き合いに出すまでもないのです。二十一世紀が殺伐、冷たくなるだろうということは前から分かっていた。人間味がなくなる。それをどうやって補おうかというのがデザインだと思うのです。それで今は何もかも、色も形もみんなデザイン。それだけのことで、ごまかして生きている。健康飲料みたいなもの。飲んで、ああ健康になったみたいな気になる。デザインは一種の麻薬です。デザイナーに志があるか。人間で一番大事なのは志です。志というのは理想。いかなる理想を持っているか。

有名な坊さんが「身びいきするな、迷いはそこから起こる。己にこだわるな、己にこだわるから、ものの道理、真実が分からなくなる」と言っている。さすが悟った坊さんでいいことを言う。本当の志というものは、自分のためではない、広く世界を見て、人類の幸せを思って行動するのが志ということです。志を持たない人間がデザインする、設計するというのは、それは構いませんけれど、結果としていいことはない。

スターになりたがる、そしてスターを持ち上げるというのは間違っている。極端なことをいうと、建築屋は己を表に出すからいけない。己を殺すということがまず第一だということです。昔の農村、古い町並みが人の心をとらえて離さないのが何よりの証拠です。

――建築をやる主体にも欲求があるから、己を殺せと言われても難しいですよ。

松村● 自己満足はだめだということです。私が振り返っても心の中に残っているのは、本当に平凡な家です。何か均整がとれて人の心に訴えてくるような建物であったなと、そういうのが心に焼きついております。これみよがしの家なんていうのは、その瞬間感心しても心に焼きついておりません。

優秀な人たちの作品を雑誌で拝見してはっと目を見張りますが、子細に見れば見るほどうつろな気分になります。あだ花、うらなりを眺めているような。完熟した果実の味覚はない。以前は建築家を虚業家と言いましたが、今は言わない。ある実業家になったからでしょう。あるアンケートに「建築家は本当に偉いのですか」とあって、読んで吹き出しました。私なら「ご本人はさように振る舞っておられます」と答えます。

——JIAのいわゆる専兼問題に関しては、兼業を入れようなどというのはJIAの自己否定だとおっしゃってますね（松村氏は去年、推されてJIAの終身会員になった）。

松村● ええ。けれど、実力としては彼らはあると思うのです。ただ今までは、天井高でも仮枠の高さで決めるというくらい経済優先の設計をしていたから面白くなかったというだけです。

それよりJIAが、我々は建築家の団体であって、専業だと威張る資格があるかどうか、まず疑問に思う。建築家協会は昔の千二百〜千三百人くらいの時でも、なかには建設業の下請けをする者がいたはずです。本当にアーキテクトとして恥ずかしくない人は百人か二百人か、分からないけれど数は少ない。それを何千、何万と集めた団体というのは、反対なのですよ。

無秩序に騒ぐ群衆を「烏合の衆」と言いますが、あれは誤解だ迷惑至極とカラスは言うでしょう。正解は「烏合の周」だと。カラスというのは、山の中の平地に輪になって集まる。長い沈黙を破って一羽がカーと言うと、しばらくしてまた偉そうなやつがカーと、何時間も半日も、そして最後に衆議一決したのかいなくなる。だから、家協会の大会の時に「建築家が集まって口々にカー（家）カー言ったら、烏合の衆と間違えられる」と言ったのです。

だいたい自分から建築「家」というのはおかしい。もの書きでも画家でも、名刺に「家」とは書いていません。建築屋だけです、自分で建築家なんて名刺に書いているのは。建築家という名刺を刷りたいために、家協会に入っているのがだいぶおるのですから。そんなふざけた考え方はありません。

——建築家になろうということはいっぺんも考えなかったとおっしゃいましたね。

松村● アーキテクトではなく、本当に私は建築のプロになろうと思った。だから私は今でも、建築家というのは嫌いで家にのぎへんをつけるのです。のぎへんの「稼」というのは稼ぐという意味ではありません。ものを植えて育てるという意味なんですね。一種の職人です。

そのためにどうしたかというと、一方では、建築の考え方、ひとりの人間として建築家の生き方を学び、一方では、ポケットブックってあるでしょう、構造から積算まで建築に関して全部入っているぶ厚いやつ、あれを最初から最後まで、読んで頭に入らないから、ばかみたいに書き写すぐらいな勉強をした。そして実例は世の中にいくらでもあります。だから、一方では考え方、一方では実際の仕事を勉強した。

だから、専業だ兼業だなんて言う必要もない。力のあるやつは力のないやつに勝てばいい。専業のみのに隠れて、大きな団体にすがってなんて卑怯です。ひとりひとりで勝ち抜くような考えでやってもらわないと。

――つまり兼業の人も構わない。

松村● ただ、目障りでしかたがないのは、ゼネコンが写真で新聞に広告を出すでしょう。このくらいの実験は昔からしていると思うのを、いかにも新しいことを考えたように出す。ああいうのはいやらしい。

千メートルのビルも、それは技術的には可能だろうけれど、そんなこと何のために必要だろうか。いざという時、泰然自若として、人間はいられるものではないですから。だから「あんなばかなことをするな」というくらいの見識を持った意見を、家協会は言った方がいい。必要ないですよ。地下都市も考えているようだが、モグラではない。そこに住めば人間は絶対に不健康です。まずそれを考えないと。

今のウオーターフロントなんかもばかな計画がたくさんある。だから建築家協会はもっとしっかりしないと。何かというと「建築家協会の存在意義を社会に知らして地位を向上させる」なんて寝言みたいに言うのですが、言ったってひとつも実効が挙がらない。

――見識と自信を持てということですね。

松村● 社会的な責任と人間の生き方として自信をもって悪戦苦闘しているかどうか。それが生涯の生き方でないと社会に害を及ぼすだけです。

それと評論家の、ある程度しっかりした人がいないといけない。やり過ぎじゃないか、もう少しこういうことは慎んだらいいのではないかと、大上段に構えて言える人。今は気兼ねをして、言う人がいない。岸田日出刀先生が昔、坂倉準三先生の設計を批判されたことがある。それは坂倉先生をおとしめるというのではなく、本当の意味で建築界を育てようという心からです。

今、日本にいるのはちょうちん持ち。だからいい気になって、みんな好き勝手なことをしている。自由ということはある制約の中にあるので、野放図の自由というのはいけない。建築というのは社会に及ぼす影響も大きいし、カネを使うんですから。土地も専有するのですから。それはいやでも人の目に触れるし、人に害も与えるかもしれない。非常に大きな責任を持っている。

――批評精神が日本には欠けていると。

松村● コンペでも賞の審査でも大変な作業だと思います。しかし引き受けられるからには、よほどのけい眼と洞察力ならびに群盲に秀でた見識を持っておられなければならない。建築は時代を象徴する。その通りかもしれませんが、私はその時代に大衆は幸福に生活したかどうかに関心があり、建築はそれらすべての均衡の上に成り立つべきと考えております。

私は、今から二十年かもっと前か一番

最初に近江栄先生に会った時に「審査員というのはただ建築の審査をするだけではなくて、文明批評家でなければいけない。文化のもうひとつ上の文明を築くひとつの要素として建物を審査するようでなければいけない」と言ったのです。それだけの見識をもっていないなら、審査員なんかになるなということ。審査員は大事です。審査員次第によって世の中良くも悪くもなる。

――松村さんは元々市の職員であったのに公共建築をやらないと聞いていますが。

松村● 市役所に入ったのは、いわゆる食うためですが、いつも辞表を懐へ入れて仕事をしていた。自分の考えを通すために。地方新聞にたびたび投書をして、都市計画、建築というのはこういうものだと分かりやすく書いて、頼まれもしないのに運動しながらやった。それはそれで充実した時代だった。

役所の世界も、巻かれてしまったらだめです。でも、こっちが巻き返す気があれば、できる世界ではあるのです。利害関係のない仕事をする。利益を生む必要のない仕事をするから、自分がその気だったら、市議会議員に対してでも敢然と向かって説得できる。それをしない人は無能だと私は思う。

それならなんで独立したかというと、市役所にいつまでもいるのは窮屈でもあるのですよ。市長というのは代わります。市議会というのは無理解。そういうのを相手にしてある時期がくると、いやになるのです。恩給もらうまでじっとしているのなんかあほらしくなって、そうしたらやっぱり自由に羽ばたいてみようかなという気持ちが起こる。

今、公共建築の指名願いを出さないのは、知っているだけに嫌いだからです。議員が威張っている。市長派とか村長派とか派閥がある。市町村、県の公共工事でリベートを取る。秘書がそのカネ集めをする。総理大臣の秘書が材料の指定にやってくるのです。工事の請負人なんてこっちで決まらずに東京の議員会館で決まる。私はそういう世界を知っていますから公共建築はいやで設計しないのです。私はそういうのは好かん。金儲けの手段と建築を心得ている。もっとまじめな考えで建築をする人のために奉仕したい。建築に対する考えが違うのです。それでいいと思う人はいいですが、私はそれに組みせんというだけです。

聞き手 『日経アーキテクチュア』副編集長・青木健

地方営繕への提案

私の言いたいことは
(一) その建築が、地方の住民の幸福を増すものであるかどうかを考えること。
(二) 公共建築は、質実剛健を旨とする。
(三) 理論にせよ、様式にせよ、時勢に左右されない。一歩先に進むこと。
(四) 建築の真の探求あってこそ、建築家と呼ばれるに値する。
(五) 政治と俗物根性に振り廻されないこと。

さて
或る暑い日
ミツバチと俗に呼ばれている建築家が、これもカタツムリと呼ばれている先生を訪ねました。
『雨が降らず、先生も元気がないようで』
『アア、かさかさしてきたよ。近頃の建築のようだ』
『でも、見た目は、大変カッコいいようですが…』

近頃の若者は

『近頃の若者は、カッコいいことばかり考えているようだね。これが建築に影響しやしないかと、時に思うんだ。それと面白いね、建築界には、流行というのがあるらしい。形だけかと思っていたら、物の考え方、理論まで同じ傾向を辿るんだから、あきれたね。どこかに水脈でもあるのかな』

『そう言われると、思い当る節もございます』

真似ばかりして

『それが亦、何年か毎に波のように押しては返す。最も、その教祖達は、それを踏台にして前進しているようじやが、鼻息を伺いながら、真似ばかりしている連中こそいい面の皮だ。気がついた時は、大先生たち遠くで新しいネタを仕入中とある。

元はと言えば、学校教育が悪いのよ。私立大学の卒業式を見てごらん。僕は、どこの大学を出ようが、そんなこと問題にしとらんが、国立と私立で、収容人員が、こんなに開いてよいはずがない。それはともかく、建築を志望する動機が問題なんだ』

先生、少し腰を動かす。

『しかし、建築を習ったと思って卒業する奴、私もその一人ですが、行く先は色々とあるようですから、そんなに固苦しく考えられなくても』

ミツバチ、先生の腰を針で突く。

建築を志した動機は

『しかし、いやしくも設計しよう、設計しているんだ、と思うからには、先ず、自分に建築家の才能があるのか、建築を志した動機は純粋なものであったかどうかを、常に反省し、謙虚な気持で仕事をしなければならない。これが最も大切なことだと思うんだが、どうかねミツバチ君』
ミツバチ、脚で頭を掻く。

建築家は四〇から五〇才になって一人前

『いや先生、実は私の友人に、こんなのがいます。五〇を過ぎた筈ですが、小さい事務所を開いていています。その扉に貼紙をして曰く、先生センセイと呼ばないで下さい、私は只野人間です。理由を聞けば、こうなんです。建築家というものは、四〇から五〇才になって、やっと一人前に、それも、自分のように鈍な者は、半人前はおろか、四半人前だと恐縮しているのに、学校を出て一〇年も経つか経たぬ内に、看板をあげれば、もう翌日からセンセイ。こんなに人間を甘やかしては毒だ、少なくとも、自分はセンセイと呼ばれるには道遠しと悟った結果だと申しました』

蝸牛先生、頭を出す。お年のせいか、少々白けたようだ。

『それは感心な奴じゃ。して、どのような見識を持合せておるかな』

『いや、見識というほどのものは持っていません。頭の組織が粗雑でして。ただ、修業中のことを、折にふれて話してくれました』

先生、首を出し、

『では聞こう』

思い付きか科学的根拠があるか

『小学校の設計をしていた時のことだそうです。校長あがりの主事が、若い彼に、お前の考えていることは、思い付きか、それとも科学的根拠があるのか、と詰めよるんだそうです。それに刺戟されて、甘いことでは駄目だと、自分に鞭打ったと言います。よほど頭にきたとみえまして、その人の名はヒライさんといったそうですが、とんでもない、エライ人だったと申します』

『なるほど』

彼が建築家を志したのは

『それから、小さい市役所に、長い間務めていたそうです。役所勤めは、偶然の機会だったと申します。もともと、彼が建築家を志したのは、不況のどん底に物心ついた彼にとって、田舎の不良住宅に住む人々の貧しさを、何とかできないものかと胸に画いたのが動機だと申します。また彼は、身心ともに恵まれない乳幼児のために、建築家として成しうることがある筈だと、彼なりに勉強したと申します。だから、彼に言わしめますと、今もって幼児教育の一元化ができないとは何事だ……と。彼は今から三〇年も前に考えていたそうです』

『何を』

先生の首、さらに伸びる。

最先に造るべき建築

『精神薄弱児のためにコロニーを作る。成人したら別天地を与えてやる。彼の意見に従いますと、すべて人間は、出発点は同一の線上でなくてはいけない。生れながらに欠陥のある者は、それを補正してやる義務がある。それらのための建築こそ、最先に造るべきである……と。

彼はゴルフもやりません。理由は簡単です』

『神経が鈍いんだろう』

蝸牛先生、首を伸縮して笑う。

人間は生れながらにケチか

『いや違います。ゴルフで自分が楽しむよりも、世の中にはボール投げさえ満足に出来ない若者が沢山いる。先ず、その問題を解決してから、大いに遊ぼう。大体、人間なんて、ケチに生れついているのか、無神経なのか、健康保険制度一つ例にとっても、一方は赤字、一方は黒字。黒いのは、ヤレ保養所だ、運動場だと、ますます黒く脹れあがる。赤いのは、どうなることかと青くなる。それが補色だ、我慢しろと、一方は我関せずでおりますが、何故に赤黒混ぜて紫にしないのか』

あぶない、あぶない、蝸牛先生、咄嗟に首を引込める。

イヤ、つい興奮して失礼しました、とこツバチ針をおさめる。

『彼は、保育所の一寸した専門家です。本人が言うのですから怪しいものですが、しかし、決して公言はしません。だから役所でも誰も知らず、一度だけ手がけた事があるそうです。

押しつけがましいことはするな

彼の説によりますと、建築家が万能であるかの如く、人間の、とりわけ子供の生活まで規制する如く、形を整える、というより、押しつけがましいことをするのは間違っている。自分で自由に、そこら辺りを作ればよい。鼻筋が一寸曲ったら、見るに耐えないような美人建築は良くない。

近頃の建築家は口数が多い

ところが、どうも、そのようなものが重宝がられて困る。それも黙っていれば可愛いのに、近頃の建築家は、やたらと口数が多い。皆似たようなことを、誰に教えられたか、異口同音に並べ立てて自分を宣伝している。となげきます』

『しかし君、それは、お門違いだろう。地方営繕の人のことではあるまい』

蝸牛先生、やおら角を出す。

『そうなんですよ。私も言ってやりました。お前の言ってるのは、近頃の雑誌の中味のことなんだろうと。すると彼が答えました。さすがに地方営繕の人は健全だ。僕が心配するのは、そういう先走った連中に毒されはしないかということ。よほどしっかり自分の道を誤らないように念じているんだと申します。

自分の道を誤らないように

さらに続けて、こう話しました。

僕が面接に初めて行った時の役所の空気は、最も今から二〇年も前のことだが、死んだような、お通夜の時のように沈んでいた。これは、どうも勝手が違う、とまごついたそうです。

議会というもの

早速に中学校の設計に取りかかった。ところが、議会というものがあって、後から、それは協議会と知ったそうですが、彼の建築観とは月とスッポン、いやいや蝸牛とミミズほど違った見解を堂々と述べる議員がいるのには驚いたと申します』

『なにも、ワシを引き合いに出さなくてもよいだろう』

と先生、首を振り尻を曲げる。

『ここは、やはり先生に御登場願わなくては話が進みません。つまり、彼は角をもがれ、今迄の殻を打ち破れ、さもなくば、ここでは勤まらない、と宣言されたようなものです。弱い彼には、一つの壁だったたかも知れません。彼は、その人達が考えている建築像を、最初から作らねばなりませんでした。それは質素の一語につきます。

色、それは素材の色。形、自然に整うもの。それはそれで結構。

配置と平面計画に全力を

彼は、配置と平面計画に全力を注ぐに然かず、形は末節の問題である、と頑張ることにしたそうです。ところが伏兵が現われました。当時は、ＰＴＡの発言力が大きく、お前の設計には、玄関がない。立派なものを附け足せ。そこで彼は、金を山と積んで頼まれようとも断じて譲れない、とはねのけた。学校は誰のために建てるのだと言うのが彼の言い分でした。

市民の教育を

そこで彼は考えました。市民の教育をしなければならない。小さい新聞に投稿する、何度も。公報を利用する、機会あるごとに。彼の主張は、単に学校に限定されません。市民病院の経営の在り方、地方図書館の運営方法、都市計画の考え方と発展したそうですが一貫していることは、小さい殻を破れ、とじこもるな、羽を伸ばせ』

ミツバチ羽ばたきながら空に舞う。今を盛りの夾竹桃に、しばし身をかくす。

蝸牛先生、数歩前進、思いのまま角を伸ばす。先生、ローヤルゼリーです。さしあげましょう。とミツバチは先生の頸動脈に注射する。ピクピク角が動く。

蝉の声しきり。

『バラックのような学校建築しか建てられない状況の中にも、彼は詩心を失わないようにと努力しました。議員の中にも、物分りのよい人がありましたし、それに幸いなことに、歴代の市長と助役は教養豊かな人物でした。そのことが、どれ程力になり勇気ずけられたか分らないと彼はしみじみ語りました』

長によって左右される

『そうだろう、長によって大いに左右される。頭の悪いのや、慾の深いのや、定見のないのや、力のないのは全く困る。いやワシの世界も同じことだ。角をやたらと伸ばし、物欲しそうにしているのがいるかと思うと、何かに突き当る気配があると、引き下る道の動きの素早いこと。全く恐れ入る。葉ごしに見ているると潜望鏡のように角が動いている。保身の術はうまいものだ』

『彼は、学校という先入観を打ち砕こうと努めました。その下地ごしらえに、市民に呼びかけたわけです。

地方の実情に合わない点

当時文部省の標準設計は大いに参考になったそうですが、ただ、それだけに頼っていたのでは進歩がない。第一、地方の実情に合わない点がある。それを土台にして考え直さなければならない、と着々と歩を進めていった様子です』

『なる程、しかし、その男には、君のように飛躍がない、蓄積の習性も無いんだろう』

ミツバチ胸を張り、

『さよう、たしか牛の生まれでした。のろのろと進みが全く遅い。あれを牛歩というのでしょう』

『どこまでも野党だね』

古手が自分の経験で

『妥協しない所は似ています。筋を通すと言えば聞えはよいが、少々融通が利かない、まあ早く言えば、頭の中味が薄いのと違いますか。彼が一番嫌つたのは、教育長の地位にある校長あがりの古手が、自分の経験で敷地の大きさを決め、配置まで決めてしまうことでした。

この案を通してくれなければ設計しない

ある小学校の計画[5]では、注文は、おきまりの直線型。面白くないとあつて、彼が提案したのは、中廊下をはさんで、教室をずらしながら配列する。こうすると壁の面積は多くなる。従つて建築費は無駄である、ということは分つていたのですが。この案を通してくれなければ絶対に設計しない、今考えると横着なものです。遂に押し切つたわけですが、実施されたものは、計画案に比べると、ずつと控え目な、金のかかつていない粗末なものでした。

学校の型を破つて

高い山の中に、小学校を建てるという時[6]彼は考えました。明治以来の学校の型を破つて、部落全体が利用できる建物、昼は小学校に利用する、と言つたような、外から見ても山小屋風なものを望んでいたそうですが、古タヌキの教育長にシテやられたと残念がつていました。シヤクにさわつたから、小使室を一番良い位置にした南向きの窓を開けると遠く海が見える。これで月給が倍になつたら市長サマサマだと、小使さんは喜んでくれたそうです。

子供のためなら喜んで獄門に下ろう

川に沿つた狭い敷地に小学校を建てる計画[7]が持ちあがつた時、川も亦学校の庭の内と考えたそうですが、河川の管理者の

5 神山小学校のことだろう。
6 長谷小学校のことだろう。
7 日土小学校のことだろう。

言い分を無視するわけにもゆかない。それでも上手に説き伏せて、というより強引に、なにしろ清く澄んだ水の流れ、今時分珍しく魚が無数に泳いでいる。この風景を無にする馬鹿はない、と最大限に利用したといいますが、その時でも、河川法違反で罰を受けるなら、喜んで獄門に下ろう。

この学校を巣立つ子供達が、いつの日か、異郷で楽しい思いを瞼に描いてくれるなら本望だと』

蝸牛先生、首を垂れ

『いや、そのくらいの意気ごみが無いと人の胸には響かない。その男も若かったね、いずれにしろ感心な奴じや』

『仕事をする人に、自分の意志が伝わり、骨身をおしまず協力して貰える、そんな機会は滅多にないものですが、彼も幸運だったといえるでしょう。

自分の考え方が間違っていないと知って

頼るものもなく、自分の頭ばかりが命の綱とあっては、尊敬する人の解決が、自分の貧しい答と一致する、とまではいかなくても、自分の考え方が間違っていないと知って、一人静かに勇気ずけられる、といった具合の進み方は、まことに涙ぐましいものでした。

割愛するということの意味

ある中学校の計画に当りましても、時の教育制度に関係なく、正しいと思う制度を自分で考えればよい、それに沿って、強引に押し切ってゆく、そういうやり方なんです。例えば、中学校の敷地内において、都市計画を実施する、ということが前提、外部空間などと、ことさら言わなくても、自然に、それは生まれてくるもの、ただ、それに、どれだけ費用が廻せるか、苦しい財政を知っていては、いつも割愛しなければならなかった。割愛、なんとまあ意味深長な言葉だろうと、しきりに感心しておりました。

今の教育は間違っている

彼の考えによりますと、今の教育は間違っている。学問を楽しむ、と言った気風がない、個性を尊重する、伸ばしてやる、教えるより習う、準備教育より完成教育を心がけるべきだ。小器用な、小利巧な人間を作るより、不器用でも一からコツコツやり直す人間を育てるべきだ。このことが、計画にも設計の末端にも徹底しなければならない。

最近の学校建築を見ていると、明治の始めを思い出す、型にはまった建物、千変一律とはよくいった、木が鉄筋コンクーリトに変った程度のもの、いくら肉をつけ、化粧しようと、骨格がぐらついていては救いがない』

蝸牛先生、首をすくめ、

『それ、ワシへのあてつけか』

学校を設計するということは

『いやいや、先生は腰がすわっています。彼の言いたいのは、設計するということは小手先を使うことではない、教育制度を、根本から建て直し、人間教育はどうあるべきか、従って、社会の通念を如何にして打ち破るか、という気魄を以て事に当れ、といっているまでです』

地方性とか風土との関係

『なるほど、して彼は、地方性というか、風土との関係というか、その辺のところは、どう考えているんかね』

暑いのであろう、蝸牛先生、ひと肌ぬぐ。

『ハイ、そのことにつきましても、色々と悩みもあったようでして、土と血なんてヒットラーまがいのことを、飯ビツの上に張り子の虎をのせて、早口に立て続けていってみろ、なんていう程度で、この狭い日本で、余り固執すると進歩がない。下手をすると下手物に惰す。新しい、優秀な材料なり工法は事情の許す限り採り入れるべきだ。

形なんて枝葉末節

ここでも、根本は形ではない。形なんていうものは、枝葉末節の問題だ。健康な美しさということが最も大切なのではないかと、彼は主張します。

先生のように、日照りには隠れ、雨上りにワッと出る。私どものように冬眠が許される、といった具合には人間は参らぬものとみえます。雨を除け、日を遮り、住みよい環境が作れるものなら、例えば使いなれた民具のようなものではないですか。時がくれば捨てればよいのです。彼は、建築を習い始めた時、既に建築の寿命三〇年説を唱え、と大きく言いましても、試験の答案に満点貰ったという程度で…。日本建築の専門家だそうですから、その先生も見上げたものです。

建築の寿命三〇年説

今頃は、三〇年どころか二〇年もたたぬ内に取りこわしてしまいます。そのせいでしょうか、お粗末な建築が、やたらと目につくようになりました。街の建築に特に多いようですが、内容豊かと自惚れているいわゆる金のかかつた建築の設計者に聞いてみたいと思うことがあります。

自己満足のところはないか

予算があるから、との理由で、したい放題のことをしている、口実を設けて、無駄なことをしている、必要以上のことをしている、とは思わないのか、自己満足のところは無いか、頭の切れ味、腕の見せ所、いやその気持分らぬでもないが、もう少し、大きい気持でお考え願えぬものか。

民衆が最も望んでいる建築

つまり、余分なものを、こちらに廻しなさい。こちらとは何だ。民衆が、最も望んでいる建築へです。

保育所、身障児の施設、児童病院、放課後の学童のための施設、青年の職業教育の施設、すべての青少年が良き思い出となる遊びの施設、この凡てのという意味の深さ、これらのものの充実こそ急を要す。

設計に節度を保つ

設計に節度を保つ、これは大切なことだと、彼は口を酢つぱくして繰り返します。出たり引込んだり、角を出したり、槍を出したり』

『それワシのことか』

蝸牛先生、クシヤミする。

『いや近頃の建築です。古くて美しい建築は、角を出しても、それは必要に応じたものでした。わざとらしさがありません。屋根の美しさには心を打たれますが、材料と曲線を抜きにして考えられず、実質と内容が伴わねば、しっとりとした気品も深味も出てきません。

伝統とか風土とか、まして地方性など、日本が既に世界の一地方に過ぎない。それさえ国籍を問われている今日、問題にするには当らぬと思います。伝統といってみたところで、それが高価なものになっては意味がない。センサイ優美なんて無駄なことです。邪道です。

天に向って恥じない建築

先ず、その建築がたつ大地をしっかり踏みしめ、天に向って恥じない建築を、堂々と建てることだ。そのとき、伝統も風土もその建築に溶けこんでしまう。正直であること、質朴であること、それのみ心掛けておればよい。そうすれば建築は生きてくる。おのずから風格が生れてくる。それが真の建築というものだ、と力んで申しました』

真の建築

『いや、われわれも死んで殻を残すが、大して値打ちもないのか、子供さえ拾ってくれない。建築も消耗品だ、そう力まなくてもよいだろう。柔軟な姿勢が大切だよ』

と蝸牛先生、得意の技を披露される。

モニユメントを造るなんて

『いや誠にお説の通りです。彼も言っておりました。モニユメントを造るなんてことには、もともと反対だ。造る時の心構えは大切だし、大いに真似て然るべきだが、それを形として残すなどと考えるには及ばない。少なくとも、彼が専門と自称する児童相手の建築に於ては……と強調するのです。

下手な設計より規格品を

下手な設計を無理してするくらいなら、規格品の方がどれほど良いか分らない。部品を整理して組立てる建築、恐らく、そうなるだろうし、それが本筋だ。せめて、安くて優秀な部品が、簡単に利用できるようにして貰いたいものだ。最も世の中には、水栓までデザインしないと気の済まない人もおります。大平無事も良い加減なものです、先生』

『人間なんて勝手なものだよ。ある時はツルツルした面が最上だなんて、くすぐったい思いをしたものよ。ワシの腹を撫でたものだ』

と蝸牛先生、角を振ることとふること。

『ところが今頃は、もっぱらザラザラした肌、デコボコの面が良いとあって、サザエの奴ウケに入っておりました』

公共建築が建築の健全化を保つ

『ホウ、サザエにもお座敷がかかるかね』

『いや、きやつは慣れておりますが、これも何時まで続くか心細い火あぶりの思いよ、と嘆いておりました。

いずれにいたしましても、公共建築が、建築の主導権を握る、と言っては大げさですが、建築の健全化を保つ橋頭堡になって欲しい。軽佻浮薄は厳につつしんで貰いたい。理由も根拠もないのに、流行に乗ぜられてはならない。一歩退いて大きい心で考えよう、と彼は申しました。

役所は天国

それから、こう告白しました。

先ほど申しましたように、彼は小さい市役所にいたのですが、暇な時が多かつた。

お蔭で勉強できたし、貧しいながらも実験らしいことが許された。役所は、その意味では天国であったと感謝している。

だから、今日の地方営繕からも、更に良い企画なり設計なりが生れるに違いない。と彼は期待しています。万一、それが現われなかったら、それを押えているものが存在しているのではないか。目の上のコブなら、いずれは取り払わねばならない、目に見えない圧力があれば、戦を挑まねばならない。とはいうものの、そう易々たる業ではないこと百も承知の上よと、彼はソッと耳打ちしました。

沈滞した空気が

申し分のない設計環境なら、他からとやかくいう必要もない。もしも、沈滞した空気が漂っている、力が溢れていない、ということであれば、その原因を取り除くために、門外から助けをかさねばならない、とも申しました。

さて、話は一転いたしますが、設計の外注という問題があります。これは地方営繕に余力がないためか、新風を吹きこむのが目的か、その辺の事情は存じませんが、これが公共建築の評価に大きい比重を占めていると思います』

『オイ、ミツバチ君、君達も群をなして殺到するのと違うか、甘い汁を吸うのは、お手のものだ、みっともない真似は止せよ』

蝸牛先生、ヤリを振りまわす。

最後に建てるべきものを何故急ぐ

『いや同族は、いましめております。第一私共の考えといたしましては、最後に建てるべきものを、何故急いでするのか不可解だと議論しています。私どもがブンブンいうのは、そのためです。県庁だの、市庁だの、何々会館とか、あんなもの後廻しで結構ですよ。先ず下水を完備することですよ。建築家なんて、なんて子供だろうと、時々話し合っています。家さえ建てさせれば喜んでいる。ただ違いは、無邪気と邪気だけ。願わくば、地方営繕の方達、このような場合、つとめて阻止して下さい。その間に、あなた達が力を養い、自分の手で実現なさるがよい。

真の建築を創る

但し、これまで長々申し述べて参りましたように、真の建築を創って下さい。落着いて、落着いて、それがあなた達に与えられている特権です。良識のある建築を作っておられることは十分承知いたしておりますが、この上とも一層の精進を期待しております。

と彼は申しました。

先生、暑さの厳しい折、有難うございました』

蝸牛先生、殻に入る。蜜蜂とんで群に交わる。

BRUNO TAUT

〝この間、私達同好の士数人、四国の山奥へ、民家の調査に出かけました。〟

〝ホウ、それは、それは、私も、遂にそこまでは足を延ばさなかったよ。〟

——タウトの亡霊、静かに浮かぶ——

〝一度は行ってみたい、と思っていた秘境です。越裏門[8]と書いて、エリモといいます。〟

〝ひびきが良いね、で、どうだった。〟

〝ダムのおかげで、今では簡単に行けますが、よくもここまで逃げのびたものだと感心しました。

古い大きい家に辿りつきました。もともと農家は、遠くから眺めて集落の美しさには心を打たれますが、近ずいてみれば、美しいのは棟飾りくらい。この家もまた荒れ果てておりました。無雑作なイロリの傍に老人が唯一人。別に玄関らしいものもなく、この室には、いきなり外から、大きく長い踏板に、下足をぬいで上ります。

戸締りなど考えたこともないでしょう。

老人の誇りは、連綿と続いた古い家系、

8 高知県吾川郡いの町にある山間の集落。

そして、老人の嘆きは、自分一代で亡ぶ消えて行くかも知れない家のこと、でした。〃
〃そうだろうな。〃
——先生の手、やおら動く。——
〃驚きました。便所と浴室の昔ながらの扱いに。母屋と別棟に、あの途方もなく大きい溜りを見下しながら用を足すのです。
風呂場は、疲れをいやすというより、汗を流すだけの小屋でした。
山村の家の中での生活には、さほどの進歩は認められません。ただ、カラーテレビの普及には、いささか驚きました。〃
〃なるほどね。話も歌も、語り伝えるものではなくなったか、リズムを失った生活、そんな味気ない暮しをしているのか。
環境が人を育てる、その育て方を忘れてしまって、何が残るというのであろう。
なるほどね、カラーテレビとは、いみじくも名付けたものだ。魂を空にするテレビか。〃
〃いや全く、先生が憂えておられた通り、日本人は魂を失いつつあります。魂消ることには事かきません。教育が金で動いている世の中です。先生のおられた頃は、まだ形だけでもありました日本精神。なにしろ明治の人間が、次第に消えてゆきます。そこで、せめて形だけでも残しておこうというのでしょうか、明治の建築を保存しようと懸命になっております。〃

明治の建築が日本の風土に

〃明治の建築は、君、あれは西洋のマネじゃないの。いきなり西洋にとびついて、うわべばかり模倣した代物じゃないの。

もし、当時、外人でも日本人でもよろしい、日本の風土に、しっかり根を下した、日本の伝統を正しく摑んだ天才がいたとしたら、明治の建築も、或いは変った進み方をしたかも知れないよ。小器用な建築と、真の建築の見分けがつかないようでは困る

よ、キミ。〃

――亡霊の眼、髪の間に光る――

〃私が叱られる筋合ではありませんが……。でも先生、新しい材料と技術を仕込むに短兵急であった点、お眼こぼしの程を。〃

都市計画の目的

〃それは認めるよ。しかし、日本人って、そんな歴史ばかり繰返し、表面を取りつくろってはきたが、いったい、人間の幸福とは、何を指しているか、とくと考えているのかね。

勿論、建築という狭い枠の中で、物をいっても始まらないが、私は、当時、しきりと、日本には都市計画がないと忠告した。私の真意は、人間に幸福をもたらすためにあらゆる方面から手段をつくして目的を達することにあった。今の日本には、都市計画も確立したらしく、私も大いに喜んではいるが、目的のために手段を誤るようなことがあってはならない。

日本には、その昔、姿を変えて諸国を行脚した傑物がいたではないか。そのチエを学ぶことだよ。〃

〃お説の通り、先生は、住居とジードルンクについて、ご造詣が深いのですが、日本もおかげさまで、団地というのが、むやみやたらとできました。

いつか、雲に乗ってご覧下さると分りますが、下界において、山を削った殺風景な所、それは、たいてい、ゴルフ場と団地と思って頂けば間違いありません。

団地の場合、いろいろな専門家が寄ってたかって案を練ったものでしょうが、出来上ったものに、先生の御指摘になった、なにかが欠けております。安直に物を考えるのか、それとも考えすぎたのか、住む人間の精神の訓練が足りないのか。〃

建築家の思想の発露

〃歴史が浅いからだ、といえば慰めにはなるし、当事者の苦悩は十分察するよ。ただ、計画を仕上げる段階において、建築家の高遠な理想が、具体化されていない。

偉大な建築家の思想の発露が、住む人に訴える、というところに欠けているのと違うかね。〃

〃ところで、かつて先生は、日本の建築家は、伊勢神宮を身近に置いていることを誇りとし、もって範とせよ、と宣言されました。〃

伊勢は魂のふるさと

――亡霊直立す――

〃いや、足が地につかなく、不安定で申しにくいが、伊勢こそ、自然と建築とが完全に融合し、一切の夾雑物を排し、簡明素朴、純一無垢の建築であることに疑いをさしはさむ者はあるまい。自然と建築に、神が宿っている、このことを信ずるだけで、伊勢こそは、日本人の魂のふるさとであり、建築と環境を創造する根源となり得るであろう。

力強いリズム、均斉の美、こけおどしと嘘の無さ。日本の建築家は、何故にこの美の極致から学ぼうとしないのか、清潔の民、あれは押しつけられた虚偽の姿であったのか。

斉戒沐浴して、事に当るくらいの気構えがなくては、人を感服せしむる建築と環境を作ることは覚束ないよ。〃

〃いやいや先生、われわれは、大いに学ぼうと努力しております。その域に達した、と自負している建築家もありますし、少くともわれわれ凡俗も、常に反省の場にいたしております。先生が、伊勢と共に推賞されました桂につきましても、先生が、まだ日本へ来られる前の話ですが、建築が少しずつ解り始めた頃、ある日、ある所で、仰々しい写真帖を繰っていて、身の置きどころもないほど、おどろき、感激した経験を思い起します。お恥かしい話ですが、その時、それが、桂とは知りませんでした。日本にこれほど、素晴らしい建築があったのかと。誰もいない時を見計って唯一人、こわいものを覗き見するような純真無垢の心でもって、名も知らぬこの名建築を、喰い入るように心に刻み込もうと、熱心に見つめたものでした。その後、先生から桂の見方について、大いに啓発されたこと感謝の限りでございます。〃

――亡霊ほほえむ――

タウトのことを人は

〃いやいや、私は、自分がドイツ人であることを自覚している。人は私を、表現主義一方の旗頭といい、或る人は、幻想画を主とした建築の啓蒙書を出したのを挙げて、幻想のとりこ、或いはまた着想の妙手、色彩の魔術師と呼ぶ。表現と観察力は抜群、哲人であり、理想家であり、厳密な学者であると同時に、綿密な実際家、組織の才に秀でている、説得力に富んでいると賞讃する反面、強情で、一人よがりの所が多分にある。熱心だが執拗、ヘソ曲り、ともいうようだ。〃

〃幽霊にヘソがありますか。〃

〃いや生前の話だ。ところで、私が天皇と将軍を引合に出し、桂と日光を比較したのは論理の飛躍である。あれは、元来異質のもの、桂は日本で自然に生れるもの、日光は押しつけられたもの、そして、日本人は、その何れをも素直に受けいれてきた。タウトは、日本と日本人について、何か見おとしているのではないかと……。〃

〃たしかに、日本人は、生活と芸術とを切り離して考えられないのです。生活の好みが、根本から西洋人と違うのですから仕方ないでしょう。それにしても、あれほど、強烈な色彩を好まれた先生が、質素な、素

朴な建築に心を打たれたのは不思議にも思います。〃

美の真髄が宿っているか

――亡霊、白衣の袂を払いつつ――

〃いや、わかっている。建築は原則として、色彩の効果をねらうものではない。色彩は、始めにあるのではなく、終りにくるものだ。芸術は真実から生まれる、作家の魂のなかに、美の真髄が宿っておるかどうか、そして、それを読みとる力が、当方にあるかどうかが問題だよ。

建築は、風土の影響から脱することはできない。個性のない、生気のない建築など、見るに耐えない。自然界の動植物にも劣るよ。個性のない建築を大量に生産して、技術の勝利だなどと喜ぶ連中、あれは、きっと長生きするよ。

私が桂に感嘆したのは、君も知るとおり、私は永年、住居の問題に取り組み、日本住宅の合理性には、早くから眼をつけていた。それが完璧な形で、建築と庭園が一体となり、寸分の隙もないほど計算された美の極致として、私の眼の前に展開されたわけだ。

私は、この異質ではあるが、建築の真髄にふれて感動した。

私はこの美の依って来たる所以を、理詰めに探求しないと気がすまなかったのだ。〃

〃先生は、あまり、真面目に考えられ過ぎたのではないかとも思います。

日本人は、天皇の住居が質素であり、格式張っていなくても、別に不審には思いません。おまけに山荘です。桂ができた頃は、今のように周囲と隔絶されていたわけでもなく、場所は京、将軍に意地を張って作ったとも思えません。われわれには、華美を好む習性があり、庶民といえども、貧しさの中に、風流心を忘れはいたしませんでした。

今日では、農漁村の生活も、山村を除い

ては、派手に軽薄になり、それが、文化の向上と勘違いしておりますが、もともと農家は、野暮で、素朴で、うすぎたないもの。土と自然が相手、敬虔な心と、逞しい意志がなくては生きてゆけない。太陽に面と向って、そこなうことのない力強さ、たくまざる美しさ。歴史の重圧に耐えて、厳然と控えながら、親しさに溢れ、どことなく、弱い面を隠しもっている、そのたたずまい。

すべて、先生ご観察のとおりです。先生はこれに、芸術的自由がある、世界主義的精神に満ちている、日本建築の本質を見失っていない、創造力に溢れている……とまで讃えられました。おそらく、そうであったでしょうと過去形で申さねばならない移りようです。

それに引きかえ、都市の家は、農家に比べて、はるかに洗練され、街なみは、美しい調和を保ってまいりました。

農家と街家《ママ》に脈うってきた

桂は、農家と街家《ママ》に脈うってきた、日本の純粋な血の結晶ではないでしょうか。

堕落は、いつの世にも、つきまとうものでありましょう。

富と権力を誇るための虚飾、こけおどし。先生は、これをイカモノとして、最もきらわれました。

わび、さび、いき

わび、さび、しぶみ、いき、いずれも完成された日本芸術を形容するにふさわしい言葉でありますが、なにか押しつけられたような、強いられたような、抜け出すことのできない感じを抱きます。あれは、武士道と仏教、ことに禅の影響から生まれたこと、先生ご指摘のとおりですが、この裏には、あきらめと反撥心がひそんでいます。

自由を求める魂の叫びは、何時の世にも後を絶ちません。〃

技術、構造、機能

――亡霊ニタリ、と――

〃そこだよ、君も少々は物が分ってきたようだ。ところで話を進めるうえに、私の建築芸術論を簡単に述べさせてもらう。

とりたてて新しい理論でもないが、建築は、技術と構造と機能から成り立つ。技術と構造は材料が先決である。建築の優劣は、技術と構造と機能を如何に調和せしめ、釣合を保たしめるか、ということに懸っている。それは、単なる技術者の成しうることではなく、広く深い視野のもとに、質の良い芸術に昇華しうる能力をもつ、高潔な人格を備えた建築家にして、始めて可能である。

技術的工夫は、建築の手段に過ぎない。技術は駆使すべきもの、技術的な部分相互の間に調和と釣合を与えることができるもの、それが建築家の思想である。

建築が芸術であり得たのは、巧緻な技術のおかげである。その洗練された技術を生かしたのは、恬静な感情と、典雅な趣味である。

日本建築の軽快性は、合理性の所産ではない。このことは、庭園と一体になるのを目的に、大胆に開放された日本家屋をみても明らかである。

パルテノンの美は、ギリシヤ人が長い年月をかけて、ひたすらに美を探求し、自由な釣合と一致する、合理的なもののみを受けいれた、即ち技術の賜物である。

真の建築の母胎

すべての建築は、その形式が、完成の極致に達した時代には、それに、ふさわしい材料が存在した。そして、それは特殊なもの、貴重なものではなかった。技術は、その時代の芸術思想と運命を共にしてきた。技術を駆使し、高雅な形式を創造する釣合感、衰えを知らぬ新鮮な感覚のみが、魂の躍動が、真の建築の母胎である。模倣、それあるは、最も蔑視すべき建築家の自殺行為である。

次に、構造について述べよう。

ゴシック建築は、単なる構造主義の産物ではない。当時の建築家は、力学や計算のみに頼りはしなかった。直感と経験によって、芸術的な思想が、合理的なものを支配し、構造と釣合いを、完全に融合せしめたのである。

この原動力こそ、建築家の精神の躍動に他ならなかった。ギリシヤの建築家が期待したのは、規模の大小ではなく、調和した、釣合のとれた建築美を創造することであった。

建築は発明ではない。現実の問題を巧みに処理し、人間の感覚と感情を満足させることである。すべての場合に、それぞれが、最高の芸術的価値、いいかえれば、永遠に潑剌たる生命を保っていなければならないのである。

全体の調和と釣合

最後に、機能について述べよう。

機能は、技術と構造以上に、時代に順応しなければならない。機能は不安定なものである。寿命は短かい。機能に従うだけでは、建築は死滅する。美は亡ぶ。われわれは、建築を形成する諸々の要素、ならびに複雑な前提の間に、釣合と適正な関係を保つことに専念しなければならない。

機能に振りまわされて、いいかえれば、部分を重くみて、全体の調和、釣合を忘れてはいけない。建築と諸々の要素との融通無礙な関係を、自在に駆使することによって、初めて機能を建築の原理となしうるのである。

軸とか、左右相称にとらわれてはいけない。釣合の感覚こそ、われわれの宝である。芭蕉は、うまいことをいいのこしたではないか、古人の跡を求めず、古人の求めたところを求めよと。

建築は芸術である

桂においては、以上述べたような、技術、構造、機能の三者が、それぞれ、釣合を保ち、庭園と建築は渾然と一体となり、部分の微妙な変化は組成せられて、完璧な全体を構成している。そこには、装飾的でない、精神的な美が、極度に洗練された形式として、われわれの感情に訴えてくるのである。眼と心は、退屈する余裕もない。桂こそ、まさに、建築芸術の粋である。古典である。と私は信じている。〃

――亡霊、やおら姿勢を正す――

〃よくわかりました。ただ、先生は、桂を絶対のものと賞讃されるの余り、他の日本の古典、たとえば、厳島神社については一言も述べておられません。先生は、あまりに潔癖すぎたのではないでしょうか。

島全体に神が宿ると想定し、海の上に朱塗りの廻廊を、文字どおりめぐらすという構想。満潮に灯籠の影が映えるうちに、神と人間が音楽に伴われて祭りに参加する光景を思い浮かべていただけませんか。

潮の動く海に浮かんだ舞台では、能が演じられます。朝日に輝き、また夜間照明されて海に浮かぶ大鳥居を遠く眺め、改めてその美しさに見ほれてしまいました。

芸術とは厳格なもの

先生は、きっと、それは俗だ、感傷だ、と一笑に付されることでしょう。芸術とは、厳格なものだ、すぐれた精神的業績である。

それに異論はありませんが、さらに、おおらかな、力のあふれた、しかも丸味のある、素朴な美に感心しても、決して恥ずべきことは思いません。なるほど、パルテノン、伊勢そして桂においては、身の引きしまる、心の浄められる境地に参入できることでありましょう。しかし、同時に私は、一切の装飾をしりぞけ、無雑作な、簡素きわまる修道院の建築に、純粋な感動を覚え、また、東大寺の鐘楼の豪放雄健な姿にも、感奮を禁じえません。

先生は、能については讃辞を惜しまず、狂言を軽くみておられましたが、狂言を演ずるには、雑念を去り、無我の境地で、装置は申すに及ばず、音楽の助けもかりず、一切の情景を自ら創りださねばなりません。しかし、実のところ、狂言も、あまりに洗練され、形式がかたより、最初の頃の面目躍如としたところはありません。これは、日本のすべての芸能に当てはまることでしょう。

創造の余地が失われては

創造の余地が失われてはお終いです。芸術の鏡は自然であり、宇宙でありましても、創るのは人間です。

この間の消息を先生は凡て了解され、そのうえ桂の作者を、あえて小堀遠州と決めてかかられたのではないでしょうか。〃

――亡霊かすかにうなずき――

〃遠州一人の作ではないと、うすうす存じてはいた。線香の便りでは、遠州作は、だいぶん影がうすくなってきたようだ。正直にいうと、当時、私は憂心もだし難く、怒りのやりばに困っていた。著述で気をまぎらしてはいたが、例の伝説、即ち、建築主は竣工前に現場をみないこと、竣工の期日を定めぬこと、費用をケチケチしないこと、という三条件、今日では絶対に考えられないこと。これを足がかりに、いや手がかりに論陣を張ったわけだ。作者があいまいでは、建築家像が浮き出てこない。すぐれた質の建築を創造するには、毅然たる風格をそなえ、すぐれた質に対する、感覚の鋭い建築家の出現をまたねばならない。遠州は、まさに、打ってつけの人物であった。

建築家の成熟期は五〇乃至六〇才

建築家の成熟期は五〇才及至六〇才、という説には、私も賛成である。建築家は、単に工学の知識をたくわえ、芸術の理論に精通して事足れりとするものではない。確固たる世界観を持ちつづけるため、精神を練磨し、徳を積まねばならない。すぐれた建築家であればあるほど、彼の苦悩は増すのである。建築というものが、技術、その他あらゆる要素と共に、彼の感情のなかで、一つの生きた世界を形成する。そして、彼が、この世界に沈潜すること深ければ深いほど、彼は、ますます、すぐれた建築家となるのである。

年少なるほど感激は大きい、讃えるべきことである。しかし、理性に基ずかない感激は創造力を伴わない。建築家の芸術は、理性の堅実な基礎のうえに、形の美を創造するところにある。芸術は、理性が、感情に許した自由の上に開花する。それ故、恬淡にして冷静、謙虚な心境に到達しなくては、創造など望むべくもない。建築家の自由な心情は、それを円満具足した形に託して表現するのである。老境に入らずして、よく成しうることであろうか。

建築家に必要なものは精神の自由

建築家に必要なもの、それは、自由である。限定のなかに、はばたく自由である。

もともと、建築の天分に恵まれたものは稀である。このことは、何を意味するか。

かりそめにも、芸術的野心など抱くなと忠告しておこう。凡俗は、忍耐強く、謙虚に、自然と科学、先人の偉業を学び、その分を守るに如くはない。先生などと呼ばれて、悦に入っていては駄目だよ。キミ。〃

〃その点は心得ております。さて、その昔先生は、日本の一部の、建築家の堕落ぶりをなげいておられましたね。〃

〃現在は、少しは改善されたかね。〃

〃くわしい消息は存じませんが、日本全体が、中央集権というのか、政治と経済優先の時代でありまして、圧力と資力の強い奴が勝つことになっております。従って、とび入る穴を嗅ぎ分ける天性の練磨には、おさおさ怠りない先生も、なかには、いるようです。〃

——タウトの亡霊に悲しみの表情あふれ両手だらり——

〃なるほどね、日本はテンション民族と聞いていたが、コンプレッション民族でもあったのか。念のいったものだ。無理が通れば道理引っこむか。どうりで、日本に傑作が少いと思ったよ。殊に、老境に入った建築家で、創造に苦悩している人物の姿が数えるほどしか見当らないように思うが……。〃

〃いや、先生、いろいろ雑音が入りまして、建築家も純粋な立場が守れぬ複雑な事情があります。例えば、堀端の超高層ビル。〃

〃ああ、地獄の連中が議論していたよ。もっとも私は、おかげで極楽に住んでいるが。日本人は、何時までも子供だね、高い高いと喜んでいる。超高層か何か知らぬが、容積制限なんてケチなこと考えてはいけないよ。あんなもの建てたかったら、はた迷惑にならぬよう都市計画から、やり直さねば駄目だよ。

海上ビルとかいったね。資金にはこと欠くまい。いっそ、海上に建ててはどうかね。そして、今の敷地は原野に戻し、キツネとタヌキを繁殖させる。デモに際しては、ご連中の出陣を願い、プラカードを持って頂く。対人関係について悩みある方は、彼等のチエを拝借する。今の敷地には、大きい碑を立てて刻む。まさに昭和元禄、われら俗論を倒すに暴力を以てせず、この地を原野と化して遺恨を晴らす。どうかね。いい案だろう。〃

設計施工一貫性の問題

〃いや、恐れ入りました。さすが幽冥境を異にすると、考えることが違いますね。ところで先生、最近、ある請負会社の豪傑が、設計施工の一貫性が最上の策であると、わめき散らし、建築家協会と渡り合っております。〃

〃そうか、建築家を、自由の境地に遊ばしておくようでなくては、国家と国民の幸福、ひいては、人類の幸福など望めない。この道理が、その豪傑に分らぬ筈はない。建築家の側に、つけいられる隙があるのと違うかね。たとえ、どのような攻勢があろうと、自由の立場を守れるだけの完成した自己を確立し、真の建築を創りうる自信があれば、あえて恐れるに足らぬではないか。

　くどいようだが、最後に、しめくくりをさせてもらう。

　建築は釣合の芸術である。釣合というのは単なる形式上のことではない、対社会経済の釣合であり調和である。ただ、建築家であるという便宜上、それを形の上で表わしているに過ぎない。従って、それが、釣合のとれた、比例のよい、すぐれた建築であり、住みよい都市であれば、市民に対して、秩序と調和の感情を植えつけることができる。さらに、風土に思いをめぐらすならば、国民の願望に一致することであろうし、ひいては、人類に希望を与えることになる。

真の建築への道

建築は、建築家の高邁な、自由な精神の結晶である。自由ということは、勝手気儘ではない。限定され枠の中での厳正な判断と行動に他ならない。このことを達成するには、建築家は、自由の立場を堅持しなければならない。自由があればあるほど、高潔な人格と見識を備えていればいるほど、すぐれた建築と環境を創造して、市民に応えることができるのである。

俗界を去るに当り、声を大にしていう、建築家に欠くことのできぬもの、それは精神の自由にある。〃
——タウトの亡霊静かに消える。先生の冥福を祈りつつ筆をおく——

後記

本文を草するに当り、篠田英雄氏訳『タウト建築芸術論』(岩波書店刊)、蔵田周忠先生著『ブルーノ・タウト』(相模書房刊)に負うところ多く、ここに深謝す。

蔵田周忠先生と私

武蔵に入らなかったら、蔵田先生に出会うことも無かったろう。先生との出会いが私の運命を左右した。それを思うと感慨ひとしお。当時の武蔵は惨憺たるものだった。私は人に語れない悟りのうえであったが、余程の覚悟がないと入る所ではなかった。しかし、入る側はともかく、教えてやろうと臨まれた先生達には、今も感謝している。

忘れがたい人に武蔵の救世主と聞いていた学長。慶応の教授、四億の民が待つと歌われた支那。今の中国について造詣の深かった及川先生。大岡山の校庭の隅、古材で建てた小さい家に若くて美しい愛人と。駅のプラットフォームで何を思っておられたか、悠然と行きつ戻りつしておられた姿が瞼に浮かぶ。大人《たいじん》の風格であった。夏の休みが終わって登校すると、その家に人影もない。学校の私物化が災いしたらしい。

当時マルクが安くドイツ留学は花ざかり、バウハウス全盛の時代であった。ドイツから新しい情報を息つく暇もなく送りつづけていた新進気鋭の蔵田先生に製図を見て頂くとは、まさに感激。乾式構造で大岡山の校舎を設計されたのもその頃。その機会を与えられた当時の科長木村先生の眼も高い。電車の軌道と道路を隔てた敷地。狭いので道路に接して校舎が建つ。屋根裏を製図室に利用した二階建の端に、三階建の階段室を陸屋根にして、その白壁に武蔵の文字を浮きたたせる。それが先生の構想であった。それに警視庁が横槍。前面道路が急勾配のため斜線制限に抵触するという。張り切っておられた先生、さぞ無念であったろう。何時の世も役人の石頭、始末におえない犬。

武蔵にも取り柄は、あった。自由を我等に。しかし、自由を守るには勇気と犠牲がいる。ゲーテが言っている「金を失っても失ったとは言えない、時を失ったら少し失ったと言えよう。勇気を失った時、凡てが失われる」聞く度に勇気に欠ける自分が恥ずかしい。正義に蛮勇をふるえる人こそ偉い。ともあれ管理された社会に住むほどに、昔の武蔵は懐かしい。学生を前に先生が、何を教えるべきか、などと相談。

あるとき蔵田先生に諭される。人を悪く言ってはいけない。先入観で人に接しては。人には、それぞれの立場がある。相手の身になって考えよ。人は誉めるに限る。それも陰でほめよ。悪には眼をつぶれ、美しきもの価値あるものを称讃せよ。先生は、このとおりに実行された。そこが偉い。先生が学会理事の頃、松山で、つきまとう私に吉田会長の傍にはべれ、と。そのとき考えた、一挙手一投足、一言半句が人の範になる、そのような人を風格ある達人と言う。

世に出て間もない頃、コルビュジェを評して、彼は社会改革に情熱をもやしている革命家、建築は手段。先生おだやかに、僕はそうは思わない、彼は建築が目的の天才だと。自分本位に考えたがる私の甘さにくらべ、巾の広さ奥の深さが滲みでる。

満州に移り住む時、僕と思って門を叩け、と紹介の手紙を四通。会って大いに教えられ、おかげで人間を見抜き、自然を観照する眼が肥えた。

　こう書いた覚えがある。採っておきたい先生のデスマスク。その私が、先生の訃報に接して動かなかった。後日、葬儀に姿が見えなかった、と東京の評論家に言われて愕然としたが、東京には先生の遺徳を敬慕する人が大勢いる。私など居なくても、との思いが私を躊躇させた。

　たった一人で先生を送りたく、分骨が埋葬される萩の徳隣寺へ「徳孤ならず必ず隣あり[9]」先生の好きな言葉であった。古い宿から眺める阿武川に潮が満ち、月影かすかにゆれる。夜汽車が走るたび踏切の鈴の音がひびく。蔵田先生を偲ぶには、あつらえの晩であった。

　夕食のあと聞かされて退屈した謡曲、風邪で伏せておられた枕元、つたない英文訳をドイツ文と対照しながら訂正して頂いた冬の夜。ソ連の紹介文ゆえと私の名を伏せて下さった、優しい心。そして、時は流れていった。

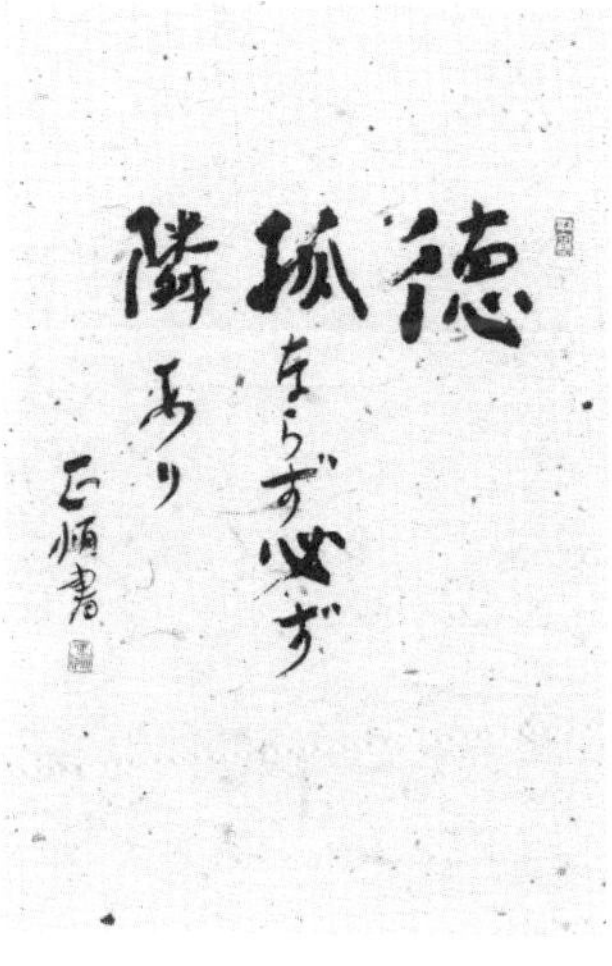

9　「論語」の里仁篇にある言葉。これを書いた松村の書が左のものである。『老建築家の歩んだ道』に収録されている。

アメリカ仕込みの合理主義者

池田山に、その当時、日本で最も新しい住宅がある、物おじしない友が見学しようと誘ってくれました。先生は、みすぼらしい学生に対しても、何の隔てもなく対応して下さいました。押し売りが玄関のドアを引いて驚いた。見慣れた家とは勝手が違う、恐れいって退散した、と笑いながら私達の気持ちを柔らげて下さいました。

私は卒業を間近に控えても、就職のことは真剣に考えていませんでした。どんな所で、どんな仕事をしようと平気、下積みから這いあがれば良いと肚をくくっておりましたから。その頃、九州小倉市の公会堂を設計しておられた講師の徳永庸先生から、有難いお話、差し当たり現場監理者だが将来は課長を約束する、月給七五円。郷里は近いし、私に何の異存がありましょう。早速に蔵田周忠先生に報告に伺いました。すると、「僕が断ってやる、君は東京を離れるな」この一言で、私の運命は狂ってしまいました。

蔵田先生はレーモンド事務所に世話する、

いや押し込むつもりでおられましたが、時勢はすでに険悪。ちょうどその頃、土浦先生が事務所を開かれたから、とにかく先生に会ってもらえ、拾って頂けと言われました。「その節は、どうも」などと口に出すほど図々しくもありませんし、先生も塵か屑に等しい人間のことなど覚えておられる筈もありません、「マア見習ということで」。

貧乏していましたから、学生服で日本橋に渋谷から通いました。窓から程よい位置に、均整の取れた落ち着いた色調の建築が見えます。夕日に映えて美しい。あとで知りました。森五商店。ひと月が経ちました。生れて初めて手にする月給、いや見習給、二五円。一日一円でした。小倉の三分の一。ここが我慢のしどころだ。欲を出すまい。いつか芽も出よう。花も咲こうと。

先生はおごそかに申されました。徒弟の分際を忘れるな、君はドラフトマン、サンドイッチマンは鳴物入りで外廻り、君は黙って内廻り、感謝しないといけない。徳永事務所からは、私が勤めているのを知りながら、小倉は君を待っている、考え直してはどうかと催促。その度に迷いました。蔵田先生を恨んだ夜もありました。今なら間に合う終列車。

その頃、土浦事務所には土浦稲城さんと今井親賢さんが居られました。稲城さんは口数少ない親切な方でした。先生からは住宅の平面スケッチを渡され、設計しろ。幸いこれまでの設計図が、これ見よとばかりに置いてあります。それを見ては描き、描いては見る。見かねた稲城さんが原図は大切に扱うものだ、これが修行の第一歩でした。松丸太の寸法の早見表を作って下さいましたが、梁の架け方までは。教科書通りに製図して棟梁に渡す、首をひねって正直に木組みする。

私には純日本建築は手慣れていても陸屋根は始めてで、これが陸屋根の梁の架け方と思っていたのでしょう。大梁と小梁の上端は揃えるものだ、とは知りませんでした。

ある日のこと、階段の造作で、「狂わぬように」と口走ったのが運の尽き、「ヤイ若造、この俺をナント心得ている。恐れ多くも貴族院、天皇陛下の玉座を作ったのは、この俺だ、一分一厘狂ってから物を言え」と一喝。私とは親子ほど年が違う、深川から自転車印半纏で通っていた棟梁でした。その時以来、腕の良い職人は尊敬する、道具をまたぐような事はすまいと心に決めました。

土浦先生が事務所に居られる時間は多くありませんでした。それでも図面の一本の線まで訂正して下さいました。工事中でした野々宮アパートの正面図を練り直しておられた先生の後ろ姿が、今も脳裏に焼きついております。ある住宅のマントルピースの図面を見られた先生、「君にはバランス感覚がないネ」と匙を投げられました。絶望して蔵田先生に告白しました。「そうか、それは困ったネ。取り付く島もないとはこの事か」と。

その頃です。ひょっこり事務所に入ってきた骨相見、安くしてやる見せろ、と頭を撫でまわした挙句に、「お前、この仕事を続ける気か。今始めたばかりだから、今からでも遅くはない、お前にはコレコレの職業が向いている、ただし大物の素質はないゾ」。挫折の度に、先生に見放される度に、骨相見の忠告に従うべきであったと何度悔やみましたことか。

製図しても現場の仕上げでも、先生は、さぞ歯痒い思いをされたことでしょう。その都度きっと先生は、首を切れぬし、早く悟って足を洗ってくれぬか、と思案されたに違いありません。

今井さんは女性が務まる柔和な方でした。頭に手をやって、はにかみながら物を言われます。昼になると、「パンとミルクで、いいかしら」と近くの小さな店に案内して下さる。店の女の子は今井さんに親切で、ミルクの分量が私より少し多いのが気がかりでした。もし今井さんが頭脳明晰で気性の激しい人だったら、凡才の私はどんなに苦労したことか。日本橋が三途の川に思えたことでしょう。築地小劇場の設計者が今井さんの友人で、しばしば切符をもらいました。後年の名優たちの若き日の熱演が瞼にうかびます。暗く重苦しい時代でありました。

事務所に入って間もなく、入口のドアに看板を貼るから見よ、ARCHITECT K. TSUCHIURA。不惑にして建築家は一人前、これで僕も、世界に通用する人間になれた、と先生が謙遜して申された時のこと忘れられません。こうも申されました。仕事を取りに行くのでなく、面識のない人に信用され、仕事を頼まれるようにならなくては、と。

土浦事務所の長所は、先生がアメリカ仕込みの合理主義者で、勤務中一心不乱であれば、僕にかまわず帰って良いとの方針。おかげで私生活の時間割が組めます。アテネ・フランセに通い、翻訳に熱中しました。充実した二〇代を過させて頂きました。

そうこうしているうちに事務所には、次から次と俊才が入って来られました。私は、ますます隅の方に追いやられ、いやが上にも小さくなって、世界を覆う大きい波のうねりに翻弄され、我が身の行く末を思いわずらう毎日でありました。七年の歳月は夢のように過ぎてゆきました。お別れに、おそるおそる伺いました。見れば私が設計した小学校の図面を修正しておられます。身の縮む思いでした。世話の焼ける不肖の弟子でありました。

最後に、信御夫人について。事務所に入った頃は、奥様が吉野作造博士の御長女であり、先生とのラブロマンスの美談など全く存じませんでした。時々、事務所においでになる、生まれて初めて見る貴夫人でした。お若く、気品に満ちた美人でいらっしゃる。帽子が良く似合い、黒い網をかぶっておられ、東京にも蜂が飛んでいるのかと、びっくりして、お辞儀するのも忘れていました。あの時、奥様きっと思われたはずです。なんて泥臭い田舎者、気も利かぬ、風采もあがらない。ダンディを以って認ずる主人も、人を見る目が曇ったとみえる。凡庸を地でゆく男、今さら致し方もない。月に叢雲の例えもある。見て見ぬ振りをしよう。とは申せ奥様、さすが御心の広く深い思いやりのある御方と尊敬しておりました。妹様が社会党の闘士と結ばれ、そんな関係でしょうか、奥むめお女史[10]が事務所に時々お顔を出されました。おかげで私も世界を観る眼も肥えましたと感謝致しております。

一九九一年八月

10 奥むめお おく・むめお 一八九五～一九九七 福井市生まれ。一九一六年に日本女子大学校を卒業。女性解放運動や消費者運動に身を投じ、戦後は参議院議員を三期務めた。

人それぞれの生き方
——老建築家から教師の卵達へ贈る言葉

国語辞典をひもときますと、アイウエオで最も多い字がシで十二パーセント、次にカで七パーセント。何故シが多いか、多いはず、生まれて死ぬまでシのつく字と道づれ、よちよち歩き始めて先ず教えられるのがシーと言え、しくじると叱られる、学校あがれば試験、部に入ればしごかれる、世にでればしめつけられる、結婚すれば当座しあわせ、そのうち尻の下、子供に仕送り四苦八苦、年とれば白髪の悩み、死ねば屍しゃりこうべ。

これが古語辞典になりますとシの字が少ない、六パーセント、死は畏るべし生は貪るべし、死とは縁のうすい暮らし、生きるのが精一杯であったからでしょう。

さて死の項で先ず目にうつる字が師。仰げば尊しの師に対し、遭えば恐ろしの山師、野師、詐欺師あり、三尺さがって師の影ふまずとは昔のこと、今は、影法師を見る限り、尊卑の区別もつきかねます。その山師、野師、詐欺師にも探せば学ぶべき点もあるはずとは私の考えであります。

山師をセンミツ、千のうち三つは当たる、当たるも八卦、当たらぬも八卦よりは増し。相撲の行事の八卦良い、八卦には勝星とあったぞ気合いいれて勝負しろ、とけしかける。山師はピッケル片手に暇さえあれば山歩き、万に一つ鉱脈の前触れであれかしと光りさがしに目を皿にします。

先生の務めもまた、大勢の生徒の中に、隠された才能、秘められた知恵を掘り起こす、必ずしも大成するとは限りません、生徒の頃には目立つ存在で無かったと、よく耳にします。もとより有名だけが大成ではありません。

野師を香具師、的屋とも言いますが、あの口上、間の取り方、お立合いの表情を見つめ反応を確かめながら言葉たくみに捲し立て、人を引き付け飽きさせない、人情の機微に通じております野師の手口のひとつあぶり出し、白紙に願い事になり書いて火にあぶる、不思議なことに、当たらずといえども遠からぬ答が現れる。お立ち合い、物は試し書いてごらんと紙くばる「お前の目は何故そんなに窪んでいるか」見るほどに野師の目は窪んでいます、あぶり出された答。「ごみ除け陽よけのため」

臨機応変、当意即妙、これが大事。教室で起こるハプニング、これを如何に裁くか、間髪いれぬ受け応え。カリキュラムどおりの授業をするから生徒は面白くない、ついてこない。

校長たる者、この能力を評価すべきで、教育委員会のゴマするばかりが能ではありません。

次に詐欺師、鷺を烏と言い曲げる、かたりが身上、欲ふかく隙があるから狙われる、老人のために橘曙覧《あけみ》11は「欲を出すな、嘘をつくな、身体いたわれ」と言い遺して明治元年没。

大量の魚を遠くへ運ぶ際、鮮度を保つ手段としてイルカを泳がす、呑まれてはならじと必死に動く。今は、科学の力に頼りイルカもお呼びがありませんが、人の世では

11 橘曙覧 たちばな・あけみ 一八一二〜一八六八 越前国生まれの歌人。本居宣長の弟子である田中大秀の指導で歌をつくるようになる。どれも「たのしみは」で始まり「……とき」で終わる歌を集めた『独楽吟《どくらぎん》』が有名。正岡子規が高く評価した。

詐欺師がイルカの代役かも知れません。舌先三寸で人を其の気にさせる、誘い込む、そそのかす、詐欺師にも三分の理はあります。

おだてる、勇気づける、肩を叩いてやる、頭をなでてやる、たった一言が生涯忘れられぬ言葉になる、惰弱を奮い立たせる機縁になる。黙っていては通じません、態度で示さねば。態とは、心を現す能のこと。能ある鷹が爪かくしたは昔の話、今は、能もないのに爪そめ磨きあげ、そのうえ見せたがる、詐欺師も油断はなりません。

リンカーンは、手紙の返事を即座に投函しませんでした。たかぶった感情で相手を傷つけてはとの配慮で。今は電話で事たりる、そのうちテレビ電話。芸の名人が言いました、稽古のとき、人が見ていないからとて決して気を抜くな姿勢をくずすな、高座にあがった時ボロが出る、大切なのは普段の心構え、態度である、と。歌舞伎で、馬の足しかやらして貰えない役者、舞台にあがっても顔を見られることが無い。「今日の馬の足は良かった、芸が生きていた」陰で主役が誉めていたと聞いて馬の足、どれほど喜んだことでしょう。

目ざとく相手の長所を見つけ誉めてやる、誉める点が無かったら、きれいな耳たぶ、アラッ耳寄りな話、と翌日から人目をひく耳飾り、これを功徳と言います。しかし、誉めるだけが能でもありません、ほめられて増長する手合いもいるし、調子に乗って落伍する場合もあります。

時と場合によっては、相手を傷つけるかも知れません、傷つけられてしょ気るか立ち上がるか、その見分けは肝腎。所詮人生は失敗するか挑戦するかの連続、失敗したら立ち直るほか道はありません。愚人は自分の経験から学び、賢人は他人の経験から学ぶ。人々は歴史の教訓に学ぶ事が少ない、このことが最も重要な歴史の教訓である、と先人は訓《おし》えています。

ある目標を定める、努力すれば、そこま

では到達できる、念ずれば通ず。むつかしいのは、そこから先。目的地に着くに越したことはありませんが、より大切なことは、自分が歩いている今の歩き方です。

人間は、お互いに誤解し、ある程度理解しているだけ、先入観で人に接してはいけません。

ホンモノかニセモノか、人であれ物であれ、見分けられるように成りたいもの。その点で山師、野師、詐欺師は人を見抜く達人だと思います。山師は、人里はなれた山奥で宝を探し、ホンモノに巡りたい一心。香具師は盛り場で衆人環視のなか身体を張って口上のべながら人のはらを探っています。彼等の身上に、ある種のわびしさ、おかしみが漂っていると私の目には映ります。旅が人生である、男はつらいよ寅次郎かも知れません。世上に彼らの出番が少なくなってゆくのは寂しき限りです。本当は遊ばされているに過ぎませんが、遊ぶ時代と言いながら、人々は、なにかに追い立てられている。貧しくても昔の人は心にゆとりがありました。私が畏敬する山本夏彦さん、二流の楽しみに平然と生きておられます。背伸びするな、十の力を蓄えて六出せれば本望と。

大小を自在に使えて重宝なものに風呂敷と行李《こうり》があります、雅量と寛大にまさる資質はありません。今行李の愛好者が相撲取り、考えさせられます。同時代を生きた所為かも知れませんが、森繁久弥さんの、おおらかな人間味、芝居に命をかけた宇野重吉さんの生きざまには感動します。名もなき大道芸人と遊女たち、どれほど人の世に潤いを与え歴史を彩ってくれたことか。謡曲、人形浄瑠璃、歌舞伎などの題材に、遊女がどれほど花を添えたか計り知れません。国歌君が代を歌え歌わぬともめていますが、その昔、遊女が大尽を膝枕に口ずさんだ端歌の替え歌に過ぎぬもの。とかくもったいぶる、かしこまる習性、私の好みではありません。

ともあれ山師、香具師を思うたび、彼等は、喜びを感じ滑稽を笑い、世界を笑うと同時に己自身を笑う術を身につけ、練りあげ鍛えぬき、表と裏も知り尽くし、笑いは敵に対する最大の攻撃である、などと物騒なことは念頭にありません。私が彼等に共鳴するのは彼らの処世術であります、地位、名誉、肩書、学歴、財産などには目もくれず、頼るは己の実力。

しかし、山師、香具師は早晩消えてゆくでしょう、永久に栄えるのは詐欺師のみ。政治経済も詐欺の一種、中国には腹黒学あり、腹黒く図太く生きる知恵を授けてくれます。だまし合いを潔しとしない仁者は、隠遁の道を選びました。

身辺を飾るファッションデザイン、建物もその仲間、揚げ底、手の込んだ包装、中身は二の次、広告と宣伝で如何に釣るか。植物から動物まで騙す技術が進歩らしい。薬を飲む、ブツ《ママ》麻薬は自分で自分を騙している。高齢社会さえ騙され仕組まれた不自然な生き方を強制されての成れの果て。山の音、雨の音、風の音が心に染みいる、自然のリズムに合わせて生きられたら、これ以上の幸せはありませんが、これも今では高嶺の花。

日本は豊かだ経済大国だと浮かれていますが長くは決して続かない。元禄時代の衣裳較べ、京、大阪、江戸の豪商の妻女たち、贅の限りを着飾る、今のファッションショー。江戸大阪は金らんどんすまばゆいばかりの髪飾り、それに対し京は、黒羽二重と白無垢の色直し、汲めどもつきぬ気品溢れ、引立て役に着飾った侍女を侍らす、軍配は京に。日本人の美意識は生きておりました。日本美の極致が枯山水、水墨画にあることを知悉していたのであります。自然、簡素、不均斉、静寂、幽玄、枯高、脱俗、これが到達すべき境地であると信じていたのであります。

時を同じくして千利休の映画を、ひとつは野上弥生子原作『秀吉と利休』勅使河原宏監督、それに『千利休　本覚坊遺文』原作井上靖、監督熊井啓。前者が、前宣伝華々しく豪華絢爛たる桃山時代を再現するのに対し、後者は、白黒の世界に登場するのは男優ばかり。退屈きわまる前者に比べ、後者では、利休の点てた茶をすすり、そのまま戦場の露と消えた戦国の世の武将の死を見すえ利休が、秀吉の権力に屈して妥協するより、死をもってわび茶の真髄を守った、その迫力に圧倒されました。

若者の好みの色は灰と黒とか、私は灰と黒に死を連想しますが、暴走して死を恐れぬ若者には脱帽のほかありません。三人連れだってきた若者、一人が五百万円の黒塗車を買う。おれもわしもと。父がこの車と言えば母はこれがと言い、結局は小さい子が決断する。養い難しどころか、狙いは女子と子供の合言葉、移り気で他人の容姿持ち物が気にかかる人種、操るには手ごろな代物。

高級化、差別化、個性化、何のことはない高級らしく化けているだけ、虎は死して皮残すに生きてる人間バケの皮。差別化とは、人に差をつけることでは無い、人を差別しないこと。個性化とは、千万人を敵に廻しても我が道を行く気概のこと。山師、香具師、詐欺師には、これが宿っています。

物心ついて以来私も、たとえ稚拙とそしられようと、他人の真似はしない、トコトン自分の頭で考え抜く。大切な事は、思い付きではなく、ひらめき、である。

私は自分を建築稼と称します。俗には建築家と呼びますが、家とは、大家、一芸に秀でた人のこと。稼を稼ぐと読むと下品になります、禾は穀物を意味し、稼は穀物の種、種を蒔き育てる。

これで良い、と思った時から人は老い始める、稼と称することにさえ抵抗を覚えています。

仏教に八正道の教えがあります。

正見とは、正しい知恵、見解、世界観。正思惟とは、正しい考え心構え。正語とは、嘘、悪口、無駄口慎む。正業とは、殺生、盗みせず生物あわれむ。正命とは、規則正しい生活、合理的な生き方。正精進とは、理想に向かってまい進する。正念とは、ぼんやりしていない、正確な意識。正定とは、明鏡止水、統一された精神。この八つの道を形式にとらわれず停滞せず実践する。これを正恒と言い、人にたとえて松村を冠すれば私。

中学の頃の運動会、走るのが遅く気はせいても足がついてこない、スパイクは無し、いっそわらじでマイペース。トラック五周、二周目で先頭と穴の私の区別なし、一着ゴールイン、次の組が出を待って整列している間を縫って、もう一周、見学に来ていた小学生たち、頑張れわらじと大声援、あと一周で完走、走るのは私一人、私の為に運動会はある、校長はにが虫かみつぶし、体操の先生ははらはら、気分爽快。翌年校則に一行加筆、運動会にわらじの着用を禁ず。

自由を束縛しては、いけない。破目を外さぬ限り生徒を信ずること。管理は良くない、伸び伸びさせぬから、いじける。捌け口ないから、いじめる、じめじめする。

一時の勝ち負けなんか気にする事はない、我が道をコツコツ歩む。頭の良い人間が一時間で出来る事を一晩かかっても納得のゆくまで、試験は何時も零点か百点。卑怯な真似はしたくない。

ある時、昼休み後の一時間目、空いた薬缶を教卓に置き出席簿を丸めて挿した奴がおる。先生は烈火のごとく怒り犯人名乗れと。最前列の中央が私、幡随院長兵衛を買って出てその場をおさめる。先生は私を真犯人と憎む、地理の先生、試験を百点とってやる、最後まで告白はしませんでした。私を見る同級生の目が変わった事が、せめてもの救いでした。

蛙の解剖、人並に小さい青蛙を用意しておいたのに朝出がけ、雨上がり、大きいがまと目が合う、私をにらむ。よし、お前に決めた、と縄でくくる。麻酔が利くのに時間がかかる、もはやこれまでと観念したのかがま、私に向かって「マツムラ君、心配するな、君を決して恨んでいない、君のおかげで汽車にも乗れた、商店街も歩いた、沢山の人間に出会った、噂に聞いてはいたが十人十色だ。君に出会わなかったら一生を薮の中で、呑み込まれはせぬかと青大将におびえながら過ごすところだった」脂汗にじませ喘ぎあえぎ大きく口を開け、これががま口か。「マツムラ君、長い物に巻かれるな、切羽つまっても、もう駄目だとは決して言うな、辛抱せい、我慢せい」断末魔のがまの遺言を固く守ってきましたが、痩せ我慢に終わりそうです。

今の管理教育では、蛙の寸法も決められてがまの出番はありますまい。しかしここが問題、生徒にとって学校は、生活の、つまり生きるというドラマの舞台であります。ドラマには役割があり、互いに能力を差違を認め合い、補い合い、力を合わせ劇を盛り上げる、楽しい世界であります。お互いに認め合う空間が保証され、解放された時間を自由に過ごす、これが学校。そこには、温かい新鮮な血が脈打っている、動脈硬化は学校の致命傷。生徒を一律に教育する、評価する、間違っています、長所を認め伸ばしてやるべきです。

独活《うど》の苗を山から採ってきた、大木になられてはと重石をのせる、春になると必ず芽をふきます。伸びる奴は必ず伸びる、環境は与えられるものではあるが、自ら選び、創るものだと悟りました。

ある学者、英、数、国と体、音、美術を同等に採点するにしかず、と。生徒に励みが出る、学校が明るくなる。できうれば生徒が、学校も先生も選べるようにすべきである、と。空とぶ鳥さえ木を選ぶではないか、と。

五十年前の話、貧しい東北、寒村の駅に汽車が止まる、両親に見送られて少女一人乗り込む、荷物は教科書をつめたカバンのみ、私の前の席に。小さい女の子が近づいてきた、この少女、旅芸人の一座に売られてきたのです。

昼になる、腹はへる、親方は知らぬふり。少女は、薄汚れたハンカチを開き、なけなしの餞別の中から駅弁ひとつ、箸を二つに折って子役と分ける。小さい駅を出る度に、少女は窓を開け、受持ちの先生の名を呼び上げる、教室の光景が頭の中に浮かんでくる。

学校に行けると信じているのでしょう、教科書を開いて、子供に読んで聞かせる、大きい駅に着く、せきたてられて、やがて消えていきました[12]。

私は、先生は偉い、と尊敬しています。色々な性格の子、異なった能力、生い立ち。小さい胸に訴えたい悩みを持つ子も居りましょう。それを一人で受け持つ、どだい無理な話。オープンスクールどころかウップンスクール、真面目に取り組んだら鬱病まちがいなし。

先生が大人の模範であるはずもない。私が小学生の頃、受持ちの若い先生が長期療養、代わりの先生なし、巻紙の長い手紙を貰うのが無性に嬉しく、忘れ難い先生でありましたが、年上の女の先生を熱愛し、失恋の果て自殺されたと聞きました。思うに、どんな先生に出会うか、生徒にとっては運、不運の分かれ道。親に出会った時の感激は誰にもありません、気が付いたら変な親。これにひきかえ、師に出会った感激は生涯つきまといます。言い替えれば、思い出す度に心が熱くなる、勇気づけられる先生、そうでない人は先生としては失格。

私が出会った校長の一人。若い頃のこと、小学生の命を救うため梁の下敷になり、その後遺症に人には言えない苦しみに耐えておられましたが、学校を建てる時、ひとつ頼みがある、場所はどこでも構わない、小部屋を設けて欲しい。目的は、訴えたくて小さい胸を痛めている子、良くないことをしでかした子、それらと膝をまじえて相談

12 本書付録1「東北の旅」に収録されたエピソード。

にのってやりたい[13]。

先生には女の子が一人あり、ピアノコンクールで一位となり、外国留学まで薦められたが果たしてやれず、その事をひそかに嘆いておられました。退職してからは、自転車で通りがかりに見つけた犬猫の死骸を拾って帰り、小さい墓地を造る、心の優しい方でありました。

もう一人、終生忘れ得ない中学時代の校長。

生徒の将来を心底から考え、いかにして心身を鍛えてやるか、その事に精魂を込められましたが、なかでも中江藤樹の学を伝えるため、自ら教科書を編まれる熱のいれよう。先生去られる日、寒風吹きすさぶ冬の季節でしたが、町のはずれで生徒一同、何時間も別れを惜しんだ事、今も脳裏に焼き付いております。

藤樹の学を要約すると、こうであります。人間は生まれながらに平等でない、これ天命。陽の当たる場所で一生を送る人もあれば、日陰にじっと耐えている人もある。闇を恐れるな、恐れるから灯りに群がるのだ、人間が虫になるのだ、少にしては点取り虫、長じては金むしる虫。

心を外に向けるから人を羨む、嫉む。少しばかり人に秀でているからと傲慢になる、怠ける。打ち砕くべきは心の敵、心が盲目になることだ。心を内に向けよ、足るを知れ、天から与えられた分相応の役割を果たせ。

人間の偉さを計る尺度は、その人が緊張した時間をいかほど持ったか、その緊張の中身が問題。人が認めてくれようが認めてくれまいが、そんなことに憂身をやつさず、至善の道を歩め。人には親切であれ、自分が幸せであると思ったら、他人を幸せにしてあげるように努めよ。この事が達成できたとき、徳ある人、人格者と人には映る。幸福は人格である、と言われる所以。徳は孤ならず。

教育者としての藤樹の偉さ。大野了佐、医者の子ながら生来愚鈍、それなのに人にも増して学を志す。その熱心に絆《ほだ》されて藤

13 日土小学校の東校舎二階廊下の突き当たりには、原設計図で「補導室」と書かれた小部屋が飛び出している。壁には伊予絣と金揉み紙が市松模様に貼られ、天井は銀揉み紙、窓には木製の鎧戸がつき、腰壁は焼き板張りという特殊な仕上げの静かな部屋だ。まさにこの部屋をつくった意図を示すようなエピソードである。

樹は、独学で医書を読み、その子の為に医学の教科書を作り、遂に一人前の医者に育てたのであります。

教えるは学のなかばなり、学びて足らざるを知り、教えて困《くる》しむを知る、物に本末あり、事に終始あり、先後を知れば則ち道に近づく。

最後に佐藤一斎[14]の言葉。

少にして学べば則ち壮にして為すことあり
壮にして学べば則ち老いて衰えず
老いて学べば則ち死して朽ちず

14　佐藤一斎　さとう・いっさい　一七七二〜一八五九
美濃国岩村藩出身の儒学者。後半生の四〇年余りにわたり記した随想録、『言志録』、『言志後録』、『言志晩録』、『言志耋（てつ）録』が「言志四録」として読み継がれている。松村が紹介しているのは『言志晩録』にある「三学戒」。

子孫に與うるの書

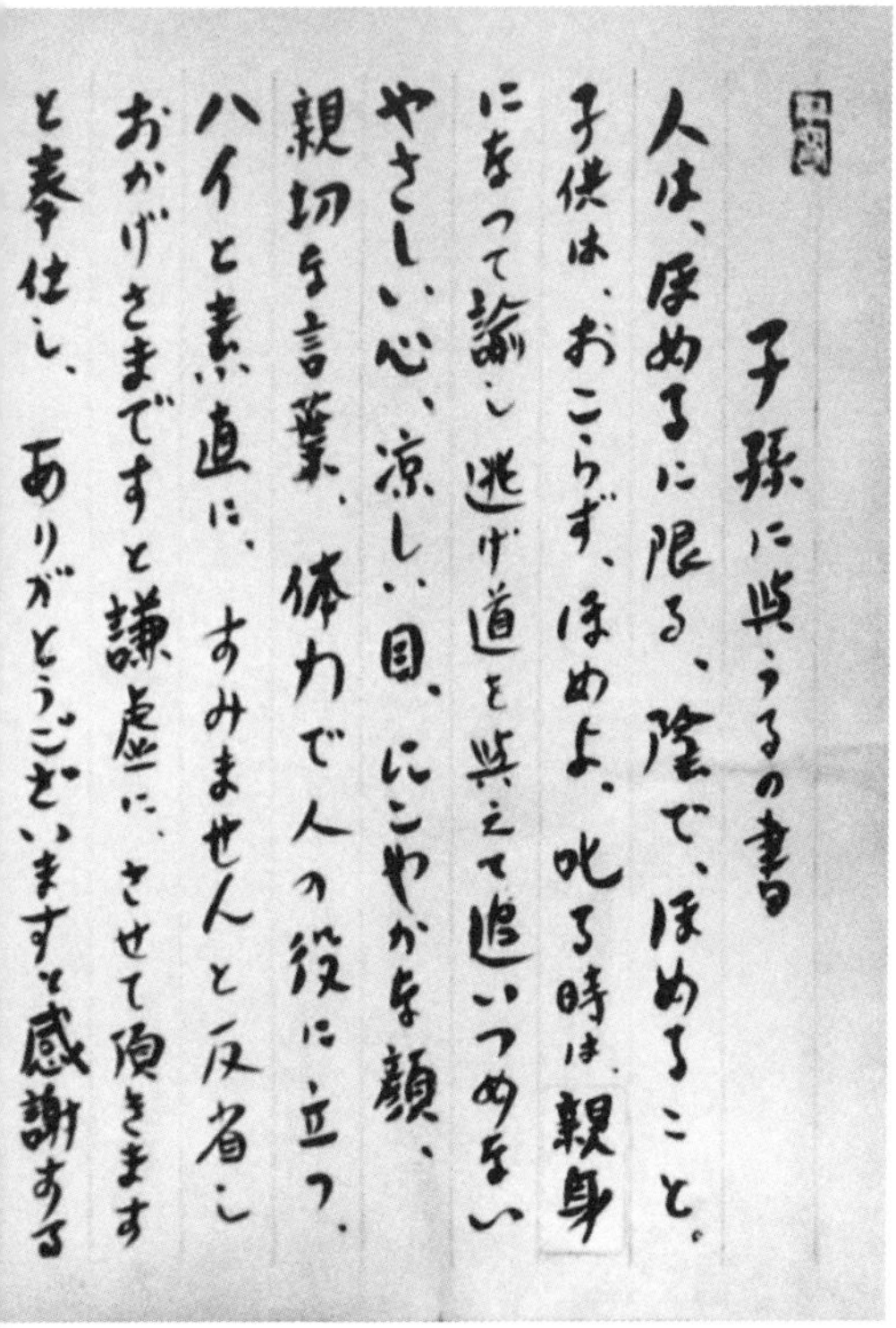

子孫に與うるの書

人は、ほめるに限る、陰で、ほめること。
子供は、おこらず、ほめよ。叱る時は、親身
になって諭し逃げ道を與えて追いつめない
やさしい心、涼しい目、にこやかな顔、
親切な言葉、体力で人の役に立つ。
ハイと素直に、すみませんと反省し
おかげさまですと謙虚に、させて頂きます
と奉仕し、ありがとうございますと感謝する

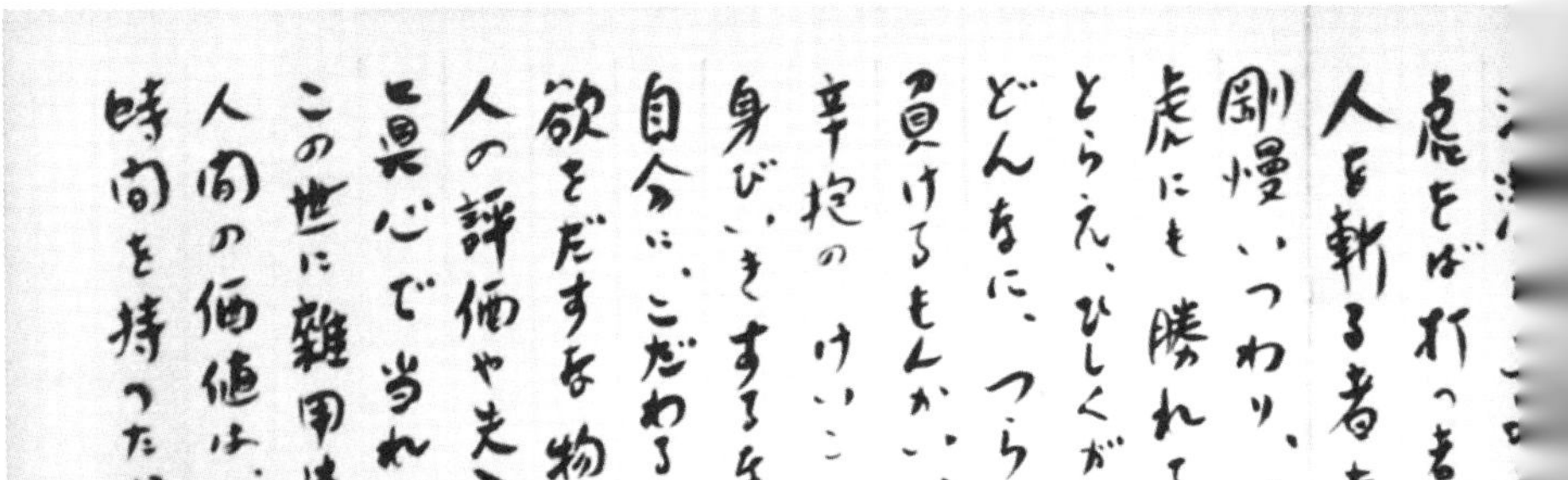

虎をば打つ者まことの勇士か、
人を斬る者まことの男士か、否否否
剛慢、いつわり、そねみ や怠け
虎にも勝れる心の敵を
とらえ、ひしぐが真の男士ぞ、げに、げにげに
どんなに、つらくても、なにくそ、なにくそ
負けるもんか、、もう駄目だとは決して思うな
辛抱の けいこ をせよ 肝心なのは気力、
身びいきするな迷は、そこから起る
自分に、こだわるな 物の道理真実が分る、
欲をだすな 物をほしがるな 無理はするな、
人の評価や先入観で人を見るな
真心で当れば人はみな善人である、
この世に雑用はない、雑にするから雑用になる
人間の価値は、その一生に、どれだけ緊張した
時間を持ったか、その多寡によって決まる

◀松村正恒が設計し、一九五六年に完成した「市立八幡浜総合病院結核病棟増築棟」が使われている様子を写した写真（撮影時期は不明）。右隣に見えるのが、一九五三年に完成した「市立八幡浜総合病院結核病棟」。それへの増築である。木造二階建て、左奥にガラス張りの食堂があり、中廊下式で病室が並ぶ。妻側の壁に開口部はないが、遮熱のためであろう、莚が全面的に吊ってあるのが印象的だ

第4章 建築論

解題

自分以外の建築家が設計した建築に対する批評、あるいは建築一般論のような文章を、松村はほとんど書いていない。もちろん彼のような立場の人への建築系出版社からの原稿依頼は少なかっただろう。しかしあれほどの名作群を設計した松村の眼が曇っていたり、他者の作品への関心をもっていなかったはずはない。実際、独立後は、松山の若手建築家たちを集めた勉強会で彼らの作品について批評をし、建築関係者に向けた講演会などでは、現代建築家やその作品を批判的にとり上げることがあった。

しかし、建築に関して松村が書き残した文章はヴァナキュラーなものを対象にすることが多く、ひとつは住まいや民家についての考察、もうひとつはより一般的に地域や伝統についての考察に分けられる。また彼は、日本建築学会四国支部のメンバーとして四国の民家や愛媛県の近代建築の調査に加わり、『四国の民家』[1]と『愛媛の近代洋風建築』[2]に解説や総論を書いている。

そういったものの中から、本書では、住まいに関するものとして「私の住居観」「住まいもろもろ考」「住宅の設計」、民家に関するものとして「民家考」「伊予の民家」、地域や伝統に関するものとして「伝統論私見」「対談　風土と建築」を収録した。

住まいに関するものの中では、「住まい　もろもろ考」が最も長い。話題も瀬戸内の島や松山の暮らし、農地開発営団時代に見た東北の暮らし、託児所研究を通して考えた教育論、狩江小学校のお別れ会のこと、都市と農村についての考察など広範な領域におよんで

1　第1章—01参照
2　第1章—00参照

おり、死の直前に書かれた連載だということを考え合わせると、やはり総まとめの感がある。そこに記された思いを、「私の住居観」は要約したもの、「住宅の設計」は実践した記録といえるだろう。

戦前に今和次郎や竹内芳太郎と接点があり民家に興味をもった松村は、四国に帰ってからも、その調査や研究を持続した。「民家考」は、彼自身の戦前の民家調査の経験から最近の古い街並みを安易に「ほめそやす」傾向への批判まで、幅広く民家の意味を考えた文章である。「伊予の民家」は『民家——今和次郎先生古稀記念文集』[3]に寄せた文章で、平面図やスケッチも多く掲載され、松村の四国における民家調査の様子がわかる文章である。今和次郎への報告のような思いもあったことだろう。

松村といえば、地方で活躍し、欧米に始まった近代建築に地域主義を重ねた建築家というような言われ方をすることがある。しかし彼は、地域や伝統という言葉の解釈や建築への反映については、きわめて慎重な考え方をもっていた。そのことを最もよく示すのが、「伝統論私見」と神代雄一郎との対談「風土と建築」である。

前者は、『国際建築』一九六五年一月号[4]に掲載された文章であるが、「伝統とは、形式の問題ではない。心構えの問題だ」「伝統を越えたとか、越えぬとか、棒高跳びとは、ワケが違う」「形式だけ拝借して、伝統をうけついだなどとは恐れいる」といった言葉からは、川添登が仕掛けたいわゆる伝統論争も意識しつつ、伝統理解が単なる形態操作へと堕してしまうことに警鐘を鳴らそうとしたことが読み取れる。

また神代雄一郎との対談では、松村を「地域にしっかり根をおろして、いい仕事をしておられる方」と位置づける神代に対し、松村は「私は正直言って地方とか地域とか風土とかいうことを余り意識せんのですわ。というのは、最初いうたように、それが自然の体か

3 第1章95参照
4 国際建築協会編『国際建築』一九六五年一月号、美術出版社

ら結果として生まれればいいことでしてね」とか、「だから、余りそういうことを意識せずに、どこまでも真実を追い求めんといかん」と述べ、地域や風土という概念を安易に建築的モチーフへと変換することに反対している。自分が設計してきた建物への解釈を誤ってほしくないというメッセージであったに違いない。

私の住居観

（一）

居は気を移す、孟子の言葉であります。住まいと家の廻りの状況が、住む人の性格を、しらずしらずのうちに変えてゆく、という意味ですが真実であります。道を歩いていて子供に出会います。どんな家に住んでいるんだろう、どんな暮らしをしているのか、これから、どんな人間に育ってゆくのだろう、と何時も考えます。

私に忘れることのできない住まいが三つあります。

まず、秋田県の貧しい村。東北地方が困窮のどん底にあえいでいた頃、村に一人の医師が住んでおられました。白髪の敬虔なクリスチャン。農民の病いを癒やすかたわら、彼等の暮らしを立て直してやろう、と心をくだいておられました。その老先生の家についてであります。

小さい家、古びて質素きわまります。柱には、壁を取りはらった跡が残り、仕上げもない荒壁。夏の盛りでした。仕切りの戸を開けはなち、畳の上に患者を寝かし、次の間に村人が待っています。診察室、薬局らしき室はありません。そんなものは、先生には無用なのであります。

庭は、夏草が生いしげっています。無精なのではなく、庭を眺めて暮らす、そんな余暇があったら、苦しむ百姓を訪ねて廻られます。質素このうえない住まいではありますが、家の中には、清らかな気高さと、あたたかい人間味がただよっております。あふれています。

わび、さびの真の姿が此処に在ります。枯淡、静寂、幽玄の極致。意味のない飾り、余計な物は一切おいてありません。此の家で光り輝くもの、それは凛然と端座しておられる、老先生のお姿でありました。

次に。佐渡島の小木《おぎ》、北前船にとっては絶好の港、金山の盛んな頃は、さぞにぎわったであろう港街。狭い道の両側に、同じ造りの家が、昔の面影をとどめて建ち並んでいます。間口が狭く、奥行が長い。

暗い家ながら雪国ゆえに中庭はとれません。家の中ほどを吹き抜いて、小さい天窓を造ります。雪あかりでおちついた明るさ。吹き抜いた一階は広々とした板の間、大きいイロリ、手摺りをまわした二階の廊下の奥に、いくつもの室があります。声をかければ届きます。物を投げれば受けられます。気どった風もなく、手のこんだ造作もありません。すべて自然のまま、わざとらしさ、これ見よがしの無さ、気持ちが安らぎます、ぬくもりが身にしみます。

ここに人が寄り合い、さまざまな人生が語られたことでしょう。世間の縮図がくりひろげられたことでしょう。佐渡おけさの舞台にもなりました。吹き抜けの板の間は、生き生きと息づいておりました。

三つ目は瀬戸の岩城島。

この島に、あたりの島々に名のとどろいた豪商三浦家の屋敷跡があります。三浦家滅亡の幕切れは、美しくも哀れでありました。庭に建つ歌碑が、その一部始終を伝えています。刻まれた歌は、若山牧水。この家の主もまた歌詠みでありました。残った家の一部が、町の資料館になっておりますが、三浦家の歴史が、そのまま、島の歴史を語ります。

　久松藩参勤交代のおり、この家は島本陣、藩主の泊られた座敷は昔のまま。この室で殿様が、と思うほど簡素な、こじんまりとまとまった室であります。静かな、枯れた気品がそなわっておりました。訪ねたのは冬でした。座敷につづいて畳じきの広縁があり、廻縁の外側にも紙障子、やわらかい冬の日射しが、二重の紙障子を透して、おちついた雰囲気をかもします。ほのぼのとした暖かさに包まれます。見れば、そこここに火鉢が、見ること絶えて久しい火鉢が置いてあります。火鉢の中の様子では、私達が訪れる何時間も前から用意されていたことが伺えます。この心くばり。日本ならではの醇風美俗が、岩城の島本陣に受けつがれていたのであります。

　以上で、私の理想とする住まいと暮らしの輪廓は、お伝えできたと思います。

　うわべの形が古いの新しいの、それは枝葉の問題です。迫ってくる、心にしみる、立ち去りがたい、それが、そなわっているか、いないか。小手先の芸では、貧しい心の持主からは、生まれません。見られたい、ほめてもらいたい、そんな下心があっては駄目です。純粋な、大いなる人間愛、これに尽きます。

　高邁な見識を持たれた教育者が、訳あって、日本で名の聞こえた学校を視察され、その凡てに失望されました末に、辿りつかれたのが八幡浜市の日土小学校「これだ、私が探し求めていた、学校らしき学校は」と感嘆久しくされたのであります。

　この学校には、なんのてらいもない、色も飾らず、花を咲かせず、こざかしい術を弄した跡が見あたらない。今という今を、精一杯生きている、と申されたのであります。住まいを含めて建築の原点は、これだと私は信じております。

（二）

良寛さんの食器は、お碗ひとつ、ご飯と汁を代わるがわる喰べられたとか。暮らしも、ここまで簡素に徹すれば、心わずらわされることも、ありますまい。心、足らば、身、貧にあらず、の境地であります。

　俗謡に、見直せば、我が暮らし楽にならざり、人をうらやむ。物を欲しがる、嫉妬ぶかい世相を、よく言い表しております。持物は、主人に似る、と申します。その人の持物を見れば、人柄、趣味、教養の中味が知れます。利休が、茶室の床の間に、朝顔一輪いけた、あの気くばりは心の底に止めておきたいものであります。

　私に、折にふれて思い浮かぶ光景があります。若い頃、山奥に見知らぬ農家を尋ねました。家の中は言うに及ばず、目だたぬ家の裏にまで塵ひとつ落ちていません。今もって私には、清潔の鑑であります。潔癖ゆえに息づまるような気配は全くありません。あぐらもごろ寝も似合います。不釣合な物もなし、不自然な所も無いからであります。

　私には、日本の繁栄が揚げ底文化の象徴と写ります。包装で人の目をあざむく、ホンモノ指向とか言いますが、物はホンモノでも、それを手にする人がニセモノでは話になりません。

　忘れられない人、と問われたら、女性にたとえれば、着飾った只の人より、頭は束髪、素顔、服に色なく、恵まれぬ人の為に身を捧げておられた信仰心あつき方、と答えます。

（三）

　ムダ・ムリ、ムラは悪徳と覚えました。小林一三さんは、権力に屈服するな、自分の智恵で闊歩せよ、と率先垂範されました。今は、どうでしょう。長いものには巻かれよ、利用せよ。ムダよし、ムラよし、揚句の果てに、ムラムラおこして人殺し。ムダ、ムラ、ムリの凡てが金に結びついております。発想の根は金もうけにあります。村おこし、イベントの流行。効率を求める一方で無駄をすすめる。人の心を、むしばんでおいて、健康を金で売る。忙しい、など口にする人間は、自分は無能であると吹聴するに等しい。便利さに飛びついて、大切なはずの用を、雑にしています。

　私は、歩く人の後姿を見て自分を戒めております。歩くたびに踵があがります。猫背で先を急ぐからでしょう。真似でない、我が道を行く、自分の生き方を確立していない人の姿かも知れません。

　ある時、マンションの住み方を調べました。この世に、マンションほど無味乾燥な建物はありません。同じ間取り、型にはまった暮らし、花を添えるのが干したふとい、ん、あわれと言えばあわれです。住んで気になるのが、上下隣の音、孤独な人ほど重症らしく、自分は光と音を消して耳をすます。昼夜の倒錯した人種の巣、空とぶ鳥の笑い種。人づき合いは、むつかしい、と思います。鼻もちならぬオクションの住人、天下の珍味を一人占めして舌つづみ、あの手合いよりは、まだまし。隣人から「これ初物かと思って」昨日たらふく喰べたものであっても「まあ、お珍しい、ちびちび頂くわ」くらいの愛敬はほしいもの。

　竹には節があります。節があるから、竹は風にもまれて折れず、薮になって持ちつ持たれつ茂ります。竹の節と節の間、マであり世間であります。人の世も、竹に見習い、旅は道づれ世は情けと生きてゆきたいものであります。

住まい もろもろ考

(一) 環境と寒暖

かつては、日本の家は夏を旨とすべしと言われたが、それは家のたて混んでいなかった昔のこと。吹く風に涼を覚え、建具、すだれ、敷物、道具に到るまで夏向きに取り替えた頃の話であります。今では所狭しと家が接し、窓もおちおち開けられない、ままならぬ屁の音にも気をつかう有様。昔の家は床高く、軒の出大きく、地面の照り返しも、さほど苦にならず。それが今は、近くの屋根と壁の輻射熱をさけようもありません。

田舎で育った子供の頃、貧しい暮らしの母子だが、狭い土地を借り頼母子講《たのもし》で工面し、やっとの思いで家を建てました。壁は板、床はむしろ、屋根は、その頃出まわりだしたトタン波板、夏は暑く冬は寒い、雨の音で言葉も通じない。それでも自分の家が欲しかった。私の頭の中には、その家の形がそのまま残っています。

今も田舎で見かける立派な家、屋根裏は

使いものにならぬのに二重の瓦屋根、無駄のようで暑さを防ぐ知恵です。壁が厚く、土の屋根の上に間をおいて瓦屋根をのせる土蔵の造り。暑さを防ぎ外からの火を避ける工夫です。屋の字、二つ重ねて至れり尽くせりであります。

火鉢で暖を取り、炬燵とゆたんぽで足を温めて冬を過ごしてきましたが、雪国の宿で、ゆたんぽは腹にあてるもの、背に腹はかえられぬと知り、暮らしの知恵は湯加減、匙加減、暑さ寒さも彼岸まで……。

しかし人は、寒さ暑さに耐えてこそ、苦しみの中に楽しい思い出を胸に刻んできたはず。また「色白くして七難かくし」「髪長ければ七難かくし」て生きてきたのでしょう。雪国の秋田、新潟は美人の産地だが、雪と縁の遠い鹿児島では、美人という言葉も余り耳にいたしません。風土の違いが美人の顔立ち、肌合いまで変えているのかも知れません。

越後の野辺の吹雪、目も口も開けてはおれず進むのが精一杯、幼少の頃より鍛えられる。豪雪地帯では雪の消えるのが五月、その頃、街の大通りに、二畳の広さ、高さ四メートル、うす汚れた雪の塔が間をへだてて残っている。異様な光景こそ驚きでありました。

豪農の家ともなれば、三〇畳の土間一面に藁を三〇センチの厚さに敷いてむしろを並べ、雪道を歩いて、そのまま家に入る。真ん中には大きい囲爐裏があり、長さ二メートルほどの粗朶《そだ》を無雑作に放りこまれる。見あげると煙とすすで真っ暗なそらに俵が五、六俵吊ってある。聞けば種籾《もみ》、豪快な家の暮らしでありました。

岩城島（瀬戸内の小さい島）に渡ったのは冬で、昔は島々に、名をとどろかした豪商三浦家があり、その一部が残って今資料館に使われています。松山藩の島本陣、座敷の広さ十二畳、質素ながら気品にみちて、中庭に面して廻り縁がある。その外と内に紙障子、それを透す日射し、室の中はなまあたたかい。見れば火鉢がそこここにある。のぞくと炭火で、火をつけて三時間はたっている。昔のままの仕きたりで、客をもてなす、その心づかいに感心しました。

昔の人は集合して住みました。住まわねば生きてゆけなかった。その土地の条件は、水があり、洪水の危険がない。風の道を避けて、日当たりの良い所である。こんな俚謡がある。「嫁にやるなよ野田牛淵（松山市郊外で今は住宅地）へ、石鎚おろしで吹き戻される」

さもありなんと信じていましたところ、土地の人の話では、野田牛淵は住むに適した土地ではないが、海に向かってなだらかな、田と畑であるが、夏の西陽が何時までも沈まない。家路につく潮時もみつからない。これでは身がもたぬ、そこで替え歌「嫁に行くまい野田牛淵へ、せめてなりたや雌鳥に、たらふく喰って卵うむ」となった。

ある島の狭い通りの日陰、腰をおろした老人、うつろな目をして動かない。家をのぞくと寝たきりの老人と目があう。松山の裏町でも、夏の日暮れの軒下に黙ったままで老人が、あちらこちらに坐っている。あまり気持ちの良いところではありません。

これを思うと昔の田舎、長屋の人々、大きい盥《たらい》を持ち出して行水する、娘さんも慎ましい姿で身体を清めていました。もう田舎でも、加賀の千代女の話は通じますまい。都市も田舎も風情のない殺風景な世界になってしまいました。若者はシャワーを好み、瀧に打たれる気力はない。銭湯の有難味もご存じない。密室の不作法を人の前で丸出し、裸身をヘアーを見せて金にする。芸術とは、品格を高め、人間に幸福をもたらすためにあるのですが。

あれこれ思うとき、日本語の美しさに心打たれます。繊細な鋭敏な感情がこめられています。例えば雨を「あま」と言う。雨もり、雨ぐもり、雨宿り、雨あい、雨脚、雨乞い、そんなせっぱ詰まった折にさえ、雨乞い小町を呼び出して、一役かって色をそえてもらう。

「数ならぬ庭の千草の露にさえ求めて宿る秋の夜の月」露の宿りはおろか露がいつの間に降りてくるのさえ知りませんでした。秋の夕暮、鳥は群をなして繁みに帰り大合唱。よくもまあ、さえずることが尽きない、あきれておりますと、ぴたりと静かになる。その頃です、天から降りてくる露でした。

私は露に恩義を覚えております。今は珍しい脚気だが、わずらって、夜露を含む草を踏んで快癒した経験があります。以来露を払いません。足裏に土の感触を忘れることは、人間にとっての不幸です。そして今は酸性雨の洗礼をうけるとは……。

暑さ寒さは自然の恵みであります。避けるより、立ち向かってゆくべきだと信じています。

(一一) 美と醜と

「住み方生き方」を考える場合、(一) 暑さ寒さ、(二) 老人と子供、(三) 都市と農村、(四) 明るさ暗さ、(五) 表と裏、(六) 広さ狭さ、(七) 美と醜、となります。以上問題を絞ってみました。対比された両方に長短あり、それに住む人間も、百人が百人、千人が千人みな違います。

こうなりますと、住みこなす、使いこなす、そして飾る手立てのほか、成すすべもありません。どんなに住みこなし、使いこなすといっても、所詮人の一生は明日という日がわからないのです。

それでいて美しく生きる生き方を身につけようということです。子供の頃から目にふれるもの、形、色、耳に入る音、鼻で嗅ぐ香、風土が美しい環境でありたい。それは家庭、学校、郊外、街の中であって、これら風土が、自分に合ったものになる、背伸びする必要もなく、自然にふくらむのが心、分別です。

芸の名人が言いました。鼓は手で打つものではない、落語は舌先で喋ればよいというものでもない、心で打て心で語れ、と。常盤津の舞台を見聞して、素人ながらわかります。名人と言われる人の芸の深味、品格が際立っています。芸に魂がこもっている。聞いて見て鬼気迫るものがあります。絵にしても真実の美しさがあるかどうか、それを見分けるのが、こちらの器量であります。

今にして若い頃の生意気を恥じていますが、かつては浪曲、端唄、演歌、流行歌を好む人を低く見ていました。年を経て、その中に、哀歓がこもっている、胸に応えるもののあることを思い知りました。賢者必ずしも人生の機微に通じているとは限りません。名もなき善人が、素朴な言葉で、健気《けなげ》に生きる知恵を授けてくれました。

昭和初期のこと、人形浄瑠璃の名人の言行について聞き及びました。年に一度上京して上演する習わし。そのときかねての大旦那待ち構えて自宅に招いて、渋い咽《のど》に耳をかたむけ、枯淡にして風格ある至芸に我を忘れたというのです。私が今でも印象に残っているのは、次の言葉であります。若い芸人が派手な遊びをする。それを大旦那が案じて「馬鹿だなあ、死に金つかって」と言ったことです。しかし財あり徳のあった大旦那もこの世から消えてしまいました。

翻って、室町時代、能楽、作庭など阿弥の称号を得ることによって、賤民も貴族を友とすることができ、わび、さびの奥義を極めたのでありますが、安土、桃山時代には、奔放にして豪華絢爛たる世界を繰り拡げることになります。元禄の頃、衣裳くらべを企てた者がありました。江戸は西川六兵衛、京は中村内蔵助、大阪は難波屋十右衛門のこれら名の聞こえた豪商の妻女を一堂に集めて、品定めをしたわけであります。

江戸と大阪は金に糸目をつけることなく、衣裳に髪形に、贅の限りを尽くしました。

これに引きかえ京は、黒羽二重、白無垢の色直し、伴の娘をけばけばしく飾り立てて現れました。並いる人々は呆気に取られ気《け》圧《お》されました。そして軍配は京に。わび、さびの心は生きながらえていたとみえます。

それは洗練された簡潔にして高雅な美意識が日本の風土を育てた感覚で、純白のなかに余情を湛え、控え目のなかに気韻、生動を感じさせ、象徴のなかに、美の真髄を見ぬく眼を持っていた証左であるのです。そして自然、静寂、枯高、幽玄、簡素、不均斉、脱俗の境に共鳴するからでありましょう。

越後の山奥は一晩に積雪一メートルも積もり積もって四、五メートルの豪雪地帯となる。不便な土地のせいか人情はこまやかです。夏の朝でした。知り合いの年輩の請負師が夜露にぬれた美しい花一輪を携えて来ました。山で味わう新鮮な喜びが忘れられません。

五十年前の話、その頃、東北地方は凶作で、貧窮のどん底に喘いでいました。社会事業研究所が農村の生活状況の調査を企てたことがあります。私もそれに同行して出かけることになり、小さい村の老医師を訪ねました。

白髪で、寡黙、端然として応対された。診療所とは名ばかりで、古い家を模様替えした粗末な建物です。夏でしたが、開け放して涼しい風が吹きぬけるのです。畳の上に患者を寝かせて診察、敷居の向こうに患者は待っている。薬局らしきものも見あたりません。

この老医師は敬虔なクリスチャンで、病気を直す前に予防が大事だと生活改善を説くのです。その方に熱心でありました。まさに奇特な仁者でありました。

十年前に千葉で出会った青年のことも忘れられません。大工さんで、人の住む家を造る仕事でした。清潔な身形《みなり》で、麻の草履を履いて、仕事を黙々と続けるが、その仕事っぷりは丁寧で、終わってから床下まで塵一つないように掃除をしていました。今頃こんな職人がいるのかと思われるほどでした。青年ゆえに感嘆久しくしました。「悪に目をそむけ、善を精一杯誉めたたえ、醜いものを作る人を貶すよりも、美しいものを作った人を讃める」私の師はこう言いました。これは苦労人の教えであります。金にあかして、自分だけ美しいものを手にする。身につけて闊歩する。これこそ最も下賤な唾棄すべきであり、憐れむべき人と軽蔑されます。土岐善麿の歌に、

わが歌はげにも拙し敢て問ふ
さかしげにして空虚なるといづれ

醜は美を装うことです。

(三) 老人と子ども

「二人のために世界はある」はひところのはやり歌、それから先を忘れている。出生率低下しても歌を忘れても、子孫のことを忘れなかったカナリヤこそ、捨ててはならぬ鳥であった。「世界は誰のためにある」の歌だが、人それぞれの人生観にゆだねるべきことであるが、私は躊躇することなく「子供のためにある」と答える。

実は私、託児所建築を研究してきた。放課後の学童保護についても、対策を示したのは昭和六十四年が平成にかわるとき、テレビでこんな話をした。

「託児所の建築の設計で研究しながら、真剣に考えたことは、託児所など無用な世界であって欲しい。乳幼児は母親が傍らにいて育つのが正しい。ところが現在、無認可保育所が役立っている。私の理想の夢は無残に打ち砕かれました……」

六十年前に私が提示した案は[5]、母子より父子あり、親の病臥、また入獄もあろう。乳幼児二十四時間保育、学童も同じ、男女機会均等、家事分担、ともなれば、それ相応の社会の仕組みを改めるべきである。そうしないから「世界は二人のためにのみあ

5　松村の武蔵高等工科学校の卒業制作のことだと思われる（本書第1章52参照）。

り」つづけることになろう。

　国連が国際児童年を提唱する前に、私達は「世界は子供のためにある」べきだと考えていた。老人は集団の力で権利を主張するが、それがない子供には力を貸してやらねばならない。

　いじめ、登校拒否、気の弱い子は命を絶つ。機械的に効率的に物事を処理する今の世界では、落ちこぼれは当然である。私などでも「英才児と鈍才児」「遺伝か環境か」を真剣に考える。簡単に答えがでるとは思わないが、それでも大人は、速やかに然るべき対策を講ずべきである。

　二十七年前に設計した幼稚園を訪ねた。床暖房がしてある。ところが今の母親は、冷房がないと、不平を言うとか。夏は汗をかき、寒ければ身体を摩擦すればよし、過保護は絶対によくない。

　足洗場が沢山造ってあり、いきなり運動場に飛び出して、足を洗って上がってくる。これが若い母親の気に召さぬ。幼稚園が商業化しては世紀末である。野生と粗暴の区別がつかない今日である。これぞ亡国の母である。

　思いやり、礼儀正しさは、自分が苦しんで、不快な経験をして自覚するもの。自分の子に「何々してあげる」これほど不愉快な言葉はない。不見識をみずからさらけ出している。家庭でも、子供室に冷暖房をする母親は失格である。

　魚は養殖、野菜、果物は温室の水栽培で、本来あるべき味も艶も失われている。これで逞しい気力のある人間ができる望みはなくなる。商業主義に毒されて、今の子供たちが不憫でならない。

　ある小学校の校舎を私が設計した三十三年前の木造校舎が壊される[6]。お別れ会をするから出席しないかと言って来た。宇和海に面した半農半漁の小さい村、塾もなし、竣工した頃に三百六十人いた生徒が今は五十七人になった。民家は増えているのに、この始末。生徒だけは純真である。

6 明浜町立狩江小学校のこと（本書第5章「狩江小学校お別れ会」参照）。

こんな話をした。苦しい時には、男の子は「なにくそ」と意地になり、女の子は「これしきのこと」と根かぎり歯をくいしばって頑張る「陰の正直」という言葉がある。誰も見ていないからと思って、怠けたり行儀の悪いことをしてはいけない。それが癖になって、人前に出たとき必ずそれが表れる。人間が負けてはならないというのはみなの心の中に巣くっている。いやらしいもの、人をうらやむ、ねたむ、おごりたかぶる、困っている人を見て見ぬふりする、すべてこれらに打ち克つことだ、とこういう話をした。

老人を戒めて「転ぶな、風邪ひくな、義理を欠け」と首相だった岸信介が言った。老人がつまずかないように、幼児には幼児向きの階段という常識は必ずしも正しいと思えなくなった。大人が励ますと三歳児が大人用の階段を上る。平屋で育った孫の友達が二階への階段が恐ろしいと言い、超高層に住む子は、高所恐怖症にはならない。

飛んだところで居が気を移すことになる。

話が飛ぶが、大昔、大金持ちの一人娘が難病にとりつかれた。途方にくれた親は、日本一の高僧にすがりついた。そのとき僧は、おごそかに申された「人間死ぬ時は死ぬ」私もその話を聞いて、心が開かれた。

中江藤樹聖人が諭された「人間は生まれながらに天命がある、寿命であり、才能を投げてはいけない、根限り努力せよ、心を磨け、おのずから徳が身につく、幸せになる、他人も幸せにしてあげる、このことを人格と言う。徳孤ならず必ず隣あり」と。

「待機の姿勢」これが私の座右の銘である。機会が運よく訪れた時に、身も心も用意万端ととのっている。ふだんからの心構えである。

盤珪禅師「己にこだわるな、さすれば物の道理、真実がわかる、身びいきするな、迷いはそこから起こる」と説かれた。

（四）都市と農村

長い歴史のなかで、都市と農村の調和が崩れたのは、敗戦の結果だと思います。「ここからお江戸は三百里」と聞き覚えていたが、参勤交代で江戸は遠くて近いところと言われました。幕府の江戸城明け渡し以来江戸の子は、地方を田舎者と軽蔑しましたが「東京は日本のキャピタルで」と憧れの地でありました。

大正の始め、女子は大阪に出稼いでいて、てなし子を身ごもっても田舎では、暖かく迎えてくれる家があり、運悪く失業しても、落ちつく里はありました。

戦後の買い出しの惨めさと農民の傲慢が憎しみを増幅しましたが、驕る者久しからず、農村から都市へ怒濤のごとく人口は動きました。疎開した人々のお陰で、地方に華やかさが芽ばえたのも、思えば束の間のことでありました。全く異質の農村の暮らしを、そのまま都市に持ち込んだ当座は、さまざまな混乱も起こりましたが漸く収まり、都市がそれらしい形を整えるのに、四十年を費やしたのです。

再開発の名目で盛んに手直しをしておりますが、土地は所詮お色直しの程度で地肌までです。昔のこと、それも繁栄から取り残されて、まったく顧みられなかった街並みをいま訪ねると、心の隙間を埋めてもらえるようにおもいます。その一方で、自然は強欲な人間に荒らされるばかりです。嘆かわしい世であります。

三十年前、私は松山に紛れこみ、ちょうど頃は五月でした。田舎でも屋敷町に育ち生まれて、始めての経験ですが、蛙の大合唱で夜が眠れませんでした。

松山市の将来像について考えたのです。いかなる性格の都市にするかということがそれが先決でした。理想の人口は五十万、建物の規制は困難ゆえ道路を整備することです。人間が快適に往来できるように、そうなれば住む人の美意識も向上し、調和のとれた街並みが生まれると考えました。もとより耳を傾ける人は、ありませんでした。目ざわりになる建物をハコモノと言います。箱にも色々ありまして、上げ底に底意あり、入れ物よりハコで釣る方は、重箱の隅ほじくるよりはましでしょう。いずれにしても、痴れた罪、問題は都鄙を問わず、花ざかりのハコであります。

ほかがやるからうちもやる。負けてたまるかです。これが行政の猿真似、建てることのみ考えて、維持管理のことは頭にない。見せて自慢することが目的ならば、箱入娘と同じ。三味線を後生大事に箱にいれ、芸者の伴する箱屋のほうが、実があるだけ頼もしい。芸が身を助ける箱廻し、油断も隙もならぬのが掏摸《すり》が家業の箱師で、すたれたが、われらの草分け箱提灯があります。はやりすたりのないものに今も昔も変わらぬ口提灯があります。

こんな呑《のん》気な話をよそに、真剣勝負といえば、年貢の枡はかり、子供の眼にも厳しい場面でありました。

物に風袋、人に風体あり、外見と内容の甚だしい喰い違いを風袋倒し、見掛倒しと昔から言っている。物の形容にはお世辞が多く、風色、風致、風土、風物、風味とくれば分けいる隙もありません。風姿、風格、風丰、風采、風流、風雅とあっては、正真正銘打つ手なし。

打つ手なければ風まかせ、風前の灯、風声鶴唳《かくれい》（水鳥の羽音にも驚くさま）、風狂、風来坊、とかくの風評たてて世間さわがすが関の山です。

農村の風景も変わりました。単純な形の藁屋根が淡雪かぶり朝日に輝く。あの清々しい光景は、山奥は別としてもう見ることはありますまい。変わらぬものは空と雲です。

廃屋はみじめながら、由緒ある廃園を眺めると立ち去りがたく、心に沁みいります。この情況を知らなくして何が文化。黴くさい昔の知恵を引き出して能事終われりとは情けない。模倣は、いとも易し。創造は、限りなくむつかしい。

自然がわずかに残る農村に比べて、都会の変わりようは驚くばかり。月を仰ぐ仲秋の明月のみです。朝日と同じころ、西の空の淡い月影を眺めて歩く人は、都会とは無縁かも知れません。

思い起こせば三十年前、狂言の稽古場が繁華街の千舟町にありました。夜の十時を過ぎれば人影もなく、追剥ぎがいっとび出してくるかを心配もした。習い初めの狂言の唄を声張りあげて急ぎ足であった。戦後は家の二階が稽古場でした。

畳の上を腰をおとして摺り足で、摺れば摺るほど上達も早かろうと、一生懸命でした。帰ってから足を見ると、足の裏がうす汚れて、稽古に励むほど黒くなる。松山に出て来て間もない頃、松山の水は身体に合わなくて、脚気が足の裏に出たかも知れぬ。車の通りも少ないのに、建具の隙間から入る塵がたまり、畳が汚れたのであろう。

中国に、厚黒学という学問があります。腹黒く図太く生きる術であります。他人を陥れるのが目的ではありません。男子、門をいずれば七人の敵あり、その敵に手の内を見破られぬよう心身を錬磨する。その奥義を極めれば、いかなる難局に際会しても泰然自若、大局を誤ることなく、正鵠《せいこく》を得た処置ができる。周囲の人からは信頼され、尊敬される。水の低きに流れる如く、人に接しては春風駘蕩《たいとう》、後ろ指さされること毫もなく有徳の人となる。

腹黒く図太く生きる、とはこのことであります。

さて都市と農村、いずれに住むが幸せか。人それぞれが決めることではありましょうが、先日久万の山奥に行き、新しい公民館を訪ね、閉まっているはずの鍵がかかっていない。貼紙には近くの農協支所に移ったとか。

人を信ずる故に戸に鍵かけず、心に鍵あり。口に鍵あるは心寒し。農村の幽霊には足があり、都市の幽霊には、影も形もありません。

住宅の設計

1

住宅の設計は面白い、と思うこともあれば、厄介なものだ、と時にいやけもさす。

何もかも任される、どうぞ、なんていう機会は、まずない。それでいて、一応の責任はとらされるのだから、ツライ。

一番らくなのは、自分の理想どおりの家を建て、それを見て、私にもと、頼んでくれる人のためなら、さぞ面白かろう。人の家で、実験するほど、気も強くないし、シラガもふえた。

建てる人にとっては大事業。住む人の、気のすむように、してあげたい。その人が、どんな暮しを望んでいるか、それを見抜いて、気持にぴったりあった家を建ててあげたい。

その結果が面白い。住む人の味が、にじみでるから。飾るもの、置くもので。長い間に溜めたもの、にわかに仕込んだもの。しかし、絵をかける場所を指定されたり、家具の置き方を変えたら、室のフンイキが、これわれるような家は、さぞ住みにくかろう。写真を撮るために、お化粧したり晴着をつけたりする必要はない。ふだんのままがよい。

　目鼻の位置が、少々動いても、デンとかまえておかしくない美人のほうが、親しみやすい。そんな家を、私は建てたい。

2

山奥の、大きい山持ちの家。話の分るパパ、寝室はベッド、といった具合の設計は、ママも大層お気にいり。ところが古い横槍。とどのつまり、つかみどころのない家に、なってしまったが、それで結構、楽しそうだから不思議なもの。ウラをかえせば、こんな家でないと、絶対に生活できない、と言った信条は持っていない、ということにもなろう。

　山の人は、見なれたものには興味がない。都の人が、大きい石を、わざわざ家のなかに持ちこんだり、天然の材質を生かして、自然を味ったりするのとは逆だ。ツルツルした都下りの品物が、お気に召す。アコガレというものであろう。婚礼の席に大きい墓石を、かつぎこむ風習の残っている、この山奥では。

　材料に、デラックスと、むやみに名づけるのも故《ゆえ》あろう。おつぎは、ウルトラデラックス、略してウラックス。底意は、売って（ウル）金を取らんとの（トラぬタヌキの）コンタン。

　新奇を好む人種が多く、知らざるは時代おくれ、都の流行を範とする連中を相手どっては、我《が》を張ってもいられない。

　気骨と書いて、キコツと読んだのは昔のこと、当節は、キボネのおれることばかり。

3

若い者のために、鉄筋コンクリートの家を建て、自家用車も与える、このごろの農村。これで、金では買えないモノの尊さが分ってくれれば天国だ。

私の住む松山市に進出した工場の団地がある。そこへ、知事選挙の応援に同行したことがある。誰一人でてこない、窓もあけない、昼間のユウレイ屋敷に踏みこんだような有様。団地そのものが殺風景なら、住む人の心も寒々として、大地と縁は切れている。

こんな所で育ったら、ガリガリの、了見のせまい大人になってゆくことだろう。

農村が、さびれてゆくのは時勢である。私が心をいためるのは、身体だけ利用されて、精神を台なしにされてしまうことである。相も変わらぬセンターに、自分を失った人間が、あふれている光景は、まさにこの世のジゴク。

住宅の設計は面白い、などと、タワゴトも言ってはおられまい。魂を救う建築家の道は、けわしいが、こう次々と、魂消《たまげ》てばかりいたんでは。

民家考

(一) 私にとって民家とは

私の知っている民家は、この世から消えました、民家は息たえたのであります。従って、民家について語ることは死児の齢を数えるにひとしい、との思いが先にたちます。街並みを保存したい、と良く耳にします。私の若い頃には、街並みを口にする人はいませんでした。街が生きていたから、街と街を歩く人との息が合っていたから。たとえば内子、私の故郷の隣、年に一度の縁日には、街道に沿った家は開け放ち、行き交う人を誘う、人々はそこへ寄るのを楽しみに山をおりる。往来の賑わいを内から眺める子供の私も気が浮きました。連子格子ごしに見る人の流れではない、駒寄や出格子で人を寄せつけない構えが並んでいては、格式はあっても人の情けは通じますまい。

今から五十年前、秋田県角館《かくのだて》町を訪れ、武家屋敷が広い通りの両側に、ずらりと並ぶ、あの日の感激は忘れがたく、高塀の奥ふかく家はかくれ、年へた大木の林の道を歩くは私一人。門を開いた屋敷の中へ、おそるおそる入って行きました。暑い盛り、昔のままのたたずまい、室を仕きる建具はすべて夏のもの、照り映える庭に面した奥座敷で、白髪の老人が端座して書見にふける、その気品が今も脳裏に焼きついて離れません。

新潟市で、北前船の時代からの豪商、名前からして鍵冨《かぎとみ》家。街の中にある邸宅に足をふみいれるや否や、度肝ぬかれる、どっしりとした構え、磨きぬかれて底光りする、大旦那の気位と風格に圧倒されました。金の臭味みじんも無く。

同じ越後で大地主、案内の小作人の後につづく。敷居を跨ぐとはこのことか、入口の外で下足をぬぎ、ふところにしまう。腰掛けるほど高い敷居を、うやうやしく。広い土間には奥まで延びる幅のせまい敷板が黒く光っている、その上を、背をかがめて進む、低姿勢とは、これか、と私は真似る。座敷へ通される、武家屋敷とも豪商の家とも趣を異にして土俗の香りただよう。ちりひとつない庭を眺めながら重代の高膳にむかいました。

佐渡へ渡ったのもこの頃、港町の両津《りょうつ》で朝はやく老婆ひとり、篭をひろげて魚をあきなう。野菜を背負った農婦が寄ってきて、それに似合う魚を仕入れ、とぼとぼ帰って行きました。島は広い、と感嘆した、あの時の光景。これら名もなく貧しく黙々と生きた人々、その人達の住む家を、私は民家と心得てきました。豪商、大庄屋の家は、私の民家の範疇には入りません。私の畏敬する伊藤ていじ教授は、これを民家の代表に選んでこられましたが、住む人の血と汗のにじむ、手垢でよごれた、歓びと悲しみに明け暮れた、日本どこにでもある家こそ、民家と呼ぶにふさわしいと思っています。

遠くに在りて思うのが故郷なら、遠く望んで美しいのも、山を背に、あるいは屋敷林に囲まれた民家と集落。近づくほどに乱雑で粗野、暮らしの臭味むせかえる。働きに追われて整頓はおろか、飾る暇とてない、またそれが出来る家の造りでもありません。家が仕事の場であり、葺き替え用の茅、食料、糞尿まで貯蔵する場でありました。時の動きに翻弄され、希望よりは苦しみに喘ぐ毎日、その合間に、息ぬきの時を過ごしたのが、せめてもの慰めでありました。

小藩の村に生まれ育った私は、徳川時代そのままの家をつぶさに知り、昔の暮らしを生きつづけて世を去った人のことを覚えています。それらの家も既に絶え、廃園の池のみ静まりかえっています。人間は、形と色と香りと音と、過ぎ去った日のことを思い起こします。昔は、それが自然であり、静寂にして簡素、変化に乏しかった、今とくらべて、どちらが果たして、幸せか。

（二）民家との出会い

人生、いや凡人とは失敗の繰り返し、同時に偶然の連続だと思っています。それ故に、人との出会いは大切にしなければと。民家研究会、というささやかな学会のあるのを知りましたのが六十年前。日本青年会館が日本各地を代表する民家の模型を作り陳列したい、その手伝いに誘われました。竹内芳太郎、蔵田周忠《ちかただ》先生は直接の恩師でしたが、先生のお引き合わせで今《こん》和次郎先生の知遇をえる好機に恵まれました。三先生そろって野人、気骨稜々、民家についても、多くの論稿と採集された記録を遺され、日本の民家研究の先覚者でありました。当時、農山漁村の民家と集落は、徳川時代のまま生きつづけておりました。小作制度と入会権にしばられ、網元の力に頼るほか生きる手立てはありませんでした。研究会では、関野克先生[7]が琉球民家の調査研究を報告された夜もありました。

7
関野克　せきの・まさる
一九〇九〜二〇〇一
東京生まれ。一九三三年に東京大学工学部建築学科を卒業し、同大教授、東京国立文化財研究所所長、博物館明治村館長などを歴任した。日本の住宅史研究から文化財の保存科学まで、多くの業績を残した。

その頃、東北地方の農村は貧窮のどん底、竹内先生は農林省の嘱託で、言葉に絶する農家の改善事業に奔走。今先生は生活学を提唱され、家政学の狭い分野に頼っていては、いつになっても人間は幸福になれない、政治・経済・社会学に始まって予防医学、人間にかかわる凡ゆる学問を総合すべきである。それに依って、生活を革新しなければならない、と考えられたのであります。

大いなる愛に目ざめねばならない、との人道上の見地から社会党に組し、音に聞こえた東京都三多摩支部長に推され、壇上に在りては音吐朗々、その熱情と高潔な人生哲学に、聴衆は心底から魅了されました。民家研究の神髄ここに在り、と私は信ずる者であります。今和次郎先生が柳田民俗学と袂《たもと》をわかたれた因は、ここにありました。

(三) 私の民家研究

民家研究の目を開かれながら私は、違った道を歩むことになりましたが、時の勢い、世の流れに棹さしながら自分の志は曲げまいと夢中でした。気まぐれに選んだ建築学の実務は身すぎ世すぎに役だて、本命は、恵まれぬ立場の人々に味方すること。貧民窟は当時の東京に珍しくもなく、不思議なことに山の手、昔の大藩の跡に違いない大邸宅の裏には、必ずと言って良いほどスラムがありました。日本いたるところ住宅事情は劣悪きわまり、特に東北農村での乳幼児死亡率は異常に高く、娘の身売りは日常茶飯事でした。

児童虐待防止法が生まれる前、救世軍は活動に動いておりました。このような状況の中で、私は児童保護問題に的をしぼり、なかでも託児所の研究に励み、放課後の学童保育にも関心を示し、親の愛に飢えた子の処遇にも思いを至しました。農繁季節託児所のほかは民家に関係もないことですが、ただ一言、託児所など必要のない世を念じつづけてきた今日、違った目的で託児所が持ち出される、児童虐待が問題となる、まことに皮肉な巡り合わせと思っております。

　とかくするうち七年が過ぎ、竹内先生が農地開発営団建築課長に就任されたのを機に鞍をかえ、農山村の民家と生活にかかわることになりました。仕事の内容は開墾地に農民の家を建てること、その土地は、いずこも雪が深く一晩で一メートル、積雪五メートル、屋根から降ろした雪で街はふさがり、向かいの家とはトンネルをうがって連絡、雪の凸凹道を踏みはずせば屋根の上に落ちて危険きわまります。半年間を雪に閉じこめられる暮らしに慣れるまでの四年間、まことに得がたい経験、戦争が始まって終わるまでの期間と重なり、人々の暮らしぶり、心の在りようも社会秩序も、目にみえて変わってゆきました。いや崩れてゆきました。

　しかし集落と民家の形は変わることなく、それを物珍しく書きしるしましたのが『雪国の農家』[8]。遂に日の目をみませんでしたが、雪国の生活と知恵が長い年月を重ねて造りあげた民家の、間取りと構造の変遷を記録いたしました。ここで、雪国をふりかえってみたいと思います。

　荒れ狂った日本海も、アカシアの花が舞うように散る頃は、乗り降りする人も疎らな汽車が、海ぞいの駅に止まる、物音ひとつない静けさ。梅の香が消えると、待ちかねて桜の蕾《つぼみ》がほころび、あわただしく散ってゆく。みずみずしい新緑も束の間、ハマナスの実が真っ赤に熟す頃、もう秋の風。嵐の日には一夜のうちに、枯れ葉は音を立てて大木を裸にする。気はあせる、根雪までには雪がこいもせねばならぬ、慣れてはいるが冬の支度をととのえて冬ごもり。これが繰り返される雪国の暮らしであります。

　山田の故に早い田植え、終わった日暮れ一足さきに帰った主人が一目散に、神棚に

8 本書付録Ⅰに収録した。

燈明をともし柏手。雪国の人々は、神仏と牛馬と一つ屋根の下に住み、強い絆で結ばれていたのであります。主婦は膳に向かう前に、煮た餌を馬に与えます。食べ物に蠅がたかる、それを気にやむようなかぼそい神経では、とても生きてはゆけません。

私の守備範囲は秋田、山形、新潟、長野、富山、石川、福井。鈍行列車に乗ると、乗り降りする人の訛《なまり》で県の変わったことが知れました。その頃には、秋田と新潟美人の血統が認められましたし、県民性にも明らかな違いがありました。吹雪の中を必死で歩きながら血と土の因果について、思いめぐらしましたが、山の多い日本、山でへだてられ風の吹きよう日の照りようで気質も変わりました。空気はしめり、夏も日の光りは弱く囲炉裏のはたを離れない。冬は夜もすがら海鳴り、強い北風に家がきしみ眠れなかった海ぞいの粗末な宿、雪の降る夜、吸いこまれるような静けさ、忘れることもありますまい。

深い雪の山道で、出稼ぎに行く娘たちの群れに出合ったこともあれば、旅芸人の一座に売られてゆく少女、教科書をつめたカバンが只ひとつの荷物、幸せを祈るほか成す術もありませんでした。

越後でマキと呼んでいましたが、本家と分家、地主と小作人、集落の中に、それとはっきり分かる屋敷の構え、家の大小。なべかけず、という日があったと言うことは、その日は家族そろって本家へ。それだけに分家の本家に対する気くばりは、あだおろそかではありませんでした。

正月には、三升分のたち餅四個、白米二升、和紙、付け木。長い間つづいたこの風習も私の居た頃には、餅が二個に、手拭か風呂敷にと。本家も昔は、分家の男たちを招き酒肴でもてなしました。孫分家も本家には、そば、雑穀を届け、三月節句には、きりもち、五月節句に、ちまき、盆には線香ろうそく、九月の節句にも、きりもち、切って切れぬ縁結び。これだけではありません、田打ち一人役、田植えにも一人役、米搗一人の賦役。本家も、これに応えて田植えの終わった日には、分家の男も女も無礼講。

広い土間をニワともダイドコロとも呼びならわしているように粗食の日常には、囲炉裏と流しがあれば炊事の用は足り、膳さえあれば食器を選ぶ手間は省けます。ニワに用途に応じて大小のカマド、カマドの煙がにぎわううちが其の屋の花でした。

朝は糧飯《かてめし》と称し屑米を炊き、それに木の芽を乾燥したヅクナシを等分に煮込む、昼飯は、この残飯に漬物と味噌汁、夜は雑炊、味噌汁に米と野菜を少々まぜて煮る、これが米どころ越後の農民の献立。餅と赤飯が食膳に並ぶのは正月と祭りでした。もっとも、これは徳川時代の話でありますが衣においても、春秋には木綿袷一、二枚、木綿半纏と胴着、これは冬兼用。肌着上下一枚、夏は木綿単衣二枚、帷子一枚、絹綿混織縞の単衣、冬には木綿縞綿入を上下一枚、絹綿混織縞一、二枚。

住についても、地主は張間五間に間口十間、室数六乃至十、中百姓は四間に八間、四乃至六室、小百姓は三間に六間、一乃至三室、間仕切りの建具も勝手にははめられません。

実にきびしい法度です。建て増しと下家が、やたらと目につくのは、このせいです。やっと頭がつかえぬ、窓のないネマ、藁をしいた万年床、動けなくなったら死を待つばかり、畳の上で死ねたら本望とは夢のまた夢。しかし万年床も満更すてたものでもなく、選りわけた藁を枠につめ布を敷く、これがクズドコで下級のもの、中級は藁をつめた蒲団、これをクズブトン。

雪国の農家の特色は、内と外の生活が画然と分かれていることです。ニワと呼んでいる土間の広さと同居している家畜の頭数で貧富の格差が分かります。とてつもなく広いニワのある家に出会いました。雪道ゆえに土足のまま、ニワ一面に厚く藁を敷き詰め莚をならべる、歩くたびにふわりふわり、高い窓から射しこむ光は雪の反射で明るい。それでも煤けた屋根裏、奥が知れません。学校の教室二階分吹き抜けより、はるかに高く広い。屋根裏を越後でソラ、越中ではアマ、越前ではツシ、と呼んでいました。なんという美しい夢のふくらむ言葉でしょう。文化は言葉にある、雪国の奥ゆかしい味わいがにじみでております。この屋根裏に架けたままの堅固な梯子、黒く光っています、登りつめて見おろすと囲炉裏をかこむ人の姿も小さく、広さが四帖半ほどある囲炉裏には、長さ二メートルある粗朶を無雑作に投げこみます。見あげると米俵が五、六俵、太い梁に吊してある、種籾《もみ》とのこと。洗練とか繊細、そんな感覚どこ吹く風、明日は明日の風が吹く。小農の家でした、小さい囲炉裏に木の根っ子を燃やし、真っ赤な火の塊を見つめながら、やがて寝る段になると灰を丁寧にかぶせていまえ、朝起きた時の火種に、と。朝寝など考えたこともありますまい。

長野県の山奥でコブヤ、コブヤセと呼んでいる物置同然の小部屋がありました。聞けば昔は使っていたらしい産屋《うぶ》。炊事、入浴、排泄設備のみじめさを思います時、今はやりの水まわり、空《から》まわり、と言うほうが真を穿《うが》っています。農家で最も苦しい生活に耐えてきたのは、女性です。働きやすいように、との配慮は全くありませんでした。

敗戦を機に、雪国を後にし郷里に帰ってからも、民家には関心を持ちつづけましたが、もともと農家とは縁のない私、なにかにつけて雪国と比べ、こちらでも、改善の余地は多分にあると胸をいためました。あれから四十年、過疎がさほど深刻でない頃ではありましたが、山村衰微の兆候は既にあきらかでした。山村の或る家、紙の原料を造るに精をだした跡もわびしく、激しい経済構造の変化に追いたてられながら、日本を支えてきた人々の住まい、その集落は消えてしまいました。

　雪国で考えました。家族そろって食うて寝る、住まいに与えられた最低限の機能さえ、いつか失われてゆくであろう、と。その不安が、現実のものとなって、私の前に立ちはだかっております。

（四）結び

　今日、民家と言えば街並み、繁栄の絶頂期を疾《と》うに越してしまった使い古しの街並みを、ほめそやす、どうも合点がゆきません。もう二度とは造れない価値ある物への愛惜か、昔の人の知恵と節度にあやかりたいと願ってか、それとも、現在の街並みに対しての絶望からか。まさか、人集め、金もうけの仕掛けにする魂胆とは、思いたくは、ありません。

　大旦那、財と徳をそなえ人並みひいでた審美眼の持ち主、その功績は高く評価しますが、やはり私は、数しれぬ物言わぬ人々の住みし家に心ひかれ、その家を造ってきた工人たちの巧まざる技、名もなく貧しく誇り高く生きた、その人達に満腔の敬意を表する者であります。

　本当に分かっているのか、いや分かっているのでしょう、コミュニティとかアメニティとか口ばしる、古きものと伝統、それを創造の糧にしたいとも。模倣と創造とは訳が違います。

　農林漁業に対する施策を垣間みてきて思いますことは、いつも行き当たりばったり。これからも日本は、めまぐるしい速さで歪《いびつ》になってゆくことでしょう。

　あれから何年になるか盆の頃、乗り合わせたバスの中で、派手な身形《なり》の年増が荒れた口調で独り言、アテ浦島太郎ヤ、彼女なりに万感胸に迫って吐いた言葉でありましょう。

伊予の民家

一

伊予といっても、ここは、肱川にそった盆地である。霧がふかい。

たびかさなる水害に苦しんできた農民たちは、山ぞいの、少しでも高い土地を求めては、家を建てた。高い山のなかの部落も珍しくないが、多くは、山を背にして、いりこんだ谷あいなどに、建てこんでいる。

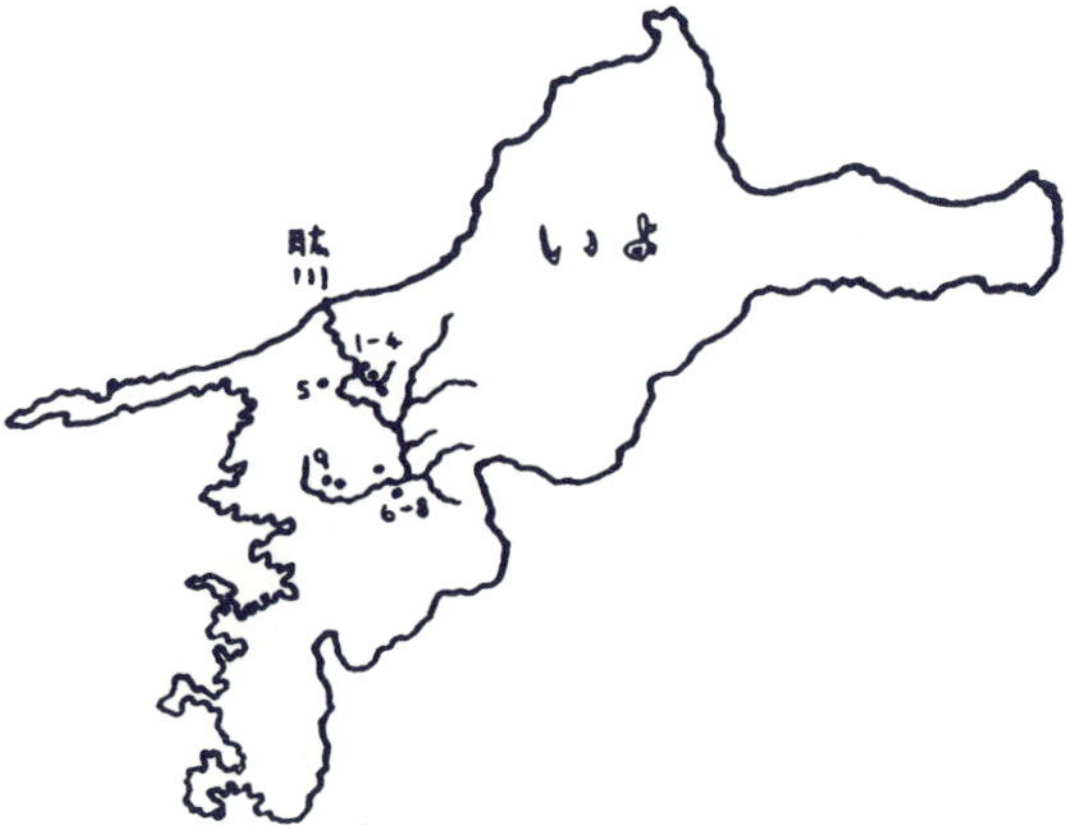

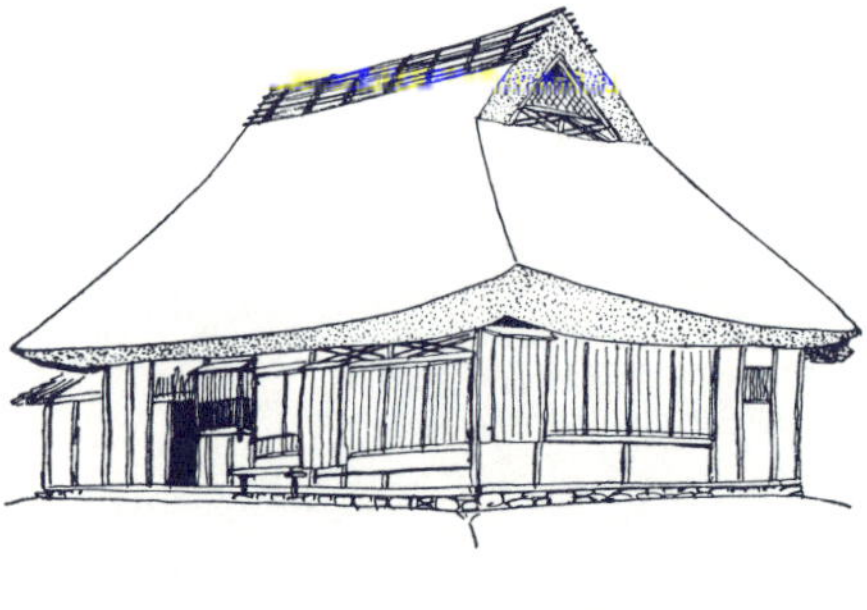

雪国にくらべると、家は小さく、作業は、すべて戸外である。家のなかの「にわ」は狭く、家の前に必らずある広い干場を、「ひぬるま」または「ひぬるわ」とも呼んでいる。

土台のない、軒のひくい、土壁の家は、土のなかから生れたような感じである。閉ざされた雪国の家にくらべると、家の内外にへだてがなく、夏の日ざかりなど、軒下に莚をしいて「ぞーり」をあんでいる老人を見かける。

二

間取は、「にわ」と「ざしき」、その中間に、「おもてのま」――単に「おもて」とも呼んでいる――と「おくのま」の、ふた間つづきの部分からなっている。梁間は、三間が普通で、「おもてのま」と「おくのま」が六帖、床の間と縁側のある「ざしき」が八帖。

単純な間取りであり、面積も小さく、大家族を収容することはできない。その必要が生じたときは、下家を建てつぐか、別に「へや」を造った。しかし、もともと軒が低いから、建てました室は、背のびすると頭がつかえる。「なんど」と呼んで、納戸であり、寝間であるが、暗く乱雑なところである。

小さい家になると、「にわ」「おもて」「ざしき」が、それぞれ四帖半、さらに小さくなると、「おもて」の梁間が一間、あとは低い下家で、「ざしき」に縁側もない。昔の小作人は、これ以上の家には住めなかった。

「ろっけんや」と呼んでいる、つまり間口六間の家が、この地方の農家の標準である。

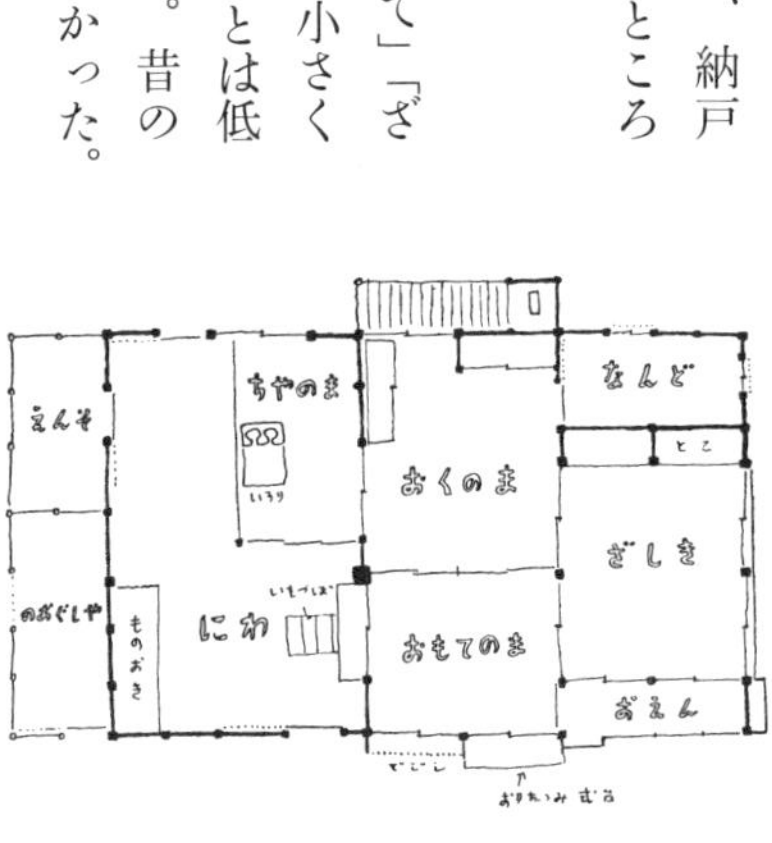

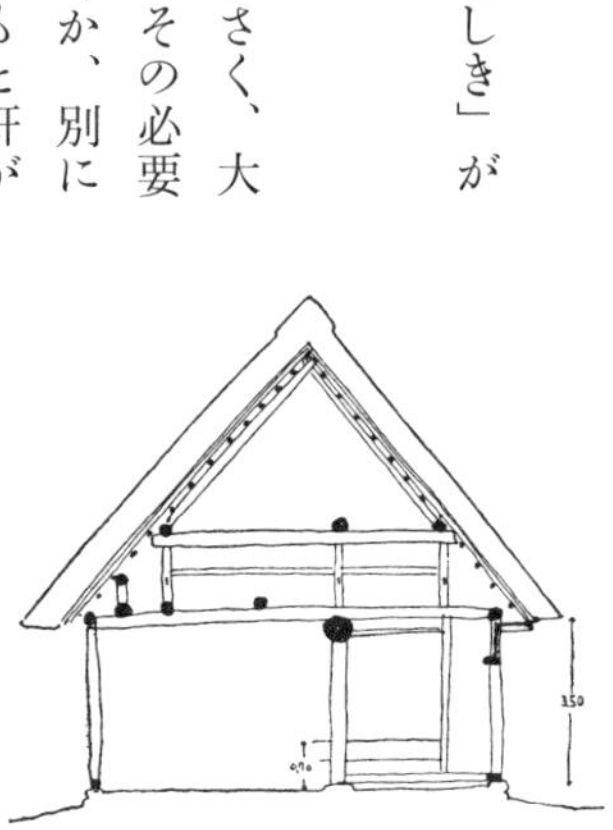

図1　大洲市新谷町・都うらの便所は瓦葺の下家。「えんそ」「農具舎」は増築。「いもつぼ」は今では無用の穴ぐら

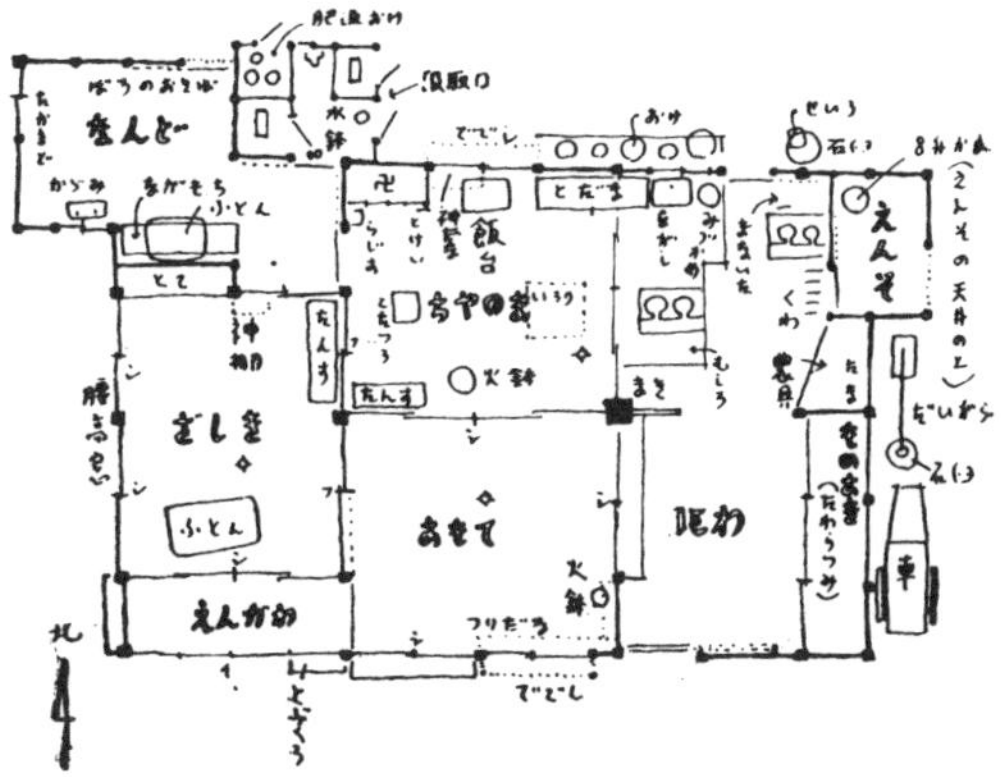

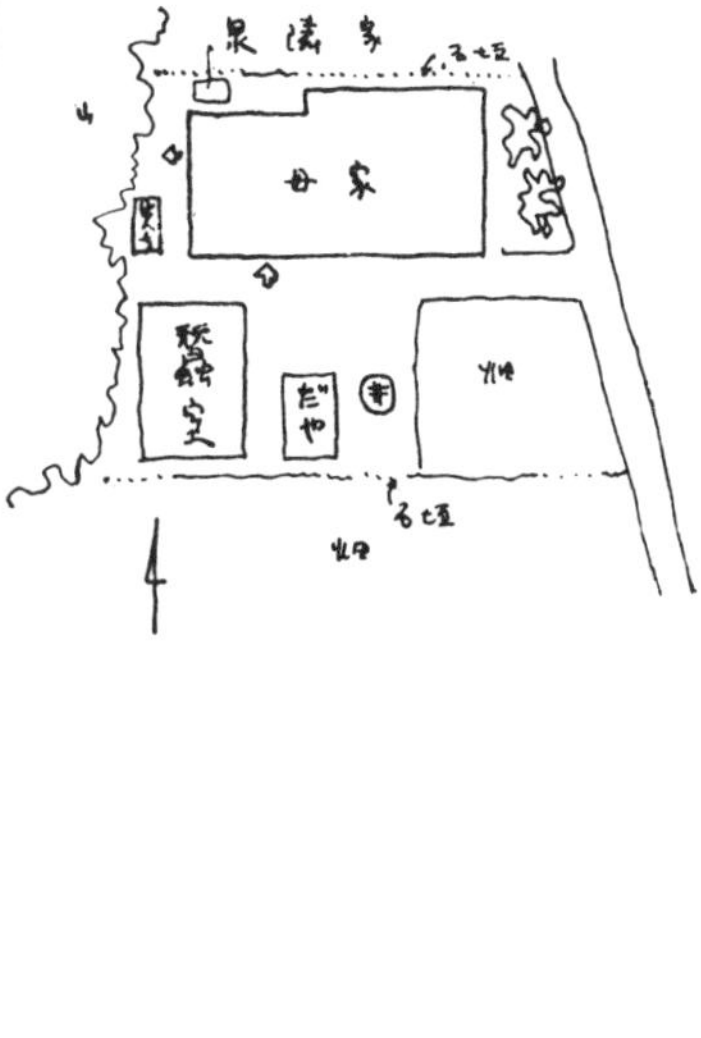

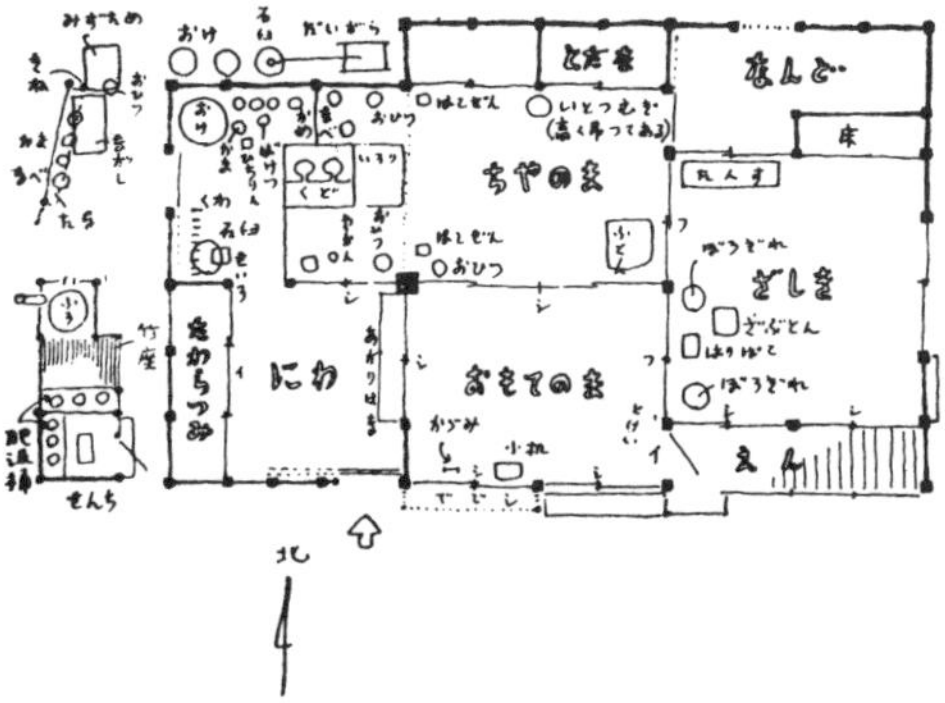

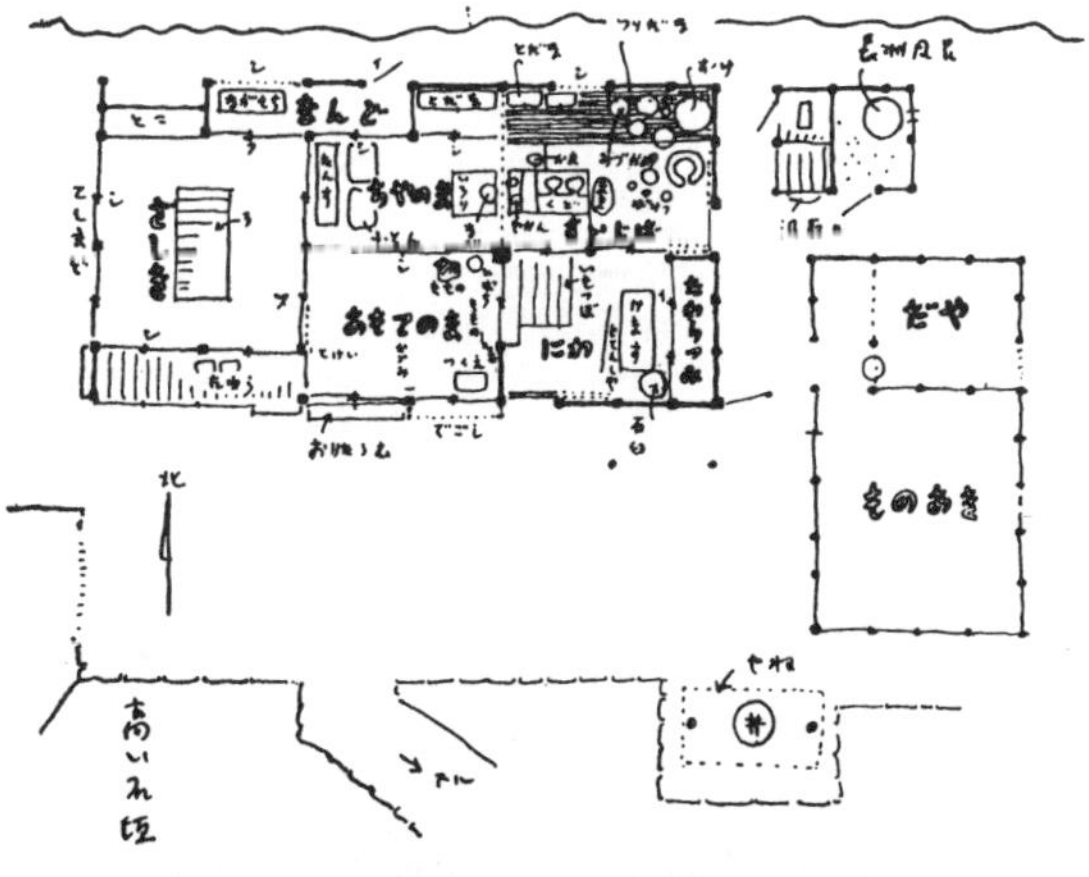

図2
これらの図をみると、この地方の農家のある時期の、くらしの様子がよくわかる。
動力を利用するまでは雨の日は、「にわ」と「おもてのま」まで、脱穀調整の場所であったらしい。
「だいがら」とは、足踏の米つき道具。「だや」とは牛舎。

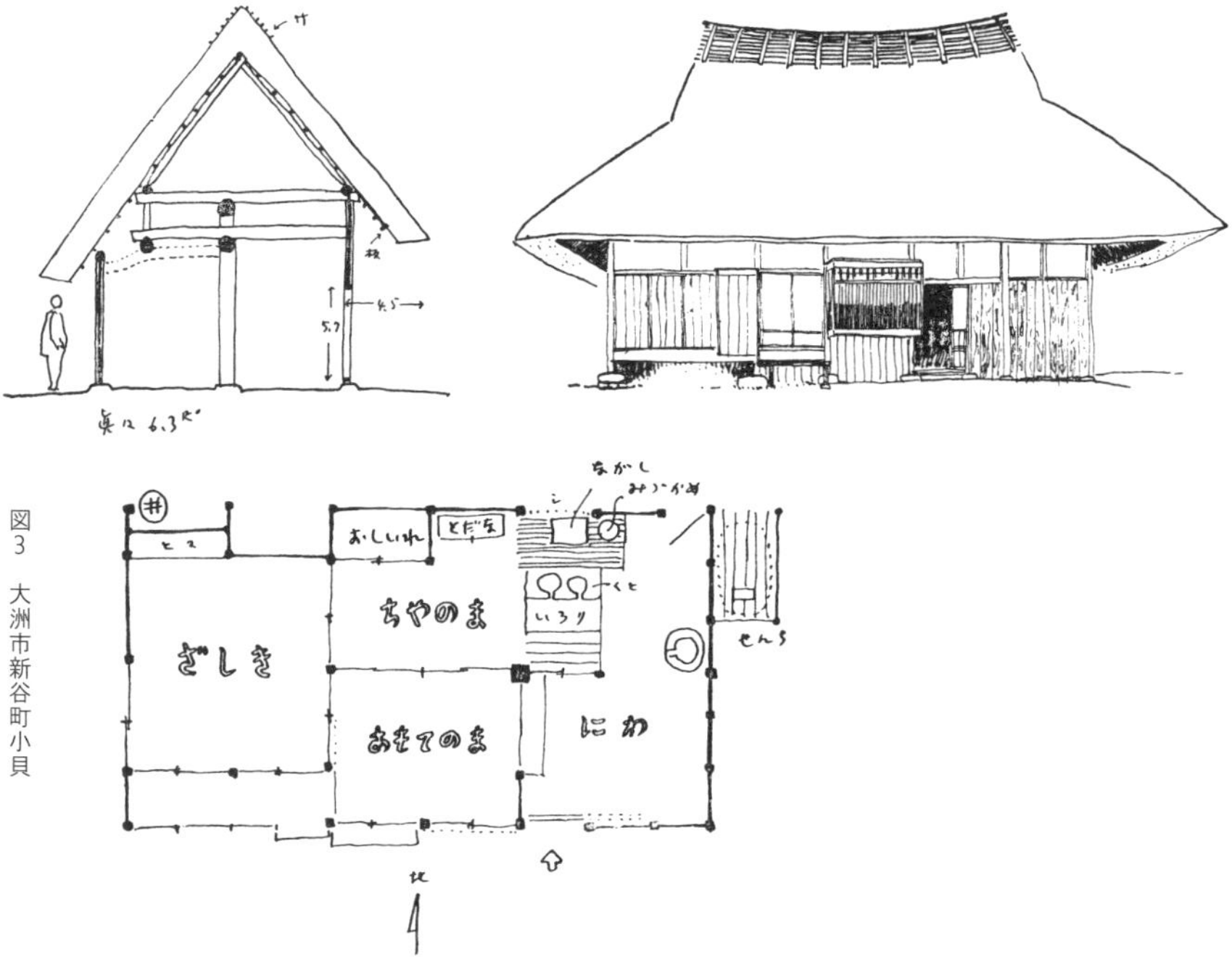

図3　大洲市新谷町小貝

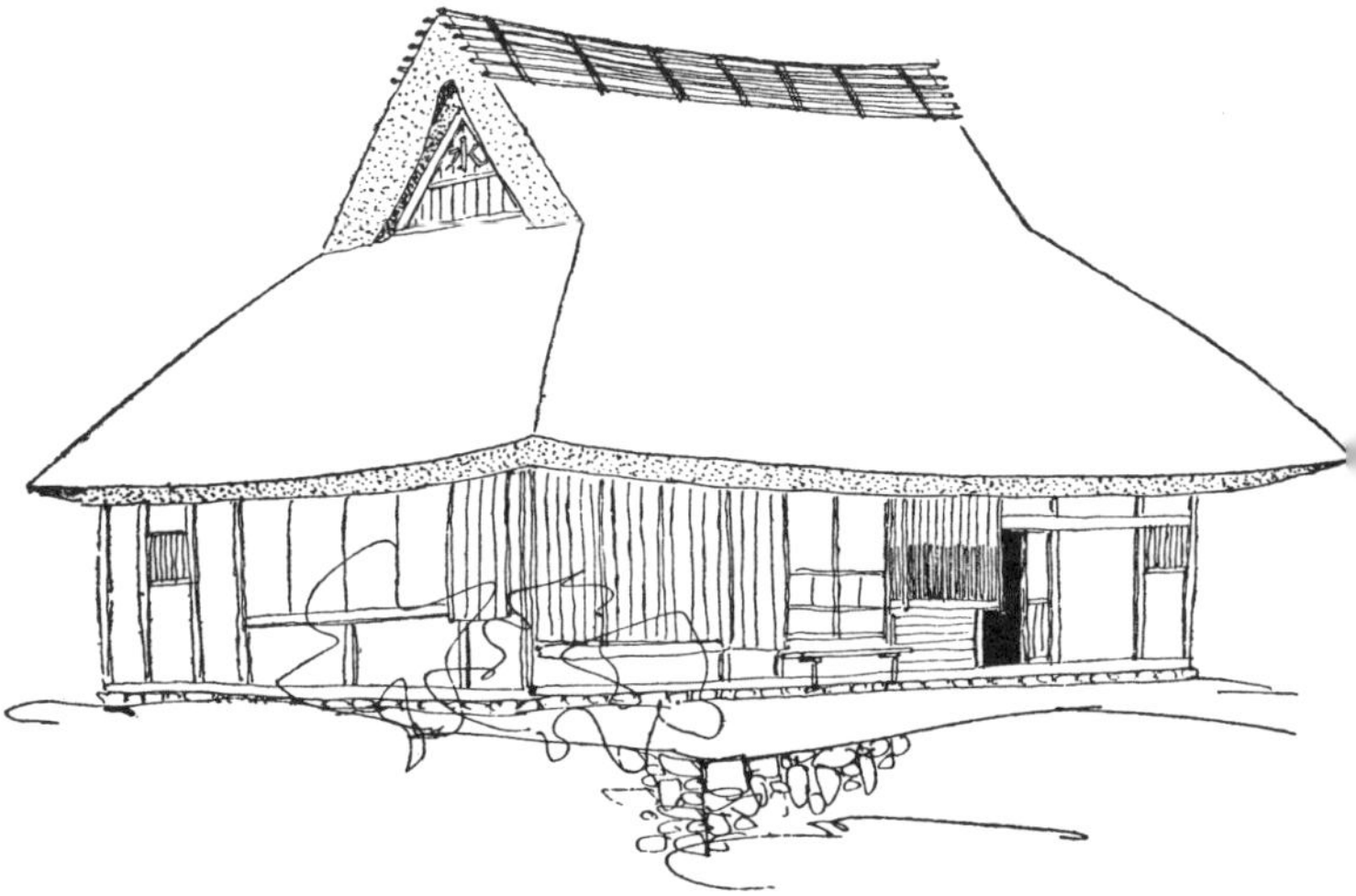

図4
肱川の支流をのぼつた山村では、杉皮のコケラ葺の家が目につく。
棟は杉皮を丸竹で押え、その結び目を、さらに杉皮で保護している。入母屋の雨押えも杉皮を竹でとめる。

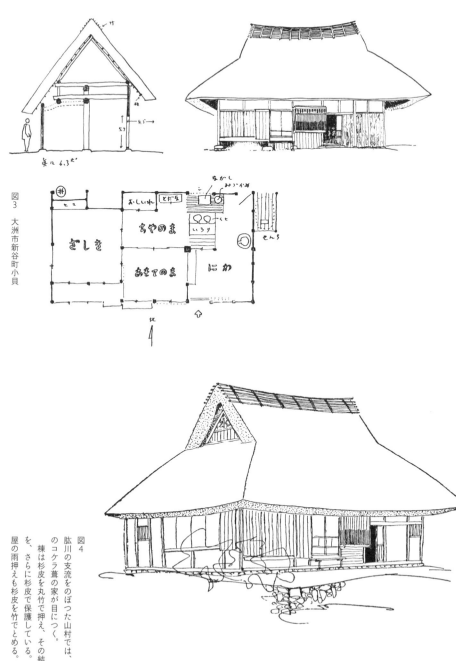

三

「すいじば」は、「にわ」の後にあり、土足で連絡する。これを、格子戸で仕切ったものもあるが、低く紙障子を吊って、単なる目かくしの程度に役立てているのが、いかにも心にくい。

床が高く、「おもてのま」にあがるには、「あがりはな」と呼んでいる、下駄箱兼用の段をふむ。腰掛ともなって、たいていの用談は、こゝで、すましている。貧農の家になると、ここに仕切もない。

「にわ」の壁ぎわに、「たわらつみ」と呼んでいる板戸の物入がある。半間の奥行だが、戸がなくて、簡単に床だけのものもあり、それさえないのは、昔の小作人。

「にわ」の土間の「あげいた」は、「いもつぼ」に通じ、「おもて」の床下全部を占

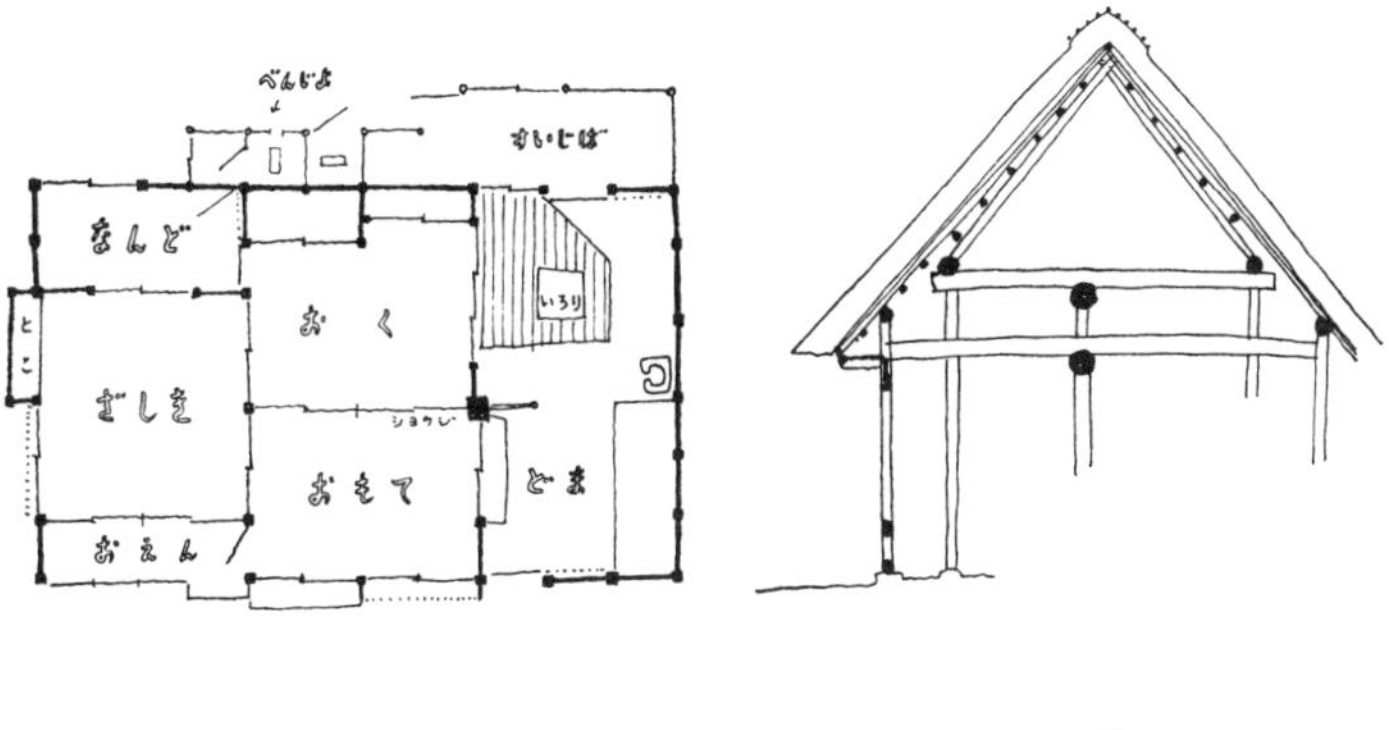

図5 大洲市阿蔵

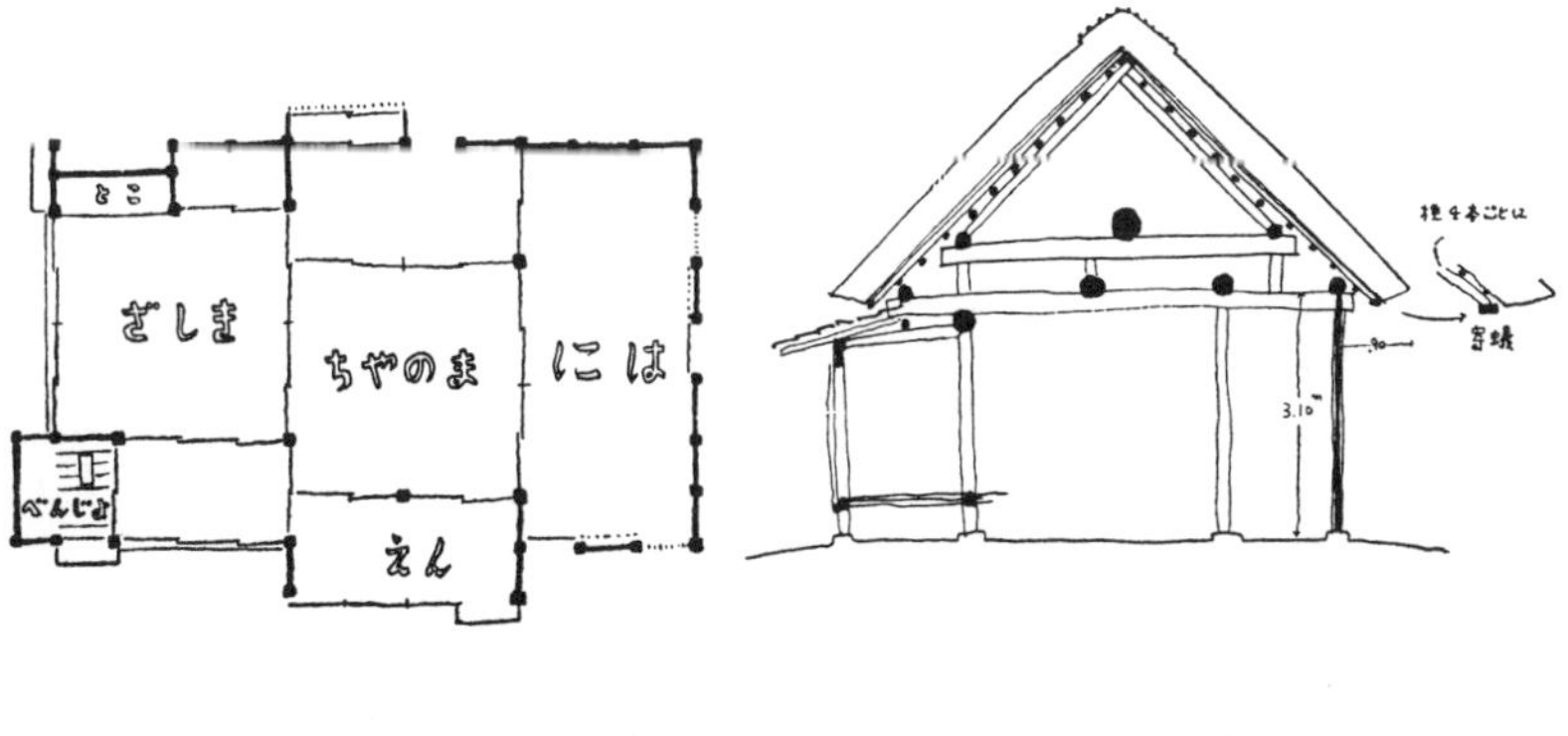

図6 東宇和郡野村町野村
さらに大きい造りの家でも、「えん」の半分が瓦葺の下家になっている。

めて、「くわつぼ」を兼ねてもいた。

「にわ」の用途はさまざまだが、ここに「かまど」をすえ、しゃがんで燃やしている、貧農のくらしはあわれである。

四

「すいじば」の半分は土間、「ちゃのま」よりの板の間に、「くど」と「いろり」がある。「いろり」といっても、雪国ほどの利用価値はなく、霜の多い山村か、みぞれの頃に、煖をとる程度である。

「ちゃのま」に、「やぐらごたつ」をおき、夏は「いろり」にふたをして、飯台をおいている。

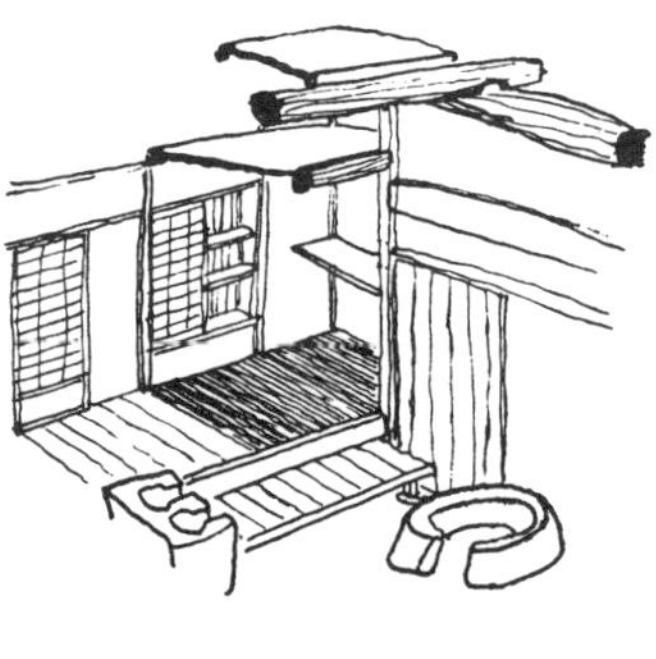

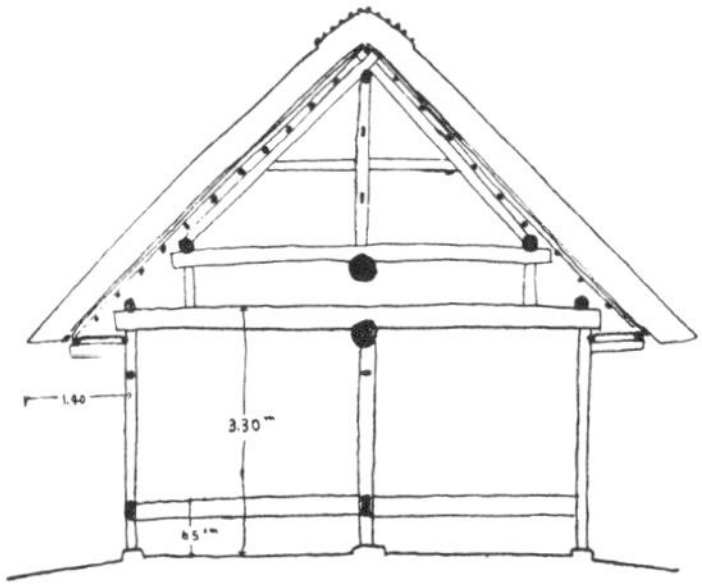

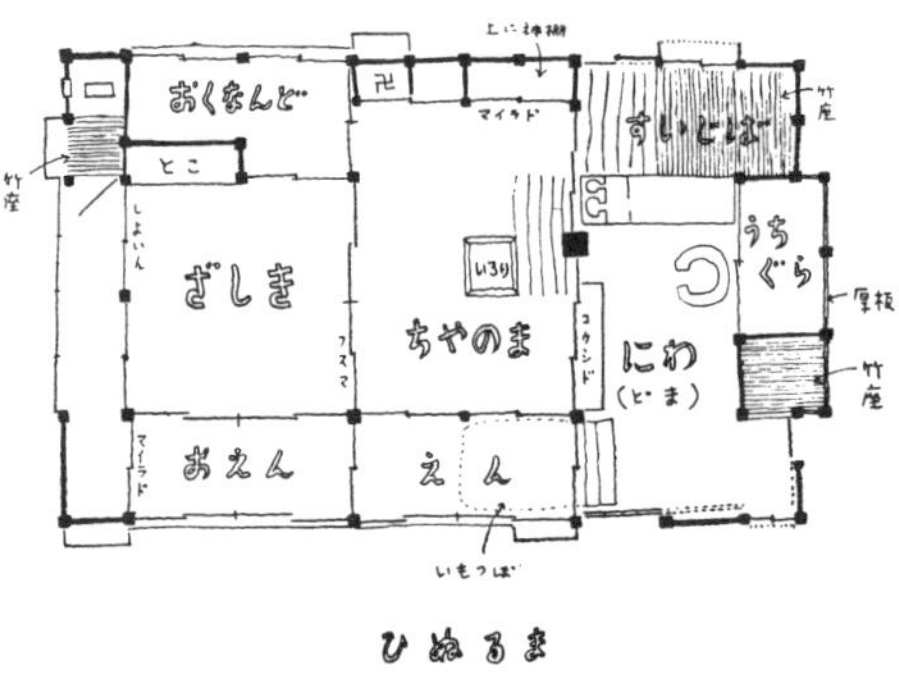

図7 野村町大西
畑の多い土地。「にわ」の大きいカマドは、紙の原料であるカジを蒸していた名残。「うちぐら」の竹座も、なにかの用があったに違いない。
紙の製造が養蚕にかわり、今は煙草の耕作に忙しい。「いもつぼ」はここと、「ざしき」の椽の下にある家とある。便所の位置については、この地方も、図8が適用される、「すいじば」の竹座の下は、大きい溜で、竹座がそのまま流しになり、隅は風呂場の用をかねたらしい。「いろり」の上だけ天井を抜いている。

土間に立ったまま、「くど」の使えるのは便利だが、暗くすすけて陰気である。ススの降るのには閉口したとみえ、この部分だけ天井を張っている。壁ぎわに台と棚があり、この台を竹座にして、木の流しをおいたもの、竹座を、そのまま流しにして、大きい汚水溜の見えている家もある。

土間の片隅の大きい「くど」は、みそ作りや餅つき、牛の喰うワラを煮つめるためのもの。

「すいじば」に隣接して、「えんそ」と呼んでいる小部屋は、みそ漬物の置場。

遠い井戸からはこんできた水を、水カメにたくわえておく。外にある井戸のまわりが、「すいじば」の一部でさえある家も、まだ多く残っているはずである。

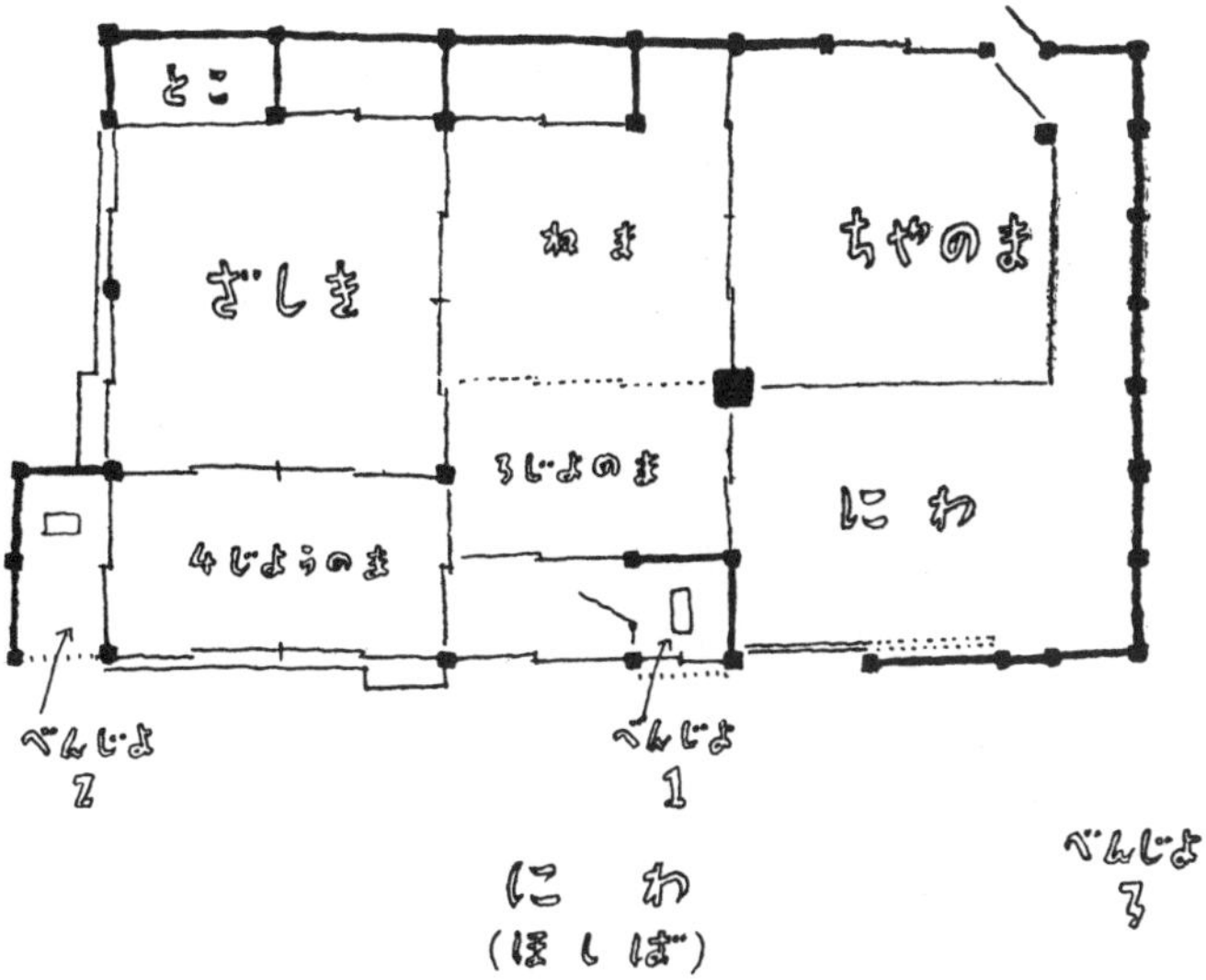

図8　東宇和郡宇和町平野
便所の位置が建てられたときは（1）、くさいので（2）に移し、今は外に押しやった。
便所（2）は瓦葺の下家だが、ここを使っている家は今も多い。

五

「おもてのま」の外側半分を出窓にして、格子をはめたのを、「でごし」とよんでいる。内側に紙障子の入っているのが普通だが、ここを出窓とせず、簡単に格子を打ちつけたもの、さらに略して横長の窓だけの家もある。

「でごし」になっていない部分は、床までの紙障子、その外に、上り段をかねた、おりたたみ式のヌレエンがある。なにかにつけて、重宝な存在である。

「おもてのま」の奥の室を、「ちゃのま」「おくのま」、或はまた「よま」とも言うように、ここは、食事の場所でもあり、家によっては、寝室にも使っている。

「すいじば」と「ちゃのま」とは、普通は紙障子で仕切ってあるが、へだてのない

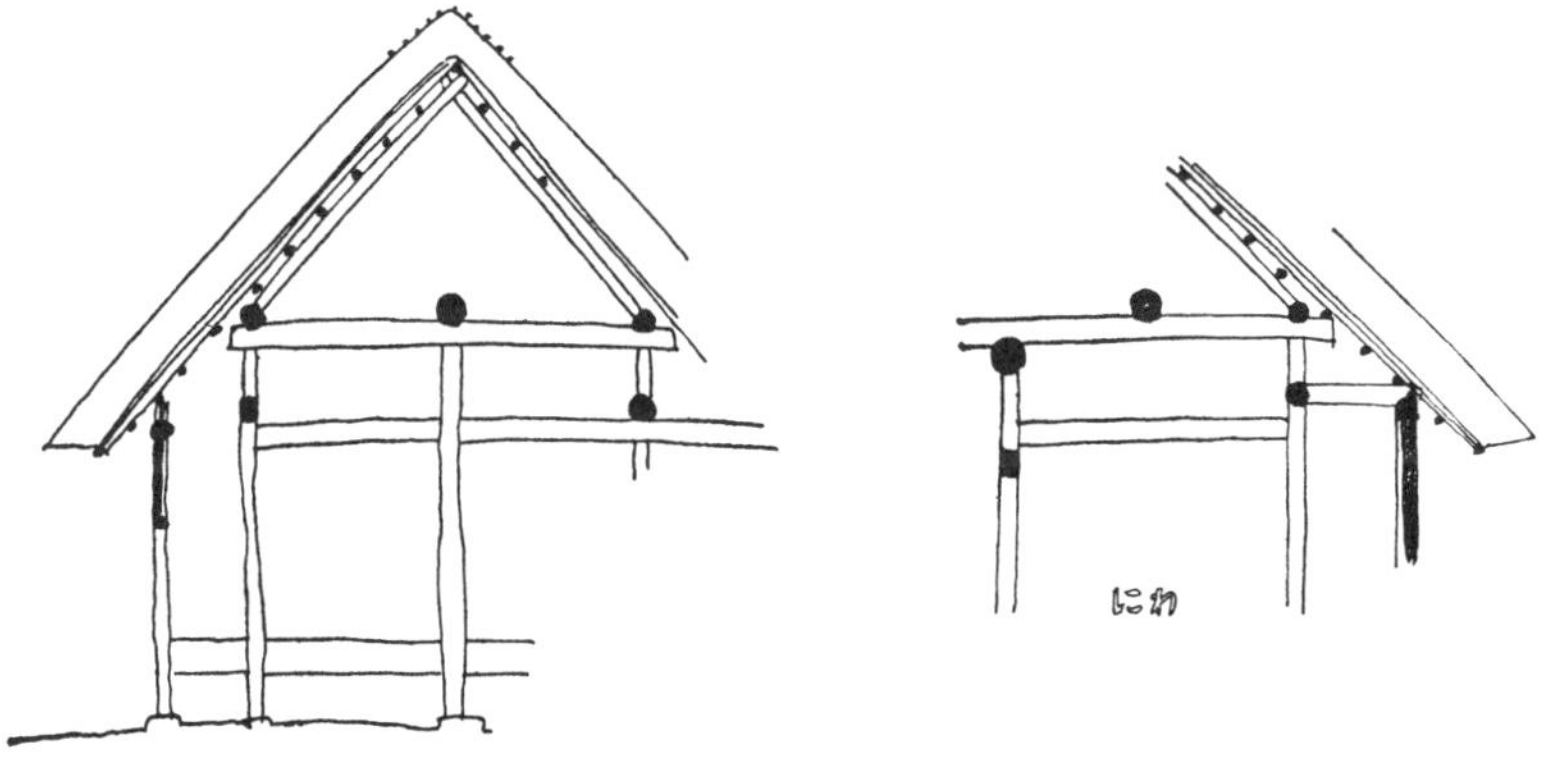

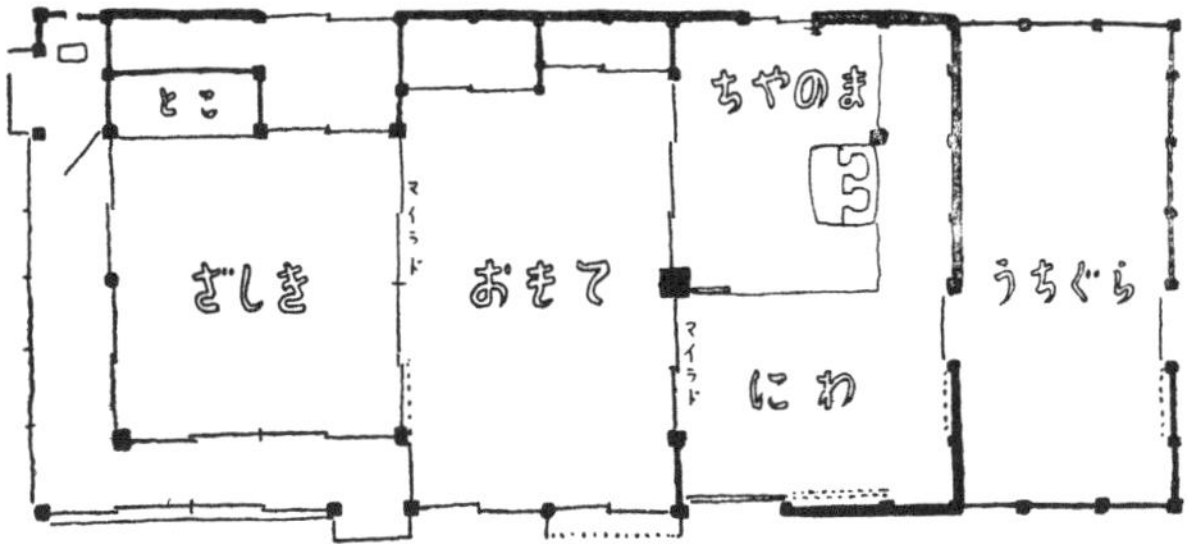

図9 東宇和郡宇和町田野中
「うちぐら」は瓦葺の下家。田どころの此の地方はどの家にも土蔵がある。

家も多く、北側の壁を造付けか置戸棚でふさいでいるために、暗く風通しも悪い。家族がふえると、「ざしき」も寝間になる。万年床の風習はみられないが、ひとつのフトンに、ざこねすることを、あたりまえのことと、かんねんしている子供たち。

六

こうみてくると、「いろり」が、生活の中心となって動かない雪国の家にくらべて、ここでは、大黒柱を心にして、生活の輪が形づくられているようだ。室の仕切も、カモイから上は開放し、ゆたかな暮しの家でさえ、仕切の戸が、たとえウルシ塗りにもせよ、細かい格子戸とは、おそれいる。

便所を「せんち」ともいう。外からも便利な位置と、フン尿の溜りのことが、第一の条件であった。母屋をたて、それからのちに思案したらしい。風呂場のことは、考えてもみなかった。

遠くながめた家の形は、荒けずりで、鈍重だ。くさりやすい小麦のワラ葺、棟の杉皮を丸竹でおさえた単純な入母屋、土色の壁、無雑作な腰の板張り。「にかや」とよんでいる屋根うらも、別に利用はしていない。

家父長の制が今もすたれず、忍従と周囲の圧迫に、毎日を耐えてゆかねばならない、その生活のカラかと思うと、こんな家に、誰も愛着を感じてはいない。農家のくらしも、農業経営も、はげしい移りかわりを示している。やがて消えて行く、忘れられてゆく、これらの民家である。

伝統論私見

いまさら私が伝統論とはおこがましく、デンスケ論くらいが似つかわしいが、建築家と名乗り、世渡りしているうえからは、伝統論のヒトクサリも述べねばあいなるまい。

ところで私には、伝統とモニュマントという言葉とが一脈相通ずるようで仕方がない。〝伝統〟は日本語で、〝モニュマント〟は外国語で書くところも面白い。つまり、伝統とは、わかりきったことながら、日本の風土と歴史に根ざし、モニュマントは、日本にはあまり根強く育っていないからだろう。

しかし、伝統とは、なにも日本だけの問題ではないはず。だから、あまり伝統、伝統と騒ぐことは、国家主義の臭いがする。それに、おかしいことには、何年かして思い出したようにこの問題がもちあがる。それも、外国の影響で日本のシンズイが失われはしないかと憂えられる秋である。

日本的という、いやなヒビキの言葉があ

る。日本的であろうと意識した形、この形がクセモノだが、どうも私には鼻もちならない。日本に育った人間のやることだ、放っておいても日本的になる。日本的なものは、いかにもイヤらしい。小細工で、コセついて、きれい過ぎて弱々しい。

私は、つとめて、東洋的であろうと心がける。もっとも、この的という言葉を、やたらと使う人間は、未熟を証明しているようで、モノの数でもないが、底知れぬ深みがありながら、どこか間の抜けた、大きさの感じられる……感じるのであって、図体必ずしも大きい必要はない。これがホンモノの建築だから……力の湧いてくるような建築を作りたい。コケラオトシは期待ももてるが、コケオドシには驚かぬ。

さらに私は、モニュマントという言葉が大きらいだ。これは権力を誇る以外の何ものでもない。ところが、いかがでしょう、建築家の胸の底にこれが巣喰って、うごめいてはいないだろうか。

男は一生一度の大バクチを打てば本望だというのに、建築家は、一生何度も、性こりなく小バクチの打ちどおし。

そして負けてばかりいる。ありがたいことに、負けて裸になった奴がない。むしろ、その度にふくれあがる。甘い世の中だ。

真剣勝負で仕事をするような雰囲気が大切。フンワカ調ではモノにならぬ。やはり、浪人でなくては、この勝負に立ち向かえぬ。なにもかも投げ棄てて、力をたくわえて、相手を打ち負かす気力がモノをいう。小手先の芸ではない。当節は、デザイン、デザインと騒がしいが、手サインの域をでないシロモノがやたらと多すぎる。ものすごい力のある、おそるべき浪人が現われないと、建築界も沈滞する。

不遇時代の前川先生が、……おれは、そんなこと書いた覚えはないとおっしゃれば、私の思い違いだが……『草木も眠るウシミツドキ、日本刀の抜身を眺めながら、今にみておれ』と、一人すごんでおられたらしい。

私の知己Kさんから聞いた話、そのKさんが若い頃、前川先生より『お前、仕様書が書けるか』と問われた。向う意気の強いKさん、即座に『書けます』と答えた。すると先生『救いがたいゴ仁だな……』といわれたか、どうかは聞きもらしたが……『お前ら若造に、仕様書が書けてたまるか』と一喝。聞いた若造の一人、私も不審に思った。仕様書なんて世話はない。写せばイイじゃないかと嗚呼、思い起すごとに、あさましき限り。こんな手合が建築家を志し、今に至っているのだから、タカが知れている。

後年『テクニカルアプローチ』と銘うたれたのを知る術もなかったわけであるが、これを他人がまねると、とたんに『敵に借るアプローチ』となるんだから、安直に人真似は慎まねばならぬ。

手の内はわかっておりますぞ、手ぐすね引いて待てば待つほど、それ、涎を拭きなさい。石を積んで、お城の石垣を真似ても駄目。自信のない、文字どおり積み重ねのない人間は、手出しをしないこと。石にも生命がある。石は大切に使ってやらなくてはいけない。石を生かしてやらなくては。

石といえば、つい最近、私は香川の庵治石の本場へ行ってきた。そこに、山本さん[9]設計の〝石の砦〟と名付ける『ヤカタ』がそびえている。海からみると、石垣と石の壁しか見えない小さいホテル。源平合戦の哀しい物語のまつわる『舟がくし』という場所もよい。

石は大坂城の屑石、別にハクリョクをてらった、いわゆるモニュマントのカケらもない。内部も、ふんだんに小石を、小石も小石、さざれ石をていねいに積んである。

ビールと生殺しのサシミを頬ばりながら、石の壁と向きあっていると、イヤミのない血の通った親しみが湧いてくる。

床にジュータンが敷きつめてある。これで、地瓦を貼った床の感触が、ぶちこわさ

9 山本忠司 やまもと・ただし
一九二三〜一九九八
香川県生まれ。一九四八年、京都工業専門学校（現在の京都工芸繊維大学）卒業し、香川県土木部建築課に入庁した。瀬戸内の地域性や伝統を反映した「香川県立武道館」（一九六六）や「瀬戸内海歴史民俗資料館」（一九七三）などの名作を残した。一九五二年には、三段跳びの日本代表選手としてヘルシンキオリンピックに出場した。一九八一年に県庁を退職した後は、香川県職業訓練短期大学校の校長となった。一九八五年に同大を退職した後は、山本忠司建築総合研究室を設立し設計を行った。イサム・ノグチとの交流も深く、イサム・ノグチ庭園美術館の設計にも携わった。

れたと山本さんは嘆く。

　話はつづく。瀬戸内海に小さい島がみつけてある。桃太郎に征伐された鬼どもが住んでいた島。その島の山奥に、赤か青か聞きもらしたが、とにかく鬼の大将が陣取っていたという、大きいホラ穴がある。さすがは大将の陣屋、戸もないのに風は吹きこまぬ。焚火しても、一酸化炭素は、どこからともなく消えうせて、煙にむせぶこともない。そこで、大将の在りし日を偲び、鬼鍋で酒を酌み交す。二米近い大男の山本さんが、歯をむき出して話す。鬼の大将そっくりだ。

　こんな人が地方にいて、建築を真面目に手掛けている限り、またまだ、日本の建築の命脈は衰えない。たのもしい。まさに、鬼に鉛筆だ。

　私は、安芸の厳島神社が、たまらなく好きだ。祭の夜、ぜひ行ってみたいと思いながら果たせない。神殿もさることながら、私が最も感に堪えないのは、秀吉が朝鮮征伐の評定をしたという、千畳敷の『ヤカタ』である。海を見下す景勝の地。天井がない。間に合わせの建築だというが、大きい単純な小屋組が豪快だ。征する者は、このくらいの舞台装置でないと気力も湧くまい。この豪放闊達な構えこそ、体得すべきシンズイだと信じている。心に刻んでおくべきカテである。

　私は四国に生れ、縁あって、二〇代の後半を、雪国で送ることができたのを、今にして幸いに思っている。私には、雪国の民家が心に焼きついている。

　民家を、形として、観察するのではなく、生活の場所として、私もその中の一人として生きた。春、夏、秋、冬、この言葉の意味が、四国では考え及ばないほど痛切であった。いや痛烈といいたいところ。私は、人里はなれた山道を歩きながら、雪の夜の海鳴りを聞きながら、またある時は、いつ止むとも知れぬ息苦しい吹雪の道を急ぎながら、土と血、このことを一人で思いつづけた。

地主と小作の関係が生んだ民家と村落のタタズマイを眺めた時、形だけ、とりあげるなんて、おろかなこと。私が学びとったことといえば、質実剛健な、ずしりと構えた風格、深く沈んだ重みであった。

四国の田舎に育った私の家は、貧乏な士族で、床の下まで、刀がゴロゴロしていた。槍の下に寝起きして、襖の漢詩ばかり読んでいた者には、刀の追放は却って心の重荷がとれ、今もって刀には未練がない。

古い家は、素木といっても、黒木に近く、物心ついた頃の新築の家は、すべてベニガラ塗であった。田舎の家は、どことなく雑然として、お世辞にも清潔とは云えない。しかし、生活がにじみでて、歴史のシミがある。

あれで、祭の日など、家の内外をきちんと片付けた時など、力のこもった落着きと、美しさを発散する。この質朴な、簡素な、調和のとれた美しさこそ、民家のトリエであろう。

くすんだ草屋根の集落は見事である。とけこんで見分けもつかない。葺きかえたばかりの新しい屋根が、異物にみえるくらい。ところが、或る雪の朝、いつも見なれた風景に、真白い草屋根が遠く浮かびあがっているのを見て、ハッとした。変化も、また人の心を打つものだと、つくづく感心した。

色の少ない世界に育った私は、都会に出て、色のハンランにいささか驚いたが、それは、混乱した不健康な環境が悪いのであって、色が、文字どおり豊富であれば、人の心はやわらぐし、勇気も湧く。形も色も、白々しいのが最もいけない。

黒と白、それも、ときにはよい。ただ、それによって、気品のある高貴な感じをだそうなどと考えるのは、邪道だ。モヌケのからが、いくらか力んでみたところで、借着であることは、すぐばれる。

伝統とは、形式の問題ではない。心構えの問題だ。初めに形があるのではなく、形は結果である。伝統を越えたとか、越えぬとか、棒高跳びとは、ワケが違う。歴史の価値を学びとるには、その根にひそむものを、洞察する以外にない。そこまでの面倒を怠って、ただ、形式だけ拝借して、伝統をうけついだなどとは恐れいる。

私は『ヘタ』でもよいから『マネ』はしない、と自分に云いきかせている。創造などとは、もちろん口にしたこともない。念じているが、まだまだ道は遠い。おそらく手に負えまい。天才にお願いするとしよう。

結論を急ごう。……いや、もう書くこともなくなったので……私は、仕事をいつも、謙虚な気持でつづけている。ときには、罪の繰り返しではないかと苦しむ。私の願っている建築と環境は、質実な、深みと人間味のある、人に生きる喜びと勇気を与える、生き生きとしたものである。

ゼイをつくし、ツンとすましたうわべの形の貴族趣味は大きらい。女々しい心と姿は、みたくもない。建築家は芸人ではない。足の地についた。理想主義者であり、人の世の深い根を掘り起こす助け人であることを忘れてはならない。

対談
風土と建築

松村正恒（建築家）
神代雄一郎（建築評論家）

神代● 昨日からずっと先生の作品をご案内いただいてお話も伺ったんですが、先生は大洲のご出身で、東京でご勉強になって、それから土浦さんの所へおいでになったんですね。それから新潟ですか？

松村● 土浦先生のところにおりましたが、ご承知のようにすぐ戦争になりましてね。それから事務所ひきあげて、満州にいきましたが一番最初に私、引き揚げて帰ってきました。その時には、もう大東亜戦争が始まっていたんです。何で帰ってきたかといいますと、日本人が非常にいばりましてね、満人を人間扱いせんのですよ。こんなことで五族共和をいっても、いずれ日本人は滅びると思いましてね。

帰ったら竹内先生の所へ行こうと思ってたわけですけれども、農地開発営団というのができまして、それでしばらく東京の深川におったんですけど、東北人の佐々木嘉彦さん知りませんか？

神代● 知っています。

松村● あの人があそこの生まれですよね。あの辺の地主の子です。そこで竹内先生が気をきかせまして、彼は九州の事業所、私は四国生まれだからというんで新潟に行ったわけです。そういうことで、非常に勉強になりましたね。違う所へ行って。それから戦争がきよりまして、戦争がすんだら、農地開発営団なんてたいした仕事がなくなりましたから、こちらへ帰ってきて偶然の機会に市役所へ入ったわけですよ。それでズルズルと一三年おりましたかね。

神代● 僕は二七〜八年前に先生に初めて八幡浜においでの時にお目にかかったんですけれど、すでに建築の一番大事な風土との関係ということを身につけておられた。今、お話を伺うと、満州のような、それこそ風土の全く違う所でお過しになったり、新潟のような雪の深いところへおいでになった。そして今度は生まれた所に帰られた。色々な地域性の強いところにおいでになって、地域性の違うところで、どういう風に文化が育っているかとか、建築ができているかということをずっと身につけられて、そして郷土へお帰りになったわけですね。

松村● ということになりますな。だから私、新潟へ行ったということは、非常によかったと思っています。満州は仕方なしに行ったんですけどな。だけど私、今ごろの日本の青年がかわいそうに思いますのは、私らの時はどこでも行けたわけですよな。満州も行けたし、南方も行けたはずです。ところが、今はどこにも行けんですな。旅行はしますけどね。だからはけ口がないみたいな。私なんかの若い時の歌は〝北はシベリア、南はジャワよ〟、それから学生時分には、〝支那には四億の民が待つ〟なんてね。そういうことが現実に可能でしたものね。

神代● そうですね。それから移民なんてこともかなりね。

松村● そう、私の中学時分にも移民で途中でやめていった友達もおりますしね。

神代● 全く気候風土も違うし、文化も違う所に住みついて、身を置くことで、そういう経験で人間がつくられていくといいますか、そんなことがなくなりすぎていますよね。

松村● そういうことです。それと、自分で考えるんじゃなしに、人が考えてくれたものを組み立てるような時代ですよね。そいつがどうもちょっと……。

神代● 自分の生活経験とか、生活体験とか、そういうところから出てこないので、既成のものの上にのって、ただ組み立てていくというか、そういうことになりますね。でも、今のところ、経済の状況もかわってきて、建築と土地との結びつき、それからそこで実際に生活している生活との結びつき、そういうところからもう一度、考えなおしてみなくてはいかんのじゃないか。一方ではどんどん組み立てられてできてゆく都会が、公害をはじめ色々な問題をもって、そこに何か可能性がなくなってきたということも考えられ始めた。もう一度元に戻って、というような感じが出ていますので、僕らもこういうシリーズを組んでいるんです。

そういう中で、松村さんは、さっきの話では、それこそ物心ついてからというか、満州へ行ったり、新潟に行ったり、また故郷へ帰られたりということで、通算すると何年位になりますか。

松村● 学校出たのが二二～三ですから、もう四〇年になりますかな。色々な風土を見たというか体験したのは貴重なことでしたな。

神代● 先生の作品を拝見しましても、ピシッとした気骨といいますか、そういうものを感じますね。

松村● 私は建物でも、わざとらしいというのが大嫌いなんです。私が考えるのは平面なんですよね。どこまでも。平面が悪かったら、どうにもなりませんしね。平面がまず基本で、立面でこるとかいうやらしさ、わざとらしさ、物欲しそうなというのは大嫌いなんです。

ところが、どうも今頃の物を見よりますと何か物欲しそうな家があるでしょう。あれが一番イヤでしてね。それから昔、谷口先生の若い時の「清らかな意匠」10とかいう本を出したでしょう。清潔な、というのが一番大事なことで、よけいなものは全部取り去って、付け足す時でも、これが本当に必要なものかどうかということを考えてやるわけです。終始一貫して必要以上のことをする必要はない。人間の体がすでに必要以上のものは一つもくっついていないですものね。私の見本は自然の木です。土地からはえた木は風雪に耐えて生きとる。植物が模範であるというようなことを、昔から言いますよね。常にそういうことを考えてるんです。だから、虚飾、虚勢というのは一番嫌いですね。

神代● しかし、また逆な言い方をすると、自然でいられるということは、一番むずかしいことですよね。それを松村さんは本当に自然で、そういう背骨が通っているから僕は感心しているんです。

松村● いやいや、背骨は少し曲がってきました。(笑)

神代● 僕は二十何年か前に八幡浜でなさっていた日土小学校や病院なんかも拝見して、また、昨日、今日と久しぶりにその後の作品を拝見して、特に今度新しく感じましたのは、松山市内でのお仕事がかなり多くなっておられて、その中でも先生のはやはりオリジナルなんですよね。

松村● いやいや、それほどでもありません。

神代● さっき伺って一つ驚いたのは、最近、割に都市の中では建物をツタや何かでからませて、少しでも緑を取り入れて街の中をやわらかい感じにしていこうという風潮が出ていますよね。それをもう、先生は一〇年位前から建物のファサードにずっとプラントボックスなんかおつけになってアイビーお植えになる計画をも

10 谷口吉郎の『清らかな意匠』(朝日新聞社、一九四八)のこと。後に『谷口吉郎著作集』第二巻(淡交社、一九八一)に収録。

っておられる。

それから大西邸ですか、ビルとビルにはさまれていながら、本当に短い日照に対してうまくベランダを出されてやっておられる。ですから、都会の中でも、その中での生き方にもう一度緑を与えたり、あるいは陽を与えたりということを考えてやっておられるから、ただ箱を建てていくというのとは全く違いますね。

松村● 八幡浜の市役所におった時分のことを言うとおかしいですけど、大江さんがガラス張りで法政をやられましたろう11。その前に私、八幡浜の市立病院で二階建ての結核病棟12を、木造でありますけれども全面ガラスでやりました。当然サンコントロールを考えなければなりませんが、三段の上げ下げのフラッシュドアをつくって日光を調節できる様にした。そして、その時からすでにフラワーボックスを一階と二階の目の高さにつくりました。

次はご存知の日土ですが、これは樋ですけれども、この曲り角はシュロです。樋の曲がり角13を普通の様にはやらずに、職人がこうやって輪をつくって、リブみたいにしてきれいにつくってくれましてね。今頃、あんな丁寧なことはしませんがね。そういうふうに職人も一緒にやってくれたものですがね。今頃、そんな職人はおりませんけどな。

神代● そうでしょうね。シュロを使うというのは、どういうことですか。

松村● 今までは、水を落とすときは鎖を使うでしょう、縦樋のかわりに。あれのかわりにシュロを使ったわけです。水が散らずにちょろちょろと落ちるように……。

神代● 小学校という補助が少なくて切りつめられた予算の仕事の中で、本当に細かい所まで気を使われて、そしてまた、うまい解決をなさいますね。新谷小学校のルーバーね、校長さんも一緒になってペンキ塗りかえたなんて言っておられたけど、ルーバーはこの頃でしたら工業的につくられたものがあるけれども、あれを買う程のお金がないとなった時に、パ

11 大江宏の設計した法政大学の一連の校舎（五三年館、五五年館、五八年館）のこと。いずれもカーテンウォールを多用した近代建築である。

12 これも、第1章83に書いた通り、「市立八幡浜総合病院結核病棟」（一九五三）ではなく「市立八幡浜総合病院東病棟」（一九五二）だと思われる。

13 日土小学校の古い写真を見ると、川側に突き出した複数の樋が屋根の雨水を川に落としている。その最終の落とし口にシュロの繊維を束にして巻き付けている様子が確認できる。それ以外の部分にシュロは見当たらず、「曲がり角」ではなく「先端」というべきだと思われる。

14 第1章91参照

イプを使われて、それがまたデザインになっていきている。

松村● 何せ私らのやる仕事は、非常に単価がないんですからね。二〇年も前ですが、アメリカのフォード財団で作ったんだと思うんですが、〝学校のコスト〟という題目で向こうの人が本をつくりましてね[14]。その時、建築文化に発表した神山小学校の外観と下足場の写真が目にとまったのか、のりました。コルビジエの学校なんかも一緒に入っておりましたね。つまり、学校のコストが問題ではあるけれど、ただ安いだけではどうにもなりませんから、プランニングもよくして、なおかつ前進しながらコストの面で、いわゆる良く安くというやつですね。〝学校のコスト〟という本はそういう実例を集めた本ですが、それに神山小学校を入れてくれておりました。ところが今は私に設計さしてくれんのです。高くつく言いましてね。皮肉や思いましてな。

神代● 世の中の仕組みの中では、非常に大きな工場で大量につくっていて、それを建築のシステムの中に組み込んでいってつくられていくというようなものもあるけれども、そうじゃないものも厳然としてなくちゃいけない。そういう中で、小学校なんていうのは、非常に地域的な性格をもつわけですからね。ですから、これまた中央の方から全部流れてくるというのは、ぐあいの悪いことですね。

松村● 私は小学校というのは、特に人間形成の場だと考えておるんですがな。単に義務教育を果たす場所じゃない。私なんか設計します時に自分が小学生になりまして、頭の中で考えながら、動き回りながら設計するわけですよね。自分が小学生になったり、先生の立場にもなって。そうじゃないと、本当の設計はできません。そやから、今、先生おっしゃったように、学校というのは解放されるべきじゃ思うんです。私の物心ついた時分から、学校というものは成人教育の場でもあったわけですよ。夜なんか、鍵もかかってないし、青年が集まりましてね。あのころの学校の先生というのは偉いと思いましたがね。報酬なんかあったかどうかしらんけど、法律の勉強をさしてやったりしてね。村の青年は今みたいに外へ出ませんから、夜は自発的に学校へ行きましてね。誰でも入れたんですが、それが本当じゃ思います。日本なんか色んなものをつくりすぎますよ。一つの施設を色んな風に使うべきや思います。これがだんだんダメになったのは管理ということが頭にあって、全部鍵をかける。非常に困ったことでしてね、それが子供にも悪い影響を与えますし、管理社会の悪い面が、学校にまで出てきていますね。

神代● そうですね、すみずみまで管理社会の悪さというのが……。

松村● だからますます人間が小さくなる。小物ばかり育つのはそこですね。

神代● 結局、若衆宿というのがあったわけですよね。昔は。

松村● あれはいい教育の場でしたものね。

神代● あれが明治以後の社会が近代国家になっていく過程で、なくなってしまうわけですよね。それにかわるものが全然与えられていない。それにはかなり実質的な地域社会というものがしっかりしてくれればいいわけですよ。ある地域の実質的な共同体的な社会ができれば、同じ管理をするにしても、その中での人間的な了解の上にできていくわけですよね。それが今、できない。管理社会を壊していくというか……。

松村● みんながそこで信頼しあいましたから、締めつける必要もないですからね。大体、農家なんて塀なんかなかった。誰れでも入ってきて自由に話する。いわゆる村落共同体だったわけでしょう。

私は一遍、南予の方の漁村で住宅の設計をしたことがあるんですよ。あの辺に行きますとご承知の通り傾斜地で、小さな道をこう行きながら、人の家の前を通って自分の家へ入る。そういう所なんですが、私はよそ者だからそこの本当の暮らしがわかってないんですよ。つい普通の家になるんですが、本当はそれはいかんのです。自分の家の中が人に見通されて困るということがないんですよ。見通されていいわけで、ここに病人がおるかどうかわかるのがあたり前、家の前の縁側だったら、通りかがりの人が腰かけて話していく、そういうことは平気で、お互いの家の中を知り尽しているんですね。あれが本当の暮らしや思いますがね。だから仮定やなんかじゃなしで、皆んなが信頼しあえば、お互い何もかも知り合うて、公共のものを皆んなが大事に使えるわけですよ。そこへいかんといけないわけですよ。

神代● 僕らも今回は地域にしっかり根をおろして、いい仕事をしておられる方をおたずねしているのですが、風土については、どうお考えですか。

松村● 私は正直いって地方とか地域とか風土とかいうことを余り意識せんのですわ。というのは、最初いうたように、それが自然の体から結果として生まれればいいことでしてね。人間でも作品でも、いや味のあるのは大嫌いなんでね、自然にずっとにじみ出るのじゃないといけない。だから余りそういうことを意識せずに、どこまでも真実を追い求めんといかん。特に地方ではどうこういわんでも真実を求めたら、そこに住んでいて、その土地人の気持ち、だから作品をつくるというんじゃなしに、それを使う人の気持になればいいんでしてね。私も一つの使用者になればいいんでして、ながめるためのものではない。ただ、私がつくったものを満足して喜んで、そこからそれを土台にして人間が少しでもよくなってくれればいいという気持で、終始一貫しているんです。

神代● それは非常によくわかっております。僕が地域などとことさらに使っているのは、自分も都会に住んでいて、都会がとにかく虚飾に満ちた建築が多いし、また、そういうことをして建築家だと思っている人が多いからなんです。松村さんは偉大な建築家で、ごく自然に真実を求めていくというのは、僕は建築家の背骨だと思うんですよね。それがなかったら、だめですよ。

付録 II

「新託児所建築」

解題

学生時代の松村は、蔵田周忠の紹介で『国際建築』編集長の小山正和と縁ができ、編集部に出入りして英語論文の翻訳のアルバイトをさせてもらうなど、小山にかわいがられていた。そして松村は、『国際建築』一九三九年九月号で特集「新託児所建築」をまとめる機会を与えられた。特集記事は五六頁からなり、雑誌全体の六割を占める大きな扱いだ。はじめに写真と図面で構成された一四頁にわたる海外の保育施設の事例紹介がある。出典には、*Architectural Record*誌、*Architectural Review*誌、*Moderne Bauformen*誌の名前が記されている。そのあとに松村による「新託児所建築」という三〇頁の論文がきて、さらに一二頁の海外事例紹介で構成されている。

そのうち本書に収録したのは、松村の論文である。彼はその冒頭でこの特集に込めた思いを述べた上で、各空間に求められる機能の概説、建築から家具までの寸法や仕上げ材料等の目安、規模算定の根拠などを詳しく記しており、まさに彼なりの建築計画学である。また、「室の一般的要求」の節のホッパー窓の性能に関する部分では、「伊藤正文氏——建築保健工学第一部」に拠ったとの記述もあり、環境工学的なことへの関心もうかがえる。この特集は、戦前期における松村の熱心な学習成果の集大成といえるだろう。

松村が最後に「追記」として挙げた文献について解説をしておきたい。なぜならば、そこにこそ彼の学習の様子が表れているからである。

まず海外文献については、タイムラグの少なさに驚かざるをえない。一九三九年九月号

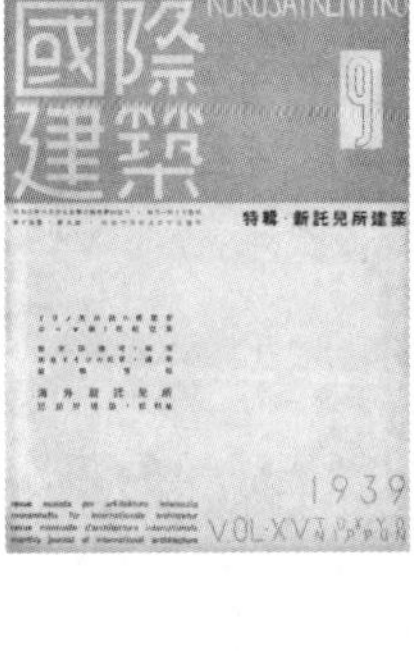

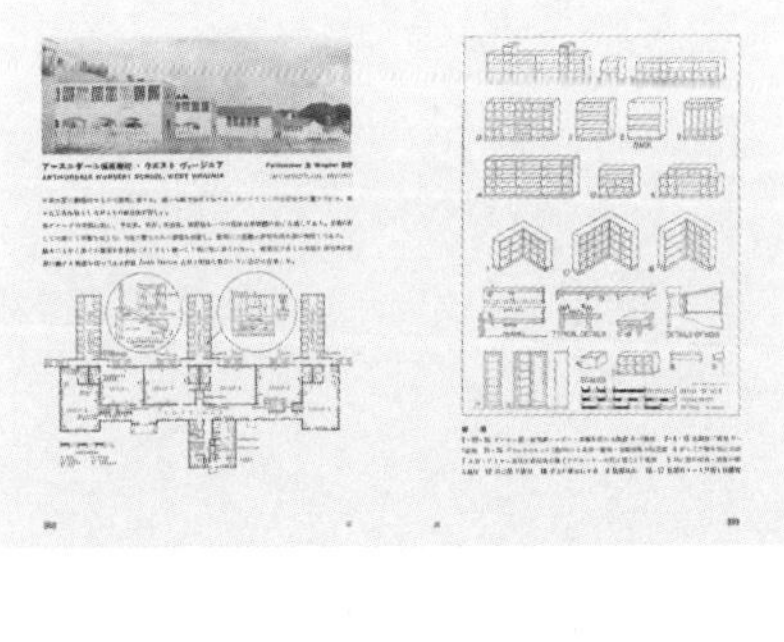

『国際建築』一九三九年九月号
国際建築協会

の『国際建築』誌に、およそ一年半前の*Architectural Record*誌の記事を転載したり、前年に刊行された洋書（誌面では"*The nursery and elementary school*"となっているが、著者名、出版社、出版年から、"*The design of nursery and elementary schools*"の間違いだと思われる）を参照したりしているからだ。

"*The design of nursery and elementary schools*"[1]という文献は、その前書きによれば「ハドウ報告書が出された結果、地方の教育専門家によって次第に実践に移されつつある教育政策の主要な流れを建築家に解説し、この政策が学校建築やその敷地に求めるものを示し、そういった要求はいかに満たされるべきかを示唆すること」を意図して書かれたものである。保育所、幼稚園、小学校、中学校の新しい計画手法が、建築から家具にいたるまで、多くの事例によって具体的に紹介されており、たいへんによくまとまった本である。

なお、同書（一三頁）には、松村が『素描・松村正恒』の中で「あの頃、グロピウスがちょうどイギリスに亡命して、田舎の学校を設計したのが出ておりまして、昼間は学校ですけれども、村民の学校でもある、というふうにやっております」（本書第1章）と述べた学校と思われる建物が掲載されている。八幡浜市役所に奉職後、松村が故郷・大洲市の新谷中学校の設計を依頼され、その特別教室群を充実させることによって学校を生涯教育の場にもしようとしたという意図を語っている部分である。

次頁に示す図1がそれで、たしかに計画名称は「Project for a Village College」、つまり「村の学校」であり、キャプションには「An all-age school (necessary in dispersed rural areas) for children from 2 to 15. It is designed to serve also as an adult community center.」とあり、大人のための地域施設としても設計されたと書かれていて、松村の細かな読み込みぶりがわかる。新谷中学校が完成するのは一九五五年であり、この本を松村が手にして

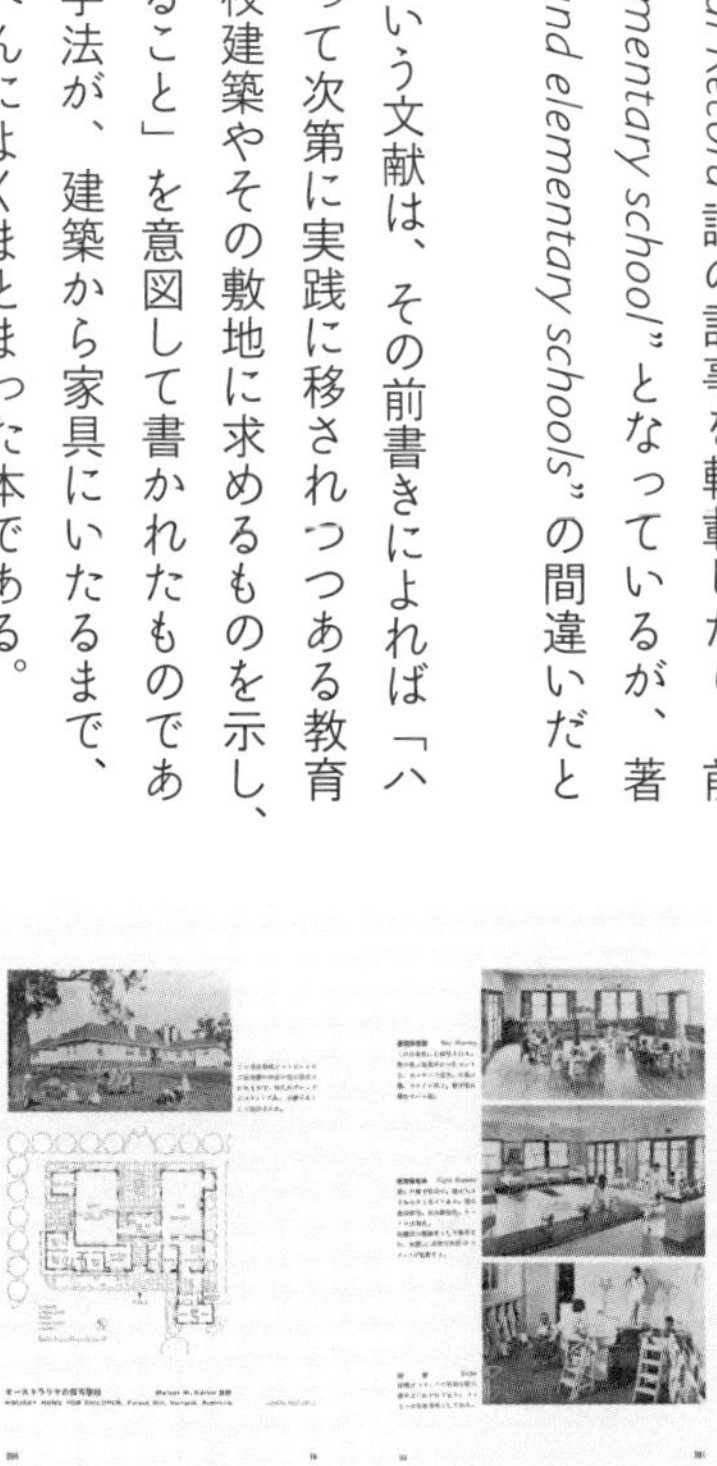

1 H. Myles Wright and R. Gardner-Medwin, "*The design of nursery and elementary schools*," Architectural Press, 1938

から十数年後である。

また同書には、後に松村が導入し注目された、いわゆる「クラスター型」教室配置をした中学校の事例や、さまざまな教室配置パターンの模式図が掲載されている。その中には、廊下を挟んで教室を交互に配置した神山小学校（一九五八年）を彷彿させるものや、いわゆるクラスター型（同書にはこの言葉は登場せず、Square 型の Elbow Access と呼ばれている）がある。

実証することはできないが、これらが戦後の松村の作品に何らかの影響を与えたと考えることは自然だろう。戦後、いわゆる建築計画学的な研究が日本において始まる前に、市井の一設計者が、一九三八年から一九三九年の段階でこのような最新の海外情報に接していたことは驚きである。

また、松村が挙げている和書の概要は次の通りである。いずれも教育、児童心理、社会教育などの分野における当時としては定評のあるものばかりであり、彼の熱心な勉強ぶりがしのばれる。

青木誠四郎の『兒童心理學』は、一九三六年五月に賢文館から刊行された本で、児童から青年期までの心理について、情動から知的な面までさまざまな視点から論じている。青木は、大正デモクラシー期から活躍を始め、戦後はプラグマティズムの立場から新しい心理学を提唱し、文部省における戦後教育の推進役のひとりとなった児童心理学者である。

丸山良二の『幼児の心理』は、一九三一年七月に三友社から刊行された本で、幼児の行動から感情、生理まで、細かく記されている。丸山は同書によれば、愛知県児童研究所所長を経て、東京聾唖学校や東京高等師範学校で教鞭をとった社会教育論者である。

朝原梅一の『社會教育學』は、一九三九年に高陽書院から刊行された。

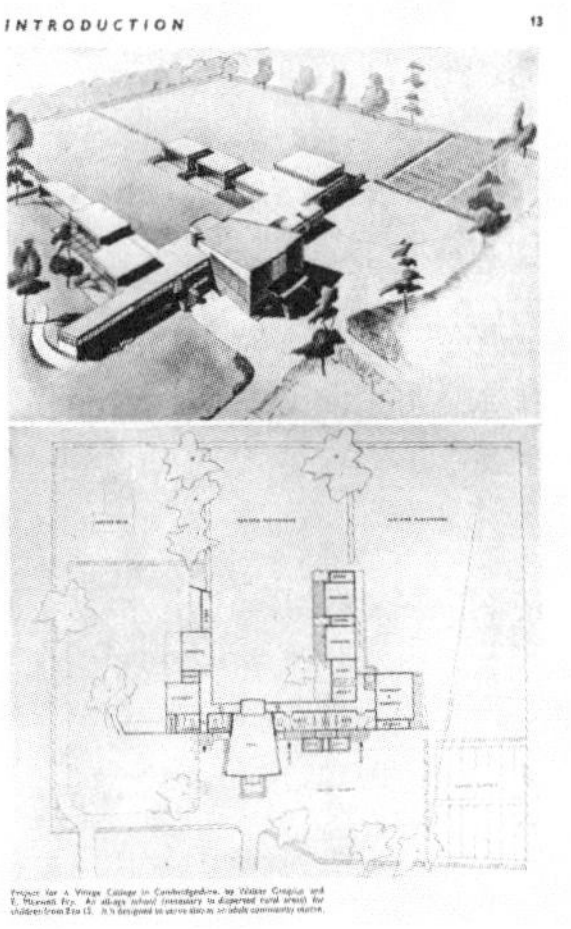

図1
“*The design of nursery and elementary schools*”の一三頁に紹介されているグロピウスによる計画案（Project for a Village College in Cambridgeshire, by Walter Gropius and E. Maxwell Fry.）。

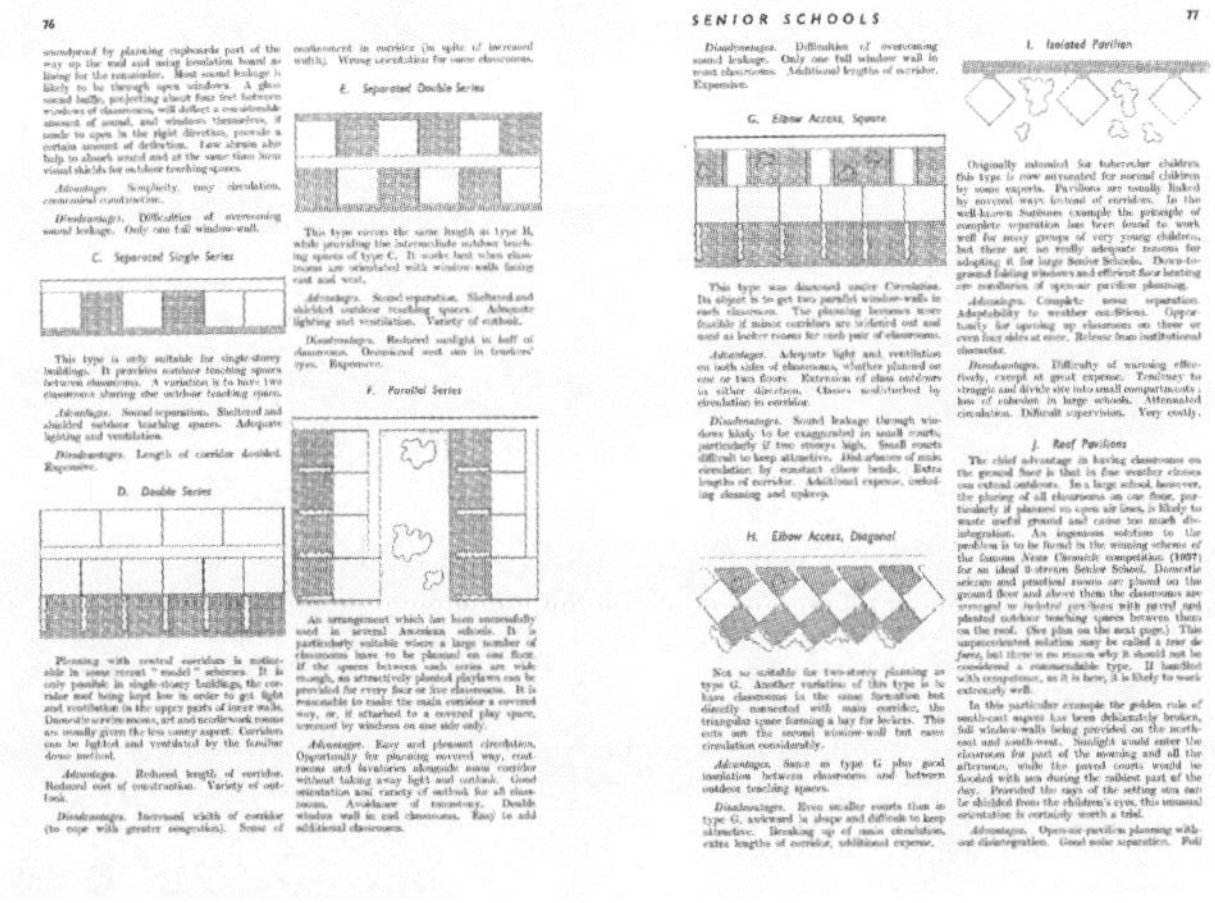

図2
右　Square型のElbow AccessとDiagonal型のElbow Access（前掲書七七頁）。
左　右上のSeparated Double Seriesと呼ばれるパターンは、神山小学校を連想させる（前掲書七六頁）。

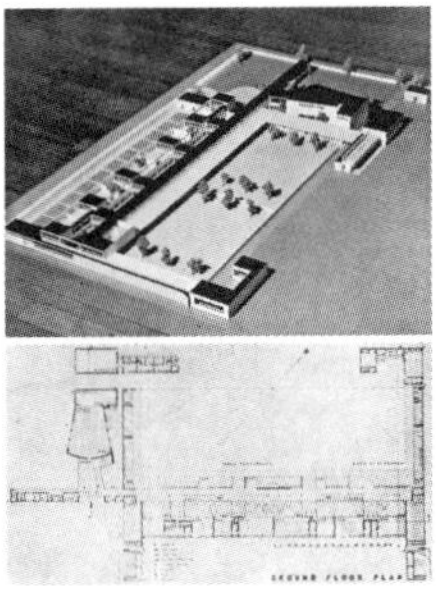

図3
「News Chronicle」のコンペ（一九三七年）の入賞案。設計者はDenis Clark-Hall。廊下と教室の間に中庭があり、二教室がひと組になった「クラスター型」のプランである。（前掲書、上図九頁、下図七八頁）

『子供研究講座』は一九二八年九月から一九二九年七月にかけて、日本両親再教育協会の編集で先進社から刊行された全一〇巻の講座で、子供の教育について多方面から論じたものである。

この特集号が発行された一九三九年といえば、松村は新京にいる。そのような状況の中、この特集がどういう経緯で小山から松村に依頼され、そして制作されたのかは不明である。しかし松村にとってそれは、戦時下に外地で暮らすという厳しい状況の中での数少ない励みであっただろうし、何より自分の資質とこれからなすべきことの方向を確認する良い機会になったのではないだろうか。

新託児所建築

旧来の幼稚園はともすれば子供に無用な偏知的形式教育に堕し易く、又現在の託児所は一定時間の間、生業の為に多忙な両親の子供を預って安全に保育するに止まり、彼等を心身共に円満に発達せしむる為の施設としては完全とは言い得なかった。これは従来保育に従事する者が児童心理に関する知識に乏しく、個性観察も充分でないため、幼児の性格建設上最も大切な時期が全く自然に放任され、甚しきは悪用されていたのによる。又設備においても遊戯場の狭隘な為、運動欲の最も旺盛なる生活期にある幼児の欲望を充し得ず、他の不充分なる所遇と相俟って、性僻の粗野、情緒の劣悪を来す傾向が多かった。ここに於いて託児所に適当なる教育分子を豊かに備え、幼稚園に対しては社会的意義を採り入れんとする機運が醸成されつつある。依って幼稚園託児所の内容を改善充実し、幼児の教養保護の実を挙げしむる為の参考資料として、英米諸国における教育学校に関する最近の研究調査の紹介を試みることとした。

保育学校の意義

保育学校は一九〇八年イギリスにおいて、ラッチェル・マクミラン女史及びその妹マアガレット・マクミラン女史が、ロンドン郊外の貧民窟デッドフォードに診療所を開き、附近の幼児の治療に任じ、次に浴場を附属せしめて彼等の保健衛生に尽し、更に進んで学校を開くに及び今日の保育学校の発達の基礎を築くに到ったものである。このマクミラン女史に依って設けられた保育学校の特色は、幼児の健康教育に重点おく所にあった。即ち貧困家庭の虚弱な幼児を収容して、日光と栄養と運動との力をかりて健康を増進せしめ、その正しい養育方法を家庭に知らしめ、家庭と協力して幼児を教育せんとし、施設においては幼児本位の設備を為して幼児の自由活動を促し、その母に幼児の保育に関する知識を授ける等、母の教育に力を注いでいる。

かくの如く保育学校は乳幼児の保健、衛生、栄養の保護指導に任ずる事を以て、その特色の一つとしているのである。

翻って今日の社会情勢を見れば、都市は幼児がその生活を送るべき場所として、不良な条件に充たされている。監督はおろか自由に遊ぶべき場所さえ与えられていない。

彼等の住む家は極端に切りつめられ、そこにおいて子供達は大人本位の生活を強いられている。

子は母と共にあるのが、いつの世においても幸福であることに変りはない。又児童の教育上から見ても、家庭は児童の個別指導による教育を行う機関として最も優れたものである。しかしながら経済的事情の為に母も亦家庭を外にして働かねばならない事の多くなった今日、不幸な子供達は家庭の保護に恵まれることが薄いばかりか、母親の愛撫すらも専らにすることは許されない。かかる環境において果して児童が健全な発達を遂げることが出来るであろうか。勤労階級の婦人に対しては、彼女達が一日中その子供を信頼して託し得る場所が与えられ、これに依って労働能率を高め収入の増加を計り、以って家庭生活を改善せしめねばならない。

又貧民窟にある保育学校は、幼児が家庭において嘗めている、貧窮の苦悩から一時的にも彼等を慰める場所とならなくてはならない。

又今日の社会においては婦人と雖も決して家庭を唯一の活動の境地として、徒らに小さい殻の中に閉籠っているべきではない。家庭は最早生きた社会から切離された安全地帯ではない。家庭の純浄を希う婦人は直接に社会悪の征服に努力しなければならぬ。家庭教育の完全を期せんが為には、学校との協力を求め、更に進んで教育の環境たる社会そのものの、一切の教育力の培養と教育破壊力の絶滅を期さねばならぬ。今日の社会は婦人が単に家庭の良妻賢母たるばかりでなく、直接に社会の有能な一員であることを要求している。されば家庭を持ち子女の母たる婦人も亦、その能力に応じて一日の内一定の時間を社会奉仕的な活動に割くの用意がなければならない。

　更に母たる者は絶えず読書と瞑想に費す時間を与えられ、自己の向上と修養を怠らず、知識と情操の涵養に精進しなければならない。母をしてこれらの事を行わしめる為にも、保育学校は十分その存在価を有するものである。

　又両親は子供の心理や教育に対する専門的知識に欠けており、子供の世話をやくことが家庭における唯一の仕事でもない。しかるに保育学校では教師は子供の専門家であり、十分に子供の個性を観察しながら、その世話を見るのが唯一の仕事である。

　更に家庭教育の理想としては、一日中母と子が一緒に暮すことは面白くなく、母と子の交渉に於いて最も大切なものは、その間に介在する清新な情味と豊かな感興であるが、その為に必要なことは、一日の内一定の間は互に離れて生活し、相互に新鮮な気持をもって、再び会すると言う事である。


　かくの如く保育学校の成功の秘訣は、一に懸って母親達の誠意ある協賛と信頼とに繋っている。今日の社会においては子供は単に親の私有物ではない、社会の共同責任において児童の健康と福利は増進される可きである。従って個々の家庭において備え得ない設備や、教養上の便宜を多数の協力の力に依って、或は国家・社会の直接の力に依って備えんとする所に、保育学校の精神がある。それ故に保育学校は家庭を安定するものでなく、教育上における家庭の重要性を認め、その不備を補い、その長所を利用することを目的としているのである。

　之を要するに保育学校は一つの社会教育施設であり、心理・栄養学者にとっては児童研究の絶好の機会であり、社会学者にとっては無二の実験場となっており、更に種々の点で保育学校は社会事業の養成所の役を務めている。

保育学校の具備すべき条件

　乳児の保健衛生に関しては両親も社会も十分な注意を払っており、児童が小学校へ入学すれば、学校の医療サーヴィスに依って再び保健に注意される。しかるに二歳から七歳までの間の幼児は、その保健に関して、余りにも無関心な状態におかれている。乳幼児時代を通じて一貫した保健対策が講じられているならば、小学校へ入学後失われた健康を元に直す為に、莫大な費用を投ずる愚を敢て演ずる必要はあるまい。この不合理を是正せんとするが保育学校の根本目的なのである。この為に保育学校には専門の栄養学者をおき、学校で支給される食事の調理は勿論、家庭における献立に就ても母親達に指導を与え、子供の食事の様子に就て記録せしめる等、児童の栄養に就て遺漏なきを期さねばならぬ。又夏は午睡をさせ、天気のよい日は努めて戸外で遊ばせる様にし、時には臨海保育、林間保育、その他転住教育を行う等の事がなくてはならない。医療設備も出来るだけ完備し、幼児の健康に常に注意を怠らない様にしなければならない。

次に**保育学校の教育のもたらす利点**に就て述べれば、元より幼児は最初においては個人的であり自己中心的である。自分の都合だけを考えて他人とか社会とか言うものを念頭におかない様である。しかし社会性は現に乳児の頃より現れるものであり、社会性の発達と言うことは幼児教育上最も重要な点である。それ故に子供は尚幼少で群団生活には不適当であると考えられても、なるべく早くから群団の中へ入れておく様に奨励されねばならぬ。幼児は集団の中において協同の精神を養い、統率し統率される訓練を行い、また忠実・堅忍・不抜・勇気・寛大等の諸徳を養うことも出来る。更に愛情・弱者及び不幸な者に対する同情、道徳心・畏敬の念・宗教心も養成されねばならない。自分の事は自分ですべく教育されると同時に、恵まれない人々の為に奉仕する精神をこそ鼓吹されるべきである。模倣と遊戯は幼児の生活の全部であり、社会性の発達に対して非常に価値のあるものである。それ故に教師は権威（威圧ではない）を以って幼児に臨み、命令指導に対しては素直に服従せしむる様にし、模倣すべく示された模範に対しては、快活に明朗に積極的にそれを模倣せしめ、これと同時に遊戯を通じて彼等を善導し、よき習慣の形成に努めねばならない。幼児保育の根本は、幼児の自発活動を正しく統整し醇化することにある。保育学校は単に教育するだけの場所でなく、幼児から成人に至るまで、人が社会生活を送って行く上の指針を得る為に集まる場所とならねばならない。

既に述べた如く保育学校は又母の再教育の場所となり、家庭の精神生活の向上を図る為に、教育的価値を持たねばならない。母は常に保育学校に出入して各種の集会にも出席し、実地に栄養・保健・教育に関する新しい知識を獲得する。今日の母に必要なものは母性愛よりも寧ろ母性の教化である。子は母にとって熱愛と関心の的である。それ故に保育学校の教師は、母の愛情と熱誠をもって、豊かな暖い懐の中に子供達を抱擁してやらねばならない。未熟な教師のいる保育学校は、その教育の目的を達しないどころか、悪い結果をさえ生ずるに至ることを考えねばならぬ。

次に**保育学校で行われる日課**を記せば、九時までに幼児は母か兄姉に伴れられて来る、始めて入学する時は母は教師に面会する。三歳以上の幼児は更衣室に入り帽子、外套を掛け、靴をとりかえ、顔・手を洗い、或は助手の助けをかりて入浴する。それから皆の揃うまで教師の監督を受けながら遊ぶ。

九時から九時半までの間に朝食の用意をして食事をする、終ると跡片附けし皿を洗い戸棚にしまってから再び遊戯する。或は朝食を与えないで九時五〇分から一〇時の間にオレンヂ汁と肝油を与え、一〇時から一一時半までは天気の日は戸外に出て種々の作業（遊戯）をする、オレンヂ汁の皿洗い、掃除をしたり、鳥や金魚の世話をする。一一時半になると昼食の用意を自分でし、手を洗い、なるべく戸外で食事する様にする。食前食後は教師の話を聞く。食事がすむと跡片附けし、歯を磨き自ら準備して一時間半か二時間午睡する。二時半になると起きて便所へ行き顔を洗い、戸外に出て色々な作業（遊戯）をする。三時から四時におやつが出る、これも自ら用意する。四時半から母が迎えに来るまで遊び、その間に帰り仕度をする、教師は服装に注意してやり、顔や手の汚れをとらせ、帰る時には玄関まで送ってやる。居残った幼児には夕方の淋しさを慰めてやらねばならない。

　日課は種々の条件に従って適宜按配されて差支ない。要するに保育学校の日課は、家庭の生活を大きく改善したものではあるが、彼等は学校で友達と一緒に遊ぶことを学び、自分の身体をコントロールし、自ら着る方法を習い、家庭生活では経験し得ない接触面を拡げてゆく。ここで幼児は自由に気の向くままに遊び、遊戯も口やかましくは監督されず、幼児の力量と自尊心が高く評価されている。

　これに依っても判る如く、子供の要求と必要は微細に考慮され正しく充たされている。保育学校の生活は、幼児にとって最も自然な、愉快な、正常な、健全な生活なのである。幼児は冷静で聡明な教師によって見守られているから、極端に無視されることもなければ、無用にちやほやされることもない。設備と栄養の物理的環境のみならず、精神的環境も子供中心に処理されている。

建築家の立場から保育学校を考察するならば、在来の幼稚園、託児所と同様なアイディアを以って設計することも出来ず、全然新しく解決すべき幾多の問題を提供している。単に幼稚園の設備の寸法を減ずるだけでは、折角の子供をいぢけさしてしまう様な結果を生ずる。幼児は常に監督されなくては遠くへ行くことも出来ない。彼等は頻繁に手水を使い排泄し、その度に教師に世話をかける。

　建築としては美しいものでも、保育学校としての機能を忘れ、更衣室、便所等の位置が悪い為に教師に無駄な活動をさしているものが甚だ多い。室の大きさに関しても、幼児はいつまでもじっと座っているものではない。彼等は活動を通じて教育されるものであるから、一人当りの適当な面積は十分に与えられねばならない。児童は三歳頃までに環境によって重大な影響を受けるものであり、後年における人間の挙動は、実に幼児期における訓練の結晶なのである。それ故に保育学校においては、更衣、洗面、排泄等の習慣は単なる教育の予備課程ではなく、これらの事柄自身が教育の対象となっているのである。従って建築家が清楚な感じを保とうと考え、便所や更衣室を余ったスペースに押し込めたりするのは、学校の直接教育設備の重要な一部分を無視したことになるのである。

　幼児の性質を考えれば、平面計画に当って第一に考慮すべきことは、遊戯室は独立して取扱い、室内で幼児の一日の生活が支障なく営まれる様に設備することである。幼児の世界である遊戯室とその周囲の設備は、大き過ぎるのも複雑しているのも悪く、簡潔で総てに親しみが感じられなくてはならない。余り多くの新しい印象を与えたところが、幼児は全然それを受け容れない。従って幼児の一日の生活は大きい一室で行われ、それに附属して必要な二三の室をその周囲に配置し、遠くへ用を足しに行く様なことは出来る限り避けねばならない。このことを念頭において設計するならば、先づ根本的な失敗は免れるであろう。

保育学校の設計において繰返される代表的な失敗としては、第一に階段である。階段は実際に使用する上に不便であり、危険を伴い職員を多く要し、従って維持費も嵩む。ここで働く人々は全部がその建築家を非難するであろう。故に幼児に必要な室は全部一階に置き、二階におくとしたら職員室に限定しなければならぬ。

次には長いホールである。この設計は最も多く見受けられるが、遠く距った更衣室や便所へ幼児が往復する度に附添わねばならない。これ等の室は遊戯室に隣接して設け、維持費の無駄を省きホールの如きは稀に使用される様にすべきである。

最後に間仕切であるが、諸々の設備は各遊戯室専用のものとし、その間仕切は遊戯室と直接し、容易に近づき得る様に設けられねばならない。

学校内においては幼児は一人の教師が容易に達することが出来、同時に一人の助手の眼と耳の届く範囲内に常に居る様にしなくてはならない。グループになった幼児を動かすことは容易な業ではない。従って各グループは終日一定のコンパクトな場所にあり、彼等に必要なものは全部その周囲に直接配置されねばならない。

保育学校の平面計画を図示すれば、

これを要するに良き保育学校は各遊戯室が独立し、それ自身で幼児の一日の生活の場所となり、附属して必要な場所が直接連絡していること、更に又戸外運動

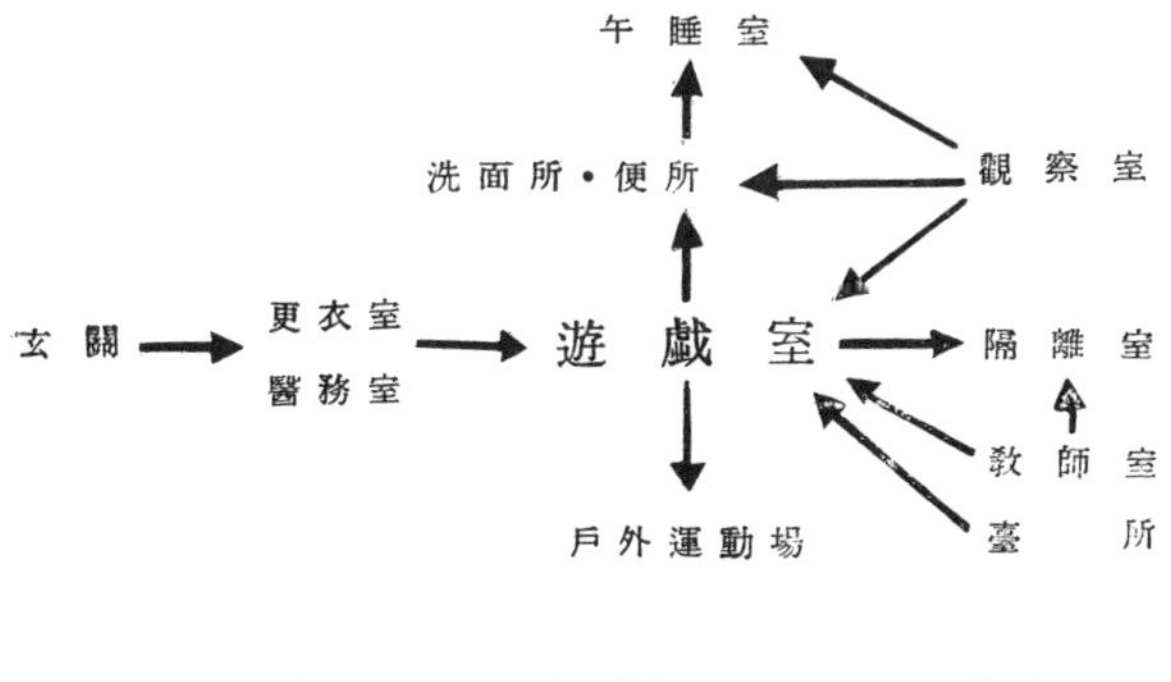

（アーサーダール保育學校の模範的平面其他圖參照）

場も遊戯室から監督される様に配置されねばならない。

幼児の立場からは環境が完成され簡潔であり、自由に戸外に出入りすることが出来（ランプが二三段のゆるい階段によって）、室は幼児が途方に暮れる程広くても困る。

教師の側からの希望としては、子供や物を出来るだけ移動することなく、容易に監督することが出来る為に、階段やホールをしばしば利用する必要のない様に設計されていなければならない。

遊戯室以外に管理上必要な室としては、応接室、事務室、医務室、午睡室、隔離室、物置、更衣室、便所、教師の為の休憩室（兼食堂）、台所、掃除具戸棚、スロップシンク、小使室を挙げることが出来る。

敷地

敷地に関しては、幼児が徒歩で楽に通学し得る為に、都市に在りては二四〇〇メートル以内の距離にあること、――特に給食しない場合。このことは託児所が小学校よりも、小規模のものの接近して位置すべきことを意味している。遠方の完備した保育学校よりも、適当に設備された近くのものの方がよい。次には街路の騒音から隔離され（工場・劇場から遠ざかり）、通学に交通頻繁な道路を横断する必要のないこと。勿論これは郊外の保育学校の如く、好条件には恵まれないであろうが、新しい住宅計画においては十分考慮されねばならぬ。面積は出来るだけ広くとり、採光通風よく、隣接地の家屋・樹木から遮ぎられないこと。一二本の樹木があるだけでも、幼児にとっては、どんなに楽しい庭かも知れぬ。一人当り八・四平方メートルの面積は三グループ（九〇～一一〇人）に対して最小限と見ねばならぬ。

玄関

玄関或はホールは十分広くとること。ここに幼児がバスや電車を待つ間集り、その喧声が訪問者に不愉快な印象を与え、保育学校の良き仕事の結果をめちゃくちゃにしてしまうことも考慮せねばならぬ。八〇人以上を収容する所では二～四歳児と五～六歳児との玄関を分けるのも一つの方法である。前者は監督を必要とするが、後者は自分で身の廻りを処置することが出来るからである。玄関は身体検査室・浴室・洗面所・更衣室・遊戯室に直接連絡せねばならぬ。尚受付を設けて訪問者を取締る場合もある。

廊下

廊下は巾一・八メートルは必要にして、更衣室として使用される時には三メートルを要し、換気に注意せねばならぬ。この場合はコート掛の直上において横断通風の必要がある。廊下が殺風景となるのを避ける様に、興味のある設計を心掛けねばならぬ。廊下はヴェランダ・屋外午睡室に連り、窓は低くして庭園とそこにおいてある幼児のベッドが見える様にしなければならぬ。尚窓はホッパー型のものが通風換気に便利である。床の材料はゴム・リノリウム・木がよく、巾木は隅を丸く取る。壁は手の届く高さまでは洗浄し得る材料を選び、腰から上の壁面も洗浄し得れば申し分ないが、容易に塗り替え得るものたること。壁及び天井の色彩は明快なものとしたい。

廊下に面して予備のコット、毛布、紙、粘土及び絵具材料等の物置を設け、掃除具入れ、スロップシンク等の衛生設備も配置される場合を忘れてはならぬ。

更衣室

更衣室は教育上重要なスペースで、その設備が直接に教育に役立つものであるから、設計には細心の注意を払わねばならぬ。幼児にとっては衣服を取り更え、それを整頓して掛け、靴の紐の結び方を練習することの方が、大人の考え出す他の多くの仕事よりも遥かに重要であり、且それが彼等の精神に及ぼす影響は実に大なるものがある。更衣には時間がかかるもので、完全に更衣した最初の幼児が運動場に出て、最後の幼児が終るまでに一時間半或はそれ以上かかる。急がすことは教育上最も悪く、速度は正確の次位におかれねばならぬー。大体において幼児は満二歳になると着物や洋服を脱ごうと要求するが、着ようとする行いは三歳半から現われる。完全に自分で脱げるのは五歳、着られるのは七歳である。袖を両方通せるのは大体四歳半、前ボタンを掛けるのは四歳、胸ボタンを掛けるのは六歳半、肩ボタンは七歳、袖口のボタンも七歳、脊中のボタンは七歳では掛けられぬ。靴を履こうとする要求は二歳半頃から現われるが、大部分の者が自分で靴を履いているのは七歳から（アメリカのは平均三歳）である。靴下は五歳、パンツは四歳、帽子をかぶるのは四歳（これ等の習慣はアメリカの幼児よりも二、三年遅れている）である。総じて幼児に一つの生活の形態が成立しようとしている時は、最も習慣がつき易い。その意味で嬰児の時は最も習慣がつき易く、また児童期に比べては幼児の時期に習慣がつき易い。それ故に何事もそれが発生し形の定まろうとする時に、よい習慣の形成が注意されなくてはならない。

更衣に関する設備は遊戯室内か（その一部にアルコーブを造るもよい）、さもなくば直接それに隣接して独立した室を設ける。便所・洗面所はなるべく近くに設けるがよい。何れの場合にも天然に採光し、全部の幼児が同時に更衣し得る広さのあることが望ましい。アルコーブの場合は幼児が遊戯室の中へも入って行くので、密集を防ぎスペースの点では最も経済的である。大体一五人に対し二七・五平方米が最も適している。更衣だけなら二〇人に対して此の広さで十分である。

アルコーブの場合は、これより幾分少なくてもよく、遊戯室への運動の自由さの程度に依って定められる。この場合には室の形は比較的長くて狭い方が便利で、何れにしても遊戯室と完全に仕切ることは余り感心しない。

設備として主なるものは、簡単なコート・キャビネット――深さ二五、巾三〇、高一二七センチメートル――を三段に分け、上段は高さ一八センチメートルとして帽子をのせ、中段は高さ七〇センチメートルとしホックを取りつけコート掛とし（帽子とコートの両方をホックに掛けてもよい）、下段は高さ二五センチメートル、靴・ゴム靴を容れる。ロッカーには扉は不必要で、抽斗も避けねばならぬ。扉や抽斗は幼児が探しているものが直ちに発見されず、お互いに混雑して彼等を苦しめることになる。幼児に扉や抽斗を巧に取扱わしむるのは間違っている。見た眼に綺麗にしようとの興味から、彼等にこれを強うることは結局整頓の習慣を鈍らせる。他の設備も同様であるが、ロッカーは保母が口で「それをしてはならぬ」と何度も言う必要のない様に設計されねばならぬ。児童は幼児の頃から自分自身の意志を有し、他人の命令に反対して自らの意志を貫徹しようとする。絶えず小言を言って叱られる子供や、「それをしてはならぬ」と常に言われている子供は、成人の言いつけに対して反対する様になる。それ故に成人は子供に対してあまり口やかましく小言を言ってはならぬ。時には子供の命令を聞き、よい事をした時にはおだてる位にし、賞を重くし罰を軽くしてよい習慣を形成せしむると同時に、真に従順な性質を養わなくてはならない。

又二歳の幼児には抽斗の代わりに金網のバスケットを置き、衣類をしまい、それを吊り下げさすのも無理である。尚靴を履きかえる為に、低い台（高さ二〇～二五センチメートルのベンチでもよい、これはコート・アルコーブの中に置くか、その近くに置くとよい）を一或は二個室の中央に置くと便利である。

更衣室の窓は眺望の必要なきも十分大きく取り、暖房はコート掛の下に温水パイプを収めると都合よく、換気は窓の外にコート掛の直接上に換気装置をしなければならぬ（特に廊下を利用する場合）。床・壁の材料はリノリウム・ゴムを選び、なるべく洗浄し得るものがよい。その他の設備としては、レインコートを乾す戸棚（換気装置あり、コート掛を備えること）が欲しい。

便所・洗面所

既に述べた様に幼児、児童の時期は習慣の形成される時期である。この時期に児童は正しい生活の出来る様に衛生的な生活に必要な習慣、又よく勉強出来る様な学習生活に必要な習慣などを形作らなくてはならぬ。これ等の習慣のうち、睡眠、食事、排泄の三つの習慣は児童の生活を円滑にする基本的なもので、健康の為の習慣の根底をなすものと言われる。

かくの如く児童の日常生活に必要な諸活動を習慣化せしむる事は、児童にとって非常に利益のあることで、これ等は四歳の終までには十分習慣づけておかれねばならぬ。幼児の実際の行動をして習慣とならしめる為に、最も大切な原理は注意して反復させることである。ここに忘れてならないことは正しい習慣をつける為には、習慣づけようとする動作に順序づけをすることである。一旦順序づけられた動作は、どこまでも反復されなくてはならぬ。この反復の条件を更に基礎づけるものとして習慣を形成するものには、その習慣づけようとしている動作に興味を持たしめ、意欲を生ぜしめる端緒を与えることが必要である。

ここに幼児の習慣に関する調査の結果を示すと2、五歳になると朝口をすすぎ、五歳半で歯刷子で磨くことが出来る様になり（アメリカの幼児は四歳で出来る）、四歳になれば自ら顔を洗い、同時に顔を拭き、手を洗えるのは二歳半、シャボンを使えるのは四歳半、うがいの出来るのは四歳、髪を梳けるのは五歳、四歳になると鼻をかめる。二歳半になると附添があれば独りで排尿が出来るが、一人で出来るのは三歳半、排便においては、附添があれば一人で出来るのが二歳半、パンツを取ってやれば一人で出来るのが三歳、真の自立は四歳、しかし紙を使用して完全に跡始末の出来るのは四歳半となっている。しかし何れにしてもこれは標準年齢であって、大小便の躾は二歳前。最初の一年間に始められねばならぬ。

便所と洗面所は遊戯室に直接連なり、その仕切はガラス壁として監視に便ぜしむるがよい。男女の別の仕切は必要なく、便器の仕切も教育上の立場からは設けない方がよい。

洗面器は壁に取りつけるか、室の中央に向き合って並べ、後の壁にタオルとブラシ掛を備える。タオルは棒かホックに掛けるが、ホックの方が使用上は便利である、その間隔はタオルがふれない程度とする。色タイルを用いるか、ペンキで花か動物の絵をかいて（スロットを備える）、各自のものを見分けしめる。小さいオープンロッカーに各自の歯磨粉、石鹸入、ヘヤーブラシ、櫛容れ、ホックにブラシを吊し、時にはタオルを掛ける。ロッカーの底は僅かに勾配をつけ排水と清潔に便ぜしむ。洗面器は幼児用の大きさのものとし、火傷を防ぐ為にミキシングバルブか、自動的に徐々にバルブを閉めるシングル・カランのものがよい。この設備のない場合には温水の温度は一定していなくてはならぬ。保母にとっては洗面器を流しにおく型を好む者もあるが、大抵固定したものが使われている。スラムに在る保育学校では年上の幼児のためにシャワーを、二歳の幼児の為にシンクバスを設備したい。この場合には脱衣室が必要になって来る。洗面所の一端に大便器と小便器を設備する（五歳以下と五～七歳とに分けて使用せしめれば理想的である）。二～三歳児の洗面所にはドレッシング・テーブルを一・二台備える（高さ八〇センチメートル、一台の場合は脚車はなくてもよいが、二台の場合には、その一台に脚車をつける、これは幼児に午睡をさせる場合、衣服を脱がしテーブルにのせたまま、テレス或は午睡室のコットまで運ぶ為である）。各洗面所には又救急箱を用意し、タオル、衣類、石鹸等をしまっておく戸棚があると便利である。

便所・洗面所の広さは一人当り〇・五平方メートル（最小〇・三七）欲しい。

次に**器具の数**について述べると、洗面器は大体四人に付き一個の割合なれば十分で、二〇人のグループに対しては四個（最小三、最大七）、三〇～三五人のグループに対しては六～八個（五～七歳の児童のみについては六個）あればよい。高さは二歳の幼児には三四センチメートル、三～五歳で三七センチメートル、五～七歳で四〇センチメートル位とし、二歳の幼児には水呑、三～七歳の幼児には湯と水を供給する。

大便器は二〇人のグループに対し四個（最小二、最大六）、三〇～三五のグループに対して四個（この場合には男児の為に小便器を一個設ける、クロセット内におくかスクリーンで仕切る）。シートの高さは二～五歳児で一五、五～七歳で一七センチメートルとし、シートの直径は前者で一八～二〇、後者の場合は二三センチメートルとする。シートはベークライト、ゴム、或は木（硬質エナメル塗）で造ったものを用う。便器はロー・ペデスタル型を用い、低く仕切り、扉の高さは一四〇センチメートル位とし、下方は十分にすかし、五歳以下の児童にはロックは不用である。シスターンの場合はチェーンを長くし、タンクには速やかに満水する様にしなければならぬ。

シャワーとバス・シンクは一個あればよく、バス・シンクの大きさは一二〇×四五センチメートル、深さ四五センチメートルのものとし、床からシンクのベースまでの高さを八〇～八五センチメートルとり、教師が立って幼児を洗える様にする。シンクには湯と水を供給し、シャワーにはミキシング・バルブを備えたい。

この他に流しと鏡を一個宛設けるとよい。

床はタイル、テラゾー（腰一二〇センチメートルまで）が最もよく、コルク、マグネシウム性の材料はよくない。リノリウム、ゴムは床にも腰壁にも使用し得る。耐水性のスラブ（例えば石綿板に光沢のある塗料を塗ったものの如き）を簡単に取りつけると、タイル、テラゾーよりも安価である。壁・天井はエナメルペンキ塗とし、水洗に耐え蒸気に対しても耐えうること。窓は出来るだけ大きくして十分採光し、二～五歳の幼児にはプライバシーの点は考慮する必要なき故、窓台も四五センチメートル以内として差支ない。窓は全部開くホッパー型のものが換気に便利である。暖房は必要で建物内が同一温度にあることが望ましく、温度の急変を避け、ドラフトを極力防がねばならぬ。換気は機械換気が出来れば申し分ないが、そうでない場合は自然のクロス・ベンティレーションがなくてはならぬ。外套室のコート掛及び大便器の直上に有効に設計されたルーフ・ベンティレーターを設置することが最も効果的である。

浴室に就て簡単に述べる。小さい保育学校では浴室は不用で、洗面所にバス・シンクを置いて間に合わす。浴室として独立して設ける時は、玄関に近く身体検査室に隣接せしめる。何れの場合にも母親が来て子供を洗ってやることを奨励するがよい。バスは二グループに対して小さいものを一個、六グループに対し二個設備する。しかし出来れば中央にサンク・バス（三〇〇×九〇、深さ三七・五センチメートル、両端に温水と水のミキサーのついたスプレー――頭からかかるシャワーでなく水平に噴霧する――を備えたもの）を設けると年中そこで水遊びが出来て幼児を喜ばす。これが許されぬ場合はせめて三グループ毎に一つのスプレーを設けたい。浴室には尚シンク一個とタオルを乾かす棚が必要である。

遊戯室（保育室）

遊戯室とその周囲の設備は、幼児の一日の生活の中心となり、それを恙なく送らさねばならぬ。従って更衣、洗面、排泄、遊戯、食事、休息の設備は互に連絡せしめて配置し、更に屋外運動場とも直接連絡せしめ、教師が室内に居て同時にこれ等を監督し得る様にしなければならぬ。

幼児の生活これを最もよく特質づけているものは、その生活の情緒性（簡単な感情が全意識を占め、而も身体的な変化を伴う様な状態である時）と、行動性と、思考の自己中心性とである。幼児の生活は全体が情緒的色彩を持ち、その発展も著しい。次に幼児の生活に於て現われることは、行動的な生活、即ち模倣し、試み、遊ぶ生活である。この半面に知的発達の幼稚な為、自己中心的な傾向を帯びた生活が営まれる。かかる次第であるから幼児の生活は、刺戟に応じて、これと融合して現れて来る情緒と行動との生活が、これを特色づけているのである。刺戟から直接に行動が生れる。それ故に最も有効に幼児の生活の統制をなそうとすれば、まずその刺戟条件を考究してその刺戟の統制に力をいたすところがなくてはならぬ。これが即ち幼児の生活に対して、社会的物的な環境が特に重要な意味をもっている所以である。

次に幼児期の生活特徴から考えられることは、情意の生活が思考なしに現われるのであるから、その誘導には刺戟条件を考慮すると共に、直接なる指導をすることが必要であって、判断を促すが如きは多く無効であると言うことである。

遊戯室の広さ

年齢、収容人員、活動の如何に依って一定せず、活動も千差万別で、それに依って一人当りの面積を算出することは無意味である。しかし大体の標準を示すと、コロンビア大学Grace Largdon女史は二〇人の混成グループに対して一人当り五・六～六・五平方メートル、ニューヨーク州教育部は、五歳以下の幼児は一人当り三・五平方メートル、五～七歳の幼児は二・三平方メートル、戸外では両者とも一人当り一八・六平方メートルを適当としている。又他では一〇人の二歳児で一人当り三平方メートル、一二人の三歳児で二・八、一五人の四～五歳児で二・五平方メートル、又或る者は二～五歳のグループ三〇人に対し七九（一人当り二・六平方メートル）、五～七歳のグループに対しては五六（一人当り一・八五）、五～七歳の四〇人のグループに対しては六五（一人当り一・六）平方メートルを要求している。結局一人当り最小一・八五、最大五・六平方メートルとなるが平均四・六五～五平方メートルあれば差支ない。従って二〇人のグループの場合には最小七九、最大一一二、平均八八平方メートルあればよいことになる。収容人員が予定を超過しても一人当り三・七平方メートル以下にならぬ様であれば申し分ない。以上の結果からも小学校と比較して如何に多くの面積を要するかが分る。

天井高も二・七、三・三、五・四と変化するが、ジャングルジムその他大きい遊戯器具、高い設備が用いられる時には五・四メートルある方が都合がよい。室内面積の約三分の一は半永久的な設備で占められることが多く、一割位は積木をおいておく場所として残したい。積木の建築は完成するまで数日間そのままにしておくことが時々あり、従ってそれを壊さないで遊戯の場所が十分得られる位の広さが欲しい。これ等の目的に応じ、且小さいグループの活動に便利な様に全体の面積が適宜に仕切られる方がよい。即ちアルコーブを造るとか、自然な循環の道順或は日当りのよい場所で区分し、容易に移動し得る戸棚やテーブルその他家具で仕切るのも一つの方法である。書画や粘土細工をし或は絵本を見たりするには採光が十分でなくてはならぬが、積木したり汽車を走らしたりするには、少し暗くても差支ないが広い場所を必要とする。自然この部分には滑り台や室内で使用に適する他の大きい遊戯器具が持ち込まれる。勿論これは雨天の日に限る。三歳以上の子供には、アルコーブがあると騒々しい大工の真似事をするに便利である。遊戯室はかくの如く遊戯と手工の場所に二分されるが、遊戯をする時には手工や書画の道具、椅子、テーブルは壁際に片づけねばならぬ。

普通の時は椅子、テーブル、画架は窓の近くに置く。**テーブルの大きさ**は五七・五×七五センチメートル（一人用）、食卓に利用するには五七・五×一二〇センチメートル（六人用）、高さは種々のものがあるとよい（椅子の場合も同じ）。数量は二〇人のグループに対してテーブルは少なくて七個（その内大四、小三）出来れば九個（大五、小四）教師用に一個、椅子は大きさの異るもの交ぜて二〇～二五脚、教師用として一脚を備える。椅子、テーブルは堅牢であると同時に移動容易で、積み重ねて貯蔵するに便利な様でなくてはならぬ。

この点から椅子、テーブルは組合せ式のものがよく、ベッドは担架式のものがよい。室内の設備は総て幼児の活動本位に設計し、椅子、テーブルの配置には融通性を与えねばならぬ。

テーブルを端と端と接して並べると最も場所の経済になるが、使用監督上からは馬蹄形の配置が好まれる。テーブルの後に椅子を並べて通行するには最小一・〇五メートルは必要である。粘土はテーブルの上で弄ぶ。この為にテーブルとベンチが欲しくなる。画架には三つの型がある。即ちシングル、ダブル、オールヒンヂ。巾は七〇、フリースタンディングのものは開くと八〇センチメートルになる。幼児一人が立って六〇センチメートルの面積を占め、画架は並んで立てる。壁架のものは壁面から七五センチメートル突出する。画架の下にはリノリウムかゴムの敷物を敷くと床が汚れない。しかし画架は二〇人に対し二～三個あればよい。その他の設備は後に記すが、要するに種々異えた機能に応じて要求される面積を先ず決定しなくては、室の大きさを得ることは出来ぬ。勿論この際なんの障碍もないオープンフロオァーの全能性を無視してはならぬ。従って賢明な建築家は、経験のある教師に依頼し、現在の床面に彼女の習慣から凡ゆる場合を予想して家具を配置してもらい、それに依って設計に必要な面積を算出するであろう。

次に**一人の教師が受持ち得る児童数**は、Harriet Johnson 保育学校では一人の助手をおくものとして、八～一〇歳の幼児を平均一六人と定め、ニューヨーク州では、一人の教師で三歳以下六人、三歳で一〇人、四歳で一五人、それ以上は幼稚園の標準を適用すべしと規定している。収容する人数もグループの幼児の数も少ない方がよく、実際には一クラス一五人が教育上最も成績が上るが、経済上からは最小一〇人を限度とし二〇人を理想としている。大体において二～五歳の幼児一二〇人を収容する場合は、これを四グループに分ち、一クラス三〇人とし、二～七歳の幼児だと一八〇人収容するものとし、六グループ、一クラス三〇人を標準と定めている。

室の一般的要求

遊戯室は大小二室備え、大室（六〇人位収容し得るもの）は集会、雨天体操場として利用し、折畳戸で仕切り、必要あれば随時二室として使用するのも一つの方法である。形は安全の点からは不規則な形を避け、南或は東南に窓を出来るだけ大きくとる。最も理想的なのは三方に窓があり長辺が南の運動場に面していることである。グリーン・ハウス・デザイン、或はオープン・エア・パビリオンが採用されるのは此の理由からである。冬期も暖房換気の完備した室内で幼児は軽装せしめて活動させたい。窓と床の面積比は一：四以上とし、室の後方で本を読んでも眼が疲れない程度に奥行があってよい。事実多くの教師は遊戯面を便利に使用する関係上、少し奥深い室を望んでいる。

窓台は三七・五乃至四五センチメートルとして天井まで一杯にとり、ドラフトを避ける構造とせねばならぬ。この為に天井近くの窓を外開きホッパー（曲がった長い柄で操作する）とし、下部を内開きホッパー（幼児が開閉する、その間隔は二〇度前後を適当とする）として横断換気を計る。――完全にこの目的を達する為には、窓の両側に頬板を取付け間隙をなくさねばならぬ。中央は外開きか引違戸とす。尚ホッパーを採用する場合、反対側に嵌殺し高窓を設け、その一部を廻転窓か下ヒンヂ内開窓（ホッパー）とすれば、換気とストームを防ぐに効果がある。ホッパー窓の下に暖房放熱器を置くと、対流による上昇気流が流入、気流の上向を助けるから、ホッパーは窓台上に直接取付けても差支ない。しかし[3]実験の結果では、ホッパーの位置が下にある程気流の波動が下層になり、流入した気流は直接在室者に当る嫌がある。これと夏期の湿度の高く、他に比し多量の気流を要求する土地では、窓底部のホッパーが開口面を制限するのを避ける為に、ホッパーの障子の頂部即ち開口面が床上一・八メートル以上になる様に設けねばならぬ。

床の構造

床の構造は非常に重要で幼児の活動に影響する。スムースで（滑らないこと）安全で（刺がなく）硬くて弾力性あり、清潔の保ち易いこと。更に乾燥していて塵埃が立たず、常に温い材料でなくてはならぬ。それ故に地上に直接造ることを避け、地階があればその上に、さもない場合は床下に十分の空気層を設け、防水性のコンクリート・スラブを打ち、根太を埋めて、その上を弾力性の磨滅度の少い材料で仕上げる。例えば木、コルク、リノリウム、ゴム、アスファルト・タイル等が適している。この内コルクはパネルヒーティングを採用する場合には不適当であり、リノリウムは硬質（戦艦用の半光沢性）のものを選ばねばならぬ。尚床の入隅は掃除に便利な様に丸くするか、その他適当な方法を講ずるがよい。

壁

腰高一・二〇米位（手の届く高さ）まではスムースで、容易に清潔にし得る丈夫な材料で仕上げること、床と同じものを使っても差支ない。腰から上はプラスターとし、これを壁画で飾るのもよい。壁画は保育学校の性質とかシーンとかを画き、一つのリズムを含めるもので、幼児に良き感化を与える様でなくてはならぬ。壁特に天井は防音構造としたい。この室では騒々しい活動が行われるから、住宅地に建つものは特にこの注意が必要である。室内の色彩は明朗で変化がなくてはならぬ。天井と壁は調和を保ちつつ色を変える。冷色はよくないが、ブリュー（ライト・ブリュー）とその補色を組合して用いると、非常に陽気な雰囲気をかもし出すことが出来る。スクリーンとか壁の小部分及び家具、玩具、その他移動の容易な物品に壁・天井と強い対照をなす色彩を用いるがよい。

扉はなるべく硝子戸とし、網入りガラスか特に強い厚板ガラスを用いること。尚腰は鏡板を排して、フラッシュとし軽く開閉し得ることが必要で、巾は七五センチメートル以下とし、レバー・ハンドルは低く設け、便所とのドアーも網入ガラス戸として監督に便利な様にするがよい。

戸棚

室内には棚、戸棚を十分設け（二〇人のグループの場合八・四立方メートルを必要とする）、玩具、絵本を整理し、幼児が容易に近づき得る様にしておく。小さい玩具及びその備品は様々雑多なものがあるから、幼児が直ちにそれを見出し得る様に種々な型の戸棚を造るとよい。小さい玩具は長くて低い戸棚（高さ九〇、深さ三七・五、棚の高さ二〇～三〇センチメートル）にしまい、開放する時には軽い引違戸をつけ、大きい玩具を容れる戸棚にはカーテンか扉を装置する。尚午睡室として兼用する場合には、ベッド（六〇×一四〇センチメートル）と毛布戸棚（五五×一六五センチメートル、換気に注意すること）が必要になって来る。これは室内と屋外から直接出入に便利な位置に設けると都合がよい。マット、はたき、雑巾、仕事ズボンの戸棚は幼児の使用するに便利な場所に設け、この他台所戸棚の代り或はその補助の意味で食器戸棚を造り、その棚の高さは幼児の楽に取出し得る様にする。

室内には飲用泉、手洗流し（何れも子供用のもの）が必要で、これ等は危険のない様に壁の中に収さめるとよい。

照明に関しては天井に造ったパネル・ライティングが最も気持よく、遊戯室、便所等では三～四歳児にはスイッチを操作せしめる習慣をつけさせる様に考慮すべきである。

教師の為には隣接して準備室が欲しく、椅子、テーブルを備える。

この他黒板（長さは一・五〇メートル位でも間に合う）を幼児に床に座っていても画きうる高さに設ける。しかし黒板はなくても差支ないが、幼児の作品を示す為の掲示板（コルク・フェルトで造り、長さ一・五〇～一・八〇メートル）は是非必要である。これ以外に室の周壁には鋲止板として、幼児用に床から一・二〇メートルの高さに設け、更に壁に沿った低い家具から六〇と九〇センチメートルの高さ、床から一・二〇メートル）以下に設けると便利である。

ピアノ（少くとも三グループに一つ）と蓄音器を備える。

幼児の遊戯と遊具

幼児の遊戯は大体において目的がなく、単に遊ぶことを楽しんでいるのである。それ故に幼児の遊戯的作業に就ては、その出来栄の善悪を批評するよりも、むしろ遊戯的活動そのものを楽しませることが肝要である。

三歳までの幼児は一人ぼっちで遊ぶ傾向があり、他から干渉されず自分一人で劇的遊戯に耽り、それで満足している。そうかと言って一人だけでいるのを好まず、傍に同年齢の子供のいるのを喜ぶ。五歳頃になると三人位集って、共同的遊戯らしいものをする様になる。大体七八歳になるまでは、団体的遊戯や数人で計画を立てて共に遊ぶことを好まない。二歳頃の幼児はボールをついたり、木馬にのったり、砂場遊びをしたり、玩具を弄ぶ様になる。しかしこの頃の遊びは明確な形がない、すべてが無規定であぶなっかしい運動で遊んでいる。三～四歳になると運動遊戯をする様になり、六歳にもなれば縄飛をし、おすべりを喜び、幅飛を楽しむ様になる。三歳頃の幼児は物を壊してみる試みの現れが強く、六歳頃には物を組み立て創り出す様な試みの欲求が現れて来る。幼児が好んで積木を積み、折紙をおり、粘土を弄ぶのは此の為である。

凡てこの種の欲求は幼児に自発的に種々の試をなさしめるもので、これに依って知識を拡充してゆく。従って幼児の試の欲求は、出来る限り満足を与え、又好奇心の他の現れとして児童はよく質問するが、これにもよく応じて、これ等の欲求を旺んにしてゆかねばならぬ。六歳頃の幼児は模倣の欲求を満足せしめる様な遊戯を選ぶ、例えば人形遊び、まま事遊び、汽車ごっこ等。幼児は他人の活動を模倣する強い本能的傾向を持っている。従ってある児童はまだ獲得していない活動を、他の児童から模倣し、お互がその活動を発達せしめてゆく。保育学校の教育の利益の一つはここにある。又幼児はその周囲に現れる行動を遊戯の際に劇化してみる傾向があり、大人の行動を模倣するのもそれである。かくの如く児童は模倣すべき範例によって刺戟されるものである。それ故に範例は善良であり、環境の整理されることが教育上非常に重要なことになって来るのである。

児童は発達するに従って遊びが変化して来るが、六歳頃までは性による遊戯の差はあまりない。幼児の遊戯は主観の状態によって生れるものであるから、玩具・遊具によって、この主観の事情をつくる刺戟となる役目を果さねばならぬ。

遊具や玩具を与えるものは、児童の遊びをよく観察し、児童がどんな遊びに動こうとしているかを見なければならぬ。児童が求めている遊具を与えることが最も大切なことである。これと同時に玩具は（家具、その他の備品に就ても言われることである）科学的にデザインされたものであり、且精巧なものよりも幼児にヒントを与えて、彼等にたとえ貧しくとも自らの玩具を工夫して、自ら造らしめる様にしなければならぬ。変態な興味を刺戟したり、下品な趣を持っている玩具はよくなく、美的な感情を培い、同時に堅牢、衛生に無害、危険のないことが望まれなくてはならない。この点より一歳から三歳頃までは、運動を促進し組み立てる玩具を与え、三歳以後七～八歳までは全身の構えと手足の運動を調整するもの（輪投げ、お手玉、ボール）、手足の運動を調整するもの（切り紙、折り紙）、全身の運動と手足の調整をする玩具（オスベリ、ブランコ、三輪車）、模倣、遊戯の玩具（ままごと道具、人形、電車ごっこの道具）、組み立て玩具（積木、砂場、粘土）を与える。これは年齢的な玩具選択の一つの基準を示したものである。

積木は好んで児童に使用されるが、嵩張るから棚に整頓して積み重ねておく。二歳以上の児童には各自の玩具やクレヨンを容れた箱をしまっておく棚を与える。この場合の棚は、大さ約三五×三五、深さ二五センチメートル、色分けしたり、小さいマークを取りつけて字の読めない児童に、各自の持物を判別せしむ。二歳頃の幼児は一時に多くの玩具を見せると、心が迷ってみんな欲しがる。それで使用しないものは全部彼等の手の届かない戸棚（錠付とすることもある）に蓄え、保母がその都度取り出して与えねばならぬ。例えば、紙（クレヨン画に普通使う紙の最大なものは四五×六〇センチメートル）、粘土、クレヨン、或は絵具（箱に容れたテンペラ）、ブラッシュに類したもの。五～七歳の児童には各自に棚を与え、スケッチ・パッド、ノート、鉛筆等をしまっておく様にする。小図書室を設けない場合は室内に戸のない本棚を設ける。更に児童が自由に取り出し得る戸棚には、小さい人形、人形のベッド、小さいヒノシ、金盥、クロース・ピン等をしまっておく。

教師の戸棚（この他教師用のものとして全部で四・五平方メートル要る——二〇人のグループとして）の甲板は（高さ一・二〇メートル前後、玩具、その他小さい器物をしまっておく）傾斜して作られることがある、これは事の序でに記録をノートするに便利な為である。

又雨天の日には戸外の遊戯がここで行われるから、人形の乳母車、手押車、三輪自転車、或は自動車をしまっておく大戸棚を（一一・三四平方メートル、但し二〇人のグループに対して）各遊戯室か又は中央に一箇所備える。この他遊戯器具で必要なものとしては、ブランコ——軽量で簡単に持運びが出来るもの、各グループに一個、普通は戸外におき、雨天の日に室内に持ち込む。ロープ——攀じ登る稽古をする為で二グループに一個の割合、室内或は戸外におく。リング——これも二グループに一個、室内或は戸外に備える。滑り台——一ケ以上、室内に造付とするか移動式のものとする。なるべく室内の器具は移動式のものが便利。大きくて軽いホローブロック——種々の型のもの五〇～一〇〇個、これで家を造るのであるが、持ち上げるのに便利な様に頂部に手掛りをつける必要がある。子供の喜ぶ道具の一つである。

この他砂遊びの出来るサンドボックス、水遊びをする為のプールを設けたい。

室内に設備する大きい遊戯器具の一つの試みとして、天井からバルコニーを吊し、階段は滑車で引き上げられる様にし、これに滑り台を取りつけておけば、使用しない時も床面を塞がず、安全で非常に面白い（紐育Harriet Johnson保育学校参照）。

幼児の身長体重発育表（三島通良博士の調査による）

年齢	身長（cm）	体重（kg）
—	—	—
—	—	—
2歳	80	9.9
3歳	85	13.5
4歳	92.5	15.3
5歳	100	18
6歳	105	18.9
7歳	112.5	20.15

年齢	身長（cm）		体重（kg）	
	男	女	男	女
初生児	49.1	48.7	3.0	2.9
1歳	73.5	72.9	9.0	8.5
2歳	79.5	78.9	10.8	9.9
3歳	85.4	84.9	12.4	11.5
4歳	91.7	91.0	13.7	12.9
5歳	97.4	96.5	15.2	14.5
6歳	102.8	102.4	16.5	16.0
7歳	108.3	107.2	17.8	17.2

左図は英国の幼児（男）、右図は日本の幼児（男女）との比較（女子は幾分少なくなっている）

ホール

全部の児童を集めて（五～七歳）唄を歌ったり、ダンスをしたり、或は屋内遊戯室として、学芸会を催したり、或は幼児の作品の展覧会場（幼児の眼の高さに貼りつける設備をすること）として、或は両親の集会場、地区の住民に開放して簡易音楽会、時局講演会を開催するに利用せしめる。

独立して室を取れば申し分ないが、止むを得ざれば遊戯室を二室合して用うる様にすれば経済的である。広さは四～六グループ（一二〇～一八〇人）に対して一一一～一六七平方メートル、天井高は少なくとも四～五メートルは欲しい。窓は南東、南西に面し床までの連続窓、引違戸か折畳戸とし、庇を大きく突出せしめて、テレスを造り戸外遊戯場の一部として使用し、これと反対側に高窓を設け通風換気を計る様にしたい。床の材料は堅木のブロックが適し、この他板敷の上にリノリウムを張るもよく、又はコンクリート床の上にゴムを貼るのもよい。前者は硬質で滑らない様にし、後者は明るい無地の色彩のものを選ばねばならない。交通が激しいからコルクは適当でない。

暖房は床に窓近くパネル・ヒーティングとすれば理想的である。壁・天井の色彩は遊戯室よりも使用時間が短いから少し強烈でもよい。家具は総て運搬容易なものとし、椅子は積み重ね式のものとし、予備の椅子を少し貯えねばならぬが、テーブルは予備のものは必要ない。ピアノを一台備えておかねばならぬ。

ホールを午睡室として使用する場合がある。この為にベッド、毛布、枕の倉庫が必要で、尚この他に大きい車の玩具の倉庫も備えておきたい。

戸外運動場

これは運動場としてよりも庭園として取扱うがよく、児童に暗示を与え、想像力を刺戟し、開拓する場所として考えられねばならぬ。丘あり凹地あり段ありと言った風に。

道路からなるべく遠ざかり、その境界には垣をめぐらし（大人、狂犬の入れぬ様に）、児童は遊戯室を通って出られる様にし、幼児が外に迷い出るのを防がねばならない。又運動場は教師が何処に居っても全体が監視し得る様でなくてはならない。理想としては遊戯室の前にテレスを造り、そこを通って運動場へ出られる様にしたい。このテレスは庇を出すなり、屋根だけ造って壁面を開放するなりして、雨上りで地面のぬれている時には此処で遊ばせる様にするとよい。テレスはコンクリートか、その他滑らない材料で仕上げる。

このテレスの広さは二〜五歳児には室内遊庁室の全面積より大きい必要はない。

運動場の隅か一方側に片よって樹木を植え、気持のよい日蔭を作り、前には花壇を設け、観察と教材に利用する。運動場は大体三区分され、軟い地面の自由な遊戯場と、舗装して（磨滅の少い乾燥の早い材料で仕上げ、広さは少くとも遊戯室と同面積は必要）車に乗って遊んだり、大きい積木や、人形で遊ぶ場所を造り、他の部分は地面のままか砂利敷として運動器具を設置する。

即ち遊戯室前のテレスに続いて芝生の遊び場所を造り、面積は広い方がよいが、少くとも室内遊戯室の全長は欲しく、半分の児童がここで遊べる様にする。この近くに砂場、ジャングル・ジム、戸外で使用する玩具物置を設ける。

更に運動場の周囲に巾一・八メートル（九〇センチメートルでもよい）位の細長い一本の舗装したトラック（急なカーブを避ける）を、舗装した運動場と連絡して造り、児童がスクータや自転車に乗って遊ぶ場所とする。

運動場には又巌窟や恰好な隠れ場所を造り、芝生の堤を造ったりしてやると、幼児は非常に喜んで遊ぶ。尚市内の保育学校では屋上の方が日光豊富で空気も清く、運動場として適している。安全の為に周囲に柵を廻らさねばならぬ。面積に制限されるから、衝突をさける為に、年齢による区画を地上の運動場よりも一層厳重にしなければならぬ。

面積はまだ経験を基にして算出している。大体一人当り二・〇〜七・五平方メートルとみれば大差ない。しかしてこれは保育学校の如く監督者のいる場合であって、自由遊戯場ではこの二倍の面積を必要とする。次に示す数字はアメリカのものであるが、これは公共運動場で年齢によって区別せず、監督も手薄であるから、保育学校ではもっと割引して差支ない。即ち遊戯器具の占める面積は、ジャングル・ジム或はタワー・ジム――三・六×四・五メートル、滑り台――二・四×六・〇メートル、チェア・スイング（三人乗）――六・〇×六・〇メートル、砂場一人当り一・八五平方メートル（但し周囲に巾九〇センチメートルのフリー・スペースを残す）、平行棒――一・八×三・六メートル、ティーター――一・六五×四・五メートルを必要とする。

次に**遊戯器具**に就て述べることとする。

　先ず幼児の一番喜ぶ砂場を一カ所造る。広さは三×四～四×六メートル、もし小さい託児所でサンドボックスとし雨天の日には室内に持込むものは、運搬を容易にする為に、外法九〇センチメートル×二メートル、深さ二〇センチメートルとし、木製、内側鉄板張、底には排水用孔を造る。固定のもので小さいものは深さ三〇センチメートル、砂の厚さ一五センチメートル以上とするが、普通は周囲を木又はコンクリート（モルタル又は人造研出し仕上）で造り、地表面から一五センチメートル位あげ、（巾を広くして腰掛とする三〇～三五センチメートル）、砂の深さは二四～三六センチメートル、縁から底までの深さ四五～五四センチメートルとする。底は割栗石を敷並べ貧調合のコンクリートを薄く打ち、溝を造るか穴をあけ排水を完全にしなければならぬ。砂は海又は河砂を洗浄し小砂利、汚物を除去してから使用し常に清浄を保たしめ、時に洗ったり補充する。砂場は衛生上からは日光を必要とするが、砂の過熱を防ぐ為に（一〇パーセント位の湿気を常に保持していれば理想的である）、夏は日蔭が欲しく、又近くにパーゴラを造っておくのもよい。バケツ、トラック、シャベル、篩、桝、ハカリ、その他の砂場用玩具を用意しておきたい。

　次に夏の**水遊び設備**として、徒歩池がある。円形又は楕円形、コンクリートで造り豆砂利洗出し仕上げとし、底には小砂利を敷き滑るのを防ぐ。水の深さは一八、二一センチメートルから最も深くて三六センチメートル位とし、砂場に接近して設けぬがよい。中央に噴水を造り頭から水のかかるシャワーを設けると児童は喜んで遊ぶ。時には移動し得るカンバス製のプールを用うると安くて便利である。パイプ枠に緑色の防水カンバスを麻縄で取りつけたもので、大きさは一・五×二・四メートル、深さ六〇センチメートル。

　滑り台は木製なれば樫、桜、檜、楓（杉は不良）とし、一枚板は反り易いから巾一二センチメートル位（厚さ三センチメートル）のものを接ぎ合せて造る。ステンレス・スチール或いはアルミニウムで造ったものもあるが、人造研出しが最も経済的である。傾斜は磨きあげた樫材なれば約三二度、金属板は三〇度（三五度以下）、人造研出しは三五度とし、巾は何れも六〇センチメートル以下、縁を九センチメートル以上造る。長大なものは中部以下は傾斜をゆるくし、端は六〇～九〇センチメートルは水平とし地面から一五センチメートル位あげておく。構造、形式には種々なものがあるが幼児には簡単なものの方がよい。登り梯子の勾配は八〇度位とし、これもコンクリート、鉄或は木造とし、踊場は小面積（四五×四五センチメートル）で差支ない。地面から踊場までの高さは一・五～二・五メートルを適当とする。滑り台は出来れば二箇備える。

　ブランコにも種々の型があり、柱、梁を木、鉄で造ったもの、マニラロープ或は鎖、パイプを使用し、吊金具にロール・ベアリングを使ったものもある。高さは児童用のものは一・八メートル、台の高さは地面から三〇センチメートル前後——腰掛けて使用するものは三〇センチメートル。ローン・スイングと言って腰掛ブランコは比較的安価で利用価値多く、安全で広く用いられている。骨組は木・鉄製、腰掛、踏板は木製とし、夏はこれに日除をとりつけることも出来る。幼児の為にチエア・スイング——木製台の周囲に手摺をつけたもの、ハンモック・スイング——布製のハンモックを吊し、附添人のあるものとして高さは地表から六〇センチメートル位にする。両者とも亜鉛引の二吋パイプで骨組を造り高さは一・八メートル位としたい。幼児用安全ブランコと言うのは腰掛にハンドルと足掛とを組み合わし、これを向い合って造り、綱で吊したものである。

ジャングルジムはコンクリート基礎に二分の一吋パイプで組み立てたもので、これを丸太で組んでもよい——この場合は接手、釘、針金に注意しなければならぬ。シーソーは幼児用として高さ四五～六〇センチメートルとし、板を固定したものと支柱(パイプなれば三吋必要)に児童の重さによって調節し得る金具を取りつけたものとある。板にはハンドルを設ける必要がある。

尚滑り台、ブランコ、シーソー等を組合した器具がある。これは監理上都合よく、面積を節約し(各個に配置するより約三分の一内外で足りる)狭い場所では便利である。

この他固定及び遊動円木、木登り、梯子登りの設備、三輪車、四輪車、手押車(一輪又は二輪)、トロッコを備え(これ等をしまう為に九・三平方メートル位の物置がいる——但し二〇人のグループとして)、更に種々の大きさの板とブロックを用意しておきたい。

プレイ・ハウスは四本の柱で屋根を支えただけのもので、この柱に溝をつけ幼児が大きい積木で家を建てて遊ぶ時、板をはめて壁を造る。これに使う板や積木、その他の玩具、道具をしまっておく大きい箱(小屋——一・五立方メートル)を造り、防水性のもので便利な場所においておく。特に玩具箱は遊戯室前のテレスの近くにおく必要がある。

幼児のベッドをおく場所はなるべく遊戯室の窓に近く設けた方がよい。

夏の日蔭を作るために設けるパーゴラは、棚の高さ二・四～二・七メートル、柱(米松、栂、赤松、欅、檜、松、栖、杉丸太、栗丸太、或は竹の何れでもよく、素地又は白色ペンキ塗。柱は土中に六〇センチメートル位埋める)や桁と棰で棚を造り、これに蔓性植物をからませる。

芝生は野芝が強くてよい(クローバーでもよい)、雑草を生やさない様に気をつけ、年五回位刈込まねばならぬ。芝生で大切なことは排水設備である、これは三・六～五・四メートル毎に溝をほり、これに素焼土管をおき、その上に小石か木の枝をくくった束を入れ、沃土(六～九センチメートル厚)を敷き均すか、或は砂利二〇センチメートル厚に敷き並べ、これに盲暗渠を造りこみ、砂利敷の上に沃土を五〇センチメートルに敷く。

芝生と共に作りたいのは花壇である。運動場を美化すると同時に、児童の情操教育に役立つ。花壇の道は砂敷とし、花の手入は努めて児童に行わせる様にする。この近くにバード・バス、鳥小屋などを設けて幼児の感情を豊かにしたい。

運動場は適度に乾燥し塵埃の立たざる様にしなければならぬ。この為には排水土管を埋設し、地表には砂礫、砂を敷き均し、適当の勾配をつけ、水路を設け、排水用の溝渠を造り、地表には凹凸を造らない様にする。遊戯器具を設置した附近では特に注意されねばならぬ。撒水設備としては水道にホースを直結するか、又は如露、手押ポンプを用いてもよいが、幼児はスプリンクラー（大型で直径三〇センチメートルに達す）を殊の外喜ぶ。

外側の垣根は種々の構造のものが考えられるが、事情が許せば生垣が最もよい。生垣用としては、カナメモチ（生長迅速、美観、乾燥地に適し、寒地には不向）、カラタチ（抵抗力強く裏庭用）、マサキ（生長迅速、美観、強靱で日蔭地に耐え裏庭用）、イヌマキ、ネヅミモチ（強く湿地に耐え裏庭用）、ホンツゲ、イヌツゲ（日蔭地に耐え低い垣を作るによい）、サンゴジュ（生長迅速、日蔭地に耐え）、マキ（美くしく強い）、クチナシ（美観、日蔭地に耐え）、コノテカシハ（乾湿地何れにも適す）、ヒヒラギ（湿地に耐え）、その他サザンカ、ツツヂ、ツバキ、バラ、ドウダンは美しく、杉、檜、樫は生長迅速で日蔭地にも耐え、この他乾燥地に適しているものは、欅、ビャクシン、ニレ、ムクゲ、ウヅキ、グミ、ニセアカシヤがある。緑蔭を作るものには、プラタナス、アカシヤ、アオギリ、イチョウ、ポプラ、ケヤキ、サクラ、キリ、エノキ、カエデ、トチノキ、ホホノキ、スズカケ、カツラ、ミヅキ、ネムノキ、ニレ、ヤナギがある。パーゴラにからませるには、フヂ、ブドウ、アケビ、ビナンカヅラ、ツタ、ムベ、クヅ等がある。尚ツルバラ、ツタを垣根にからませるのも趣がある。

午睡室

午睡室は午後も使用する託児所において必要であるが、止むを得ない場合には遊戯室にベッドをおいてもよい。午睡をさせる以上はこれに依って、よき睡眠の習慣を養う様に注意されねばならない。即ち一定の時間になったら喜んで床につき、充分の時間眠り、他人の世話にならないで一人で床につき、普通の状態であれば多少は騒がしくても眠られること、更によい姿勢で眠る習慣をつけねばならぬ。幼児は一時間半、少くとも一時間は熟睡する必要がある。それ故に出来れば午睡室は遊戯室と隔離し、午前中の遊戯のシーンをすっかり忘れてしまって（早く眠らせると共に、早く眠りにおちさす為には適度の疲労を与えねばならないが、就床前に強く興奮せしめてはならぬ）眠れる様にしてやりたい。午睡室は温暖の地方では、スリーピング・ポーチ或はパビリオンとして設けることが望ましいが、その他の場合は暖房設備のある室が必要になって来る。幼児は遊戯室を出る前に身支度を整えてから午睡室へ行く。市内の託児所では奥行の浅いバルコニーを利用している所もある。この場合にはベッドに幌を取りつけて、風や日光の具合を自由に調節し得る様にしなければならぬ。二〜三歳の幼児の場合は、窓の内側に幼児を並べ、窓からその塒に辷り出すこととする。

屋外午睡室では問題ないが、室内の場合は窓からの自然換気によるか、それとも機械的に調温調湿し完全な防音構造の室とした方がよいか、否かの点では、まだ意見が纏まっていない。しかし此の問題は結局は経済に左右されるだろう。

清潔なものを常に与える為、コット、シーツ、毛布の戸棚（家具、造付、何れの場合にも換気を完全にすること）を設けなくてはならぬ。戸棚は午睡室のある場合はそこにおくが、遊戯室を使用する場合は必ずしも室内におく必要はなく、廊下に備えても差支ない。幼児は一人で二枚のシーツと一枚の毛布を使う。洗面所、便所はなるべく午睡室の近くに設けるがよい。

午睡室の広さはコットの配置方法で変り、気の会った者同志を二三のグループに並べる法と、これと反対に隣が眺められない様に、不透明のスクリーンをコットの間におく法とある。この場合はスクリーン（縦六七・五、横七五、高さ九〇センチメートル位）を交互にベッドの頭の周囲に一列に並べ、スクリーンがベッドの足まで延びる必要はない。このスクリーンは運搬に便利な様に軽量で折畳式としなければならぬ。幼児をグループに寝かす場合は、コットの間の通路は、巾四五〜七五センチメートルあればよく、コットグループ周囲の通路は一メートル必要である。尚この方法を採る場合は、一つか二つのコットをスクリーンの後かアルコーブの中或は又低い間仕切の後におき、落ちつかぬ、睡眠の最も必要のある幼児の為に、備えておくこと忘れてはならぬ。

結局午睡室の広さは一人当り一・四〜二・五平方メートルとし、二〇人のグループに対しては四六平方メートルとすれば大差ないであろう。尚コットの大きさは四歳までは約六七・五×一二〇センチメートル、四〜五歳で六七・五×一三〇センチメートル、五〜七歳で六七・五×一三五センチメートル。遊戯室で使用するものは折畳み式、軽量たることが必要で、ヒンヂや特殊なシンバリがなくても自動的に開く軽便なもので、使用しない時には隅に重ねておく。これには木造で脚は下に折畳み得る様にし（弛まぬ様に丈夫に造る）座はボタンで止めて取外しを自由にしたもの、或は金属製の枠に底を張ったもので、貯える時には積み重ねらる様にしたもの等がある。高さは何れも二五〜二七・五センチメートルとする。コットの代りに一種のパレット（藁蒲団）が用いられることもある。

休息設備及び管理事務室

保育学校は社会的なものであり、児童に団体訓練を施すことを目的としているから、スペースを無暗に隔離する必要はない。ただ午睡室とここに述べる休息設備とは、事情の許す限り隔離したいものである。幼児がグループ・プレーに疲れた時に、自由に行って休息する場所として、バルコニーでもアルコーブでも或は独立した室でもよいが、何れの場合にもアトラクティブで精神を爽快ならしめる様に設計されねばならない。尚この場所は遊戯室或は教室から監視される必要がある。この点から教師室に隣接しているのが最もよい。又ある場合には医療のための隔離室が必要なこともある。これは家に帰る程悪くもないが、他の子供と一緒に遊ぶには少し気分がすぐれない子供の為に設けられるものである。いたづらで困ると言われる子供は、大部分疲労か、いらいらした神経が安静を求めている為か、或は刺戟の欠乏の何れかが原因しているのである。従って隔離室は愉快な、幼児の気持を和らげる様な設備が施されねばならない。尚室内にはコット、スクリーン、椅子を各二箇、テーブル一箇、それに遊戯室から玩具と絵本位を取りよせておく。この隔離と言う意味をとり違えて懲罰だと考え、子供が外を見えぬ様に高窓のある室を造った建築家があったと報告されている。

尚序でに教師の為の休憩室に就て述べる。あらゆる勤勉の中でも、恐らく教師が保育教育を十分に果し得たと思う喜びに優る喜びはあるまい。献身的な努力を続けている彼女達に対し、静かな一室を与え僅かな時間でも、そこで過させる事に依って、吾々はせめてもの礼節を彼女達に尽すのが至当であろう。

教師室は小さくても結構で（一八・五～二八平方メートル）大きい机と回転椅子を各一箇備え、この他に小椅子二脚、ファイル戸棚をおく。尚教師専用の更衣室、洗面所、便所を隣接せしめねばならない。

医務室のない場合は教師室に一台のコットと救急箱を備えておかねばならぬ。この他に洗面器があると便利である。

教師室の外に校長室を設ける場合には机とファイル戸棚を備え、応接室が隣接して設けられると尚都合がよい。これ等の室を二階に設け、一階を吹抜にして他の用途に使用すると言う案もある。

食事

午後も使用する場合には食事の設備が必要になって来る。保育学校では原則として給食することにしているが、託児所で止むを得ず実行し得ない時には、弁当を持参せしめねばならない。弁当戸棚は夏は通風をよくし（金網の上にのせる）、冬はスチームを通して暖めておく様にする。

食堂を独立して設けることは稀で大抵遊戯室を利用している。食事をする時には気持よく食事が出来る様に室を片附けねばならぬ。このことは全部のグループを短時間でも混合せしめると言う点からは不利であり、幾分児童を興奮せしめることは免れぬ。

料理は台所からレストラン・トラック(或はサーヴィス・ワゴン)で運ぶから、これの置場も予め考慮しておかねばならぬし、遊戯室と台所の連絡も便利な様に設計されねばならぬ。使用する食器は毀れにくいと言うことよりも、非常に小さい手で持ち上げられるから、軽いと言うことが大切である。盆も軽量で柄のあった方がよい。凝った装飾等は児童には魅力もなく、少しも威厳を感ぜしめない。

ここに一寸触れておきたいのは食事の習慣に就てである。食事の習慣としては偏食に陥らず、分量も相当に多く、食事の作法に合する様な習慣が要求されている。もしこれが作られないと、成人になって種々な生活障碍を作ることになり易いのである。二歳の終り頃からは食事について先ず時間を定めて、できるだけ一定の時間に、また分量も一定の分量を食べる様に仕向け——これは尤も個人的な相違があって一概に多くとは言えないが——与えられるものは好き嫌いなく、愉快に、行儀よく食べる習慣をつけることが必要である。

台所

台所の広さ及び設備は児童に、どの程度の給食をするかに依って決定するが、広さは大体九・三平方メートルあれば間に合う。サーヴィス用の出入口は教師及び幼児の入口と別に設ける。床・壁は清掃を容易ならしめる様に考慮し、設備の配置に関しては、活動を最小限に止め得る様に設けられねばならぬ。幼児に皿洗をさせる所では、流し、干場、戸棚を低くしておく。設備として大小のレンヂ(他に魚を焼くもの)流し(ダブルのもの)電気冷蔵庫、各種食料品の戸棚、食器、刃物の戸棚——これ等は幼児も容易に取出し得る高さとし、なるべく彼等に手伝わせる様にする——を設ける。広い調理台、カウンターも幼児の使用するに便利な様に低くしたものを設ける。この他に台所器具、洗浄材料、リネンをしまっておく戸棚を設ける。食料品は毎日簡単な新鮮なものが配給なされるから、貯蔵設備としては、そんなに大きいものは必要としない。残り物は電気屑砕機で処理されれば申し分ないが、そうでない場合は蓋で密閉し鍵のかかる金属製の容器を備え、遊戯室でこれに入れ外に運び出さねばならない。

医務室

児童は毎日身体検査をしなければならない、これは教師が行うが更に定期に医師が来て検査をする。特に虚弱児に対しては、身体検査の結果その状況により適度の運動遊戯をなさしめ、栄養と睡眠に留意し、日光に浴さしめ、もし設備があれば紫外線浴を行わしめるとよい(太陽灯室を設けず簡易に紫外線浴をするにはバイタライト・ランプの如きを用いれば、最も簡易で経済的である）。

医務室は玄関に近く設け、時には隔離室として用うることもある。この場合は遊戯室の窓から教師が監視し得る様にしなければならぬ、この際遊戯室の窓は児童の眼の高さより高くしておく。又この室は母親と教師との応接室に兼用されることもあるから、幾分この点も考慮して設計されねばならない。設備としては簡単なものは、身長器、体重器、乳児の為には計量用籠、小さいカウチ（或はコット）、幼児と大人用の椅子、教師の書机、ファイル整理戸棚、薬品棚を備える。更に手洗流し、体温器、寒暖計、応急手当用具（浣腸器も含む）、湿布、吸入等の簡単な治療設備を備える。体重器と流しは浴室を医務室に隣接せしめる場合は、その中においてもよい。

尚この室の面積は最小一〇平方メートルから一六・七平方メートルを適当とし、応接室に兼用される場合は二三・二五平方メートル欲しい。

観察室

保育学校においても他の学校におけると同様に、その最大問題は両親の提出する問題である。親は概して自分の子供に就ては固定したしかも誤った観念を持っている。子供の不作法も幾分両親の接近に起因するもの故、子供が両親の存在を知っては、教師も反対証明をすることが出来なくなる。これを巧に解決したのが秘密観察室である。

しかしてこれは保育学校のみで適用される可きで、小学校では効果がない。この案を最初に採用したのはエール大学のArnold Gesell博士である。薄暗くした室内に居て簡単なダブル・スクリーンを透して、児童の活動は手に取る如く見えるが、室内の児童は気がつかない。

観察室は又未熟な教師を訓練するにも絶好の設備である。コーネル大学では図の如くこれを非常に効果的に活用している。室内には三四脚の椅子かベンチを備えておく。

乳母車置場

母親は二〜三歳児を乳母車にのせて保育学校へつれて来る。従ってこれをおいておく場所が必要になって来る。温暖地方では簡単な設備でよいが、寒い地方では玄関近く暖房設備のある室が必要である。

小使室

保育の援助者として小使の任務は重大である。小使の適、不適が保育事業経営に及ぼす影響は甚大である。広さは一〇平方メートルあれば足りる。給食せず従って台所のない場合には湯沸場を設け簡単な炊事の出来る様に設備しておかねばならぬ。

洗濯室

幼児の遊び着やシーツ、タオル等を洗

う為のもので小さい室でよい。洗濯機、乾燥機を備えられたら便利である。

ボイラー室

幼児の近づき難い位置に設け、乾燥室として利用される可きでない。

住宅計画に含まれた保育学校

今日では如何なる都市及び住宅計画においても、保育学校なくしては完全なものと言えなくなって来た。このことは計画の公私及び社会成層の如何を問わず真実である。保育学校や児童遊園が新しい住宅計画に不可欠なものとなるに伴れて、それを所有者が設備するか、それとも貸与するか、或は又地方当局が建築して租税で維持するかと言うことが問題になって来るが、その何れを選ぶにせよ中央政府の援助を求めて然る可き性質のものである。保育学校は将来義務教育制となる可きものではあるが、その過渡期たる現在においては、公私の住宅計画者の解決すべき問題の一つとなっている。

しかしながら低収入階級の住宅計画においては、重大な経済的困難に直面しなければならない。何となれば保育学校は普通の標準で経営しても、他の如何なる種類の学校よりも多くの費用を要するからである。

集団住宅地の保育学校を計画するに際しては、次の事項を調査する必要がある。(一) 二～五歳までの幼児数 (二) 前例を参考として入学可能の幼児の割合 (三) 費用の見積

それには教育の程度 (職員の数と設備)、一日の保育時間、給食の如何、住宅計画者或はその他の関係者の援助の有無 (教師の給料支払に関し) 等を調査しなければならない。

両親に費用の全部を負担せしめる事は期待出来ないけれども、彼等に時間を割き備品の製作や修繕に手をかす位のことは是非やらねばならぬ。何等かの形で両親の協力を得ることなくしては、到底この時の保育学校の経営は成立しない。ニューヨークのサニーサイドにある保育学校は父兄協同組合で経営し、この方面では最も成功せるものの一つである。

経済的条件に束縛されて、この種の保育学校が完全なものとなり得ないのは致し方ないとしても、経営を極度に切りつめ設備も不完全では、保育学校が単なる子供の置き場になってしまう。これを防ぐには次の様な手段を講じねばならない。即ち混成グループとし、教師の監督と設備を最小限にし得る様な特殊な活動を選び、なるべく戸外で教育する方針を立てることである。

尚一般的な条件としては、その位置は歩行と輸送距離を最小限にする為、なるべく住宅地域の中央に設け、通学の途中幼児が道草したり、いぢめられたりするのを防ぐ意味で小学校と接近して設けることはなるべく避ける様にしなければならない。

ロンドンのセントバンクラスの保育学校は、中流階級のアパートメントに附属したものであるが、屋上を運動場として利用するに際し、ゴムの詰物をして石の舗装をし、下の室は吊天井として防音構造に細心の注意を払っている。かかる小規模のものでは二室が標準で、一室に二歳と三歳の幼児、他の室に四歳以上の幼児を収容している。遊戯室の組織に関して既述の事項を適用すればよい。

この他これに類する保育学校の実例としては、ウエスト・ヴァージニア州アースルダールに政府の建設したものがあり、イギリスではガス会社で設立したケンサル・ライズの共同住宅附属のものがある(Maxwell Fryが他の二三の建築家及びエリザベス・デンビー嬢と協力して設計したもの)。更にスエーデンにもストックホルムの共同住宅計画に含まれた保育学校がある。

暖房換気法

保育学校活動の大部分は床の上で行われ、その活動は大体一定している。これ等の要素は次の三つの結論を形成している。(一)熱はフラワー・レベルに向って放射されること。(二)床のドラフトを防ぐこと。(三)温度は小学校のそれよりも低いこと。

これ等の条件を満足するものとしてはパネルヒーティングが最も理想的である。これに依れば、暖房法は完全に通気法から分離して装置され、自然換気による湿度・気動の十分なる効果を収めることが出来る。パネルヒーティングを採用する場合、管を床内に配置するのが最も実用的で、頭寒足熱で気持よく窓隙間からの下向冷気を或程度防止出来るが、永く静止していると、脚底が暖か過ぎて来る傾きはある。放熱器で室内を占めることなく、低気温(湯を用いるものとして、その温度通常三八~七五度、床の表面温度二一~二七度位、但し天井・側壁埋設の場合は三八度に保持しなければならぬ)で室内空気を乾燥せしめず、長時間暖める室に対しては熱経済となり、外気温に変化あるも室温を略一定に保ち得る。唯欠点としては、室温を暖めるまでに時間が長くかかることである。

パネルヒーティングの一つの方法として、パネルヒーター(電気、ガスを温源とする、この内電気パネルは六二・五×三二・五センチメートルで約二五・七度に熱せられる)を壁に床から二メートル位の所に約四五度傾けて取付け(これを天井にフラッシュに装置するもよい)、温度を自在に調節し、輻射熱を放射せしむるものがある。但しこれを一・二〇メートル以下の近距離では頭部に直面すると甚だ不快である。止むを得ず温水或は蒸気暖房を採用する場合は、放熱器を始め露出せるものは総て危険のない様に保護されねはならない。

最も快適で健康上よい温度は冬期一七度(ある者はこれを二〇度、気湿七〇パーセントとしている)夏期二四度(気湿六〇パーセント）である。便所、洗面所、隔離室はもう少し高い温度（一九度）とし、午睡室は一般に低温度（一〇度〜一三度）で差支ない。記録及び調節（寒暖計、湿度計）の設備は幼児の使用するに便利な高さに設ける（平均床から九〇センチメートル位）。

パネルヒーティングを採用する場合は、湯に使用する水質を予め分析し腐蝕又は沈澱物を生じないかを十分調査する必要がある。尚室内に家具を置く際、床暖房にあっては家具に脚を附し底と床との間に隙を設け、家具の底が過熱されない様にしなければならぬ。室の構造に就ては、床面は熱の輻射良好で（材料は黒色に近く表面粗なるものがよい）壁・天井は熱の反射がなるべく大きい材料を選ぶ必要がある。配管法は下向供給式が得策で、なるべくポンプ循環式を用いるがよい。

次に**換気**に就ては、一時間に三回換気するものとして暖房時一人当り換気量は一七〜二五立方メートルが最も満足であることが証明されている。

暖房換気法としては、（一）局処暖房法（ストーブを用う）と排気器で換気する法と、（二）中央暖房法（蒸気、温水、温気）と換気は窓による自然換気か或は機械換気による法、更に既述せる低温輻射暖房法としてパネルヒーティングがある。これ等を選択するに当っては、最初に述べた要素を満足せしめる他に、地方的条件——コスト、気候、構造の種類、監督当局の法令——を斟酌して決定しなければならぬ。

採光照明

保育学校においては、自然光線を有効に利用することが必要であって、これは平面計画と関連して慎重に研究されねばならない。これに関する新しい調査では、最小壁面積（窓のある面）の二五パーセントがガラス面積であることを要求している。尚二壁面に窓がある場合は、それに対して窓面積五〇パーセント、三壁面に対しては七五パーセントと報告されている。この点からも壁、天井の大部分をガラスで造ったグリーンハウス・デザインが、温暖な地方では推奨されるべきである。

眩輝は出来るだけ避けねばならぬ。従って戸外遊戯場を反射性の大きい材料で舗装することは望ましくなく、特に遊戯場に面した窓の近くでは絶体に避けねばならぬ。

日射の年中強烈な地方では庇或はオーニング、ベェネシアン・ブラインド、或はこれに類した調節法が採用されねばならぬ。新しい保育学校の設計では、窓台を低くし、方立は努めて小さくし、天井一杯まで窓を取ることとしている。この際建物と校庭とは互に熱を反射し合うから、芝生を植え或は花壇を造って、これを緩和する手段を講じなければならぬ。

人工照明も遊戯室では天然光線を補助する意味で又重大である。保育学校の照明問題は公共建築、事務所建築よりも、むしろ住宅のそれと共通している。保育学校では半間接照明法を採用し、室内照度は遊戯室、隔離室、便所、洗面所、更衣室は一五〜四〇ルックス、午睡室は一〇〜二〇ルックスとし、陰影をある程度除去し、眩輝を除き、照度分布を均斉ならしめる為に、灯器の配置及びその選択に注意せねばならぬ。室内の天井及び壁はなるべく淡色とし、壁は反射率の高いものを避け（艶消塗料を使用して眩しさを防ぎ、面は比較的滑かに仕上げて堆積塵を避ける）、腰羽目以下は濃色にしてもよい。

構造

保育学校の設計を成功せしむる秘訣は、学校建築の要求を了解し、それらを完全に合成することにある。単にプランユニットを寄せ集めるだけでなく、それ等を有機的に綜合しなければならぬ。その為には建築家は新しい教育方針を知り、それに適合する様な設計をしなければならぬ。学校建築は現代の工業技術に基いた合理的な設計を要求している。特に保育学校においては、軽量で柔靭性のある構造法が用いられねばならぬ。

建築家は進歩的な教育家と協力して、新しい学校建築の発達に寄与せねばならぬ。重々しい古風な贅沢な学校は、吾々が十九世紀のゴシック建築を批難すると同じ様に、次の時代の子供達にその存在を詛われるであろう。木造の柱の間にアルミニウム箔の絶縁板を入れ、両面から石綿板と繊維板とを貼り、厚さ一〇センチメートルの壁としたものが、厚さ四五センチメートルの煉瓦壁と比較して、保温率が一・五倍に相当することに思いを到せば、何を好んで原始的な構造法（費用の点で現状に即せないのを甚だ遺憾とする）を採用する必要があろう。一時的で半永久的な構造法が、みにくいと言う観念は今日ではもう失われて然るべきである。優秀な設計者の手に掛れば、古い様式の学校建築よりも児童に対してもっと魅力のあるものを創造することが出来る。次に各種構造法の長短を略述する。

煉瓦造

煉瓦は将来は合理化された機械製品に取って代られるであろうが、現在では経済上の点から、特に大きいスパンには鉄骨を併用して広く採用されている。煉瓦は熱の絶縁には不良な材料であるが、音の吸収には非常に有効であると言うことは記憶されねばならぬ。煉瓦を有効に使用すれば、鉄筋コンクリート造よりは変更や移動が比較的容易であり、外部に注意深く用いられると維持費は問題にならぬ程安くつく。

木造

保育学校の如く広い敷地に平屋建で建てられる場合には、当分木造が採用されるであろうし、まだその構造法は進歩発達せしめられる可きである。近年木構造が広く応用される様になったけれども、家具、ドアー、装飾的ベニア板の製造以外では、未だその構造法に見る可き進歩がないのは遺憾である。この点ではスカンディナビアの諸国は木構造が広く採用され、従ってその構造法も非常に進歩している。今日では重々しい精巧な仕口は無意味で、軽便で経済的な構法によらねばならない。木と鉄とを組み合すことに依って、大きいスパンも簡単に架することが出来る。スエーデンでは木の薄片を樹脂で結合し、Iエビームとし九～一五メートルのスパンに僅かにカーブした形で架けている。これに依ると非常に軽く結果も面白いし、ペンキを塗る必要もなくホール等の屋根には最も適している。

木材は又乾式構造にも適用される。外部にはスーパー・プライウッド・パネルを標準型として用い、アメリカでは既に試験済で結果もよいが、今日ではまだ費用の点で一般的とは言えぬ。この点石綿板を外壁に用うることは、経済且実用的である。窓枠のペンキの色を明るくすれば、石綿板の色は非常によく調和し、満足な結果が得られる。

乾式構造を学校建築に用いて成功しているのは、ノイトラのカリフォルニアにおけるそれである。彼はラティス・スチールで骨組を造り、外壁は波形アルミニウム板を貼り、間仕切壁と内部の壁は天井には石膏板と繊維板とを使っている。アメリカは建築的には非常に保守的な国で、ノイトラの学校建築も最初は余りにも革進的な故をもって排斥されたけれども、三年の試験後には教育上からも経済上からも最も優れた構造法であることを証明した。

乾式構造が未だに一般に嫌われている理由は、平面計画を制限し単調な効果しか得られないからである。しかし乾式構造に用いられるユニットは、特に室内のそれは、二三種類の大きさに造って融通性を与えており、標準型のユニットを使用することは、全然標準プランの作製を意味していない、と言うことをここに記憶してかからねばならない。事実標準型ユニットを使っても、設計が良ければ一つの〝調子〟が生れ、意匠上の変化を多分に与え得ると同時に、壁面の装飾とプロポーションを一貫せしめ、現代建築の美を完膚なきまでに発揮することが可能である。乾式構造の建築は煉瓦造のそれと少しも変らず、容易に敷地と環境に適応し、表面の仕上も全然制限されはしない。一部の人々が憂えている様に、組立構造は建築家を消滅せしめる様なことはない。何となればプランニングとコンポジションと言う根本問題が残されているからである。

石綿板は大部分プロポーションや色彩の点を考慮せず使用されているけれども、もっと慎重に取扱えば効果的な材料である。

木構造の一般的な欠点は永久的でないこと、防火上の危険、維持費の点においてである。しかしながら、これらの点も次の理由によって解決され得る。

(一)　学校は変更、移動が容易に行われなければならないと言う点から一時的な建築である。

(二)　暖房設備が進歩したので火災の危険も少く、且平屋建では避難も容易である。

(三) 外部に用いる下見板には、そのままの仕上でも美しいものがあり、たとえペンキを塗っても新しい建築では壁面が少く、塗替の費用も余りかからない。

鉄骨と鉄筋コンクリート造

鉄骨構造は予算のない建築には用いられない。しかし普通の条件では、非常に軽量で最も適応性の大きい材料である。従って軽量組立構造には最も適当し、工事も迅速に進め得る利点がある。大きいスパンも容易であり壁厚も薄くてすむ。

鉄筋コンクリート構造も広く用いられているが、この欠点は変更や移動の点で最も不便な構造であり、音の反響を防ぐ為には何等かの対策を講ずる必要があることである。しかし一〇センチメートル厚の鉄筋コンクリート壁に二・五センチメートル厚のコルクのライニングを施せば、同じ厚さの煉瓦壁に比して保温率は四倍になり、薄い壁体、大きいスパンも比較的楽に実行し得る点では優れている。

組立構造

標準型のユニットを使用する組立構造は二階建の学校建築には如何なる場合にも適用することが出来る。窓、扉、ラヂエーター、纖維板、衛生器具等の部分品は既に工場製品が用いられているけれども、これ等の要素は完成された建築から見ればとるに足らず、しかもこれ等の間に実用上の関聯性が全然欠けている。今日の建築施工が複雑で無駄が多い原因は、在来の技術と新しい技術とを混同して用いているからで、前者は原始的で無駄が多く、後者は科学的で正確である為である。学校建築において壁、床、屋根に標準型の工場製品を適当に用うることに依って、組立構造を採用するとせば次の如き利点がある。(一) 迅速に材料を組立てうること (二) 標準型材料は軽量で二〜三人で運搬し得る (三) 乾式構造であること (四) ユニットは遠距離運搬にも適する様に小型で堅牢に造られている (五) 防熱効果が大きい (六) 防音効果も著しい (特に間仕切壁において) (七) 防湿 (八) 防腐 (九) 衛生的 (一〇) 最初の工費も又建築後の維持費も安い (一一) 変更・移動が容易である (一二) ユニットは相互に関連性を具備している。

しかし材料それ自身は、たとえ以上の性質を備えていても、これを部分的に使用するだけでは重要性を持たない。これ等を大量に使用することに依って工費を減じ、ここに始めてこれ等の材料がその真価を発揮するのである。有効に組織された組立構法に起因せる労力の節約は、大量生産による材料の性質上の節約よりも遥かに大きいことを識らねばならない。

工費に就て

以上述べた各種の構造法の工費を比較算出することは実際的でない。何となれば建物の規模、敷地の状況、地方的条件が斟酌されねばならないからである。材料はその本質的な性質のみに依らず、その効力と維持費の点を考慮して選択されねばならぬ。

衛生、暖房、照明設備を完全にすることは、余分の設備や贅沢な仕上をすることよりも遥かに重要なことであり、遊戯室のスペースを理想的に処理することよりも、重要さの点においては優る。一般のサーヴィス設備は最後に考慮されて差支ない。

終りに臨み**保育学校の特質**に関して要点を述べることとする。保育学校の外観を判断するに際して、最も重要な問題は、それが幼児に対して如何なる印象を与えるかと言うことである。見栄を張ったり、誇張したスケールを暗示する様な建築は絶対に避けられる可べきで、成人の使用する普通の建築よりもそのスケールを一段と下げねばならぬ。幼児の要求せるものは、大人本位の堂々たる構えの建築ではない。記念性は学校建築において必要としない。保育学校の意匠は、大人の感情を満足さす必要は毛頭ない。記念性の如きものは児童心理に訴える何ものも蔵せず、それは児童にとって聊かの威厳も感ぜしめず、積木の建築と何等選ぶ所がない。今日の保育学校は、幼児にとって絶大の魅力あり、豊富な光と色を蓄えた場所でなくてはならない。今世紀の保育学校建築の意匠の特性は、軽快な中にも力強い表現を備えていることである。

追記

本文は主として

- Douglas Haskell, "The Modern Nursery School", *Architectural Record*, 3, 1938
- N.L.Engelhardt, "Elementary Public School Design – Nursery School", *Architectural Record*, 2, 1938
- H. Myles Wright and R. Gardner-Medwin, "The nursery and elementary school", *Architectural Press*, 1938

より取材したものであるが、之に加へて

- 青木誠四郎『兒童心理學』
- 丸山良二『幼兒の心理』
- 朝厚梅一『社會教育學』
- 上村哲彌『子供研究講座第六巻（家庭と保育學校）』

を骨子とし、託児所設計に際しても参考となるべき我が国に於ける諸種の文献によつて編輯したものである。玆に謹んで感謝の意を表するものである。更に研究補正すべきことは多々ある。先に進まれた方々の御誘導を切に御願して止まぬ次第である。

原注

1 山下俊郎氏の調査結果による。
2 山下俊郎氏の調査による。
3 伊藤正文氏――建築保健工学第一部

◀一九五二年に完成した「市立八幡浜総合病院東病棟」の前に立つ松村正恒。外壁に設けられた遮光庇や花台の様子がよくわかる。足場のようなものも見え、竣工直前であろう

第5章 作品解説

解題

松村が八幡浜市役所時代に設計した学校や病院関連施設は、無名の一地方公務員の設計であったにも拘らず、意外なほど建築雑誌に掲載されている。初期のものは、おそらく蔵田周忠の紹介だったに違いない。そしてそれぞれに松村自身による文章が寄せられている。いずれも、周辺環境、建設の経緯、建築計画的な考察、仕上げ材料の説明、使用後の様子などを具体的に書いたもので、観念的なデザイン論などは一切登場しない。

それどころか、市会議員や教育委員会批判ともとれるような記述も多く、とくに初期の学校建築についての文章にはその傾向が強い。たとえば、一九四九年九月号の『建築文化』に掲載された「地方の学校建築　愛宕中学校・松蔭小学校」と一九五〇年九月号の『建築文化』に掲載された「八代中学校の建築」からは、戦後間もない地方都市で孤軍奮闘する松村の苦労が伝わってくる。文体は特徴的で、自分の苛立ちを伝えるようなカタカナ書きも多く、むしろ彼の語りを聞いているような気持ちになる。それぞれの校舎のデザインはまだ旧来の標準的な木造校舎ではあるが、バルコニーで外観に変化をつける、シンメトリカルな構成を崩す、廊下側からも教室への採光を行う工夫など、さまざまな挑戦が始まっている。

病院関連施設では二つの文章を収録した。ひとつは、大きなガラス面の階段室が印象的な八幡濱市立病院結核病棟についての文章である。そこには、掲載作品ではない「東病棟」のことも詳しく紹介されており、松村の両作品への思い入れの強さが感じられる。内容は外装や建具などに対する細かな建築的工夫と、それらが人々の生活に与える影響に徹している点も印象深い。

もうひとつは、八幡浜市立病院の看護婦たちの寄宿舎についての文章である。中央に吹き抜けのある小さな建物であるが、そこで暮らす若い女性たちの今後の人生に対する期待まで感じられる優しくユーモラスな文章だ。

後期の学校建築については、新谷中学校、江戸岡小学校、神山小学校、日土小学校の最初の雑誌掲載時の文章を収録した。神山小学校を除き短い文章であるが、いずれも味わい深い。とくに、秀作・日土小学校についての文章は、「静かな流れ」「五月の薫風にのって」「ミカンの花の香り」「蛍の乱舞」といった言葉による抒情的な描写が印象的だ。松村はこれらの言葉をその後も繰り返し使っている。その一方で、七項目からなる「一年使っての教師側の苦情」と、それに対する松村の感想が書かれているのも彼らしい。

神山小学校については、初めてのコンクリート造の学校建築という緊張感があったのだろうか、建築計画、使い勝手、温熱環境、仕上材料などについての淡々とした描写が印象的だ。

いずれも建築家による自註としてはたいへん珍しい文体であり、建築家と言葉、あるいは建築と言葉の関係を考えさせる文章といえるだろう。

「狩江小学校お別れ会」は、作品の発表時に書かれた他の自註とは異なり、校舎の解体に際して招待された松村が、子どもたちと交わしたコミュニケーションの感動的な記録である。このお別れ会で起きた出来事のすべては、松村が考えてきた建築家と建築の社会的役割を、まさに彼と彼の建築が果たしていたことの証拠といえる。

地方の学校建築
愛宕中学校・松蔭小学校

（一）

人口四万たらずの小都市の学校建築である。貧弱な市の財政状態に応ずるため、最小限の要求をみたしたにすぎない。

愛宕中学校、松蔭小学校、いずれも在来の校舎に増築。既に収容人員は度をすぎ、設備がそれにともなっていない。市の学校配置計画をあやまったため、とゆうよりも、戦後における急激な人口移動のためにそごをきたしたのである。間にあわせである。

（二）

愛宕中学校の建築について

旧校舎は、冂字型の中央に堂々たるかまえの玄関がある。土地の人は「立派な」学校と誇っていた。

敷地を拡張して増築するに際し、この旧校舎の「偉観」をそこないたくない、とゆうのが本音であったらしい。

この小都市は、もともと山のせまった淋しい漁村の発達したところであり、現在以

愛宕中学校西面

上の埋立は許されないほどに海にのびるほかは平地がえられなかった。そこで、この学校の敷地も、こだかい丘の中腹に山をきりひらいてつくられただけに、みはらしはよいかわり、風当りは強い。海から吹きつけるよりも、吹きあげてくる。

(三)

旧校舎の配置計画はよくない。ただ外観に、それも外来者へのきがねばかりおもんばかった、その反面、生徒のことも、職員のことも忘れてしまったとしか思われない。電話もききとれないほど、喧々しい。

そこでわたくしは、増築に際して、在来のものの欠陥をおぎないたい。そのためには旧校舎をぎせいにしてもやむをえないと案をたてた。

まず教室翼を南に面せしめ、昇降場に運動場との連絡をはかる。職員室翼を独立せしめて研究と休息の場として提供する。将来つくられるであろう体育館の位置も予定した。

(四)

計画案は市の理事者および学校当局には異議はなかったのであるが、市会議員の反対にあって実施案におちついた。日照の点では問題にならないのであるが、夏の通風は涼しさをとおりこして肌寒い。それだけに冬は寒い。

つまり海をひかえた常風方向に面しているわけだが、颱風の方向からはそれたかもしれない。

これらの点は研究の余地もあり、だいたい粗悪な建物ではあるが、南北軸と東西軸とにおける屋内気候の比較も与えられた条件のもとでこころみてみたかった。

ともあれ実施案にした結果、たったひとつのひろいものは階段室の踊場が単調な校

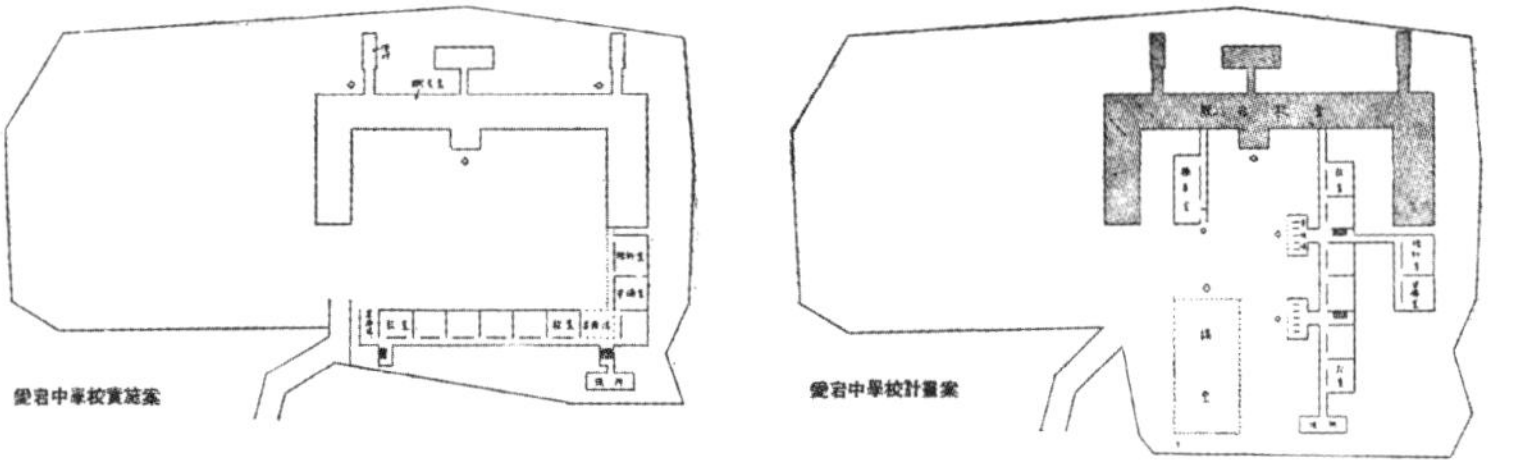

愛宕中学校計画案（右）、実施案（左）

内の気分をやぶって、爽快な息抜きの場所となったことであろう。大人だったら、全くビールのひとあわもふかしたくなる。

すぐ眼の下には、港街がひらけている。「あの家がワシのウチだ」と、はっきりゆびさされるほどの小高い丘の突端である。南予でしかみられない段々畑は山の頂に達し、三崎半島にいだかれた港内の風光は、時おりの変化にとんでみあきることもない。

のびのびとした明るい学校にしたかった。明るさには申し分なかったが、経費の節約のみ強いられて、面積を制限されたため、昇降場を吹抜とし、階段室をさらにゆったりしたものにしたいと思ったが、次の機会にゆずるほかはなかった。

（五）

松蔭小学校について

この地方の小学校建築の型として外廊下がある。

内廊下の必要を認めないほど気候温順のせいから生れたものと思う。外廊下が北に面していても、さほど苦痛でもない。ただし雨の吹きこみにはこまる。このため、一般に外廊下の軒がひくく、教室は一方光線にたよっている。

外廊下の利点は、教室と運動場との連絡が円滑であることであろう。構造上の不利はたしかにあるのだが、松蔭小学校の例にみるごとく、外廊下を南におくと、教室から廊下をへて直ちに屋外に出られる便利さは、むしろテレスなどを不自然に設けるよりは、はるかにまさっていると思う。

わたくしは外廊下の軒先を教室の天井高さまであげた。南に面していれば採光には、これで支障はないが、北側だと条件がわるい。

しかし外廊下の特徴を、これまで意識していたかどうかを疑問に思ったのは、数十年に一回みまわれるかもしれない水害にそなえて、床高を大きくしてくれとの要求が

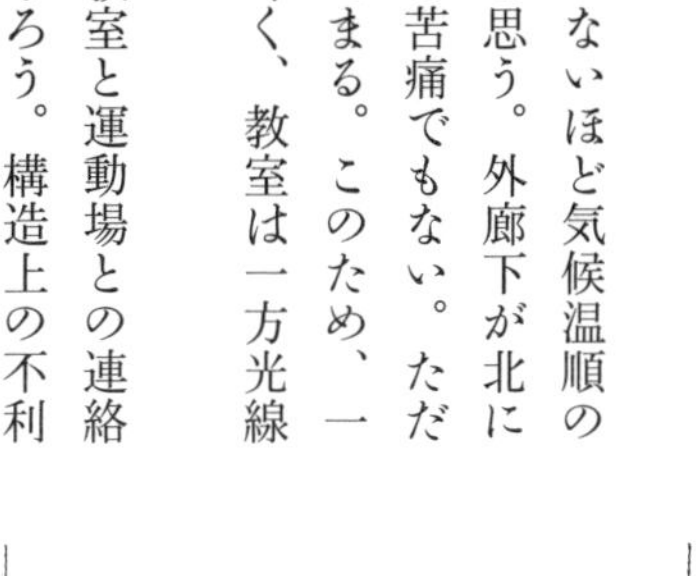

松蔭小学校平面配置図

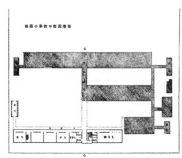

あった。段はない方が望ましいことを説き、最小限にとどめた。

ところが、もうひとつ無理解な抗議に出会った。

それは、こんどの学校には「玄関らしい」ものがみあたらないとゆうのである。こけおどしの玄関など、はじめから問題にしていないのであるから、意見の対立はまぬがれない。かかる問題が起ってはと、あらかじめ透視図を示しておいたのであるが、形がなかばできてから騒ぐものだから始末がわるい。

わたくしとしては、雑然と建てこんでしまったこの学校の建築群に、少しは高い調べもかなでたい、ガリュウテンセイとまではゆかないが、まいにち学校を出入する子供達に、なにか力強い心の動きを、おおらかにして気品たかきものへのあこがれを、うえつけたいと念ずるばかりに、外部との連絡口にあたるこの部分の取扱を考慮したにとどまる。

階段室をかねているから、全体をあけばなしにして、おさえつけられるような、コマシャクれた技巧などにわずらわされない空間をつくろうとした。

北から吹きつける冬の寒風と、雨や雪の降りこみを「どうしてくれる」とねじこむものだから、学童のためにツムジをまげかえてくれと、仲にたった校長の情にほだされて、他にも理由があったから、現状までにこぎつけたわけである。

(六)

愛宕中学校、松蔭小学校、いづれも建築作品としては、とりたてて説くほどの代物でもないが、地方の学校建築の一例として報告したまでである。

計画はねれていないし、意匠としては鈍重であり、いかにも潮のかおりフンプンとして田舎くさい。

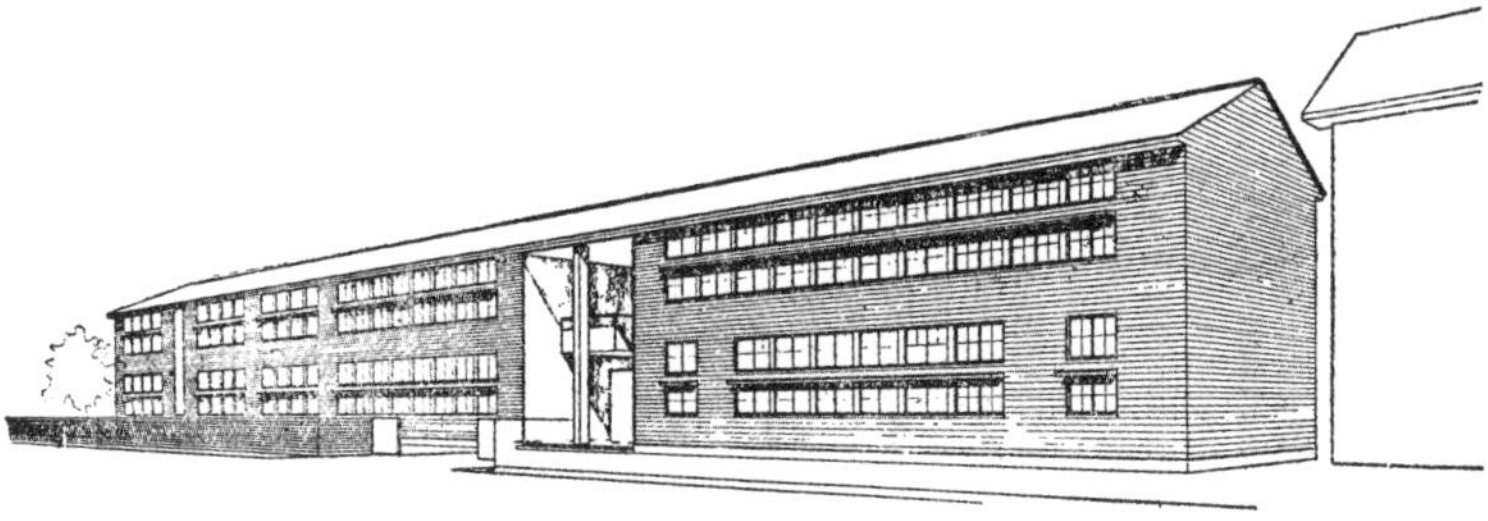

松蔭小学校透視図。中央のへこんだ部分が「玄関らしい」ものがない玄関

洗練されていないかわり、せめて健康で、ハツラツとした底力でもつたえていれば救われもするのに、全体の感じが、イモムシののびたようなカッコウをして、防腐剤の黒さのために健康そうにみえるくらいが関の山である。

しかし、これでも、地方きっての「芸術写真家」が、この学校が建ったばかりに、ケッサクを撮ったとよろこんでいる始末。もっともわたくしの聞きまちがいで、ケッサクは欠作の意味だったのかもしれない。

ともかく地方の学校建築の実情を思うと暗然とする。いわゆる議員諸公がクチバシをいれるものだから、旧態依然たるものばかりできる。かれらは、建築の真と偽をみわけることができない。現代建築の本質を全く理解していない。

しかしながら、この問題は、かれらに罪があるとゆうよりも、これまで名ばかりの建築家が、いいかげんな建物ばかりオメにかけて、地方人の目をけがしてしまったのである。だから愛宕中学校でさえ、いままでの学校をみなれた目でみるかれらには、この市にはハイカラすぎると嘆息するのである。

だから地方人をあながち責めるまえに、すぐれた建築家に出会う機会のなかったかれらの不運に同情しなければならない。

わたくしでさえ、かれらの共感をえ、説伏し、結果に満足せしめているのである。要は建築家が、なにものにも屈しない信念と、求めてやまぬ美へのあこがれを蔵しているかいないかにかかってくる。

(七)

学校建築の問題に関しては教育委員会に責任があるのであろうが、意匠および計画に関するかぎり放任の状態である。委員会事務局が無力なのである。現状は惜しいとゆうよりも、これでよいのかとヒフンコウガイのきわみである。

せめて大綱だけでも、あやまらさないように指示できぬものかと思う。自由放任が学童の心身をいかばかりむしばむことか。

さきに建築学会、文部省などの主催にて学校建物規格講習会が全国各地でひらかれ、盛況であった由。だが、ただ聴講者の人数のみをもってして、主旨の普及テッテイに効があったとみなされては問題である。

出席者の大部分は、官費出張であって、なにかのいいがかりをつけて、はるばる出てはきたものの、興味がないと、現代文学の研究に余念がなかった手合もあるし、そのままにすぐに利用できる資料をあつめに、はせ参じた熱心な技術家もある。

もちろん、講習会の意義は大いにある。ただウノミにされると危険だと思う。こころみに、規格にちかい学校をたててみた。意匠に関してだけの問題であるが、その結果は、生気のない、人の魂をゆすぶるような魅力の乏しい学校ができあがってしまった。

これでは旧い型の学校建築にかわって、新しい型を、そしてそれは、血のかよわない、つめたい形骸のみの建物が、ぞくぞくと町や村の空間を占めてゆくのみである。悲しい。

問題はここにある。

つづまるところ、気をながくもって、うまずたゆまず、地方の人々を教育してゆかねばならない。

目に訴えて。コレデモか、コレデモかと。

筆者　愛媛県八幡浜市建築課長

八代中学校の建築

1

このたびも、こまった質問になやまされた。

実は、きっと、こうくるだろうと思って、市会議員には透視図はみせなかった。見せたら、質問するにちがいない。『バルコニーって、いったい何のことだ』とくる。あげくのはて、『そんなものが何で必要なんだ』と飛びだすにきまっている。案の定、工事視察にきた建築委員の連中が、何のためにに建物をズラしたか、バルコニーをポコポコ突出さしたかと、わたくしを面喰わしたものである。これは、気分テンカンのためであると答えておいた。

これでも私は、ヒカエメの意匠をしたつもりである。中央階段室の大きい硝子窓の左に、二階にバルコニーをつけ、右に、一階に出入口を設けた。そして、バルコニーと出入口の部分だけ庇の出を大きくしたかった。それも遠慮したがもともと窓の庇そのものの出が少ない。経済をかんがえての限度とガマンしているにすぎない。

ここで、田舎の学校の先生のモノの考え方を紹介しよう。敷地の広さをきめるための原案は、教育家アガリの老視学がつくるのだが、正門を入って本館があり、その中央に玄関、シンメトリーの平面に室をおしこんでゆく寸法である。それは、モッパラ職員の活動を中心にした考え方であり、先生の威厳を示すに建物の力をかりようとするコンタンが、みえすいている。それにモージューしないものだから、老先生、わたしが目のカタキらしい。

廊下は一直線のほうが長ければ長いほど、学校らしくて偉観だという。教室の広さも、文部省のすすめる規格を、アレは戦争の副産物だと、頑として応じない。学校なんてみんなコレを信じているんだが、かれらを勢づけるものに貧弱な県財政がある。一教室に四〇人はおろか、六〇人をおしこめるヨユウしか与えないのである。これにはカブトをぬがざるをえない。

2

しかし、中年の先生は、文部省の案を望んでいる。ところが、それは単に数字のうえのことであって、長い間の影響はぬぐいきれないとみえて、考え方はコソクであり、ユーコンでない。

そのひとつのあらわれが、ここでも、市会議員と同じような質問をするほかに、中央階段室の空間が遊んでいるのがおかしい、これを室でうづめてくれとのナンダイをもちかけるのである。

これにワをかけた質問は、バルコニーが、ちょうど五つあるから都合がよい、この横バラへ一文字ずつ、八代中学校とかいてはどうでしょうと、マジメくさっての口上である。船とまちがえている。

ところきらわず、やたらに物をくっつけるのは習性かもしれない。ベルはしかたがないとして、私設郵便箱や投書箱をぶらさげたり、屋上でラウドスピーカーを無細工

八代中学校外観。校舎の左半分と右半分でバルコニーの位置が変えてあるのがわかる

にとりつける。教室では、黒板上の中央に、これまたスピーカーの棚を吊っている。まるで神棚だ。

もっとも、先生だけを責められないので、最少限の予算にしばられて、外灯は、もっとも簡単な笠にムキダシの球ときているから、それにならったと言われれば文句もない。

先生だって美しくしようとは思っているんだろうが、少々ピントがはずれているにすぎない。こんな状態だから、田舎向のオサラやオチャワンの生産者は、安んじて業にはげめるわけである。

3

一階の教室から直接外へでられる部分は、芝生かクロバーの原にしたかったのだが、先生の手にわたったら、小さく区切った花畑になってしまうにちがいない。

工事なかばにして、便所の位置でヒトモメした。

がんらい、今度の校舎は第一期工事であって、うしろに特別教室、職員用の室、講堂をたてる予定である。最初の計画では、校舎と道路との間をぬって、本館に達する自動車路をつくることになっていた。便所が左右にとびだしているのは、敷地の関係上やむをえなかったのである。

ところで工事着手後、道路のつけかえで、この自動車路の必要がなくなり、便所のわきに空地が生れた。この空地をめぐってのイサカイである。市会議員は、この空地へ便所を建てるべきだと、基礎工事の途中で騒ぎはじめた。運動場の利用価値がへるというのが、その言分であるが、本心は、便所が堂々とノサバッテいるのにキがヒケルのである。

この点は、条件の変化が生んだ結果でもあるので、ゆずったが、次のように言いわたすことは忘れなかった。

校舎中央部。左奥の部分で建物がずれていることがわかる

私は、校舎と運動場は隔離したかった。たかい並木でへだて、校舎は、森と花畑のなかにおきたかった。だから、便所も、当然この森のなかに見えかくれすることを予想していた。

それに第一、便所を、クサイところと考えたくない。隅の方へ小さく、いかにも便所だと広告する必要はない。そもそも、この校舎は、運動場の側は正面ではなくて、むしろ背面である。明るい裏庭にすぎない。裏庭に便所があるのは、かえって一般の常識にかなっているではないか、と。

4

さて、この中学校も、実は教室のラレツにすぎない。その点、なんの進歩もヘンテツもない。これまでの学校というものの概念に束縛されないで、ホンポーに設計してみたいと思うのだが、相談相手の先生がついてこないし、貧弱な財政が、それほどの飛躍を許さない。世間の理解もない。しかし、この点は、イチルの望をもっているんだが、文部省のアタマが狂っていて、教室だけ造れ、補助を出す、とオダテて、デタラメな報告を要求し、ワが事おわれりとス

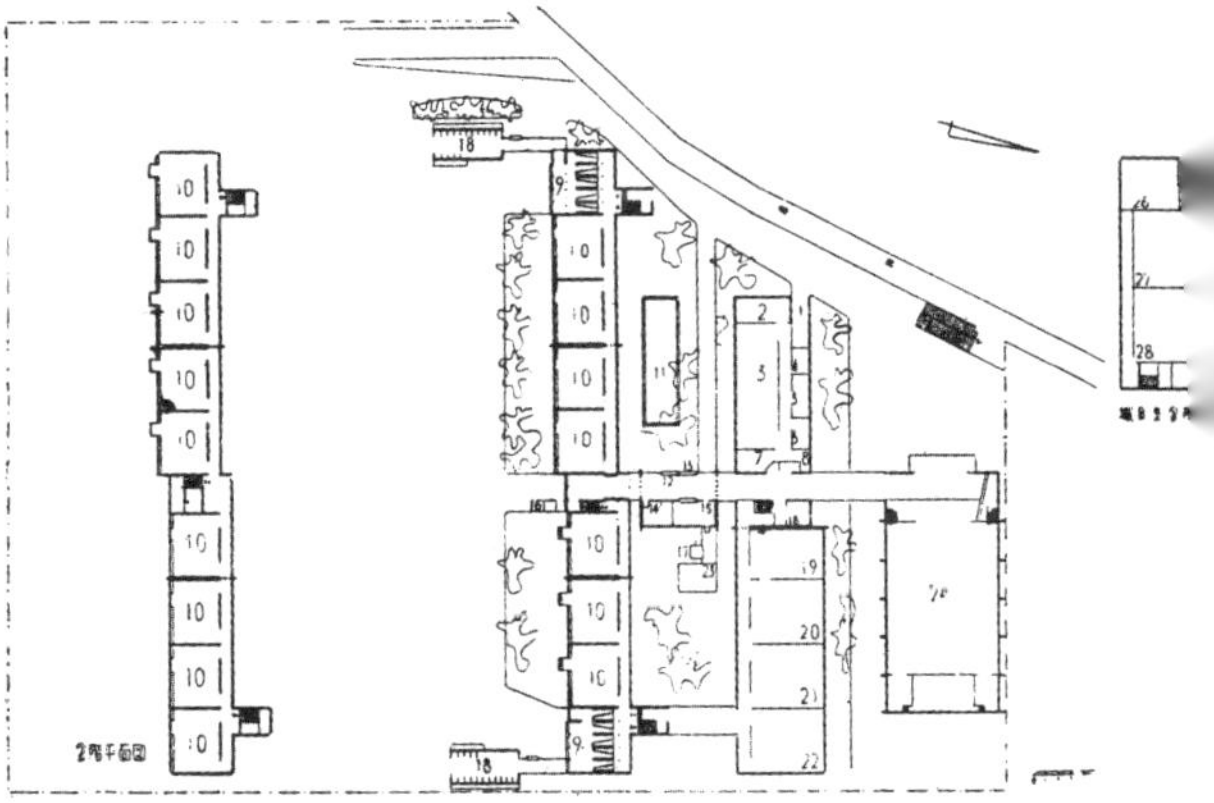

八代中學校平面圖　設計　松村正恒　施工　堀本萬喜男
南，東，北は田，西は道路，河を距てゝ山

八代中学校平面図。中央が実現した校舎で、右半分は計画のみ。校舎の中央で建物がずらされ、廊下がクランクしているのがわかる。校舎の両側にとび出しているのが便所。図で上の方の棟は、松村が書いているように、実際には斜めの道路側に寄せて建てられた

マしている。計画の当否、意匠の善悪は問うところでない。

ここで私も責任を感じ、意匠の点に関しては、ないチエをしぼって、自己満足におちいらないように、レイセイな判断をしなければならなかった。バルコニーをつけることさえ、遊びではないかと、なんども反省した。

シラキの室内をみていると、粗雑な仕事とあいまって、そぞろアイシュウをもよおす。けれど、今の状態では、これでガマンしなければならないんだ、これが正しいんだと、みずからを慰める。シラキならシラキの美しさを生かせばよい。

モクメのかわりにフシがある。大津壁には色がある。黒板の側だけは、濃いいネヅミで仕上げてある。せめて黒板が、黄板か緑板になってくれるといい。

わたくしは田舎に育ったから、建築の色といえば、渋かベニガラ、壁土の色、フスマと畳というふうに、渋い感じの世界しかしらなかった。後年、ハデな色彩の建築もあるものと知って驚いた次第である。しかし、それらの建築は、建築だけで美しさを強調しようとアクセクしている。もっと、すなおに自然にたよろうとしないのであろう。自然にたよるということのムヅカシサを知りぬいているからなのだろうか。

とにかくこんな調子で、田舎だけしかしらない先生は、色についてはオクビョウで、調和はよいが対照はもってのほか、たまに目につく色を塗ったりすると、教育上にこまると抗議する。

ところで、私はこれまで学校建築の設計に際しては、私も亦、教育者であることの気概をもってあたっていると放言している。教壇には立たないが、私の設計した建築が、そこで学ぶ生徒に、いかなる影響をおよぼすかにシンタンをくだいている。

八代中学校の建築においても、これは威儀を正して威圧する態のものではない。ほほえみかけている。あわよくば大慈悲心がほのめいているはずだがと大ミエをきっておいた。

そう言いながら内心、単調をおそれたり、技巧を弄したり、平凡にだするのを、さけんと下心がみえすく間は、まだホンモノでない。設計などとはオコガマしい。罪をかさねているようなものである。こんな私に、仕事をさしてくれる人に感謝しなければならないと思っている。

5

謙虚な気持でいると腹もたたない。こんどは面白い職人に出会った。

五十をすぎた大工の棟梁は、身体にイレズミをして、職人カタギの旺盛な、それでいて大きい仕事を手がけてきた一方の親分である。酒をこのみ、人間としては欠点も多いけれど、冬でも暗いうちに起きて、人の寝しずまっているうちに、墨ツケするのが無上の悦楽だというのである。建方のときなど正に真剣勝負。ワシの現場でテヌキはさせぬと、左官にくってかかる。

うまくキゲンをとらないとワキにそれる。木柄は、なんでも大きいほうがよいと信じこみ、うっかりしていると設計図を無視してジガネをだす。それが悪意でなくて、真面目に、いわゆる立派にやってくれるのにイタシカユシである。こんなとき、私の考えが小細工ではないかと疑ったり、枝葉末節にこだわりすぎているのをはずかしく思ったりする。

木材だけにたよっている現場では、やはり大工の技術は貴いが、田舎ほど、困った問題には多くでくわす。せめて若い職人を、正しい方向に導いてゆきたいものである。しかし、これは、建築家だけの力では、どうにもならないけれど。所詮、私に力がたらないのであろう。

一九五〇・二・一九記

八幡濱市立病院結核病棟

この五〇床の病棟を建てるまえに、二〇床のものを造ってみた[1]。平面計画、構造計画は大同小異である。

面積を一人当り四坪と規定して、厚生省が補助金を出すというので、広さと金で、アタマをおさえられた。

二階へは、スロープで昇りたかったが、ゆるい階段でガマンした。二〇床のとき、許可申請したら、床がハネだしているから不安定だ、屋外ヒナンカイダンの滑り台は、規則違反だと突き返してきた。こんどは、ユーヅーのきかないアタマに、頭をおさえられた。

室のセマさを補い、気分でもよくしておきたいと、二〇床では、南側の窓の外に花箱をつくりつけたが、実用新案とまではゆかなかった。工事中に、片側の花箱では、その重みで家が傾きはしないかと心配した人がある。五〇床の場合も、一階病室にはヌレエンを設け、その下に花箱をおきたいと主張したが、物のオキバになるばかりだと医者が反対した。

1　「五〇床の病棟」と書かれているのが「市立八幡浜総合病院結核病棟」（一九五三）で、「二〇床」は松村が設計した最初の病院関連施設である「市立八幡浜総合病院東病棟」（一九五二）のこと。「結核病棟」の掲載号にもかかわらず、松村はその前作の「東病棟」についても言及し、両者を比較して論じている。その平・立面図や構造計画図まで載せており、「東病棟」への思い入れの強さがわかる。この文章が、本書第1章83に書いた二つの建物の混同の根拠である。なお、「市立八幡浜総合病院」が市の正式な呼称だが、掲載誌では「八幡濱市立病院」となっている。

直射光をさえぎるために、二〇床では、庇と上げ下げ板戸をとりつけたが、操作が少し面倒なので、五〇床では、庇の出を大きくし、ヨロイ戸と紙障子にたよってみた。工費の関係で、ヨロイ戸と硝子戸の三本ミゾに、アミ戸と紙障子をいれたため、実際には九尺間の三分の一しか開かない。夏は紙障子を、冬はアミ戸をはずしておけるように工夫はしたが、三本ミゾを四つならべておけば問題はなかった。

細部にわたっては、清潔に意を用い、掃除のしやすいように、間仕切りや戸棚の下は開放する、戸棚の天端は眼の高さにとどめる、ランマの中敷居は、見込を戸厚にならった。

音の絶縁をおもんぱかって、二階床は鋸屑で防音構造とし、個室の間仕切りはベニア板の間にテックスをはさんだ。暖房設備がないから、北側の室は冬が思いやられる。いずれにしろ、位置はよくない、建築も、カクリの場所でしかない。もっとも、少々

「結核病棟」外観。ガラス張りの階段と洗面所が美しい

俗っぽい。患者も、建築家も、脱俗するにはヒマがかかるとみえる。

患者が入って思ったことは、完全看護をしていないための不便不満は、いずれ無くなるとしても、長い期間にわたる人々にとっては、最小限の空間は、サゾ息苦しいことだろうと同情する。人によって、色々なモノをもちこんでくる。アミ戸があるのに、カヤをむりして吊っている。趣味も教養の程度もマチマチだから、大部屋の共同生活は、シンのつかれることだろう。

野放図にしておくと、患者のコレまでの生活のシカタがよくわかる。整頓と清潔の習慣を教えこむのには、日本の貧しさがタタっているのかもしれない。せめて、収納の設備を十分にしてやったらと思うんだが。

患者の一人に建築家がいる。北側の個室で、窓の外に吊した竹スダレで、小さい中座をつくり、夏のクラシを楽しんでいる。サナトリウムでは、患者に、自由にフルマエル生活の場所を提供したほうがよさそうだ。住い方まで押しつけようなどと考えるのは、ゴーマンフソンのそしりをまぬがれない。

もし、私がココの住人になったら、金シバリで、思うようにアタマと手が動かなかったなどと、イイワケをしている余裕はなく、ジジョウジバクのウキメをみること必定。

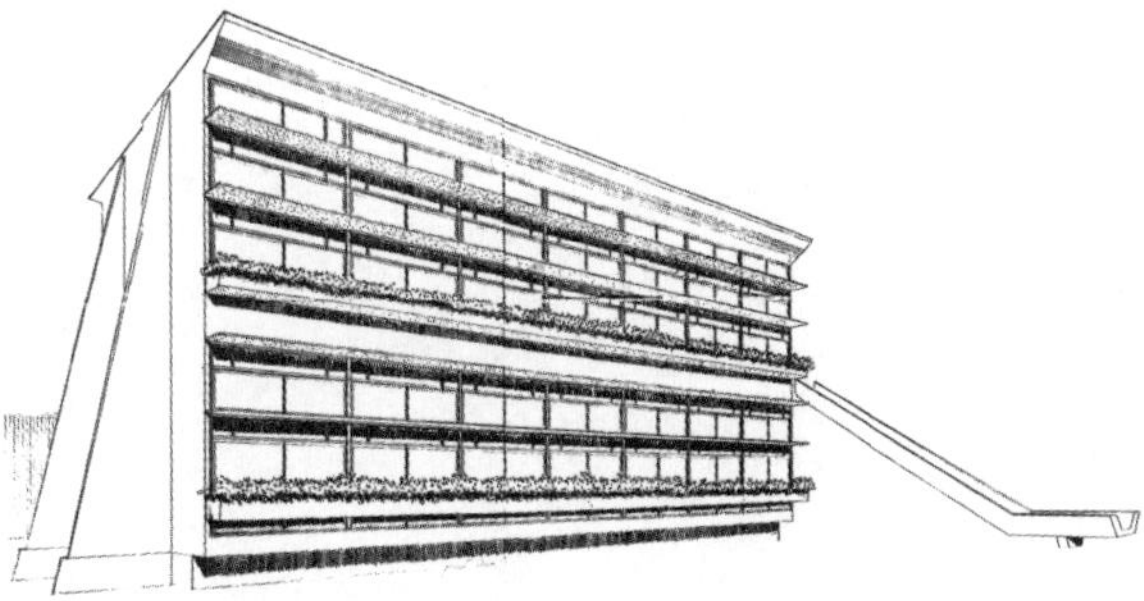

「東病棟」透視図。窓際の花箱、実現しなかった「滑り台」方式の屋外避難階段がわかる。本書第3章扉写真はこの建物である

新谷中学校

田舎者の悪いクセで、なにか計画すると、すぐ先進地視察とくる。すこし見なれぬことがしてあると、素人は、ヨシこれでゆこう、ソノママそっくりやったら、設計料も助かるという。建築士も、なかにはイイかげんのがいて、日頃のウンチクはオクラにしまい、虚心タンカイに受けいれる。

思いつきや、流行を追った作は、どう見ても根なし草の香がする。少し、イヤ多分にかもしれないが、洗練さが足りず、不満な点があっても、自分の信ずる道を歩みたいと思っている。

発表するからには、無条件に批判に耐えねばならない。使い始めて半年たらず、少なくとも一年は、発表をさしひかえるべきだった。つつしまねばならないことは、功名心にはやること慾張ること。

計画の主眼は、生徒に昇降ホールを、教師に研究室を与えることだった。準備兼研究室には、机と戸棚、長椅子を造りつけた。昇降ホールは息ぬきの場所であり、劇中の人物になった思いにホクそえませる。聞い

ている頬がホテルほど、ここはホテルに行ったようだと喜ぶ、可憐な田舎の生徒達である。

鉄筋コンクリート造にすべきであったとは、今も心のこりに思っているが、すべての要求を、与えられた予算内で充たそうと思えば、体育館を思いとどまらねばならなかった。周囲の事情から、この際は、待久（タイク）館を敬遠した。

▲新谷中学校外観
▼おおらかな空間の昇降口

江戸岡小学校

この配置は不本意でもあり、決して良いとは思わないが、平屋建など思いもよらず、運動場をとるのが精一杯であった。周囲の田に面して教室をとり、二階廊下を運動場に面して明るく開放し、一階廊下は昇降場をかねて広いテラスに連なっている[2]。

このたびの増築校舎は、二階をぶちぬいて小講堂にするという、昔ながらの貧しい建て方をしなければならなかった。それを仕切るのに、大きく両開きの防音戸をとりつけてみた。中央の音楽室で叩く太鼓の音も授業に差支えるほどでなく、開閉の操作も至極容易である。

階段がすこし仰々しいが、一階の吹通しには腰掛を造付けて休み場とし、小さいながらも中二階がとれ、二階ホールも気晴しには良い所である。強い西陽をまともに受けたこの面を見ていると、無性に心がはずむ。

避難段階は未完成、木造校舎は何としても心残りである。

2
発表時のタイトルは「江戸岡小学校」となっているが、紹介されたのは、その特別教室棟である。一般教室棟の概要は本書第1章参照。また、特別教室棟の雑誌掲載の経緯については、本書第1章80参照。

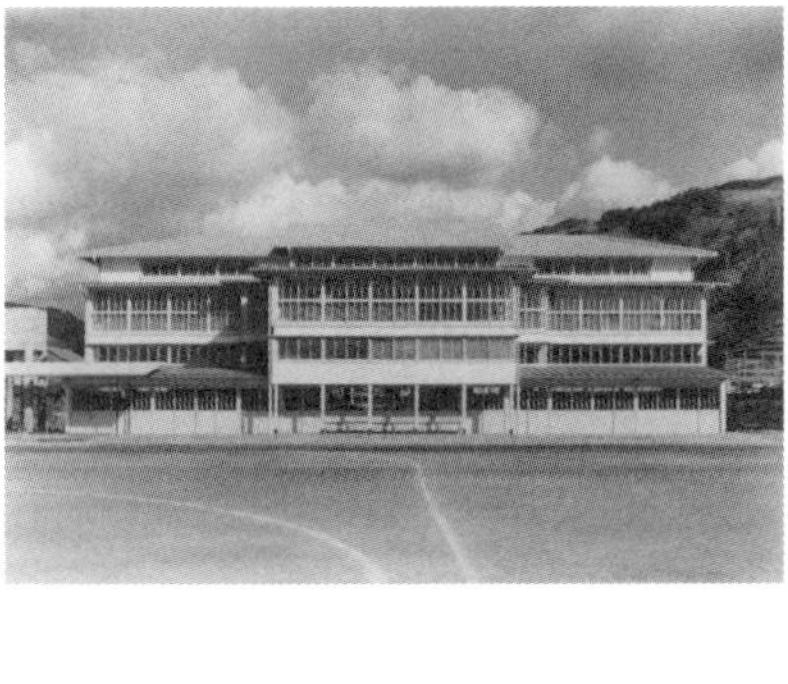
江戸岡小学校特別教室棟の西側外観

八幡浜市立病院看護婦寄宿舎

病院敷地の一隅に、古い寄宿舎と連絡して建ち、増築を予定して、ホールは天窓採光。できれば増築しないで今のまま広いテラスのあるほうが、どんなに楽しいか知れない。

最初の計画では吹抜に回廊をとり、親しみのある陽気なフンイキをかもしたいと思ったが、今も紙障子を透してそそぐ昼の光と蛍光灯が、静かな軟らかい空間を作ってくれる。

夏の昼、戸を開け放して悠々午睡している夜勤の女人がある。この程度の収納施設では、人が住むには不充分で、一人の持っている履物の数も馬鹿にならぬと始めて気付いた。六帖に四人とは、少々無茶な話。看護婦の寄宿生活の研究が足りなかったとは思うが、病院の施設との関係が大いに与っているようだ。

ただ望むところは、若い人びとが、生活を明るく楽しむ術を体得してくれることのみ。

北側外観。中央が吹き抜けのホール、両側の少し高い部分が階段室

神山小学校について

このような平面計画が、どうして生れたか。この学校は、新設ではないのです。古くて使えなくなった校舎を取りこわし、その跡へ新築する。当分つかえる校舎は、そのまま残す。というわけで、敷地には、ある程度の制限がありました。いろんな都合で、水洗便所にはしない。とりあえず一〇教室とればよい。予算は一五〇〇万円、鉄筋がトン当り六五〇〇〇円の時でした。

そこで、全体の計画をたてました。その基本は、

I　教室・特別教室・管理関係室・雨天体操場の群に分ける

II　雨天体操場は、集会の場所として、外部からも使えること

III　低学年と高学年を区別し、前者には、独立した遊び場を与える

IV　教師や外来者より生徒の便宜を主とする。教員室はもっぱら会議と休息用にあて、教室に接近して準備室を設ける。

V　今回新築する教室棟に高学年を収容し、第二期工事に含まれる特別教室棟と

管理棟の一階を低学年の教室にあてる。かれらの遊び場は、独立して静かである。

の点に重点をおき、教室棟の設計では

Ⅰ　二階建として、屋上は利用しない

Ⅱ　すべての教室を、できるだけ同じような条件にしたい

Ⅲ　無味乾燥な教室の並列を避けたい

Ⅳ　単調な廊下にしたくない

Ⅴ　工費は、できるだけ安くしたい

ということを主眼に、第一案をたてました。しかしこれでは、面積が大きすぎテレスはなくてよいとの理由で中止。それではと、極端に切りつめたら、教師の側から、苦情がでて、結局は実施の案におちつきました。この案の長所と短所を列記しますと、

Ⅰ　教室は、南北の採光を計っていますが、とくに二階北側の教室は、やわらかい北の主な光線に、南の強い光が補なって、理想に近い

Ⅱ　中庭が、ずいぶん批判の的になったのでありますが、これが、一階では、二方採光に大変に役立ち、風通しにも勿論よい

Ⅲ　さらに中庭の部分が、北側では狭いけれども教師のため準備室に充てられ、静かでおちついた北の庭に面しています。

Ⅳ　中庭の南側は、中央に池、両端は、木造のテレスにつづいて、足洗場があります。ハダシで飛びだした子供達は、足を洗って、ここから教室に入ってくる。二階は、このところに、バルコニーを設けたかったのですが、コンクリートの花台で、お茶をにごしました。

Ⅴ　廊下のトンネル化を軽減しようとして、天井の高い階には、赤・黄・ブルーのオリヅルが三羽、空に舞い、それに応じて掲示板も、麗やかに色分けしました。

Ⅵ　音の点は、やはり失敗でした。戸を閉めきった冬は問題なく、声の通りもよいようです。ただ夏になって、戸を全

神山小学校南側外観。右手前にあるのが丸便所

部開放したとき、向き合った教室の音が耳ざわりのようです。左光線を重んじ、廊下をへだてて黒板とラジオの位置が合置したのが悪かったのです。

VII

一年間使用して、先方から、どのような批評がなされたかを列挙してみましょう。まず良い点として

1 明るくて、空気の流通がよい
2 教室に、おちつきがある
3 音の反響が少ない
4 気分がやわらいで、疲労度が少ない
5 準備室があるのは大変便利である
6 手洗設備、ゴミバコ、その他、教室が整然としていて管理しやすい
7 掃除が簡単である
8 黒板（曲面）が使いよい
9 廊下の壁面の利用が美的でよい
10 生徒用の棚（持物いれ）は便利
11 教師用の棚も重宝
12 北側の窓が透明硝子で明るい（2階）
13 窓下の花台は利用価値が大きい
14 掃出窓は換気によい、とくに掃除のとき
15 外観がよく、色彩の調和もよい
16 空間の利用（とくに階段室）
17 芝生・池・噴水の感じがよい

次に、悪い点と希望条項は、

1 屋上が利用できないこと（とくに田舎の子供にとって）
2 向いあった教室の音がやかましい
3 工事が粗雑で感じが悪い
4 秋から冬、春にかけて南側から光が入りすぎる
5 建具がスチールでないから狂う
6 廊下を歩く音がよくひびく
7 子供の手アカで汚れやすい
8 便所は校舎の中にあるほうがよい
9 準備室と道路に面する教室の窓に、透明硝子は良くない
10 二階廊下の植木鉢は利用しない

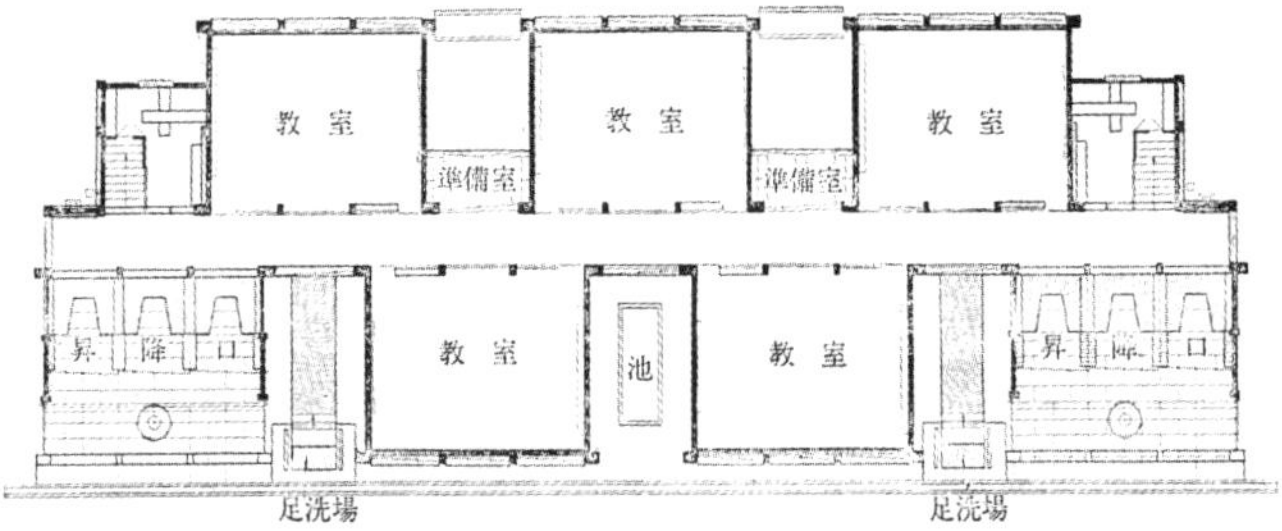

一階平面図。廊下の両側に教室がずらして配置されている

11 生徒用持物棚に戸なきため外見が悪い

12 教師用棚にも、一部戸がほしい

13 二階準備室の天井が低い

14 下駄箱に長グツが入らない

15 傘立が十分でない

16 販売カウンターは硝子張りがよい

17 教室の背面は、全面を掲示板とすべきである。側面の掲示板では面積が小さい。

18 西端の教室は、夏午後に温度が上る

19 夏、ランマの戸をあけると涼しいが、直射光が入って困る

20 窓下の花台は掃除がしにくい

21 手摺があっても、廊下の大きい硝子は割れそうで不安である

22 廊下に吊ったツルは建築に不似合だ

23 北側の庇に手摺がほしい、写生、掃除のとき

VIII こころみに教室の温度を測定してみました。もとより厳密なものではありません。

冬、外気温四度のとき、一〇時に

	南側教室	北側教室
一階	八度	四・五度
二階	八・五度	五度

これを一四時に計ったとき、一・二階南側と二階北側教室は一～二度上昇しますが、一階北側は〇・五度。さらに、これを、普通の木造校舎と比較してみますと、南側は大差ないのに、北側教室では一度くらい高くなっています。

夏、外気温三〇度のとき、一二時に、南側教室で、三〇度、北側教室でも二階で三三度。

一・二階の温度差は約一度、同じ教室内でも、二階では北方が南方より一度高く、一階では、南方が、高くなっています。

以上のとおり、考えるべき点が多分にあ

ります。限られた予算を、どのように分配するか、こちらの考えが、正しく運営されているかどうか、できあがったものに弁解は一切無用であり、すべての責任は、建築家が負わねばなりません。しかし、いかなる悪条件のもとでも、自由と誠実な態度は失いたくありません。

既に述べましたように、このような案をおおげさな言い方ですが、敢行できたのは、教師の側に勇気をえたからです。教育委員会は、文部省の型を、無難だし、最上と心得ています。私は、ゆずりませんでした。たしかに、私の案は、教室を独立せしむるために、壁の工費が、かさみます。土地が無駄だと批難されます。しかし、私は、金銭には代えられない、子供達の心理に及ぼす効果を尊重したいのです。

子供達に夢を与えたい、明るく、力をあわせて生きる勇気を与えてやりたい、環境を、美しく整える術を身にしみて教えてやりたい、と思ったからであります。

したがって私は、外観などには、いいかえれば建築の表現に、さほどの意義を認めません。自然でよい、内なる心が、外ににじみでれば、それでよいのではないか。子供達に対する大いなる愛が設計する者の胸のうちに、ふつふつとみなぎっていればそれでよいと思っています。

私は、小学校の建築に、モニュメンタリティーなどは、不必要だと信じています。中心を誇張することもない。謙虚な柔軟な心で、自然にたちむかえばそれでよい。美しいか、詩があるか、人の心に訴えるか、どうかということは、建築家の品格と精進のタマモノだ。恥ずべきは己であると肝に銘じているつもりです。

ともあれ、近よればアラばかり、遠く眺めれば南国らしい間のぬけた泥くさくおどけたような建築です。洗練された神経のキビキビした人がみたら、アホらしくなることでしょう。

鉄筋コンクリート工事を手がけたこともあるという職人たちと、仕事を進めてゆくのですから、曲ったり下ったりすることに、いちいち気をつかっていては神経がすりへってしまいます。〝逃げるにしかず〟とは、まさに至言です。

教室について：床はアピトン縁甲板張天井なし。一、二階とも、壁面もこれにならい、コンクリートは木毛板をうちこみ、壁面もこれにならい、コンクリート打ち放しの梁とともに、白セメントを吹きつけて色分け仕上げとする。

さらに教室の前後壁は、木毛板のうえにベニア板をボンドで直接貼りつけ、掲示板とする。後の壁面には、生徒用の備品戸棚を造りつけ、最上段は飾棚とし、赤・ブルー、黄・ピンク、緑・グレーに小間を塗る。

南側は床まで開放し、手摺のかわりに棚を設く。隅には、流しとゴミ掃除具入れ、教師のための本棚がある。なお、教師の準備室には、戸棚と机を造り付ける。

便所について：周囲は、コンクリートブロック造。白セメント吹付け、小便所になる内側はタイル貼

家の中心に鉄柱をたて、傘をひらいたように組んだ木造の小屋組を、周囲から鉄柱で支える。その鉄柱の脚元に、コンクリートの植木鉢がある。鉄柱は黒、渡廊下のそれは朱、花が咲きこぼれ、壁に映る屋根の影が動いて面白い。

中心の天窓から採光、屋根は亜鉛鍍鉄板、瓦棒葺、緑のルーフペイント塗。大便所の扉は、ペイントで色分け。子供達は、これをマル便所と呼んでいる。

日土小学校

山のせまった谷あいに、せまい敷地を求めて学校が建っていた。拡げようもない。改築を機に、大木を倒して河に近づけた。惜しかったけど。静かな流れである。テラスに桜の花が散り、糸をたれると魚がはねる。

五月の薫風にのって、ミカンの花の香りが教室にただよう。螢の乱舞する夏の夜、柿の色、ミカンの朱、落葉の沈む冬の河。いつ訪ねても、あきることのない清くすんだ環境である。

一年使っての教師側の苦情は

1 教室で、生徒用には背面の整理棚で十分だが、教師のための戸棚が不十分のようである、掃除具入れも……。
2 図書室が狭く西に面していること、本棚の高さも生徒の手のとどく範囲にとどめること。
3 谷間の敷地のせいで、予想以上に照度不足、中庭の幅が十分でないのと相まって、一階の教室は多少陰気であり、とくに雨の日は暗く、晴天でも南北で照度が平均しない。これらの欠点が少ない二階は、きわめて爽快である。

4 夏は暑いと訴えている。机の高さから上を風が通らないと涼しさを感じないらしい。

5 黒板は光らないし、色彩計画は好評のようである。

6 昇降口は混雑していない。

7 中庭のあることは、不十分ながらも良い結果をもたらしているようだが、廊下の利用法は、わたくしの考えていたようには活用していない。

日土小学校川側外観

狩江小学校お別れ会

三十二年前の木造校舎がこわされる、お別れ会をするから来ないか、校長先生のお誘い。一九九一年七月十三日、梅雨の晴れ間土曜の午後でありました。

卯之町に着くと出迎えの方が声をかけられる、背が低く白髪と伝えておいたから。聞けば、こわされる学校の思い出がいっぱい。野福峠のトンネルは狭くて暗い、トンネルの彼方にライトが見えると、こちらに着くまで待っている。トンネルを出ると、なつかしき宇和海、曲がって降りる沿道の桜並木、海辺の街は昔とあまり変わりません。

大きいクレーン船が作業中、去年の台風を正面《まとも》に受けて防波堤が崩れたとのこと。活気があるのはその船だけ、淋しく静かな港の光景。此処が学校です。と教えられなくては分からないほど、学校と周囲の有り様は変わっておりました。

三十二年前には学校の周りは空地で、広々とした運動場の片隅に学校も小さく見えました。プールが造られ体育館が建ち、古びた校舎を眺めるのは、胸の痛む思いでありました。落成式に三百六十人いた生徒が、今は五十七人。

お別れ式の会場は講堂とばかり思っていましたのに、広くて長い昇降場の中央から、両方に別れて登る階段、二十一度の勾配、中庭に面して明るい。生徒に一番お気に入りの場所が選ばれました。正面に生徒が作った縁どりの額「さようなら木造校舎フェスティバル」

両側に分かれて五十七人が雛壇に腰をおろし、廊下に由縁《ゆかり》の先生とＰＴＡの役員が向き合い、父母は昇降場の土間に。親しみのわく心あたたまる、別れにふさわしい式の場でありました。

この集いの目的には、三十年にわたり狩江教育の中心となった木造校舎に感謝し、その歴史を学習して、別れを惜しむ情感を育てる、と記してありました。

生徒の司会で式が始まると「みかんの花咲く丘」の合唱、心にくい清らかな事の始まり。純真無垢の子供達、つづいて校歌。それから、各学年の代表が短い言葉を。一年生「みんなでまわった、がっこうたんけん。いろいろなへやがたくさんあって、ちょっと、まいごになりそうでした」二年生「給食の重い食かんを運ぶとき、先生の入口から入りたいなぁと思ったことが何度かありました」三年生「教室とろうかの間の小さな中庭には、木や草花が植えてありました。それを見ながら、理科室へ行くのが、とても楽しみでした」四年生「階段を降りて、くつをはいて行くポットン便所がこわかったなぁ。そうじで床ふきをしていると、とげがぞうきんにひっかかったり、手にささったりもしました」五年生「雨の日には、バケツを用意し雨漏りと声の出し合いをしたり、よく滑ってお腹を抱えて笑ったりもしました」六年生「迷路のような作りの建物と、ゆるやかな階段をいつまでも忘れません」

これを受けて六年生が「三十一年という

狩江小学校全景。手前にプールがあるので一九七二年以降の写真

長い年月、狩江小学校卒業生八百二十九名、在校生五十七名を見守り続けてくれました」と言えば、一年生が「わたしたち」二年生が「ぼくたちが大きくなったら」三年生「小さな子供たちに」四年生「今日のことを伝えます」五年生「さようなら、木造校舎」六年生「ありがとう、旧校舎」そこで全員が声たからかに「ありがとう」

次に私の話、教育長から感謝状、生徒から花束、このような感激、生まれて初めて、そして終わりのはなむけでありましょう。

感謝状には次のように、

「あなたは昭和三十四年明浜町立狩江小学校の建築に際し、多年の経験と独創的な学校建築の粋を結集して設計にあたられました。その校舎は県下屈指のモデル校舎として、使用するものにやすらぎと温かさを与え、狩江教育の振興に役立つこと大でありました。よってここに『さようなら木造校舎の集い』を開催するにあたり感謝の意を表します」

明浜町教育委員会教育長中村久藤、明浜町立狩江小学校長紺田満徳、明浜町立狩江小学校PTA会長原田義夫より狩江小学校木造校舎設計者松村正恒に。私の方こそ感謝すべき筋合いです。後からそっと頂いた金一封、どうぞ生徒の為に、と辞退したのが、せめてものつぐないでありました。

式はまだつづきます。三十二年の間に此の学校で教鞭をとられた先生が次々立たれ、感慨ぶかく生徒に語りかけられ、在りし日の生き生きとした学校の生活が浮かびあがってきます。設計者の冥利これにまさるものはありません。PTA会長が謝辞のなかで、皆様のお話を聞くほどに今になって学校をこわすのが惜しくなりました。しかし、勇を鼓して今日は、木造校舎保存運動・発起人の集まりではない、と。ここで気をとり直し、学校を題材にクイズ。司会の生徒が指名する、○○のおっちゃん。入れ変わってPTA役員、当てた生徒にこれをと、リボンで飾った箱をうやうやしく、誰も当

狩江小学校のお別れ会の様子。左の人物が松村

たらない、勿体ぶって現れたのが、なんと校舎の屋根瓦。欲しい人には、そのうち何枚でも。

校長先生の締めくくりのお話が終わって「さようなら木造校舎の歌」の合唱、生徒作。

一、ぼくたちはきっと　わすれない
校舎とすごした　あの日あの時
ぎゅっとしぼった　ぞうきんで
ゆかをごしごし　みがいたこと
板のあいだの　消しゴムのかすを
ほうきでさっさと　はいたこと
たくさんの思い出　ありがとう

二、ぼくたちはきっと　わすれない
工夫したつくりの　木造校舎
ころばぬようにと　ぼくたちのため
ゆるやかにした　階段
廊下を走って　転んだときも
あまりいたくない　木の床
いつも見守ってくれて　ありがとう

三、もっとこの校舎で　勉強したい
もっとこの校舎で　遊びたい
でもとうとう別れがきた
やがて新しい校舎が建つ
だけどぼくたち　わすれない
狩江のみんなの心に
いつまでもたっている木造校舎
三十一年のあいだ　ありがとう
そして今さようなら

瞼をとじて聞き入りながら、胸の奥底で感涙にむせんでおりました。歌い終わって、くす玉割り、生徒が丹精込めて作った、可愛いふたつの玉、紐で引くのは一年生と保護者に私、割れて垂れ下がった紙の字は「さようなら、木造校舎」歌のしらべを胸にきざみながら、さようならの集いは、幕を閉じました。

それから、生徒たちは自分の手で作った、たきこみカレーライスを星空を仰ぎながら食べ、消えて無くなる木造校舎について、思い思いの言葉を交わし、合宿して、最後の別れをした、と聞きました。さらに翌朝は、胸のつかえを校舎に落書きした、とも。

落成式の日に行って、訪ねる機会を失しましたが、私の思いどおりに設計させてもらい、どんな状況で使われているか、折りにふれて案じておりました。生徒の作文集をひもとくうち、雨漏りの苦労話が目立ちます。校長先生は、昨年の台風いらい殊にひどくなって、と慰めて下さいましたが、案の定、セメント瓦の劣化、建具の老朽は目をおおうばかり。私が最も苦心した低学年の教室まわりは、今は使われておらず物置同然。

それにもかかわらず、三十二年前を思い起こして、設計者を呼んでいただく、有難き幸せであります。生徒の前でした話について保護者からの感想、

「普通なら、こういう集いでの長いお話等は、中には嫌なものがあるんですが、今日ばかりは、どれもなるほどと思ったり、笑ったり、ぐぐっとひきこまれ、あっという間に時間がたってしまいました。いいお話でした。ためになりました」

話した甲斐がありました。次に要旨を。

西瓜の一番おいしい食べ方、夜露で冷えきったのを石で割りかぶりつく。西瓜の実は丸くかたまっている。西瓜に比べて葡萄は、小さい実が集まって房になっている。ひとつひとつ食べ終わって分かることは、一本の大きい茎から小さい茎が沢山でて、それから更に茎が分かれ、その先に実がついている。狩江小学校は葡萄の房と同じ。房のことをクラスターと言う、狩江小学校はクラスタータイプの学校、ひとつひとつの棟が葡萄の実。

今から四十年前にこのおじいさんが日本で初めて考えた。その頃の学校は、きまりきった形式を、そのまま真似していた。西瓜のような学校、中は赤でなく灰色だった。ごろごろしている西瓜のような学校だから安くできた。それなのに町長さんは、葡萄のような学校を建てられた。町長さんは偉

かった、勇気があった。その頃の町は貧しかった。だからこの学校には、ぜいたくな無駄な所は全く無い。足らない所は工夫で補った、知恵をしぼった。

外から眺めて立派ではない、簡素で平凡で自然である。内へ入っても人を驚かすような飾りはない、けれども控え目な落ち着いた静けさが漂っている、心がやすらぐ、やさしさがある、みんなが楽しい毎日を過ごせることを考えた。ある偉い方が言われた、学校らしい学校である、と。

とはいっても雨が漏って困ったらしい、廊下の雑巾がけが苦しかっただろう。おかげでピカピカ光っている、ちりひとつない、古びてはいるけれど清潔だ。みんなのおばあさんの顔を見てごらん、年をとったら皺もより染《し》みも目につく仕方もない。雨が漏る音は悲しい、雑巾がけは難儀であった。悲しくて苦しい経験も、木造校舎だからできた、もう一生あじわえない、死ぬまで忘れはしない。みんなは人間にとって最も大切なことを覚えたんだ、他人の悲しみ、苦しみが分かるという。

富士山の高さを示すのに一合から頂上の十合まであるが、五合目で止める人、八合目まで登る人、頑張って頂上まで辿りつきヤレヤレと安心する、富士山はそれで良い。しかし、人間の一生には、これで良い、ということはない。どんなに苦しくても、男なら「ナニクソ」と、女なら「コレシキノコト」と、歯をくいしばって我慢する。人間は人を頼ってはいけない、頼られる人にならなくては。人の真似をする、人の知恵を盗む、こんな楽なことはない。このおじいさんは、苦しくても自分の頭で考えた。自分で考えて正しいと思ったら、みんなが右へ行っても、私は左の道を選ぶ。

大昔の人は右とか左とか、南とか北とか言わなかった。昇って沈む太陽だけが頼りであった。太陽くらい公平なものはない、人間にも植物にも平等に恵みを与える。心の中に太陽を持って生きねばならない、太陽のように大きく広い心を持たねばならない。

みんな餅つき知ってるか。一年生は米粒、米粒をむしたのが二年生、杵でついて軟らかくなっていくのが三・四・五年生、手でもんで餅になったのが六年生。餅の形は同じに見えても全く同じものはない。人間もまた生まれた時から平等ではない。顔も性格も違うし能力も。それでも世界中の人間は仲良く手をたずさえて生きていかねばならない、辛抱強く。

陰の正直[3]、という言葉がある。誰も見ていないからといって、怠けたり気をゆるめてはいけない。そんな習慣をつけると、人の前に出た時にその癖があらわれる。人間が死ぬまで戦わねばならないのは、心の敵。心の敵とは、他人をねたむ、うらやむ、おごりたかぶる、嘘をついてごまかすこと。

みんなは狩江小学校で大切なことを沢山に学んだ、頭の中でなく身体でおぼえた。おたがいの足らない所を補い助け合い、ゆずり合い励まし合うことを。このおじいさんは、狩江小学校がみんなのものであると同時に、大人のためにも役立つ生涯教育の場所にしたい、と思って設計した。人間はみんな幸せにならねばならぬ。幸せとは、やすらかな心を持つこと、自分が幸せだと思ったら、他人も幸せにしてあげる。人間は死ぬまで勉強しなければならない、勉強するとは心をみがくこと、倦まず弛《たゆ》まず、コツコツと。

最後に一言。人間は勇気を持たねばならない、勇気のある人に成長して下さい。

3 お別れ会を企画した当時の紺田校長が、後日この言葉を松村に墨書きしてもらい、額装して新校舎の玄関に掲げた

お別れ会で歌われた「さようなら 木造校舎」の楽譜

◀蔵田周忠は、一九五六年に妻とともに八幡浜を訪れ、松村正恒との再会を果たした。この写真は、松村が設計した江戸岡小学校の玄関の前に立つ蔵田夫妻と松村である

第6章　交友録

解題

松村は自分の生涯を振り返る文章を何度も書いている。『素描・松村正恒』は全体が回想記であり、『無級建築士自筆年譜』に収められた「私の生きてきた道」と「八十路に思う」も同様である。さらに、この二冊のために書かれた二つの「自筆年譜」もまさに自身による人生の記録といえる。本章には、それら以外の回想記として、「私の尊敬する人々」「老建築稼の歩んだ道」「縁ありて」を収録した。

当然のことながら、登場する人物や出来事は重なることも多い。しかし松村はそういうことは気にしないかのように、何度も自分の人生を振り返っている。理由はよくわからない。しかしそれらを読んでいると、彼が見た光景と出会った人物たちによって、松村と彼が生きた時代の輪郭の厚みが増してくる。そして、同じことの反復作業こそが普通の人生なのだと教えられるような気持ちにもなる。

私の尊敬する人々

（一）

大東亜共栄圏、国土計画、いずれも戦争中に目にし耳にした題目。これが、洞察力に富んだ公平無私の理想であれば、これに勝るものはないと思いましたが、どうも胡《う》散《さん》くさい、下心がひそんでいる、と思いつつも、本屋での本の立ち読みは怠りませんでした。しかし、その活字を自分の本棚に入れることは拒みました。当座のものに過ぎない、と考えたからであります。

四年間を過ごした満州に見切りをつけて帰って間もなく真珠湾攻撃。遂に始めたか、複雑な気持ちでした。満州での、おちつかない、重くるしい日々、傍若無人の軍人たち、満人を奴隷の如く扱う傲慢な日本人、日本では裏長屋の、おかみさんにすぎなかった人が、当時はめったに口にしない奥さん、奥さんと呼び合う品のなさ、情けなく思いました。

私の知人が満人の家庭教師をしていました。

屋敷の中に彼女は一棟与えられ、門番の許可なしでは会えません。この家の主が、どんな暮しをしているのか想像もつきません。気味のわるい圧倒される雰囲気の豪壮な邸宅でした。公園を、人気のない時をえらんで、悠然と歩をはこぶ満人、私など歯牙にもかけない泰然自若の大人《たいじん》。ああ、こんな手合いが住んでいるのか。腹のうちを計りかねる。風格とは、これを指すのか、自分が卑劣に思えてなりませんでした。

　これに対し白系露人、つつましい、ひっそりとした暮しぶり。給仕の少年、小柄で明るい表情、かがやく瞳。昼休みに日本の詩を朗読する私の傍で、じっと耳を傾けておりました。あれから、どんな運命に弄ばれたことでしょう。

　朝鮮から来ていた青年、精悍な面がまえ、あらわな反骨精神、彼の心中を察しては返す言葉もありませんでした。

　その頃です。恩師にすすめられて、安倍能成氏[1]の随筆集を手にしたのは。その中に「浅川巧さんを悼む」という実に感銘ふかい名文に接することができました。安倍先生が京城大学で教鞭をとっておられた頃の話です。

　浅川巧さん[2]は、日本の農業学校を卒えてから朝鮮総督府に勤め、林業試験場で、朝鮮の山々を緑で蔽いたいと、地味な目立たない仕事に刻苦勉励されました。志なかばにして、世を去られたわけでありますが、一介の技手として栄達を望まれず、信じられない程の薄給に甘んじられておられました。

　位の奴《やつこ》、利の奴《やつこ》、掃いて捨てて、まだ足りぬ当節に、我は我が身の主《あるじ》なりけり、と謙虚に生きておられました。当時、総督府では、朝鮮語の試験の結果によって昇給する制度がありました。朝鮮語に堪能な浅川さんにとって、合格など日常茶飯事にすぎませんが受けようとはされませんでした。

　浅川さんにとって大事なことは、形式や言葉ではなく、朝鮮の歴史と伝統に通じ、

1
安倍能成　あべ・よししげ
一八八三〜一九六六
松山城下の小唐人町（後の愛媛県松山市大街道）生まれ。一九〇九年に東京帝国大学文科大学哲学科を卒業後、自然主義の文芸評論を書きながら、一高講師、法政大学教授を歴任し、一九二四年にヨーロッパへ留学した。帰国後、一九二六年に京城帝国大学教授となり朝鮮文化を研究。一九四〇年には母校一高の校長となり名校長と謳われた。夏目漱石等との交流が深く、漱石門下の四天王と呼ばれた。戦後は、文部大臣や国立博物館館長などを歴任した。

2
浅川巧　あさかわ・たくみ
一八九一〜一九三一
山梨県生まれ。山梨県立農林学校を卒業して一九〇九年に秋田県大館営林署に勤めた後、一九一四年に朝鮮半島に渡り、朝鮮総督府農商工部山林課林業試験場に就職した。そこで養苗や造林研究に従事する傍ら、朝鮮の工芸に関心をもち、陶磁器、家具、民具などの収集と研究を行った。

朝鮮の人々の暮らしに溶けこみ、彼らの心の内を汲みとることでありました。なんという高貴な生活信条でありましょう。

人間として価値ありながら貧しき故に向学の道をたたれた青年に、薄給をさいて援助されました。それも一人や二人ではありませんでした。そのことを、決して口外されませんでした。亡くなられた時、棺をかつぎたい、と争うように申し出ました。うべなるかなと胸せまります。

浅川さんの功績は、これにとどまりません。

朝鮮の古陶磁の美を発掘され、日本の民芸運動の一翼をになわれました。朝鮮の人々が古くから使いこなしている日用品のなかに、たくまない美しさを見いだされたのであります。

しかも、それを骨董品として私物化せず、物を観る眼の大切さを訴えつづけられたのであります。無心にして無慾の人にして、はじめて成しうる業《わざ》であります。

浅川さんには伯教さんという非常に見識たかき有徳人の兄君がおられました。その兄弟愛は、実に美しく気品にみちておりました。純愛というものは、豊かさ、充ち足りた中からは決して生まれないもののように思えます。兄君に劣らず奥様の蔭のご尽力、もとより敬服のほかありません。

私は浅川巧さんを尊敬すると同時に、浅川さんを、この世で最も敬愛すべき最良の友と讃辞を述べられた安倍能成先生に、心の底から敬意を表します。この頃、このように心にしみる文章に接する機会が少なくなりました。

語るに足る人が少なくなったのか、語っても詮なき世と諦観される人が多くなったからでしょうか。

（二）

中野好夫さんの『人は獣に及ばず』（みすず書房）の中に「高風の財界人」と題し

て、伊庭《いば》貞剛氏[3]の事績が載っております。

別子銅山の煙害が世間をさわがせた、私も子供心に覚えております。その頃、住友財閥の総理事であった伊庭氏は、銅山の年間の利益をはるかに超える資金を投じて、製錬所の四坂島移転を断行された。その決断と見識を高く評価されているのであります。

住友家の家訓第一条には、浮利に走らぬこと、とあります。伊庭氏は「君子は財を愛するも之を取るに道あり」との信念を貫かれたのであります。このような気骨と洞察力をそなえた事業家ばかりならば、公害に呻吟する不運な人々もなかったと思います。同じ頃、足尾銅山の鉱毒問題に身命を賭して悪戦苦闘していた田中正造は、これを評し「社会の義理を知り、徳義を守れり、別子は鉱山の模範なり」と絶讃したのであります。

新居浜市の別子銅山記念館に、伊庭貞剛氏の胸像があります。余りに小さく、見すごす人も多いでしょう、たとえ見つけても、伊庭貞剛の偉大さを知る人は少ないでしょう。

人物よりも物の価値に目がくらむ世相とあっては致し方もありますまい。

世上には、顕彰碑がやたらと目につきますが、よほどの閑人でないと碑文を読み了えることもないでしょう。なかには、碑文より、文をものした人の名前が売り物ではないかと怪しまれる類いも少なくありません。四坂島に伊庭貞剛氏の碑があれば、次の一文を書き加えたく思います。

「最後の権威は自己にある、いかなる地位にあろうとも、その地位にきたいされている働きをしたとき、おのずから権威が生ずる」

（三）

東京一極集中がいろいろ取り沙汰されております。私の子供の頃のはやり歌に「東

3 伊庭貞剛　いば・ていごう　一八四七〜一九二六　近江国蒲生郡（現在の滋賀県近江八幡市）生まれ。裁判所勤務等を経て、一八七九年に住友に入社した。住友家に実業の才覚を買われ、さまざまな要職に就いた。なかでも、愛媛県の別子銅山における煙害問題に対処すべく、瀬戸内海の四阪島への精錬所移転や鉱山開発で荒れた山に植林をするなど、企業の社会的責任を意識した企業人の先がけである。

京は日本のキャピタルで」とあり、参勤交代の頃から江戸は日本の中心、狭い日本を、いやがうえにも狭くしたし、明治いらい東京は情報の発信地、憧れの、希望の托せる土地でありました。しかし同時に地方も、独自の文化を育てておりました。それが続いておれば、足が地についておれば、なにも今さら騒ぐこともないと、私は冷静に受けとめています。世界を巻きこんでの欲望の渦巻く巷、東京を真似ようとするから卑屈になる、己の道を正々堂々と歩めば良いのであります。

　瀬戸大橋が開通して四国に人が湧いた、と懐勘定に余念がない昨今の有様。六十年前、名古屋で会った信州の青年が「海が見たい」そこで港へ伴をする「これが海か」と彼は安心しました。大橋から眺めて、ああ、これが瀬戸内海か、困ります。私とて来島海峡に架かる電線を仰ぎ、夢をはせた思いはあります。大きいクレーン船が早廻りしようと真夜中に、島をつなぐ電線を切り、わしの海図には書いてない、許して呉れーんか、と。これが瀬戸内海。

　橋が完成して、心から祝意を表すべきは、長島愛生園[4]に通じる橋。経済効率ばかりの大橋に拍手を送るのは児戯に類します。私の念願は、四国を楽園にしたい、誰の為に。精薄者、子供、老人たちのために社会の仕組を変えれば良い。しかし、凡ては終わりました。哲人が言いました。「此の世は、なんと乏しい英知による支配であることか」と。

　ここに、菊池清治さん、という方がおられました。私が仕えた市長であります。もともと学者、学識経験ゆたかにして高潔、趣味の巾ひろく、凡てに一家言を持っておられました。玉突きも、物理学の応用とは、おそれいりました。年を召されてからも、自転車に乗って商大へ講義をしに通っておられました。素封家ながら生活は質素、襟巻も手袋も無用、独立独歩、人と争ってまで市長職に未練はない、二期が限度、言行

4 岡山県瀬戸内市に属す瀬戸内海の長島にある国立ハンセン病療養所。一九三〇年に国立らい療養所として発足した。一九九六年にらい予防法が廃止されたが、入所者の高齢化や残った障がいに対し、治療と生活支援の活動が行われている。

一致の方でありました。

敗戦直後のこと、地方財政は逼迫、義務としての仕事は山積。議長は「中央に陳情を重ねて財源を分捕る、その努力を怠ってはならない。他所がするのに、指をくわえて坐視するに忍びず」と事あるごとに強調します。それに対し、市長は「陳情の必要なし、全国を勘案して財源を分配すべきだ、それが中央政府の義務である」頑として応じられません。背のびするな、分をわきまえよ、大局を見あやまるな、この信念に徹しておられました。

陳情、予算分捕り、補助金、助成金に群がる、授ける、いずれも阿呆。縄張り上手で、縄跳びが下手、そのくせ上がり下がりに抜け目なし。

このような連中の先棒をかつぐな、というのが菊池市長の言い分でありました。今もし市長、在世ならば、今の世相を、どのように眺められるであろうか感慨ひとしおであります。


東京と地方の格差など物の数ではない。世界の中の日本の地位と責務、人類を巻きこんでの貧富の差、なにをもって幸せと言い不幸というか。それが定まらない故に、アイルランドを筆頭に世に紛争は絶えない。私が此の世に生をうけて七十五年、物心ついた時も、現在も何も変わっておりません。変わったと、血道をあげているのは、枝葉末節の事象にすぎません。

今治に私の親友の墓地があります。なぜか墓標がありません。周りには、われ劣らじと虚石、いや失礼、巨大な墓標が立ち並んでいます。一方、菊池家の墓地は八幡浜、旧家の歴史を語るなかに、市長の名を刻むものは、片隅にある小さい石板のみ、おそらく市長のご遺言だと思います。

「人は、その一生に、どれだけ緊張した時間を持ったか、その量の多寡によって、人間の価値が決まる、自分一個の欲望のために緊張することからは、美しいものは育たない。昨日よりも今日は、深くものを見、美しさを感ずる。かくて、明日は今日よりも進歩する」

菊池清治先生は、この箴言にふさわしい生涯を送られたと思います。

私が尊敬する方を過去にさかのぼりましたのも故なきことではありません。真実は、ひとつ、と信じているからであります。

老建築稼の歩んだ道

（一）写真家父子のこと

八幡浜市役所にいた一九五七年ごろ、建築写真の専門家を探していて、紹介されたのが松山市の宇高久敬氏[5]でした。

年輩の方で、容貌といい物腰といい街の写真屋さんの印象とは程遠い、写真の仕事に信念を持っておられます。聞けば美術学校写真科一回生、写真術の開拓者としての自負を胸に秘めておられました。

これでは、写真館として成功されるはずもなく、アトリエもなし、狭い店にカーテンを下せば俄仕立の写真館。客の機嫌をとりむすぶ、技巧をこらして評判を良くする、そんな術には無関心、というより気位が潔しとしなかった。世間の片隅で、写真の真諦を追い求め、謙虚に質素に生きておられた芸術家でありました。

晩年は、もっぱら商業美術に活路を見いだそうと努力しておられましたが、グラフィックデザインが今ほど盛況でなく、先覚者としての苦悩を味わいながら寂しく世を

5　宇高久敬　うだか・ひさたか　一八九三〜一九八一　松山市生まれ。東京美術学校臨時写真科一回生の写真家。東京で活動した後、戦前に、印画紙や写真用の薬品を扱う会社を仲間と京都で立ち上げ、神戸に住まいを移す。その後、一九四三年に松山市へ帰り、写真館を営んだ。著書に『写真の新技法』（アルス、一九三三）がある。

去られました。

そのうち息子さんが修行を経て跡を継がれましたが、温厚で慎ましい笑顔、この方も写真屋さんの器ではありません。

ちょうど其の頃、日土小学校の撮影を、お願いできたことは幸運でした。場所は、川幅が十米ぐらいの岸辺に川の上に迫り出して建っている。堰きとめられて川は水鏡、向かいの岸は急勾配の蜜柑山。テラスに桜の花が散り、五月の薫風にのって蜜柑の花の香りが教室にただよう、蛍の乱舞する夏の宵、柿の色、蜜柑の朱、落葉のいろどる冬の河。

自然に静かに溶けこんでいる、光、色、風、香り、音に包まれて時を刻む学校を、生き生きと美しい姿に撮って下さった傑作、満足いたしました。被写体の神髄を把握しよう、写真術の深奥を極めたい、と自己を省察して倦むことのない方、宇高純一さん[6]。

ある時、小さい写真展を開くことになり、白黒の引伸器を探しあぐね、もしやと宇高さんに当たってみると「長らく使っていないが物置に埃をかぶっているはず」さすが本格派だと感銘をうけました。私にとりましてはこの写真が、宇高さんの置き土産になってしまいました。

時流に棹さし金儲けしか眼中にない商売人の中にあって、迂遠な道と知りつつ真実一路を歩まれた、宇高さんのような奇特な方が、どうして急いで幽冥境を異にされたのか、はかない思いに沈みます。

写真の話になると忘れられない方、まだご健在の渡辺義雄先生[7]。三十五年まえ八幡浜に足をはこばれ、ポートレイトを撮って頂いた[8]のが縁のはじまり。五十才まえの先生は至って気軽、すし屋の寿司が旨い、と女将を早撮り。

写真生活六十年記念写真展のときの古寺大観と研究書を贈って下さる、ただひとときの交わりを大切になさる御気持を有難く心に秘めております。

6 宇高純一　うだか・じゅんいち
一九二三〜一九九一
東京生まれ。宇高久敬の長男で写真家。父親から写真を学び、戦後、松山市において、地方では数少ない建築写真家として活躍した。

7 渡辺義雄　わたなべ・よしお
一九〇七〜二〇〇〇
新潟県生まれ。一九二八年に東京写真専門学校（現在の東京工芸大学）を卒業し、オリエンタル写真工業などを経て新興写真の代表的写真家となる。対外宣伝グラフ誌『NIPPON』等で活躍した。戦前から堀口捨己らとの付き合いもあり、戦後は建築写真の第一人者となった。

8 『文藝春秋』一九六〇年五月号の「建築家ベストテン――日本の十人」（本書付録III収録）の記事での撮影のこと。日土小学校の川側の鉄骨階段の踊り場に、ノーネクタイでスリッパ履きの松村を立たせ、建物ではなく周囲の山と川、そして子どもたちを主な背景とし、松村の人柄と設計思想を見事に写し取った写真である。

（一一）昔を今に

私が大洲市新谷一万石の城下に生まれたのが八十年前、正確には七十九年三ヶ月。ただ一軒だけですが完全な構えの武家屋敷を家の間取りから暮らし振り、まだ覚えています。

広い庭があり、後に小高い山があって山水は枯れない。大きい池があった。今行ってみると屋敷は荒れて住む人もないのに池に鯉が泳いでいました。

やせて老いぼれ泳ぐのさえ楽じゃなさそう、あれが「老いらくの恋」か。

私の生家は小学校の運動場と境を接し、枳殻《きこく》からたちの生垣が長く茂っていました。枳《からたち》は白い小さい花を咲かせ刺がある。バラのように美しい花を咲かすが、ちくりと痛い刺があるのと違って、枳の刺は近寄っては駄目だよと言わねばかりの優しい痛さの刺でした。

秋になると香りの良い実をつけるが食べられないのが玉に傷、生垣のほか使い途のない小樹であります。

隣りが学校の利点は、忘れ物しても何の心配もない。欠点は道草を喰った楽しみがない。お手々つないで野道を行った経験がありません。そのせいか当てもないのに散歩することを好まない。徴兵検査は丙種、丙でもみな召集されたのに私にはお呼びがなかった。不思議です。寂しいことに戦友の付き合いがない。

戦争中在郷軍人を召集して訓練した。その時「おそれ多くも」言うと周りの者直立不動になる。あ、そうするものか、と仕方なく足をそろえる。私をにらんで手帳に書きよる。もしも兵隊にとられたら、ひどい目にあったろう。敗戦して叫びました、丙種万才。

新谷藩は大洲藩の分家でして、飛び飛びの領地を分けあたえられ集計して一万石。その地を見廻りに一人者は単身赴任。私の祖父も若気の至り、そこで娶《めと》りましたのが祖母、小学生の頃は毎年のように長浜町出海に出かけました。銅山から索道で運んでくる銅で満杯になるまで待っている千石船、のんびりしておりました。

船の中で楽しそうに歌っていた青年の「春はベニスの宵の夢」まだ耳に残っています。

鉱区税もない時代、坑道がどうも我が藩の地下に伸びている。検分に及びたい、と或る日。わが祖父すこしもあわてず「どうぞこれえ」しばらく進んだ頃をみはからい大きい声で「その辺りで何かお気づきの品は」何もなさそうでござるが、この白いもの馬の骨かな「さにあらず、十年前のこと検分あまりに厳しき故、この入口を封鎖した折のご遺骨でござる」真っ青になって出てきた面々「検分したとの証明さえあれば、ここへ御認めを」わが祖父おもむろに捺印「これまた古い御印で」左様殷鑑《いんかん》遠からず、某も判読いたしかねるが伝え聞くところに依ると古代の文字で「この穴に入るべからず、あなかしこ」

これと似た話——祖父の因果が孫に報い。

今から五十五年前の現場ではミキサーでコンクリートを練っていました。大きい桝の中へ二人がかりでセメントの紐を解いて投げ落とす。その手早いこと、数をごまかしはせぬかと監視するのが私、かけ出しの役目。昼休みに質《たち》の悪い現場監督がこう言います。「監督を押し飛ばしてミキサーにほうりこみコンクリート詰めにした話、よく聞くな」怖《お》じ気づいて私も見て見ぬ振りをしたものです。それでも強いコンクリートが練れた。その訳は機械に頼らず人間の手でコンクリートを造った。

注意深く養生した。コンクリートは生き物である、粗末に扱ってはいけない、という知識と訓練が当たり前のことであったからです。

鉄筋を組む、その上に桟橋をかける、その上をコンクリートを載せた猫車で運んでゆく。

固練りのコンクリートゆえ愚図愚図してはおれない。追い立てられる重労働。夏の日照り、疲れきって年輩のおっさん桟橋の上にぱたっと倒れる、悲惨な光景でした。人より物が大事な時代でした。今は効率しか眼中にありません。

病人は病院で息とだえるもの。看病は看護婦たより。そのくせ治る見込みもない病人を医者と看護婦よってたかって玩具にする。何が倫理だ、おおきなお世話。

(三) 景観について

景観と地球を口にすれば文化と文明に通暁している、と信じたがる世相です。

景観も地球も散々に喰い荒らしておいて。地球はさておき、景観という言葉は私の子供の頃にもありました。風趣風致の意味で。つまり天然の美しさ、音、香りを愛でてきたわけであります。それを、人間の浅ましい智恵とみにくい欲望で無残に砕いてしまいました。実例は枚挙にいとまありません。

ゆとりある暮らしとか時間、いとも簡単に言い、それは遊、悠、誘の意味に解して。しかし私は、本心は憂でありますが、ゆとりが成り立つ基本には幽、優、勇が欠かせない、と思っています。

景観に話を戻します。どうも自然に就いてではなく都市の中の事らしい。景観を良くしたい、それが目的、早く言えば化粧しよう、見栄えを良くしよう、要するに媚びの姿勢、媚態であります。ひとまず電柱電線を隠す、歩く道を綺麗に、樹も、それだけのこと。電柱電線は絵に、詩になり、人の悲しみ寂しさを慰め、それとなく建物のみにくい姿を庇ってくれました。無くなってみると、まかりでました四角四面に三角野郎、白粉ぬって紅つけて、いえいえまだ足りませぬ。私の持論に足なみそろえ、危険がいっぱい飛び出し看板、取り除くなら其のついで、国道ぞいの野立看板、目の毒、気の毒、文化の敵を。

そもそも景観云々は、昔に比べて今が悪いから。考えてみても古い街並みを珍重するのもおかしなもの、取り残された物をいとおしむ。亡き骸にすがりついているようなもの。山口の萩、秋田の角館《かくのだて》にしろ歴史の重味に圧倒されるが故に武家屋敷の街並みを歩いて感慨にふけるのであって。死んだ街であることに変わりはありません。

ただ、都市の中に、堂々と品格のある奥ゆかしい、歩いていて心の清められる一廓がある、これこそ都市の魅力であり誇りであります。もちろん住む人の人格が肝要、成りあがりが肩いからしては台なし。ともあれ文化が売りものの松山には、この貴重な一廓がありません。

去年のこと大三島で参道の商店街に空家が目立ち暗い気分になりましたが淋しい無人駅でのこと、大きいポスターが目立ちます。長崎に店開きしたオランダ植民地の宣伝、こう書いてあります。「千年の歴史が始まる」

房総半島清澄寺に千年杉が亭々と、神々しい威厳があります。千年ののち、オランダ村に、どんな歴史が実を結ぶというのか。ポスターは書き改めるが良い「千年の汚辱が始まる」と。誰を待つやら来る来るは日本の水車、来るわ来るわ狂ってる、これオランダの風車、世も末であります。

景観とは形でも色でもデザインでもない。けれどもう嘆くまい、真の創造に骨身を砕くより、小器用に立ち廻るのが得らしいから。

(四) 学校が変わった

学校が変わった、らしい。変わった理由は一斉授業に欠点あり超情報化国際化の時代である。視野を広くし願わくば賢人を育成したい、猫と杓子じゃ出る幕ない。貸りたいのは猫の手でない猫の目だ。猫足なんて古くさい、猫をかぶる世にあらず、猫の額《ひたい》じゃ狭すぎる、猫なで声では通じない。かつを節では喰い足りぬ。杓子づらでは人目をひかぬ、杓子定規はゆきづまる。大は小をかねるけど耳がき杓子は役立たぬ。

猿と狸の世も過ぎた。猿も木から落ち、猿に烏帽子は不似合だ、人真似すれば特許権、世界のボスも影うすし。まかり出ました狸じじい狸ばばあ、狸寝入りは相手にされぬ。

これからは個性ゆたかな犬の時代、鼻をくんくん、世界を股に走りつつ棒に当たる良し、思い当たれば更に良し。見あげてごらん夜の空、きらめく星は少なくて、流れる星ぞあわれなり。

人を押しのけ掻きわけて早く芽を出せ人の種。白黒するのが目ではない、目は鼻にぬけるもの、目のすわるは見ぐるしい、目くばり目きき目をこらし、目を光らせて目を澄まし、かりそめにも人の目は偸《ぬす》むまじ。

とかく人の世は住みにくい、個性個性で創造し、個性なき身の捌け口は暴走するしか能がない。オープンスクール何処吹く風よ、こちとらシャットアウトで憂さ晴らし。

思えば二十五年前、大洲市新谷は私の故郷。

村長さん、教職員と大なり小なり希望の声を採りいれて、智恵の泉かれるまで理想の中学校を建てて欲しい。その当時、集団就職、多くの子にとって中学校が最終の学校。つまり中学校で修めるべきことは、人間の正しい生き方、物の考え方、見かた、それを手で覚える身体で覚える、頭の中にしまっておく。そのうえ人間は一生学問を怠ってはいけない。生涯学習の場にしたい。そのことを念頭において設計した中学校。

東大の内田教授の目にとまり、クラスタータイプの理想案と推挙された時は、素直にうれしく、私の思った通りの生徒の動き、先生たちの使われ方に満足しました。これも一九九〇年老朽の故に、毀されました木造校舎。惜しまれて清められて姿を消したのは幸せでした。

ところで新しい小中学校は個性尊重を目ざしてオープンスクール、教室の仕切りとり払い、自由な活発な活動が人間の自立性を育てると思いこんでいる。盤珪禅師[9]は言い残された、身びいきするな、迷いはそこから起こる、己にこだわるな、さすれば物の道理真実が分かる。

オープンスペース、多目的ホールも良い、しかしそれを完全に使いこなしているか、無定見に流行に追随しているのではないか、それが気がかり。教育の効果が建築に負う所多しなどとは無能な教師の言う事。

思い出に残る学校を創りたい、半端者の戯《ざ》れごとです、人の心にしみる、焼きつく、生やさしいことでは、ありません。

（五）保育問題研究会のこと

私が建築技術者になりましたのは身すぎ世すぎのため、もっぱら児童保護問題、生まれる子、育つ子の幸せを考える事に最大の関心をはらっておりました。

昭和の初め世に出ましたが、児童虐待防止法がやっと日の目をみる頃、矯風会[10]や救世軍の活動が目立ちました。とりあえず託児所と乳児保育所に取りくむことにしました。これらが貧苦にあえぐ階層の人々にとって、どれほど役立っていたか計りしれませんでした。暇さえあれば施設を見学し、そこでの生活をつぶさに観察しましたが、ある時、ここの乳児はみな病気ですかと尋ねたけど、まだまだ恵まれぬ状態でした。社会事業研究所を訪ね浦辺史氏[11]、塩谷アイ女史の知遇を得、内藤寿三郎先生を愛育会に尋ねたのも其の頃です。

すすめられて入会した保育問題研究会では、城戸幡太郎先生[12]が会長、同じく東大

9 盤珪永琢　ばんけい・えいたく　一六二二〜一六九三　江戸時代前期の臨済宗の僧。ただあるがままにあるという不生禅を唱え、平易な言葉で広く法を説いた。

10 日本キリスト教婦人矯風会のこと。一八八六年に設立されたキリスト教系の女性団体である。一八七〇年代のアメリカで禁酒運動を展開したプロテスタント系の禁酒運動婦人団体「女性キリスト教禁酒連合」の日本支部として、矢嶋楫子らが組織した。さまざまな弱者の支援活動を展開した。

11 第1章77参照

12 第1章76参照

心理学教室の三木安正先生[13]、それに浦辺さん塩谷さん達がリーダーで、保母さん達の熱心な講習会には胸うたれる思いでした。先生たちのご指導で理想の託児所案を練りましたが、実現するには時機尚早でした。

開戦して間もない頃、この戦争に勝算はない。座談のおりふともらされた城戸先生は、世界情勢を達観され自由主義に徹しておられました。三木先生は精神薄弱児の教育に没頭され、保母であった夫人と共に実地の研究にも精だしておられました。戦争末期、軍部は何に血迷ったか、城戸、三木両先生、浦辺、塩谷さんの自由を拘束したのであります。さぞかし獄中でこの愚挙をあざ笑っておられたことと思います。

情況がかくなる前のこと、浦辺、塩谷さんと東北地方へ出かけました。貧窮の底にあった農村の生活状況の調査が目的でした。塩谷さんの追悼集に此の記事あり懐旧の念ひとしおでした。私は別行動で当時自由学園が開設していた農繁季節託児所で、迷惑もかえりみず一日中幼児の生活を観察しました。生活用水である小川の辺《ほとり》で歯磨きの練習。男の子一人が群れを離れて足の裏をブラッシュでせっせと磨いている。歯磨きなど思いもよらぬ行為でした。

浦辺、塩谷さんと村の医院を訪ねました。医院とは名ばかり診察薬局の区別もなく、畳の上に患者を寝かせて診察、敷居をへだてて患者は順番を、夏でした。質素きわまる家、家具も装飾もありません。クリスチャンで白髪の医師は、医療もさることながら不潔で無智な日常の生活改善が先決と献身の毎日でした。

戦後に浦辺史さんは日本福祉大学で教鞭をとられ、退かれても有能な保母である夫人と共に託児所を経営され、保育運動の先覚者指導者であります。塩谷女史は思想の廉《かど》で女高師中退、包容力指導力あり親切で熱情を内に秘めておられました。共産党員として都議を長らく勤め、保育問題の解決に奔走しつつ六十三年の生涯を閉じられました。

13 三木安正　みき・やすまさ　一九一一～一九八四　東京生まれ。一九三六年東京帝国大学文学部心理学科を卒業後、文部省学校教育局、名古屋大学教授などを経て、一九五四年東京大学教育学部教授となった。幼児教育、知的発達障害児の教育が専門。

(六) いじめについて

ランケの言葉。

　つねに旧態にとどまりながら、しかも常に変貌してやまず、ある時は善良にして、またある時は邪悪であり、高貴な精神を有しながらしかも野獣の如くなる、洗練された振舞をしながら突如として粗野になる、眼を永遠にそそぐかと思えば刹那の奴隷となる。

「いじめ」もこの現れかも知れません。理不尽な話です。

　悪戯して折檻される、これには理があります。床の間の掛け軸に墨ぬって倉に押しこめ鍵をかけ夜になっても母は出してくれません。腹癒《い》せに大きい味噌樽に小便して知らぬ顔。時々押しこまれましたが、これ以外に理由は覚えておりません。父が義父だったから殴られたことはあっても人を殴ったこともありません。

　欲望という名の電車の科白のひとつ。

　私は人を傷つけたいと思った事は一度もないが、誰かを傷つけないで長い人生を過ごすことは不可能に近い。その場合、傷つく相手は、たいていは深く愛している人たちだワ。真心を持っている人は数少ないけれど、みんな悲しみを経験した人たちだワ。

　思いあたることは数々あります。知らぬ間に人を虐めているのかも知れません。

　中学生の頃、友達をつくらず我利我利勉強して成績のあがるのがグループに反感を買っていました。修学旅行の船の中で制裁を加えると呼びにきます。小さい私の身体に寄りそって怯えています。グループは私に手を出せない弱味があります。そうこうするうち双方とも寝こんでしまいました。目がさめるとグループが待ちかねて私に小便に行けと、せきたてます。戻ると、勝ち誇り喜び勇んでおります。不覚でした、冑《かぶと》をぬいでは負けになります。船客の前も顧みず大声で開き直り、寝首かくとは卑怯だぞ、身体髪膚《はっぷ》これ父母に受く、何と言って申し開きをするぞ責任を取れ。

グループが私に一目おいた理由は、こうです。生徒に嫌われている教師がいました。出席簿を丸め薬缶に突きさして教卓にのせておいた奴がいました。教室に入るなり烈火の如く怒りました。無理もありません。名乗れ、名乗り出るまで授業せぬ。対立はつづきます。

私の席は教卓の前です。口角泡の受皿です。この場を納める法はないものか、思案の末に立ちあがり、私です。

先生は半信半疑、級友は呆気に取られています。それいらい先生は変な目で私を見ていました。お前ではあるまい、と聞くわけにもいかず。地理の担任でした、学期末の試験に一寸ばかり勉強して満点とりました。やっと気嫌を直しましたが、卒業するまで黙って通しました。

その事件いらいグループは私を見直しました。でもいじめの根性衰えず、万年筆の青インキで仕返しに出た、という一幕。

縁ありて

(一) 浦辺鎮太郎さん[14]のこと

お会いするのは遅かった。でも初対面ながら旧知のようで遠慮はなかった。年上で位も上の方なのに、かねがね人柄にも作風にも信頼の念をいだいていたからかも知れぬ。みずから関西の元締めを覚悟しておられたが、いささかも驕った風もなく、先輩に仕え、後輩には親切であった。私には温和な任侠と映っていた。

夜の更けるまで酒なしで話を伺ったことがある。大原総一郎氏の葬儀について故人の霊にふさわしい時間と空間をいかにして創るか。広場の中心に鷲をのせ、威風堂々、あたりを睥睨す。会葬者は竹矢来に沿って荘厳な気、みなぎる中を動く。耳をすませばレクイエムの調べ。簡素な祭壇に菊の花を清廉潔白にして高邁なる故人に捧げる葬送の式であったと述懐された。

講演は常に原稿なし、日頃考えぬかれたことを淡々と話される。話ながら頭に浮かぶこと、ひらめくことを筋道たてて。説教

14 浦辺鎮太郎 うらべ・しずたろう
一九〇九〜一九九一
岡山県倉敷市生まれ。一九三四年に京都帝国大学建築学科を卒業し、倉敷絹織(現・クラレ)に入社し、営繕技師として勤務した。一九六二年、同社内に社長・大原総一郎の庇護のもと、倉敷建築研究所を設立した。一九六四年に倉敷建築事務所として独立し、一九六六年に浦辺建築設計事務所と改称した。倉敷絹織時代から大原総一郎の構想する倉敷のまちづくりを支え、大原美術館分館、倉敷国際ホテル、倉敷アイビースクエアなどの名作を残した。

めいてなく、ゆたかな教養とあふれる情趣、後味の良い話ぶりであった。学会大賞を受けられた記念にと頂いた薄縁は、毎朝かかさぬ読経の際の敷物にしている。見飽きぬ鷹揚な図柄である。

他界なさる半年前のこと、西条市在住の六高の級友で世に隠れた哲学徒がいる。訪ねる前の晩に道後に泊まる。こられたらと電話。訪ねるとやはり六高の級友で、専門は異なるが倉紡での協同者であった方も同席しておられ、久し振りの清談で時のたつのも忘れていた。俳句に熱中しておられ、ひとしきり講釈も拝聴した。帰られてからの便りでは、海沿いの松林の中に建てた倉紡の寮が昔の姿で残っており、当時の寮母も健在であったのに感激されたとのこと。温顔の微笑が瞼に浮かぶ。

(二) 今和次郎先生[15]のこと

日本青年会館が全国の民家模型を陳列したいという話があった。その作製を民家研究会に委嘱し、その手伝いに夜遅くまで青山に通ったことがある。そこで初めて今先生に出会った。考現学者として名を馳せられ、お人柄は噂に聞いていた。学校だけが学問の場にあらず、博士などという爪の垢ほどの学には無関心、家政学の枠をこえて生活学の樹立に志を寄せておられた。社会党三多摩支部長、人類愛に燃えての活動であった。ひとたび壇上の人となられるや音吐朗々あたりを払い、魅了されて聴衆酔う。頭髪は自然にまかせ、上衣ジャンパー、ズボンよれよれ、靴はズックに限る。手入れの要なし。服装も思想も自由闊達、天衣無縫。それでいて他人への思いやりは親切丁寧。頂いた色紙には「愛は最上のレクリエーション」と書いてあった。

ある時旅の供をして吉田町の武家屋敷を

15 第1章44参照

訪ねたが、翌年は跡形なし。宿は宇和島蔦屋。古い木造の建物で浴場の床も浴槽も木であった。先生と二人きり心ゆくまで寛いだ。帰りの汽車は鈍行だった。日常茶飯事、内輪のことを親しく話して下さった。むかし郊外に思い切り広く武蔵野を買っておいた。草茫々も困るし近所に人も住み始めた。数軒貸家も建てた。人に諂《へつら》わぬ用意にと。帰られての便りには「宇和島から松山まで、おかげで大変うれしく過ごせました。いろいろご案内を賜りましたこと感謝いたします」お礼の印にと頂いたノートの紙片には「余計なものかも知れませんが、小生も使っていて机面で役立っておりますので、お世話になりました記念にお送りしたくなりました、どうか」と。宝物に仕舞ってある。

全日本建築士会初代会長、天性の野人であった。偉大な師に出会えたことを終生の誇りと感謝している。

（三）蔵田周忠先生[16]のこと

ドイツから帰られた頃の雑誌『国際建築』は、先生の独壇場。ドイツ語まじりの論文にはお手上げながら、世はまさに新興建築の黎明期。講師で教壇に立たれる。それだけで光の射す思いであった。

製図の最中、肩をポンとたたき「中学からか」「工校からか」と尋ねられた。先生との最初の出会いである。脇道にそれようとする私を戒めて下さったのが縁で先生に近づき、事情ありて退学を決意したとき、同情して翻訳の道を開いて下さった。風邪で臥しておられた枕元で、ドイツ語と参照しながら私の訳文を確かめられた冬の夜。

就職は俺に任せろ。好条件の九州より半額の月給で東京に止まったのも、学歴・肩書・名誉など眼中になく、一人の人間として世に処する覚悟があったから。先生は過去を秘めておられた。それだけに人への思いやり、相手の立場を尊重され、謙虚で

16 第1章38参照

あった。博士論文は近代建築史[17]。さまざまな意味で満足されたと思う。驚くほど勤勉で幅の広い蔵書家でもあった。文学全集、随筆にはお好みがあり、その人のものは落ちなく並んでいた。本棚を眺めているだけで目が肥えた。古本あさりの夜の散歩も楽しかった。

先生にはお子がなく、入れかわり弟子が来て、食膳はにぎやか、面倒もよく見られた。近代建築に造詣深い先生が謡曲に堪能で、能舞台にも立たれると聞いて、人はみな怪訝な面持ちだった。

夕食後「腹へらしに一曲謡うか」と正座させられるのは閉口。雲ゆきあやしいと察した時は早々に退散。先生の墓は青山墓地と山口県萩の徳隣寺にある「徳孤ならず必ず隣あり」[18]と遺言されたのも宜なるかなと思う。

（四）野中卓さん[19]との思い出

野中さんに初めて会ったのは一九七二年の晩秋。旧建築家協会により全国大会が開かれた合歓の郷。時の会長は市浦健先生。大会委員長は髙橋靗一さん。統一テーマは市民にとって建築家とは何か。分科会としては、①管理社会体制と建築家　②都市空間の形成と建築家　③地域社会と建築家。③のレポーターとして田上義也、槇文彦さんに私。全体会議のパネリストとして円堂政嘉、大谷幸夫、槇文彦さんに私。③の司会者が野中卓さんでした。

全体会議での一幕。十五坪住宅の設計に建築家が手を貸すことの是非をめぐり野中さん「中央あるいは東京的、体制的見地からの思い上がりは、我々の与する所ではない。草の根的に考え、庶民の中に身を投じ、その声を聞き取ることによって、市民にとって建築家とは何であるかに応えてこそ建築家として社会に密着し、認識され、生き

17 これを出版したのが『近代建築史——国際環境における日本近代建築の史的考察』（相模書房、一九六五）である。

18 第3章9参照

19 野中卓　のなか・たかし
一九二七〜一九九一
山口県生まれ。一九五〇年に早稲田大学理工学部建築学科を卒業し、鴻池組勤務を経て、一九五二年、父・実氏の経営する熊本市の野中建築事務所に入社した。一九六〇年に代表取締役となり、それ以降、地方に拠点を据えた建築家として多くの優れた建築を設計した。HPシェル構造への関心が深く、それを用いた「野中建築事務所」（一九六五）、「熊本大学学生会館　東光会館」（一九六五）、「熊本市水道局　水の科学館」（一九九〇）など優れた建築を数多く設計した。地方における建築と建築家の意味を考え続けた人物であり、松村はそこに自分と重なるものを感じ取っていたに違いない。

て行く道にもつながる」と権威を臆することなく、正論を吐かれた勇気に敬服いたしました。

熊本での派手な建築ショーの感想はと問えば「煽りで設計料が上がるかも知れぬ」と笑いとばし、地道に端正な姿勢をくずさず、我が道を貫かれました。

またある時、北の国の倉本聡さんの「舞台に命をかけて生きるものにとって、地方のいたるところの文化会館は、見掛けは絢爛豪華にて人を欺くが、所詮がらんどうの倉庫。それを地方の行政、さる中央の高名な建築家の先生に、平身低頭の賜と胸を張る体たらく」との投書。いかにと尋ねたら「ここしばらく療養中にて目にとまらぬ。今更驚くほどのことでない」との口吻。早速にコピー届けましたが元気なお声は、あれが最後になってしまいました。終身会員に推された時も喜んで知らせて下さった。あのお声も天の声に消えてしまいました。

(五) 竹内芳太郎先生[20]のこと

そのころ先生は浅草観音堂の建築も終わり、農山漁村住宅改善事業に精魂を傾けられた。その折りの調査報告書が博士論文。茅葺き屋根の腕しかない大工さんの訓練。暗い万年床、不潔な台所の改善、便所は不便を越えて命がけ。蠅を家から追放するなど夢の中。

学校で何を教えられていたか覚えていないが、東北で体験された素朴な裏話は今も耳に。自慢は早稲田劇研での活躍。帝劇の舞台で水谷八重子との共演、いや熱演。日本劇場図史の著書二冊。

農地開発営団[21]が発足し、建築課長に就任。私も傘下に。「ごって牛」は昔の渾名。粘り強く、我を張って、一筋縄では手におえぬとの意。辣腕で聞こえた副理事長の逆鱗にふれ、当分出勤に及ばずと宣告されても動じない。牛の本領は遺憾なく。愛知県出身の先生に対し、同郷の黒川紀章氏が、

20 第1章39参照
21 第1章71参照

長良川大水害後の農村計画を発表。断りなしとは不遜きわまると、癪にさわっていた。先生、晩年の頃である。黒川氏設計の杉並区立図書館に異議あり。住民のひとりとして黙視するに忍びずと設計変更を区長に直訴。週刊誌も同調するほどの輪の広がりよう。

先生お変わりもなくと便りすれば「とかく君は貝になりたがる。事に当たりて沈黙するは卑怯である。立つべき時には躊躇するな」と叱咤される。

『野のすまい』『野の舞台』二巻つづけて上梓される。ともに生涯の労作。今和次郎先生と祖谷を訪ねられし時、現地の小石や木ぎれを持ち帰り、共作された民家の模型、今いずこ。「遠くより眺めてこそ民家の美。近寄るほど生活の香しみて胸いたむ」と述懐された心やさしい先生であった。今和次郎先生の跡をつぎ、全日本建築士会の会長を勤められ、反骨無双を貫徹された生涯であった。

(六) 山本忠司さん[22]のこと

八幡浜市役所に席をおいていた頃から、長い歳月が過ぎしもの。当時、風の便りに讃岐には山本さんという巨人が陣を敷いておられると聞き及ぶ。学会の集まりに、半身の私が表敬訪問してから三十五年。巨人が頭を下げて上げられる間に、半身は平身低頭、三度した。一歩に三歩が調子よい。とにもかくにも巨人は、半身の先達であった。日土小学校が目にとまり、推薦の労は惜しまぬ。図と写真を。善は急げとばかり焼き付け、葉書大の写真四~五枚。審査されし東京の高名なる先生方「こりゃなんだ、おっとせいの訓練場」か。さりながら推薦者に免じて候補にするか。学会賞に、がっかりの顛末。

いつか案内されし栗林公園内の民芸館の中庭。しっとりと落ち着きのある風情が忘れがたい。香川で自慢の建築は金丸座に揃月亭、さらに念を押されたら、瀬戸内海歴

22 第4章9参照

史民俗資料館と異口同音。

さて金丸座、とかく華麗を競いたがるそのなかで、簡素にして品格があり、何にも増して媚びたがる跡が微塵もない。大棟梁に最敬礼。

次に掬月亭、雨ふりしきり人の気配なし。座敷に寝そべり、来し方、行く末思いやる。かかる不作法、巨人さておき、殿や姫には思いもよらぬこと。よくぞ半身、冥利に尽きる。

三番手の瀬戸内海歴史民俗資料館。地形が生きて潮騒さえも聞こえそう。波の間に間の見え隠れ、難所急所は海に付きもの。

ついつい足の向く栗林公園。人の稀なる北が好き。ちょっぴり風景野放図で、行くたびに新しき眺めよみがえる。おそらく南は殿のため、北は北の方、気しずめたまえと作りしか。

さてさて、山本忠司さん。インド・西安・ニューヨーク、野越え山越え海越えて、洋の東西なんのその、智恵と哲理のもちだんご。新しき地平の夜明け遠からじ。

（七）酒巻芳保君[23]のこと

戦後に徳島工高の先生をして、多くの人材を育成した。学生の頃から民家研究に熱心で、工高在職中に今和次郎・竹内芳太郎先生を祖谷に案内した。大きな業績であり、終生忘れられない旅であったと思う。祖谷から持ち帰られた材料で、二十分の一の模型を作られた。両先生ご満悦。酒巻先生は今、街並保存民家研究会の顧問と聞く。宜なるかなと同慶の至り。

脇町のことは、彼の誇りであり自慢の種。六十年前の話である。

酒巻芳保君と知り合ったのは、武蔵。四国の徳島と聞いて懐かしく、見るからに善人の相、余計なことは喋らない。教育者の家に育っただけのことはある。柔道とテニスで鍛えた太い腕が見せどころ。技の冴えを披露したかったらしいが、私が相手では暖簾に腕おし、精も根も尽きたと諦めた。

学校が五反田の裏から大岡山の表に移る。

23　酒巻芳保　さかまき・よしやす
一九一二〜二〇〇七
徳島県生まれ。武蔵高等工科学校建築科で松村と同級生となった。同じ四国出身ということで、在学中から晩年まで、親しいつき合いが続いた。卒業後は、徳島工業高校教諭、東京阪田建設取締役などを務める一方、民家研究に打ち込み、徳島県内を中心に実測調査等を行った。晩年に出版した回想録『渚の砂に残る足あと』（私家版、二〇〇〇）は、酒巻の長年にわたる、徳島県を中心にした民家調査の貴重な記録である。

ふとしたはずみで相宿の羽目となり、卒業までの腐れ縁。我が儘な私に、懲りもせず付き合ってくれたのは、彼の鷹揚な性格のおかげ。四畳半に二人、ふとんを敷けば足の踏み場もない。彼が持ち込んだ大きい火鉢は机の下に押し込む。真夜中に肉弾の音で目がさめる。背伸びして火鉢に頭で直撃、鉢合わせの轟音であった。酒巻君、いびきをかいて微動だにしない。顔を洗い頭をおさえて「瘤ができた」と豪傑は言う。火鉢にひびはないかと念を押す。

酒巻君は気立てが良い。顔の造作も悪くない。人に好かれる質である。次の宿は、大きくて立派な家。二階の六帖に格上げである。

この家の女学生がお年頃。酒巻サンが好きらしい。魚心あれば水心。酒巻君もルンルンルン。ところが或る日、友来たり。なにかのはずみに相撲とり襖やぶける。主人は地下鉄の技師であった。帰るなりカンカンに怒り狂い「今すぐ出て行け」あるじ自慢の家。いささかも傷つけぬが間貸しの条件。酒巻君、後ろ髪ひかれる思い露と消え、重いリヤカー、行く当てもなし。陽は落ちて腹はへる。行きつけのそば屋へ。そこで働く若い夫婦もの、ひとまず我が家へ。長屋の六帖ひと間に親子四人。入口の二帖に背中すり寄せ、雨はふらぬかとリヤカー気にかかる。

三日目に、そば屋の前の家に泣きついて引越。ここは八帖、相撲の功徳。酒巻君、大文字。一階が店、主人は横浜で一流映画館の楽長であった。無声からトーキーの変わり目。楽長の出番はへるばかり。やる瀬ない憤りを酔って帰るなり嫁さんに当たり散らす。冬の時代であり、冬の宿の悲しみであった。晴れた日曜日の朝、彼が無心に奏でるヴァイオリンの響きが静かな住宅地にふるえてゆく。四歳の夢遊病の男の子、留守の間に、大事に飼っていた金魚つかみ殺す。父の憤懣うつったらしい。

そば屋の主人は大阪の出。兄が有名な義

太夫語り。商売に身が入らず夜遅く帰ってくる。顔は広いらしい。ここでもまた酒巻君お気に入り。その縁で軍に就職。卒業は昭和十（一九三五）年。お互いが別々の道を歩むことになる。

私の勤める事務所も新京に移る。国境近くの街に酒巻君が住んでいる。はるばる訪ねて行った。ポプラ並木が果てしなくつづく荒涼とした風景であった。すでに一家を構えていた。軍服にサーベル姿が身についていて楽しい夜であった。奥さんはすこし弱々しく、寂しい感じの人であった。その時が最初で、二度と会えない人になられた。

人情味あつくて憎めない酒巻君。担がれては波こえての人生。昔の通じる友である。

（八）上田虎介さん[24]のこと

上田さんご存命なら今年は米寿のはず。文宮大工の棟梁の家系を継がれて九代目。文化財保存技術者として規矩術の認定を受けられたのが一九八〇年。『日本建築規矩術』（近世規矩）と題する著書を頂いたのが一九八二年。

難解を通り越して気が遠くなる。精緻な頭脳の保持者。日本建築の微妙な曲線を創りたい。後世に伝えたい。その一心で研究されての業績。

上田さんを存じあげたのは、五十五年前。ある出版計画の目録に近世規矩術の著者として、お名前を見つけた時である。そのころ私、帝室技芸員の家系である佐々木孝之助先生に日本建築規矩術の手ほどきを受け、実地に学んでいた。「日本古来の木構造は鉄骨鉄筋より奥義を究めるには遥かに難しい」と聞いても不審がる駆け出し。規矩術の教材は、今も大切に保存しているが、図解であって上田さんほど理論に裏打ちされたものではない。

松山城をはじめ古建築の解体修理で、通算二十三回松山に足を運んでおられる。お

24 上田虎介　あげた・とらすけ　一九〇四～一九八四　高知県伊野町生まれ。一九二七年、神戸高等工業学校建築科を卒業した後、営繕技手として高知県内務部に勤務した。一九三一年に行われた竹林寺（高知市）本堂の修理で古建築の世界に目覚め、一九三二年に岐阜県の荒城神社本殿修理現場助手となった。一九三三年に文部省嘱託として採用されて正福寺地蔵堂修理現場に赴任し、その後文部技手として各地の建造物修理を監督した。一九四一年に辞職して郷里に戻り、県立高知工業学校で教鞭をとりながら、規矩の研究を続け、『建築規矩術』（服部勝吉共著、彰国社、一九四八）を刊行した。一九五三年からは、再び建造物修理の工事監督として各地の現場で指導した。日本建築学会四国支部や高知県の文化財分野で活躍した。

暇の折りに寄って下さったが、講釈めいたこと、自慢話など一切されなかった。いつも変わらぬ温顔、誠実、学究肌が身上「いごっそう」の美しい面に触れ、心清められるひとときであった。

もうひとつ頂いた本がある。愛媛県西海町外泊の石垣集落の伝統的建造物群保存調査報告書（一九七五年）。現在は集落も段々畑も、造られた当初の面影はないが、昔の人の知恵と苦労に頭が下がる。

報告書の一節「屋根の勾配は比較的ゆるやかで、五寸勾配」さすが土佐の方。貧窮の暮らしゆえ、心ならずも禁を破り、海を荒らして逃げ帰る。台所の前の石垣を僅か開いて女房が見張る。これが海賊窓。「どんな意味を持つものだろう」と詮索されないところに上田さんの暖かい人柄がにじむ。民家調査に事よせて大勢が押しかけて大層なおもてなし、生涯忘れられない。

（九）安岡清志さん[25]のこと

安岡さんとは学芸の会合を通じての淡き交わりであった。それでも安岡さんの饒舌のおかげで、耳を傾けておれば色んなことを教えられた。早稲田での伊東忠太先生の薫陶を徳としておられた。それにつけて思い出すのは、伊東先生の随筆の一節。乗りあわせた見知らぬ男、傲岸不遜、強慾醜悪きわまる寝相、見るにたえなかった。安岡さんのデスマスク、さぞ美しく清々しい旅立ちであったと思う。

五十年前、土佐古来の農具の図解を見た。もしそれが安岡さんの筆であったとしたら、安岡さんとの縁の始まり。民家の研究に熱心であった。熱の源は、郷土そして土佐への愛着。そこに生まれ育った人々の生活と歴史に対する執念であったと思う。「いごっそう」の誇りたかき権化と私には映った。

戦後、日教組を向こうにまわし、身命を賭しての奮闘ぶりを良く口にされた。その

25 安岡清志 やすおか・きよし
一九一〇〜一九八二
高知市生まれ。翌年から安芸市（高知県）へ転居。一九三三年に早稲田大学高等工学校建築学科を卒業し、一九三四年から関東軍経理部に建築技術官として勤務。一九四〇年から東京の第一師団司令部へ転属、一九四二年からは朝鮮軍経理部へ。現地で終戦を迎え、京城在住日本人の引揚げに尽力した後、一九四五年一二月に家族とともに安芸市へ帰る。一九四六年に安岡建築研究所を開設し、同市の公共建築をはじめとして、高知県内に多くの作品を残した。高知県建築士会副会長などの役職や、高知女子大学の非常勤講師を務めたほか、土佐漆喰や水切瓦の研究で有名。自叙伝『瓦礫の旅』（一九八〇年、私家版）は、明治期の最後に地方で生まれた建築人の人生の記録として貴重である。

時は、なにをそんなに向きになってと思ったが、日本の将来を憂慮され、止むに止まれず立ちあがられたと尊敬の念を深くする。土を、古瓦を探ねての旅。絵金に傾倒された裏話。女子大での教鞭ぶり。面白くてたまらない。目を輝かしての語りが目にうかぶ。

歯に衣きせず腹に一物なし。「俺はタンゲを許せない、一人でも戦う」と啖呵きられる。不屈の闘志と信念に圧倒された。人間愛に燃えておられた安岡さんには「始めに形ありき」が気にくわぬ。鋭い眼識をもって今日の「ていたらく」を見越しておられたに違いない。そのとき同調しなかった自分が恥ずかしい。

龍馬の館の新人賞。安岡さん在世ならば、賞はおろか建てることに若き日の日教組との対決に劣らない獅子奮迅の働きをされたと思う。「水切瓦」こそ土佐の風土が産んだ傑物。そのかけらもない。あふれる涙を拳でふりちらし、舌端火を吐き「ちょんまげ、のっぺらぼう、けぬきかわら」嗚呼！龍馬ゆるせ。

大勢で、おもてなしを受けた安芸の夜がなつかしい。邪魔物ひとつない土佐の空と海。

（十）土浦亀城建築設計事務所にて

自分の意志で選んだ道ではない。気が付けば其処にいた。土浦ご夫妻、ライトの塾を引き上げ文化アパート暮らし。そこの住人、毎日悠々、ゴルフに別荘。中でもダンディを自認される土浦先生。中古ながらフォードの幌つき乗り回し、齢四十にして開かれた事務所である。歌の文句じゃないけれど、松の木丸太に目鼻つき、ころがりこんだという次第。

略図のプランを渡されて、見よう見まねで設計し、現場に出ては、なめられる。

第一作[26]は、こともあろうに土浦邸真ん

26 モダニズムの画家・長谷川三郎のための住宅のこと。土浦亀城は、一九三一年、東京の荏原郡下大崎（現在の五反田あたり）にモダニズム建築による最初の自邸（『新建築』一九三二年二月号）を完成させたが、上大崎長者丸（現在の品川区上大崎二丁目）に土浦の学生時代からの友人・竹内昇が親から引き継いで所有していた土地があり、そこを仲間四人で分譲し家を建てることになった。四軒のうち土浦が設計したのは、竹内昇の自邸・竹内邸（『新建築』一九三四年七月号）、土浦の二番目の自邸（『新建築』一九三五年三月号）、そして長谷川邸（『新建築』一九三六年一月号）の三軒であり、松村はこれを担当した。残りの一軒は、朝日新聞の記者でもあった建築家の斎藤寅郎が、同僚の朝日新聞記者・島田巽のために設計した島田邸（「島田巽氏邸」『新建築』一九三四年五月号）である。

前が敷地。若き抽象画家邸。フランス女に一子あり。完成を待ちかねて雑誌に出る。

〔中略〕

　第二作27。その場には珍しいヨーロッパ帰りのピアニスト。筋よし見目うるわしく八頭身。ぞっこん惚れたドラ息子。押しの一手で丸めこむ。さて新婚の家である。吹抜のレッスンルームは広々と、グランドピアノも二台ある。幸せな日々も長くは続かない。旋律が狂ってきた。激しくなる。誰も相手にしなくなる。

〔中略〕

　第三作28。徳川生物学研究所。うっそうとした庭の中。後になってクロレラ菌の培養に成功し、盛名をはせた学者。ドイツから自費で購入したと自慢の顕微鏡で、呼吸する黴の研究が仕事であった。バイオリンとビオラを合奏し、時を過ごす。何とも羨ましい夫婦であった。ある日のこと、現場で造り付け戸棚の側板が曲がっている。「そんなはずは…」「いや、僕の目に狂いはない。百万分の一ミリ単位で物を見ている。これは直角でない、直せ」

　黴の呼吸に崇られた。そのせいであろう、だんだん我が身に黴が生え。

27 「竹原邸」という名前で発表された住宅のこと。松村が「ピアニスト」と書いているのは井上園子（一九一五〜一九八六）。ウィーン国立音楽院を一九三二年に卒業したピアニストで、海外で演奏活動をした後、一九三七年に帰国して日本交響楽団などの演奏会で活躍し、原智恵子、安川加寿子らとともに、戦前から戦後にかけて、日本のクラシック音楽の世界をリードした。

28 「田宮氏邸」という名前で発表された（『新建築』一九三七年一二月号）住宅のこと。松村が、「後になってクロレラ菌の培養に成功し、盛名をはせた学者」と書いているのは、微生物学者の田宮博（一九〇三〜一九八四）。田宮は、一九二六年に東京帝国大学理学部植物学教室を卒業した後、一九四三年に東京帝国大学教授となり、戦後、東京大学応用微生物研究所所長などを歴任し、一九六五年に「同調培養によるクロレラの生理ならびに生化学研究」により日本学士院賞を受賞した人物である。一九四六年には財団法人徳川生物学研究所所長に就任した。

付録Ⅲ

他者から見た松村正恒

解題

ここでは、松村正恒とその作品について、他者が記した文章を収録した。

「日土小学校を見て」は、日土小学校が『建築文化』一九六〇年二月号（彰国社）に掲載されたときに、内田祥哉（当時東京大学助教授）が寄せた文章である。彼は一九五八年に八幡浜を初めて訪れ、松村の案内で日土小学校と新谷中学校を見学した。内田はそのときの体験に基づき、日土小学校および松村正恒という建築家について、具体的な空間計画から設計思想あるいは設計態度にまで至るすべてを、きわめて高く評価した。

冒頭の「かつて、『学校は、物を教え込む所』と考えられていた時は、生徒は訓練されるのであり、校舎は、訓練所と区別がなかった。訓練は月々火水木金々という言葉を生んだが、そこに忘れられていた日と土を校名とするこの学校の校舎は、訓練所とは正反対の雰囲気を持っている」という言葉は、内田一流のユーモアの中に、日土小学校の本質を見事に表現したものといえる。「訓練所」が教師の子どもに対する権力の行使のための空間だとすれば、日土小学校はその「正反対」、すなわち子どもを中心に据えて考えられた空間だと内田は感じたのである。

「建築家ベストテン――日本の十人」は、松村がそのひとりに選ばれた『文藝春秋』一九六〇年五月号（文藝春秋）の「建築家ベストテン――日本の十人」という企画の審査過程を生々しく記録した記事である。地方の市役所の一職員であった松村が選ばれたことは不思議な出来事といえるが、その経緯はもちろん、当時の建築界の雰囲気がわかり面白い。

「松村正恒の作風のことなど」は、独立後の松村の作品を特集した『近代建築』一九六七年五月号（近代建築社）に、佐々木宏が寄せた文章である。特集頁には、独立後の住宅や病院建築などの作品以外に、八幡浜市役所時代の江戸岡小学校、日土小学校、神山小学校、新谷中学校も掲載され、その冒頭に置かれたのがこの文章だ。

その中でも、「私は、この学校で勉強したことがないのだが、いつの間にか、ここで小学校の日々を送ったような錯覚にとらわれ始めていた。遠い幼い日のノスタルジアが立ちこめてくるようであった」という表現はきわめて印象的である。なぜならば、佐々木が体験した小学校の空間が日土小学校のようなものであったはずがないし、そのことはこの建物を見た多くの人たちにも当てはまるからである。つまり経験していないのだから「懐かしい」はずはない。しかし「ノスタルジアが立ちこめてくる」。

ここで思い至るのは、佐々木が感じた「ノスタルジア」は、日土小学校の建築が、佐々木を彼自身が体験した特定の過去へ引き戻したのではなく、松村が日土小学校の設計に際し持ち込んだ何らかの「価値」、すなわち学校建築や子どもたちの暮らしに対する松村の思い描く世界像へと佐々木を引き戻したのではないかという解釈である。つまり、「どこかへ引き戻される感じ」や、それによって生まれる「移動感」と「距離感」が強い印象として佐々木に残り、それが「ノスタルジア」という言葉を生んだのではないかというわけだ。

さらに抽象化して考えれば、日土小学校に代表される八幡浜市役所時代の松村の仕事は、もしその建築が存在しなければ私たちが見ることのできなかった世界を、価値の集合として示していたと要約できるのではないだろうか。そして、すべての人々に開かれた新しい世界像の提示こそが「近代化」という行為だと定義すれば、松村はまさにそのことを実践した近代建築家であり、彼のつくり出した建築は真に近代建築であったといえるだろう。

『文藝春秋』一九六〇年五月号に掲載された「建築家ベストテン――日本の十人」の松村正恒のポートレイト

佐々木の文章は、そのような深読みをしてしまうほどに味わい深い。

「序」は、松村の遺稿集『老建築稼の歩んだ道』[1]に建築史家・伊藤ていじが寄せた言葉だ。松村家には、伊藤からの数通の手紙も残っており、二人の間の交流がうかがえる。なお、詩のように改行したのは、遺稿集の編集者・田中修司の判断とのことである。また、同書の序に据えられているので、そのタイトルは「序」とした。

最後に、遺稿集『老建築稼の歩んだ道』の、妙子夫人による「刊行によせて　思い出すことども」と、同書を編集した松山の建築家・田中修司による「編集後記」を収録した。いずれも、夫としての松村、父親としての松村、そして先生としての松村の姿を浮かび上がらせた名文である。

1 「はじめに」参照

日土小学校を見て

内田祥哉

かつて、「学校は、物を教え込む所」と考えられていた時は、生徒は訓練されるのであり、校舎は、訓練所と区別がなかった。訓練は月々火水木金々という言葉を生んだが、そこに忘れられていた日と土を校名とするこの学校の校舎は、訓練所とは正反対の雰囲気を持っている。

八幡浜市からバスで二〇分足らず山道を登ると日土部落に入り、間もなくバスは日土小学校の前に止る。道よりは一段下った校庭をへだてて、南側に校舎、その向う側に川がある。川は飛石づたいに一〇歩も歩けば渡ることができ、向う岸は一メートル程の高さで果樹林を交えた段々畑になる。こうした瀬戸内海沿岸の地形、そして南国の色はそのまま教室の窓枠と額縁としてはめ込むことができる。

こういう背景があれば大ていのものは美しくみえる。だから日土小学校の話をしても人はまず環境のせいだと思うのである。しかも、学校建築の背景は自然の景色だけではない。やはり生徒が居て、子供達の生活がなければならない。いや、学校は生徒達の自然な生活の背景でなければならない。

運動場に面した校舎の壁は、凹凸のはっきりした面で構成され、その所々には子供達の目を楽しませる色がある。そして凹凸のかげには子供達をだき入れるふところがある。われわれがこのふところに入った時に、自分達が大人であることに気づくのはこの建物が、もっと幼い人達を相手に作られているためなのであろう。もちろん、手摺の高さ、階段の勾配、机、椅子の大きさ等からならどんな小学校でもそんな感じはある。だが、大きな空間の下の部分だけを子供達に与えたという感じとはちがって、大きな空間全体を子供達に与えきっていてわれわれを子供の国にまねかれた大人に仕立ててしまう。ふところを造る壁面の凹凸は、いわゆるクラスタータイプの教室配置でできる廊下の部分である。

クラスタータイプという言葉も最近では、かなり通じるようになった。二〜四の部屋を一まとめにして他の部分の通過交通から切りはなすこの形式が、学校建築には是非とも必要であるという説明が漸く一般に理解されはじめたためであろう。

それにしても中央から遠いこの土地にどうしてこういう学校ができたか。日土小学校だけを見る人は驚くにちがいない。

わが国ではじめて、クラスタータイプという言葉が、学校建築についていわれたのは、おそらく今から六年前一九五四年の学校建築講習会と思われる。だからその同じ年すでに大洲市にはクラスタータイプの学校が完成した。大洲市は、八幡浜から山一つこえた所、学校の名前は新谷（にいや）中学校、そしてその作者は日土小学校の作者である。つまり日土小学校は突如として生れたわけではないのである。

作者松村正恒氏の一連の作品としては、新谷中学校の前に八代中学があり、新谷のあとに神山中学[2]がある。そして、その次が日土小学校という順序になる。クラスタータイプとはっきりいえるのは日土と新谷であるが、この一連の作が発展させたものは単にクラスターという形式的要素ばかりではない。Detailの面でもあるいは材料の面にも特色はあるが、それにも増して見のがすことのできないのは作者の学校建築に対する設計態度であろう。

「緑の木々の間、咲き乱れる花園の中に生徒達の学び場を作りたい」これは、「建築文化」に発表された八代中学校にそえた作者の言葉である。

校庭のすみずみを緑と花でうめつくすことは、費用が許せば不可能ではない、だが、それだけでは運動場もあり校舎もある校地全体を緑の木々と花園に仕立てることはできない。本当に生徒達を緑と花の中に置こうとするならば運動場そのものが緑であり校舎自身が花でなければならない。教室の中も、廊下も、階段も、壁も床も天井も……

作者の言葉の意味は当然そこにあるのだろう。自然の木立の中で、また美しい花園の中でふるまう、子供達の生活が、そのまま校庭と校舎に持ちこまれるところ、それが教育の理想郷だからである。「まず生活させそして生活を通じて学ばせるのだ」というデューイの言葉を実現するためには子供達が自然に生活できる所がなければならない。自然な生活の中でこそ各自の能力が発見され、また能力に応じた教育が可能となる。そこで初めて「国民はひとしくその能力に応ずる教育をうける機会を与えられなければならない」という教育基本法の精神はそのまま建築家としての作者の言葉につながるものである。

2 神山小学校のことだろう。

建築家ベストテン——日本の十人

『文藝春秋』一九六〇年五月号

新しさと古さの奇妙に混交する建築の世界にあって果して誰が日本の空間を形造るエキスパートであるか、延々四時間にわたってなされた選考の経過を示す。

建築家の概念規定

いまや世をあげてビル・ラッシュである。都会の空は巨大なビルで覆われ、郊外には芸術品まがいの奇妙な学校や病院が建ち、道往く人の足をとどめている。建築の世界も日進月歩。

日本の建築界は、ある意味では、いまや転換期を迎えていると言ってもよい。そこで建築家ベストテンを選び出そうということになった。

ひとくちに建築家というが、広義にはデザイナーや都市計画の構造研究家までふくまれる。それをいかにさばいていくか。行司として土俵にあがった審査員は七人。生田勉（東大助教授　建築家）高山英華（東大助教授　都市計画家）斎藤寅郎（朝日新聞社嘱託　建築家）勝見勝（デザイン評論家）神代雄一郎（明大助教授　建築評論家）小川正隆（朝日新聞社　美術記者）川添登（建築評論家）。

現役記者の小川氏が司会役をつとめることになった。

——ベストテンという意味は、かなりのスターであるといった要素、同時に仕事もりっぱなものをやっている、そんな見地から選ぶのが無難だと思う。

——抽象的にはそうかもしれないが、いわゆる世間的な見地に立っての建築家から選ぶか、あるいはデザインの世界まで範囲をひろげるか、問題はむずかしいよ。

デザイン評論家としての勝見氏の発言である。デザイン評論家にデザイン評論家としての見方があれば、都市計画の大学教授には教授としてのアカデミックな解釈がある。高山氏がことばをさしはさんだ。

——建築家は変化している。画家などはわりあいに自己完成できるが、建築は社会も大いに関係しているから個人のタレントで自己完成できない面がある。映画のタレントに似ているところもあるが、もっとむずかしい。将来の建築というものは、エンジニアとか、設計のグループとか、そういう方面へ当然進むべきだと考えている。建築家は一将功成って万骨枯る、というようなものではない。この点を、選ぶ過程において一般の人びとにわからせなければならない。

一座は講義を聴いているようにしずかである。しばらく、建築家の概念規定をめぐって論争がたたかわされる。

——やはり構造家は除外すべきだね。

思い出したように生田氏が言った。

——では、こうしたらどうだろう。

高山氏の提案である。ことばをつづける。

——新しい建築家という範囲が構造学者にまで及んでいるのが現状である。しかし、ベストテンを選ぶ過程でしぼっていったら、まだ見つからなかった。だから、けっきょくはむかし風のアーキテクトに落ちつかざるを得なくなった、ということにして……。

勝見氏がそのことばをさえぎるようにして乗り出してきて、発言する。

——もっと根本的な問題がある。建築をふくめたデザインは、究極的には無名性であると私は考えている。ところが、いまはスターの時代である。無名性をあまり押し出すとデザインを社会にアッピールする力を失ってしまうような気がする。

選考対象七十数人

——じゃ、軽い気持でスタートしましょう。

高山氏の発言、いよいよ候補者名をあげていくことになった。若い川添氏がカべに張りめぐらされた大きな白紙にマジックインキで名前を書きつけていく。

——はじめに芸術院会員クラスからいくか。

だれかが言った。川添氏の筆がすべっていく。

——吉田五十八、岸田日出刀、堀口捨己、村野藤吾、前川國男、谷口吉郎、吉村順三……。

二十五、六人挙がったところで、いまをときめく中堅どころが顔を出してきた。

——丹下健三、武基雄、吉阪隆正、池辺陽《きよし》、清家清……。

——建築の世界は特殊だから、グループも入れようじゃないか。

そんなことばがはさまった。発言者はわからないが、反対の意見は出なかった。川添氏がグループの名を書きつけていく。

——国鉄グループ、日建グループ、郵政グループ、電々グループ、関東地建、公園グループ……。

やがて三十歳台の新進気鋭、菊竹清訓らの名も出てきた。あとは一座の今日の史家たちが思い出した名前をつけ足すことになった。女性の名もとび出してきた。

——林雅子、山田初江、中原暢子……。

カベいっぱいに書きつけられた名前をかぞえあげたら七十あまりもあった。このなかから、デスカッションをしたり、投票をくり返したりして十人を選び出すわけである。むずかしい仕事なので、七人の審査員はいずれも浮かぬ顔。といって失望しているわけではない。方法が問題なのだ。

——おい、こうやっていると生田君も出そうだな。

高山氏の声に一同顔を見あわせる。審査員として顔を出してる生田氏は建築の設計もしている。いささか照れているようす。一座の空気がユーモアたっぷりな高山発言でいくらかほぐされたようだ。

第一回めの投票。各審査員が候補者のなかから十名連記で選び出すわけであるが、力点をどこにおくかで質問があった。斎藤氏である。

——過去四分、将来六分といったバランスにしたらどうだろう。

同席の記者が一応の案を出した。ほぼ納得がいったらしく、おのおのの審査員は鉛筆を走らせる。なかには、候補者名の一覧表とにらめっこで腕組みをしている人もいた。

投票結果の発表である。前川國男七票。丹下健三が六票。以下五票は村野藤吾、四票組が池辺陽、芦原義信の二人。三票組はずっとふえて、堀口捨己、谷口吉郎、菊地清訓、白井晟一、松村正恒の五人をかぞえた。二票を獲得したのは六人。吉村順三、坂倉準三、小坂秀雄、清家清、浅田孝、横山公男である。一人の賛成しか得られなかった者は岸田日出刀以下十七名。グループが四つ、女性一という色分けである。

白熱化する推薦と反論

投票の結果がはっきりしてくると、高山氏がつまらなそうに洩らした。

——あまりおもしろくなさそうだな。はじめに丹下なんかをはずしておけばよかった。

みんながそう思ったらしく、声にはならなかったが、それぞれにうなずいていた。といって、いまさら除外するわけにはいかない。投票の結果は結果である。『現実的な数字で表わされたのだからいたし方はない』といった空気も流れていた。

——五票までの三人は圧倒的な支持を得ているのだから、一応当選ということにしてもよいですか。

小川氏が司会役らしく、賛同を求める。

——いいだろう。第一回目だから。

高山氏が同調したので、前川國男、丹下健三、村野藤吾の三人は早ばやとベストテン入りが決まった。

——四票組の二人も過半数を獲得したのだから、当選にしてもいいんじゃいなか。

斎藤氏あたりから声がかかった。

——丹下はともかくとして、われわれの感じでは池辺、芦原の二人はいま中堅になりかかっている。入れてもいいな。

勝見氏が語気を強めて弁護した。積極的な反論はない。まず、保留するということになった。これで半数の五人が決まったようなかたちだが、この二人は正式決定ではない。とどのつまりは、四票組以上を保留にして一票以上三票までをひっくるめて二回目の投票をやろうということに落ち着いた。各人五名の連記である。投票の合い間にも論争がかわされる。

――浅田孝というのはなかなかのやり手だね。

高山氏が切り出す。

――だけど、学会でやった南極建築は、浅田孝の作品といえるのじゃないかな。あれをまとめた技術的、政治的手腕は買って良い。

二回目の投票結果が出てきた。

四票菊竹清訓、三票白井晟一、松村正恒、小坂秀雄、浅田孝、山口文象。二票堀口捨己、谷口吉郎、吉村順三、清家清。以下一票は坂倉準三、横山公男、広瀬鎌二、大高正人、清田文永の五人。

第一次保留の五人を加えると全部で二十人になる。七十数人の候補者が二回にわたる投票で四分の三はフルイにかけられたわけである。

――一票組の五人は落としましょうか。

さきを急ぐ小川氏が提案する。

――まあ一票だけは賛成者がいるのだから、その人から弁護演説を聞き、納得がいけば、みんなで話しあって残してもよいのじゃないか。

高山氏が機械的に切り捨てるのに異論をさしはさんだ。そこで、弁護演説がはじめられた。まず、坂倉準三が俎上にあがった。ぶつのは生田氏である。

――いちばん元気に活動しているひとりだ。いい作品もある。

――アーキテクト根性を持っている。

川添氏も残すほうに同調のようである。反対論もないわけではない。神代氏である。

――けっきょく、パリ博覧会の日本館と鎌倉の美術館だけだね。あとは落ちていると思うんだが……。

――横浜のシルク・ホテルも失敗だろう。作品に出来、不出来の波がありすぎる。

世界的な山口文象

斎藤氏も坂倉のウィーク・ポイントを衝く。一回目の投票で二票を得たのに二回目の投票では逆に一票に減っている。理由はこんなところにあるのかもしれない。つぎは横山公男である。肩を持つのは生田氏。

――大石寺。あれを作ったとき、すぐ賞めたことがある。人物としても大人物。若さもある。

――若い人でほかに入れたい人もあったが、作品本位でいったら、やはり若手のナンバーワンだ。

川添氏がことばをつづけて支持する。話がこじれて三票組の山口文象へとぶ。力説するのは生田氏である。ことばはいきおい熱をおびている。

――年はとっているが、アーキテクトのなかのアーキテクトと呼ばれるに価する唯一の人だ。このごろは自分の名前を冠したものは少ないかもしれないが、若い情熱を持ちつづけている。世界的にも通じる数少ない一人だと思う。むかし造った医科歯科大学は、いまみても清新な感じがする。オーソドックスな外国の建築写真集にはかならずおさめられている。日本の建築家としてオールド・リベラリストをあげたいという気持もあった。

——あの年代で反骨を持っているのは山口、坂倉の二人。

こう言ったのは若い川添氏。つぎは鉄骨の広瀬鎌二。

——広瀬は鉄骨構造に本腰を入れている。アーキテクトが新しいものをやっているという意味で票を入れた。人はあまり知らないかもしれないが、ぼくは高く評価する。

一角から声があがった。高山氏である。神代氏は

——軽量鉄骨はこれから落ち目になってくると思う。外からみて広瀬はいま転換期にあるような気がしてならない。

——だいぶ前に方向転換すると言っていた。軽量鉄骨はそのあとだ。おそらくプラスチックへ移ろうとしているのではないか。鉄骨は熔接などがむずかしいので将来性は少ない。

川添氏が切りこめば勝見氏が賛成する。広瀬鎌二の立場はあぶなくなってきた。神代氏がふたたび反論を出した。

——軽量鉄骨は日本的な特殊なものだ。だから、それがゆたかなものになって鉄骨の断面の広いものへ移っていくのなら賛成するが、プラスチックへの移行なら変わりばえがしないと思う。

高山氏の推薦演説もむなしく広瀬鎌二は姿を消すことになった。つぎは大高正人。推すのは小川氏である。

——若い世代の代表として横山公男がどうなるかわからなかったので、大高のようなダイナミックな作品をやっているものを入れておきたかった。理由はそれだけ。

高山氏からすぐ否定論が出された。

——まだ早い。一人ではまだそれほどの力量はない。

司会者役の小川氏がなかに入る。

——大高は有望な新人で、将来を期待しているということでやんわりけずりましょう。

清家清もいつのまにか消された。これで二回目の投票で一票を得たもののうち、坂倉、横山の二人が残ることになった。

空間造形の魔術師

ここで保留組のトップ前川國男から一人ずつの短評をこころみることになった。

——前川の代表作は神奈川の音楽堂。

神代氏が発言すると、勝見氏が語呂あわせみたいにつづける。

——それに図書館。

川添氏が前川と大高の人間的なつながりをのべる。

——大高は馬力のある建築家で、いまでも前川と相当はげしい論争をやる。あの年で大高と激論をやり『やっつけるのに骨が折れる』とこぼしていた。やはり満票の価値がある。

——前川の作品は表現でおびやかすようなことはないが、仕事には五年たっても

六年たっても耐用性がある。ただおもしろ味にとぼしいということだけは言える。

神代氏がちょっぴりケチをつける。川添氏があとを受ける。

——ブラッセル博覧会。ああいうものをさばいてやったという政治的な手腕も買うね。

——前川は人柄の魅力が得をしている。坂倉と同じでバカ正直だ。人格論からいけば坂倉のほうが完成されているかもしれないが、前川には円満具足の人物か、食わせものかという疑問が起こってくるほどのものが秘められている。

勝見氏一流の人物論である。おとなしい斎藤氏が久しぶりに発言した。

——あまり利口という感じはない。それが投票の結果に出てきたのじゃないか。

——つまり、ロマンチックなんだよ。

川添氏が前川國男論にとどめを刺す。

つぎは二位の丹下健三論である。一番手をうけたまわるのは神代氏。

——戦時中、前川はかなり最後までファシズムに抵抗したが、丹下は迎合的なところがないでもなかった。そこがちがう。

——まあ、建築には思想とのつながりがあまりないからね。

勝見氏、

——主観的な感じ方かもしれないが、丹下はひじょうにドン欲だ。まるでサメかフカみたいに健タンな胃を持っている。フランスのデボレーという感じだな。

ついで丹下の作品の名があげられた。

——香川県庁や東京都庁、それから今治市役所。

小川氏が新聞記者らしく、いくつか作品名を列挙する。

——わりあいに人の集まるところはへただね。ただし、今治の議場の空間の取り方だけはうまい。

川添氏の声。生田氏が言った。

——イスのならべ方がいい。空間がよい。

——丹下は大きな建築彫刻家という気がしてならない。

勝見氏の評である。最後に高山氏が断を下すように言い放った。

——ジャーナリズムに乗りすぎて、かえって気の毒なところがある。

代わっての登場はベテランの村野藤吾である。

——商業建築家としてうまい。世界的な名声から言うと坂倉のほうが上かもしれないが、世間に認めさせようとするわざ師的なところがある。

待ってましたとばかりに勝見氏が口火を切った。川添氏も負けてはいない。

——プランをみると大抵はなってないんだけど、実際にやってみるとうまい。最近、感心したのは関西学院[3]の建物だ。空間造形の魔術師みたいな感じがする。

——日本人のふしぎな器用さを集約させたようなところがある。

——商店街をやればやるでうまいし、レストランでもソツなくやれる。かといって大きなものがにが手かといえばそうでもない。横浜市の神奈川県庁[4]のような公共的なものをやってもうまい。

生田氏はベタ賞めである。池辺陽論がとび出してきた。小川氏が先鋒を買って出た。

──広瀬よりも理づめだ。作品としては買わなくても理づめの押し方は高く評価してよい。

──理づめというよりも科学的な態度を感じるね。建築のデザインに乗っているようなものをやっているかというと、そうではない。少しズレている。だから理づめは宣伝になっていて、実際の作品にはない。

神代氏が見解の相違をのべる。さらに川添氏が加わった。

──かれの造るメトードは役に立っている。

──規格を追求しているから丹下よりも池辺のほうが熱心だ。一筋なものを感じる。

高山氏が評する。

──池辺は表現の点でよろめいているけれども、よろめかないで行けばみごとだ。

生田氏のことばがおっかぶさる。発言者はもとにもどって神代氏になる。

──大きなビルの作家が多いなかで、池辺は小住宅がうまいなどといって出すと依頼者が多くなって、かえって危険だな。

この評言をめぐって、実験材料がふえるからよいという者と、被害者が続出するからいけないという者の二つのグループに意見が分かれた。だから、決定的に池辺を当選にしようというところまではいかなかった。

別格──堀口捨己

順序からいって芦原義信の名がここへ出てきた。

──芦原の名がここへ出てくるのは、いささか中途半端な気がする。

高山氏である。川添氏は芦原ファンなのか、すぐづつけた。

──前川のほかに街へ出てちゃんと事務所を作れるのは芦原しかいない。

──意図はある。五年さきに可能性がある。

勝見氏も賛成のようである。神代氏が同調して、芦原の当選は決まった。池辺は『疑問あり』として残る六つの席を争う者のなかに投げこまれた。

3 関西大学のことだろう。
4 横浜市庁舎のことだろう。

第三回目の投票は六名の連記。結果は池辺だけが五票。四票組に顔を出したのは堀口、谷口、白井の三人。以下三票組に菊竹、松村、坂倉、小坂、浅田、吉阪の六人。五票の池辺は当選。二票以下の清家、横山、吉村、山口は落選ということに本決まり。そこでまた三票以上の九人のなかから四人を落とすことになった。

それから二、三度、投票をくり返した。落選させる者を投票したり、あげる者の名を書いたりしたが、勝見氏が所用のため途中で退場したので、投票者は全部で六人。偶数なので、そのたびごとに票が割れ、収拾がつかなくなった。みんなが思案投げ首のかたちでいるとき、高山氏が新しい考え方を引き出してきた。

——堀口さんは別格にしようよ。建築家の根源として神社にまつってしまったらどうだろう。

——現役性という趣旨から、堀口さんを敬して席をあけてもらおう。

小川氏がまず賛成した。高山氏は浅田孝にも去ってもらいたいらしい。

——浅田は意味が少しちがうな。

——ちがう。入れなくてよい。

斎藤氏がおだやかながらはっきり言う。これで堀口捨己、浅田孝が姿を消した。それでもあとの二人を落選させなければならない。

——吉阪の作品はどうでしょう。

斎藤氏が質問を出した。高山氏が答える。

——傑作はイタリアのベニスかな。

——あれは美術家のほうから反対の意見が出ている。建築として使いにくいって……。

小川氏の反論。斎藤氏の質問はつづく。

——住宅はどうかな。

——くせがありすぎるようだ。

高山氏が答えれば、小川氏があとを受ける。

——人柄にはひきつけられるものがあるけれども作品自体はおもしろ味が欠けている。

——おもしろくはないけれどもいい作品だ。香も焚かず、屁もひらないというのがいちばんおもしろくない。吉阪は国際的に走り回れる人だ。

生田氏が吉阪の弁護を買って出た。

——長崎の海星学園、あれはいいよ。

神代氏も吉阪を残したい方針らしく、その作品を賞めそやす。

——おい、最終決戦まで残っていて、まだ一度も名前の出て来ない人の短評をやろうよ。

高山氏が提案した。午後六時にはじまった会議は、すでに三時間以上の時を費していた。

——松村正恒はどうだ。

たずねたのは神代氏。川添氏が答えた。

——八幡浜市の日赤学校[5]。

——地方作家の代表としてぜひ入れておこうと考えたんだ。

推薦者の筆頭は生田氏である。川添がさらに註をつける。

——戦前は東京にいて活躍していたが、戦争で地方へ帰って八幡浜市の建築課長になった。相当がんばった人だ。

どうやら松村は残りそうなけはい。

——将来を買うという意味で菊竹清訓を

若い世代の代表として認めてもよいだろう。

小川氏が不意に菊竹弁護論を出した。

反対者は出なかった。当選。

四時間の論議の果て

ここで一度整理をしてみると、前川國男、丹下健三、村野藤吾、芦原義信、池辺陽、吉阪隆正、松村正恒、菊竹清訓の八人が当選決定ということになった。あとの二つを谷口吉郎、白井晟一、坂倉準三、小坂秀雄の四人で争うわけである。あらためて投票してみたら、棄権者も出てつぎのようになった。二名連記である。三票が谷口、白井、小坂で二票の坂倉はとうとう落選の憂き目をみた。そこで三人のなかから二人を選び出すことにしてまた投票。

――何度目の投票かな。

たれかが疲れ切った口調で洩らした。

結果は谷口が六票でどうやら九人目の席に着いた。白井、小坂はおのおの三票ずつ。また決戦である。

デスカッションをして決めようということになったが、小坂を推す人たちがおりたので、白井がベステンのしんがりをつとめることになった。

十人が決まったところで白井晟一論が出た。

――スペースを造るという点では抜群だ。

川添氏の評である。谷口吉郎評もまだ出ていなかった。このほうは神代氏がトップ・バッター。

――埼玉県秩父のセメント工場がいちばんいい作品のようだ。

――お墓とか、千鳥ヶ淵もある。品位だね。

川添氏が補足する。

――日本のアアルトという感じだね。フィンランドの建築家のアアルト。あれの日本版だ。材料に対する感覚など、いちばんうまいんじゃないかな。

生田氏も谷口礼讃論をのべる。つづいて斎藤氏の発言。

――島崎藤村の記念堂はいいですね。

5 日土小学校のこと。縦書き原稿の「土」と「小」が合わさり、「赤」という字に誤解されたと思われる

菊竹清訓の作品名が出ていなかった。斎藤氏が言った。

——横浜市のはずれにあるブリヂストンのアパートは好きだな。

川添氏が菊竹の若さを指摘した。

——白井の代表的な作品は何だ。

小川氏がかたわらの川添氏にきく。

——群馬県松井田の町役場だろうね。

高山氏はそれほど感心もしていないようす。

——あれは少し力みすぎている感じだね。

これで現代日本の建築界を代表する十人が選び出され、その作品と短評を終わったわけだが、あとに残された問題は、ベストテンの順位をどうつけるかということであった。

トップから前川、丹下、村野、芦原、池辺まではスムーズにそのまま決まったが、残る六位から十位までにはいくらか疑問が残っていた。時計はすでに十時を指していた。蜿蜒四時間にわたる論議である。

たれかが言った。

——六位以下は、その表に並べてるある通りでいいのではあるまいか。強いて優劣をつけるほどの差もないし、理由もない。

こうして六位以下は、谷口、菊竹、白井、松村、吉阪の順に決まった。

この文章の誤植について

以下は編者の判断で直した。

前川国男→前川國男
堀口捨巳→堀口捨己
山田初枝→山田初江
大高𠆢人→大高正人

松村正恒の作風のことなど

佐々木宏

日土小学校は山峡の小さな部落を流れる小川の畔にあった。その上に突き出したバルコニーに立って、下を眺めると、〈はや〉のような小魚の群が、川底まで見える澄んだ水の流れの中を泳ぎ廻っていた。小川の向う側は蜜柑畑になっていた。——窓から手を伸すと蜜柑をもぎとれそうな、そんな学校であった。私は、この学校で勉強したことがないのだが、いつの間にか、ここで小学生の日々を送ったような錯覚にとらわれ始めていた。遠い幼い日のノスタルジアが立ちこめてくるようであった。たまたまその日は休みで、あたりは川のせせらぎと、風に動く葉ずれの音だけなのに、その沈黙《しじま》の中から子供たちのはしゃぐざわめきが聞えてきそうであった。

一見すると、環境に恵まれさえすれば、どこでも、このような小学校になりそうに思われるが、しかし、実際にはほとんどないといってもよいだろう。これまでの田舎の学校の多くは、ただ安易に建物が与えられていたにすぎなかった。周囲の環境に恵まれていようと、あるいは貧しかろうと、Site Planningは、機械的な便宜主義に従っていたようである。

松村さんの八幡浜時代の一連の学校のデザインは、まず何よりもそのPlanningにおいて、私たちの注意を惹いたものであった。東京でPlanの〈型〉が論じられ、研究されていた頃、すでに松村さんは、独自にユニークなPlanningを実施していた。その中のあるものは、〈型〉に類似したものであったが、しかし〈型〉にとらわれてはいなかった。旧い〈型〉をも、新しい型をも超えようとするところでデザインしていたのであった。

建築を〈Plan の型〉などで議論してしまうと、もっとも重要な空間デザインの面が忘れられてしまいがちである。とくに学校建築のようにナイーブな青少年を教育する場が、その機能面や組織面からのみアプローチすることには大きな危険が伴いがちである。むしろ感性的な面に対する配慮がもっとも重要であると思われる。

明るさ、各部のスケールとディメンジョン、ディテール、テクスチェアなどといったものが、松村さんの学校においては他の学校デザインとは明らかに異るし、また質素ではあるが、空間の豊かな感じが、それらに因るのは疑いない。いってみれば〈思いやりのある学校〉なのである。言葉では容易であるが、この〈思いやりのある〉というデザインの姿勢ほど、建築家にとって厄介なものはないのである。しばしば、もっとも反発し、無視される面である。しかし、松村さんは、何よりもこのことを念頭においてデザインしてきたように思われる。

八幡浜市立病院の中で、最初に手がけられたものから見せて頂く機会をもったことは、私にとって、松村さんのデザインを理解する上で、たいそう有益であった。そのほとんどは木造であって、かなり汚れたり傷んだりしてはいたが、窓割や細部のまとめ方に、明快で鋭い意匠心が感じられた。資材に恵まれず、またローコストであるにもかかわらず、隅々まで神経の行き届いたディテールにかけられたエネルギーを思うと敬服せずにはいられなかった。

この新鮮なデザインが、戦争中にも失われずに残されていたことは、興味あるテーマである。たとえば、前川事務所における、岸体育館から紀伊国屋に至る流れのことなどと、思い合わせると、なお好都合かもしれない。いわゆる和風でない木造デザインが、日本で育ったかという問題は、ひとつの重要な意味をもっていると思われるのだが、戦後のアメリカの影響を受けたデザイン以外には、例が少いので、論じられることがあまりない。八幡浜や新谷でそれを見出したときに、私はやや興奮をおぼえたほどであった。

蔵田周忠門下で、欧米の近代建築の事情に通じ、また永らく土浦亀城事務所で設計していたときいている。いろいろと話を伺うと、日本の民俗学にも深い関心を寄せているらしい。

戦後に自分のデザインを開始するにあたってこのような、若い修業時代の蓄積が大きな役割を果していることはいうまでもない。〈Heimat の発見〉であると思われる。Heimatlos の建築家が多い中で、あえて、自分の幼少時代を過した地方に定着することによって、そこで、手さぐりのような形でデザインを始めたことは、松村さんの回帰であったと思われる。

戦後のデザイン界における論戦のひとつは、インターナショナリズムに対するリージョナリズムであったが、所詮それはスタイリングの面で行われたにすぎなかった。伝統論も概念的探索の遊戯として支配したにすぎなかった。いわゆる

〈近代の超克〉ではなくて、〈近代の回遊〉にすぎなかった。

松村さんの〈Heimatの発見〉は、スタイリングの問題ではなかった。職業建築家の地方都市への定着という、もっとも困難な道を歩むことから始めた行動や姿勢の問題であった。したがって、眼は中央のジャーナリズムの動向ではなく、地域社会の人々の生活に対して向けられた。そのデザインを貫くものは、先に触れた〈思いやり〉であり、あるいは〈明るい暖かさ〉である。代表作といわれる日土小学校は、その結晶したものであろう。このような片田舎で、地元の大工たちを相手にしてつくり上げたというのは、今日、建築家の仕事として稀にみる例であると思われる。

八幡浜の市役所を辞して松山市で事務所を開いてからは、さらに新しい局面に立ち向っている。仕事の大部分が民間のものであり、その商業的性格と彼の意匠心との葛藤に苦慮しているようである。デザインに筋を通せば通すほど、ディレンマに陥るのは誰しも同じであるが、とくに、松村さんの場合は、八幡浜時代の学校や病院よりもさらに新しい展開を志しているだけに、その苦悩はいっそう大きいように思われる。しかし、最近のいずれの作品にも、やはり感性的なものがにじみ出ているのは、デザインの初心が失われていない故であろう。

序

伊藤ていじ

松村正恒さんは
まだ生きていらっしゃいます
もちろん妻の妙子さんや数多くのその他
の方々が
正恒さんをおぼえていらっしゃるかぎり
生きていらっしゃるからです
空を見上げて「松村さあん」と声をかけ
ましょう
そうすれば声が返ってきます
その一部が
多分あちらこちらに書いておかれたもの
だと思います

気骨のある凛とした思想と行動が
私たちの心を動かしつづけ
それらは消えることはないからです
空は松山の上でもその他の土地でもつな
がっていて
境がありません
私たちは一本の葭の茎を手にすることが
できたら
松村正恒さんのために笛を吹いてあげま
しょう

一九九四年一一月一二日

刊行によせて 思い出すことども

松村妙子

松村正恒は「終生現役を通したい」と口ぐせのように申しておりました。

その言葉通り年末までは製図板に向かい、現場にも出かけるなど気を張っておりましたが八十一才は寿命だったのでしょうか。平成五年二月二十八日黄泉へ旅立ってしまいました。

故人は若い頃から寸暇を惜しむ勉強家、思いつけば即、行動に移す実践家、そして周りに左右されることなく、信念をもって淡々とわが道を行く人だったと思います。けれども自分に対しては常に厳しく、穏やかな中にも反骨の精神は終生失いませんでした。一方良寛を敬慕し、おごらず飾らず、簡素な生活を望み、由緒ある法眼寺の檀家筆頭総代として師八島龍晴住職を仰ぎ、心してその道に勤めて参りました。

また、松山東ロータリー会員として、創立以来三十余年の間、奉仕の理想に添って活動を続けながら、その季刊誌にたびたび執筆の機会を与えて頂きました。趣味の狂言では、自他ともに楽しみ興に入ると、古川七郎師匠の寛大なお人柄をよいことに、突然勝手なアドリブを挿入して、観客を喜ばせお相手を一瞬躊躇させる失礼を演じたこともありました。お酒を好み、ユニークな語りかけと、豊かな話題にいつしか友情の輪が広がり、大勢の方々から親しまれ、慕われ、幸せな晩年でございました。

このように一途な生き方をした人も、一歩家庭に入れば家族のことを思い、孫の成長を楽しむ平凡な一老人でした。郷里大洲に小さな家を建て「恒心庵」と名づけて毎月一、二回手弁当で出かけるのを楽しみにしておりました。裏庭には百年を経た椿の大木があり早春の頃には沢山の花をつけます。それに思い出の楓、蘇鉄、梅の古木など緑のそよ風も快よく、この世の別天地だと大満悦、次々果樹の苗木を植え実るを楽しむ一方、祖父化石庵の漢詩作りにならって恒心庵随筆をと、尚も意欲を燃やしておりました。大病しらずの体にめぐまれ、早寝早起き、自己流の体操が日課で事務所の往復約四十分は毎日徒歩、それも年中左腕に傘をかけ、胸張っての闊歩はたれ言うとない松村スタイル。眉毛の長いのは長寿の証し、と自称していたのも忘れ難い思い出です。

　書斎で静かに読書している姿といえば、一服の茶を口に二言、三言、文に遊ぶとでもいう風情が漂っていました。心意に叶ふと独得の文体、癖のある文字で、そこらあたりの紙片に手当り次第に書き散らすのがいつしか慣わしになって、心通う人々の目に映っていたようです。いつ頃のことでしたか、原稿用紙に向かって、愛用の万年筆を走らせる後姿を見ているうちに、これらの文章を一冊に纏めて、子や孫たちにも読ませたいという思いにかられ、ふとそのことを口に出しました。やおら筆を止め振り返った時の無言の視線は、今も私の瞼に焼きついております。

「百ヶ日は卒哭忌《そっこくき》とて遺族は涙と決別する日だ。明日に向かって心を開け」の法話を承り、故人の文集を作ることが供養の一つと心新たに取り組み始めた次第です。やがて息子が中古のコピー機を設置してくれ、娘婿がヒントを提供してくれました。こうして次々に資料を収集してみますと余りにも膨大な量に、今更の如く驚き私一人の手に負えないことに気づきました。そこで故人の建築事蹟を保存しようと、毎月命日にお集り頂いております恒心会の方々に御相談しましたところ、皆様心よく協力援助の手をさしのべて下さいました。そして田中修司様が責任者となり、編集を進めて頂く運びとなりました。

　その上、故人が深く畏敬申し上げておりました伊藤ていじ先生から、身にあまる有難いお言葉を賜り、遺稿集を飾らせて頂きましたことは、何よりの供養かと、遺族一同深く感謝申し上げております。

　先年の『素描・松村正恒』『無級建築士自筆年譜』に加えてこの度『老建築稼の歩んだ道』を上梓できますことを故人正恒は心から喜んでいることと思います。その三回忌を目標に親身になって奔走して下さいました田中様の御熱意、青木光利様、郷田徹雄様、渡部左紀男様の温い御協力、皆様の御厚意に衷心よりお礼を申し上げます。

平成六年一一月二八日

編集後記

田中修司

私は建築家（稼）に成って良かったとは思っていない。建築家は堕落した、と信じている。そう批難されて反応もなく花は咲きつづける、それが不思議である。……建築という職業に就いて満ち足りている人、なんの反省もない人が羨ましい。これで良いのか、これが正しい道なのかと、迷いつづけて世を去るのかと思うと、寂しい。思えば八十路、傲る暇とてなかった……

『無級建築士自筆年譜』より

右は、建築家松村正恒先生が鬼籍に入る二ヶ月半前「八十路に思う」と題した随筆の結びのことば。この文章が絶筆となりました。自らを建築稼と称し、建築の職人だとも云われた先生は、世の建築家に、逝くまぎわまで冒頭のごとき苦言を呈しました。先生の真骨頂であり、先生ならではのことばと襟を正し噛みしめています。「苦しみは変わらない。変わるのは希望だけだ」とアンドレ・マルローの詩を愛唱した先生は、建築界には未練も期待もなく、希望の数だけ失望していたようです。

戦後の復興時代、伊予は八幡浜市という辺境の地において、学者にして高潔の人菊池清治市長の下、まさに、時、場、人の恵沢を得て成された先生のお仕事は、今も接する人の心に響いて、光彩を放っています。華美を追わず、ひたすら閑寂清雅な佇まいを追求し、物の道理真実を探って設計された学校群は、マスコミを賑わす昨今の輪奐たる学校建築とは全く対極にあります。それも敗戦後の、未だ食糧難住宅難の渦中から成されていたのは驚きであります。

　先生は「若い頃から生き方を決めていた」と述懐されました。学生時代より出会った多くの朋友、人生の師とも仰ぎ慕った蔵田周忠先生をはじめ数多の師賢との交流が、信念揺るぎなき境涯の礎となったのは言を俟ちません。

　そもそも先生の本懐は、託児所建築、身障者のための福祉施設や学校建築など、子供や恵まれない弱者のための公共建築にありました。辞表を懐に入れて仕事をしたという役所勤めにも限界を覚り、八幡浜市役所を退職したのは昭和三十五（一九六〇）年のこと。同年、松山市内に松村正恒建築設計事務所を開設するも、以降、これらの仕事にはあまり恵まれなかった。機能・合理性など、その先見性に識者をして驚嘆せしめ、世に高く評価された学校建築でさえ、昭和四十三年郷里に竣工した新谷小学校があるのみ。エセコンペや、官業界の古いしきたりに固執する無定見な体質が、その後、先生の知識や経験を十分に生かさなかったのは残念に思う。事務所開設まもない先生が、狂言に熱中し、国際ロータリークラブ松山東ロータリーの会員として社会奉仕に打ち込まれた一因に、本来の仕事に携われない内なる苦しみが秘められていたように思われてなりません。

　二人の松山人、妙好の人高橋一洵と稀代の言語学者八木亀太郎の風雅な交游を「心が洗われる」ようだと云い「かくありたい、このような交友を持ちたい」と羨んだ晩年の先生は、専ら「心の友」を県内にあっては、狂言やロータリーの方々との交わりに求め、多くは県外の友人知己に索めていたようです。県下建築界にあっては、孤高の人でありました。

　常に「昨日よりは今日、今日よりは明日、年毎に成長したい」と念じて深く内省し、貪欲なまでに精神の練磨と向上に惓むことのなかった先生は、巾広い読書家でもありました。いつも身辺に本を持ち、感銘すれば傍線を引き、抜き書きもする。昂ずれば日頃の思いなども書いて大凧に貼り壁書にした。仕事場の製図台の傍らにまで筆硯を置いた建築家を私は他に知らない。

　本書の挿絵に掲載した五十点余りの書や絵は、特に記した今和次郎、白井晟一、山本忠司諸氏の三点以外、全て先生が書かれたもの。紙を選ばず、筆を選ばない先生の書は、言わば楽書き、遊戯の書であります。それは、書家が冀求する美しさや技術などに全く無頓着の書で、実用本位、飾り気のない人となりが如実に表れています。「文は人なり」「書は人なり」と云われる所以の書であります。人として生きる最善の道を示教するこれらの箴言は、澆末の世、ともすれば荏苒と生きる私たちに警鐘となり、道標となるものであります。

　さて、私に忘れられない光景があります。先生が逝く半年前、残暑のきびしい土曜日の昼下がり、一番町の事務所を訪ねると廊下に洩れる電灯の明りもなく、ドアの表示は「不在」とありましたが、ノブを廻すと意外にも戸が開いて、真向かいの薄暗い応接コーナーのソファに一人先生が蹲っていました。その頃の先生は、本書の題名になった「老建築稼の歩んだ道」や「縁ありて」などを各誌に掲載し、また遺著となった『無級建築士自筆年譜』も草稿中。今にして思えば、残された時間の中で精力的な執筆活動をしておられました。階下の喫茶店に飲み物を注文して下さり、しばらく清談の栄に浴しましたが、終始ソファの背に倚っていた先生の、おもやつれしたかんばせが私の脳裡に焼きついています。それからわずか半年後の他界。遠くなき死を前に薄暗い部屋に唯一人蹲っていた、あの日の先生の俤と心中に思いを致すとき、今も胸が痛みます。

ところで松村家は、大洲新谷藩に仕えた武門の家。祖霊を祀ることの厚かった先生が、特に尊崇してやまなかったのが祖父正直翁。通称操。慶応四年、朝敵となった松山藩を土橋口に攻めた操若き日の雄姿を先生は「鐘の音」[6]に誇らしく書いた。しかも翁は、武術だけでなく、文芸にも長じ風流を解した。その墓誌銘に先生の御尊父、嗣子栄七は「性謹厳沈着、夙志文学好詩作」と刻んだ。松村先生が学芸を好むは血筋であります。先生は、亡くなる二年余り前、郷里新谷に家を建て「恒心庵」と命名した。恒心は孟子の教え「有二恒産一者、有二恒心一。無二恒産一者、無二恒心一」が出自。先生は、いつの日か絶塵、恒心庵に起居し、悠々閑々、三昧の読書、無碍の執筆をと篤く欣求しながら、余生のない八十一年、生涯現役のままに急逝。丈五尺四寸、慧眼不羈の人松村先生は、敬愛する化石庵正直翁の墓前にかしづくがごと眠っています。

*

松村先生が彼岸に旅立たれたあとの書斎には、手沢の書や寄稿した会報雑誌が堆く残されました。妙子夫人より随筆集の編集を依頼されたのは、新盆の過ぎた頃。素人の付焼刃、先生の意に叶う本づくりができたのかどうか。本書の随筆は、昭和四十三（一九六八）年から平成

6 『老建築稼の歩んだ道』に所収。本書では割愛した

五（一九九三）年まで、二十六年に亘って各誌に掲載されたもの。その中から三十八編を選択しました。これらは一冊の本に纏めるべく書かれたものでなく、文章に重複がままありますが先生独特の文体を尊重し、敢えて削除しないで、初出のまま掲載しました。ただし、送り仮名の統一、旧かなつかいの修正、初出誌の明らかな誤植、誤字などは、夫人の諒解を得て訂正いたしました。また、参考文献や引用図書など明らかにできなかったこともお断りし、諸賢の御指摘を仰ぎたく存じます。

先生が遺された珠玉の建築作品は、三十年を経て次々と消えています。新谷中学校、狩江小学校は、生前すでに取り毀され、最近、神山小学校もなくなりました。惜しみて余りあります。時の流れに人智は無力。作品は、先生そのものであります。先生が唱えられた「建築三十年」のことばが、皮肉にも的中。しかしながら、先生から私たちが真に継承すべきもの、真に学ぶべきものは本書の中にあると信じます。『老建築稼の歩んだ道』が、座右枕頭の書として、多くの方に愛重されることを祈ってやみません。

先生の風姿と作品に接し得た僥倖に感謝しつつ、拙い二首を御霊に捧げます。

人生の要諦学ばんと願ひしに
急逝されし師をぞかなしむ

死を悟りゐまししか賀状に
「石ころも生ける命ぞ尊し」とある

平成六年一二月二一日

おわりに

本書は、先行するいくつかの業績と多くの方々のご支援の上に成立している。最後にそのお名前を記し、感謝の意を表したい。

まずは、松村正恒の夫人の松村妙子さんと御子息の松村正基さんである。著作集の出版と遺稿集からのタイトルの継承を了解してくださり、収録する文章の選定、本のデザインなどすべてを任せていただいた。心から御礼を申し上げたい。

本書には、松村の三冊の著書から多くの文章を再録した。この著作集は、それらの先行する成果があってこそ成立したといえる。再録を認めていただいた関係者の皆様に御礼申し上げたい。とくにそれぞれの編集者の方々には、敬意と感謝の念でいっぱいである。

『素描・松村正恒』の編集者は、故・宮内嘉久さんだ。宮内さんは、かつて『国際建築』の編集者であり、小山正和のもとで働いた方であった。本書をお見せできなかったことは残念でならない。

『無級建築士自筆年譜』の編集者は、植田実さんと中野照子さんである。同書は、この著作集にとってひとつの手本であり目標であった。

遺稿集『老建築稼の歩んだ道』の編集者は、松山の建築家・田中修司さんである。田中さんは、同書の中に収められた文章や写真に関する細かな質問に応じてくださり、松村の書を撮影した写真やネガもご提供いただいた。

松村の農地開発営団時代の未刊原稿は、東京都市大学図書館の蔵田周忠文庫に保管されていた。その調査、および本書への収録を認めていただいたことに感謝したい。

収録する文章に註釈をつける作業においては、多くの方の助けを借りた。松村が敬愛した熊本の建築家・野中卓については、御令嬢である野中文（野中建築事務所）さんに、高知の建築家・安岡清志については、御令嬢である橋本登久子さんに、『国際建築』の編集者・小山正和と娘・キヨについては、キヨの御子息である建築家の小山雅巳さんに、それぞれ経歴などを教えていただいた。その他、お名前を記しきれないが、お世話になった方々に感謝したい。

本書は、「はじめに」に書いたような、松村とその建築についてのさまざまな調査・研究、および日土小学校の保存再生活動の延長線上にあり、その過程でお世話になった方々に、あらためて御礼を申し上げたい。とくに内田祥哉先生（東京大学名誉教授）、故・鈴木博之先生（東京大学名誉教授）、曲田清維先生（愛媛大学名誉教授）、和田耕一さん（和田建築設計工房）、武智和臣さん（Atelier A+A）、梶本教仁さん（八幡浜市役所）の皆さんには、本書に至る道筋において、多大なお力添えをいただいてきた。

また、本書のデザインは、『日土小学校の保存と再生』に続き、グラフィックデザイナーの白井敬尚さんにお願いした。白井さんには、「松村の言葉と建築の関係の不思議さをかたちにしてほしい」とお伝えしたが、文字という武器で見事に応えてくださった。

出版については、『建築家・松村正恒ともうひとつのモダニズム』と『日土小学校の保存と再生』に続き、今回も鹿島出版会のお世話になった。担当の川尻大介さんと渡辺奈美さんに感謝したい。

松村正恒の著作集という書物を、書き遺された文章の単なる倉庫にするのではなく、これを手にした次の世代の人たちが、松村がかつてそうであったように、建築の可能性を信じ、ひとりの建築家として生きていこうと思う手がかりになるような本にしたかった。松村自身が編集をしたらどうしただろうという不安は頭の中に常にあった。しかし、編者の解釈を排することは不可能と諦め、この目標に向けた編集作業を私なりに行ってきた。本書を松村正恒に捧げるとともに、解釈違いがあれば寛恕を請いたい。

二〇一八年一月一五日　花田佳明

付記
本書の出版に際しては、平成二九年度・独立行政法人日本学術振興会科学研究費補助金（研究成果公開促進費・課題番号17HP5245）の助成を受けた。

松村正恒年譜

年譜の作成にあたって

八幡浜市役所時代の作品は、拙著『建築家・松村正恒ともうひとつのモダニズム』に基づき竣工年に記載した。

松山の建築関係有志がつくった調査票によれば、松村は独立後に、大小合わせて四〇〇件ほどの設計をしたと考えられる。しかしその全貌はまだ明らかではない。そこで独立後の作品は、『素描・松村正恒』と『無級建築士自筆年譜』に掲載された自筆年譜で松村自身が挙げたものを中心に、前述の調査票に従って可能な限り竣工年を確認した。なお件数の多い個人住宅は省略した。独立後の作品の所在地は、カッコ内に地名を記したもの以外は松山市内である。

松村が書いた文章については、本書に収録したもののうち、没後に刊行された『無級建築士自筆年譜』が初出となる三編以外をカッコ書きで、それぞれの初出誌の刊行年に記載した。「アメリカ仕込みの合理主義者」については文末に書かれていた執筆時期に従った。第5章の作品解説と付録Ⅲは省略した。

●出来事　⊙作品　★論考

一九一三年（大正二）

●一月一二日、愛媛県大洲市新谷町に生まれる

一九二五年（大正一四）〔一二歳〕

●大洲中学校へ入学

一九三〇年（昭和五）〔一七歳〕

●大洲中学校を卒業

一九三二年（昭和七）〔一九歳〕

●武蔵高等工科学校建築工学科へ入学

一九三五年（昭和一〇）〔二二歳〕

●武蔵高等工科学校を卒業し、土浦亀城建築事務所へ入所

一九三九年（昭和一四）〔二六歳〕

●新京の同事務所へ転勤

★特集「新託児所建築」『国際建築』二月号

一九四一年（昭和一六）〔二八歳〕

●土浦事務所を辞し、農地開発営団へ移る。新潟事務所を拠点に、日本海側の農村調査に従事

一九四五年（昭和二〇）〔三二歳〕

●大洲市へ帰郷する

一九四七年（昭和二二）〔三四歳〕

●一〇月一五日付けで、八幡浜市役所土木課建築係の職員となる

一九四八年（昭和二三）〔三五歳〕

⊙愛宕中学校、神山公民館

一九四九年（昭和二四）〔三六歳〕

⊙松蔭小学校、八代中学校

一九五〇年（昭和二五）〔三七歳〕

⊙川之内小学校

一九五一年（昭和二六）（三八歳）
◉八幡浜市立図書館

一九五二年（昭和二七）（三九歳）
◉市立八幡浜総合病院東病棟

一九五三年（昭和二八）（四〇歳）
◉長谷小学校、松柏中学校、市立八幡浜総合病院結核病棟、市立八幡浜総合病院給食棟、江戸岡小学校

一九五四年（昭和二九）（四一歳）
◉市立八幡浜総合病院伝染病棟、大洲市立新谷保育所

一九五五年（昭和三〇）（四二歳）
◉市立八幡浜総合病院看護婦寄宿舎、江戸岡小学校特別教室棟、大洲市立新谷中学校、川上公民館

一九五六年（昭和三一）（四三歳）
◉尾の花保育園、日土小学校中校舎、市立八幡浜総合病院結核病棟増築棟、中津川公民館

一九五七年（昭和三二）（四四歳）
◉神山小学校
●『建築学大系32　学校・体育施設』（彰国社）に新谷中学校が掲載される

一九五八年（昭和三三）（四五歳）
◉日土小学校東校舎

一九五九年（昭和三四）（四六歳）
★「伊予の民家」

一九六〇年（昭和三五）（四七歳）
◉市立八幡浜総合病院本館、明浜町立狩江小学校、白浜小学校
●『文藝春秋』五月号の「建築家ベストテン――日本の十人」に選ばれる
●八幡浜市役所を九月三〇日付けで退職、松山市に松村正恒建築設計事務所を開設

一九六一年（昭和三六）（四八歳）
◉菊谷ビル、松山聖陵高校
●松山東ロータリークラブ入会

一九六二年（昭和三七）（四九歳）
◉愛媛県警本部庁舎、松山市医師会附属松山准看護婦学校

一九六三年（昭和三八）（五〇歳）
◉日産プリンス愛媛販売本社
★「住宅の設計」

一九六四年（昭和三九）（五一歳）
◉松山東雲短期大学、松山城東教会、松山ゴルフ倶楽部ハウス、矢野医院（八幡浜市）

一九六五年（昭和四〇）（五二歳）
◉三瀬医院（八幡浜市）
★「伝統論私見」

一九六六年（昭和四一）（五三歳）
◉笠置医院、仲田医院（伊予市）

一九六七年（昭和四二）〔五四歳〕
⊙持田幼稚園、和田医院（八幡浜市）
★「地方営繕への提案」

一九六八年（昭和四三）〔五五歳〕
⊙飯尾小児科医院、新谷小学校（大洲市）
★「BRUNO TAUT」

一九六九年（昭和四四）〔五六歳〕
⊙愛媛県医師会館、日産サニー愛媛販売本社

一九七七年（昭和五二）〔六四歳〕
⊙城西自動車学校、愛媛自動車工業専門学校

一九七八年（昭和五三）〔六五歳〕
★「足る事を知り身辺飾る欲なし――わが事務所経営奮闘記」「対談　風土と建築」

一九八三年（昭和五八）〔七〇歳〕
★「蔵田周忠先生と私」

一九八四年（昭和五九）〔七一歳〕
⊙日本基督教団大洲教会新谷伝道所（大洲市）

一九八六年（昭和六一）〔七三歳〕
●木造建築フォラムにて講演「木霊の宿る校舎」

一九八八年（昭和六三）〔七五歳〕
★「私の住居観」「自然で簡素な学校をつくるに真剣だった」

一九八九年（平成元）〔七六歳〕
★「人それぞれの生き方――老建築家から教師の卵達へ贈る言葉」「私の尊敬する人々」

一九九〇年（平成二）〔七七歳〕
●新日本建築家協会終身正会員一号に選ばれる
★「民家考」

一九九一年（平成三）〔七八歳〕
⊙身体障害者療護施設大洲ホーム（大洲市）
●狩江小学校の木造校舎お別れ会に出席
★『日経アーキテクチュア』によるインタビュー、「アメリカ仕込みの合理主義者」

一九九二年（平成四）〔七九歳〕
★『素描・松村正恒』刊行。「老建築稼の歩んだ道」、「縁ありて」

一九九三年（平成五）〔八〇歳〕
●二月二八日、没。
★「住まい　もろもろ考」

一九九四年（平成六）
★『無級建築士自筆年譜』刊行

一九九五年（平成七）
★『老建築稼の歩んだ道』刊行

初出一覧

第1章

・木霊の宿る校舎
『素描・松村正恒』建築家会館、一九九二年（初出『木の建築』第三号、一九八六年一二月二五日、木の建築フォラム）

・炉辺夜話　志に生きる
（聞き手　宮内嘉久　横山公男）
『素描・松村正恒』建築家会館、一九九二年

第2章

・私の生きてきた道
松村正恒『無級建築士自筆年譜』
住まいの図書館出版局、一九九四年

・建築と建築家——燕と雎鳥《めんどり》の対話から
松村正恒『無級建築士自筆年譜』
住まいの図書館出版局、一九九四年

・八十路に思う
松村正恒『無級建築士自筆年譜』
住まいの図書館出版局、一九九四年

・自然で簡素な建築をつくるに真剣だった
松村正恒『無級建築士自筆年譜』
住まいの図書館出版局、一九九四年
（初出『学校建築の冒険』INAX BOOKLET、一九八八年九月、LIXIL出版）

付録—

・雪國の民家　第一部／雪國の農家　第二部／東北の旅／あとがき／図版資料
東京都市大学図書館・蔵田周忠文庫所蔵

第3章

・足る事を知り身辺飾る欲なし
——わが事務所経営奮闘記
松村正恒『老建築稼の歩んだ道』
私家版、一九九五年（初出『建築知識』一九七八年七月号、エクスナレッジ）

・建築家よ花魁《おいらん》になるな　人知れぬ山中の花であれ——気骨の設計者が語る、徳は孤ならずの信念（聞き手　青木健）
松村正恒『老建築稼の歩んだ道』
私家版、一九九五年（初出『日経アーキテクチュア』一九九一年一〇月一四日号、日経BP社）

・地方営繕への提案
『公共建築』一九六七年九月号、公共建築協会

・BRUNO TAUT
『建築家』第一巻第一号、一九六八年秋季号、日本建築家協会

・蔵田周忠先生と私
松村正恒『老建築稼の歩んだ道』
私家版、一九九五年（初出　武蔵工大
建築科同窓会誌、一九八三年九月）

・アメリカ仕込みの合理主義者
『SD』一九九六年七月号、鹿島出版会

・人それぞれの生き方
——老建築家から教師の卵達へ贈る言葉
松村正恒『老建築稼の歩んだ道』
私家版、一九九五年（初出　愛媛大学
教育学部にて講演、一九八九年一二月）

第4章

・私の住居観
松村正恒『老建築稼の歩んだ道』
私家版、一九九五年（初出『松山東
ロータリアン』一九八八年二月、
松山東ロータリークラブ）

・住まい　もろもろ考
松村正恒『老建築稼の歩んだ道』
私家版、一九九五年（初出『人間の真理』
一九九三年二～六月号、明玄書房）

・住宅の設計
『室内』一九六三年一二月号、工作社

・民家考
松村正恒『老建築稼の歩んだ道』
私家版、一九九五年（初出『文化愛媛』
第二五号、一九九〇年九月、
愛媛県文化振興財団）

・伊予の民家
『民家——今和次郎先生古稀記念文集』
相模書房、一九五九年

・伝統論私見
『国際建築』一九六五年一月号、
美術出版社

・対談　風土と建築
（松村正恒　神代雄一郎）
『ina REPORT』一六号、
一九七八年六月号、LIXIL

付録II

・新託児所建築
『国際建築』一九三九年九月号、
美術出版社

第5章

・地方の学校建築
愛宕中学校・松蔭小学校
『建築文化』一九四九年九月号、彰国社

・八代中学校の建築
『建築文化』一九五〇年九月号、彰国社

・八幡濱市立病院結核病棟
『建築文化』一九五三年一〇月号、
彰国社

・新谷中学校
『建築文化』一九五五年九月号、彰国社

・江戸岡小学校
『新建築』一九五六年三月号、新建築社

・八幡浜市立病院看護婦寄宿舎
『新建築』一九五六年五月号、新建築社

・神山小学校について
『建築文化』一九五八年一二月号、
彰国社

・日土小学校
『建築文化』一九六〇年二月号、彰国社

・狩江小学校お別れ会
松村正恒『老建築稼の歩んだ道』
私家版、一九九五年（初出『松山東ロータリアン』一九九二年一～二月号、松山東ロータリークラブ）

第6章

・私の尊敬する人々
松村正恒『老建築稼の歩んだ道』
私家版、一九九五年（初出『燧』第一〇号、一九八九年一二月、今治総合文化研究所）

・老建築稼の歩んだ道
松村正恒『老建築稼の歩んだ道』
私家版、一九九五年（初出『ジ・アース』一九九二年三月～一九九三年三月号、サムシング）

・縁ありて
松村正恒『老建築稼の歩んだ道』
私家版、一九九五年
（初出『JIA四国NEWS』一九九二年七月～一九九三年四月号）

付録Ⅲ

・日土小学校を見て
『建築文化』一九六〇年二月号、彰国社

・建築家ベストテン——日本の十人
『文藝春秋』一九六〇年五月号、文藝春秋

・松村正恒の作風のことなど
『近代建築』一九六七年五月号、近代建築社

・序
松村正恒『老建築稼の歩んだ道』
私家版、一九九五年

・刊行によせて　思い出すことども
松村正恒『老建築稼の歩んだ道』
私家版、一九九五年

・編集後記
松村正恒『老建築稼の歩んだ道』
私家版、一九九五年

図版クレジット

P.023
『建築文化』一九六〇年二月号、
彰国社（撮影　イースタン写真）

P.085
八幡浜市役所蔵

P.109
松村家蔵

P.127,164,165
東京都市大学図書館・
蔵田周忠文庫蔵（撮影　花田佳明）

P.167
松村家蔵

P.170
松村家蔵（撮影　田中修司）

P.221
松村家蔵

P.238
松村家蔵（撮影　田中修司）

P.241
八幡浜市教育委員会蔵

P.335
日本建築学会蔵、松村家旧蔵

P.338
『建築文化』一九四九年九月号、
彰国社（撮影者不明）

P.339-341
『建築文化』一九四九年九月号、
彰国社

P.345
『八代中学校創立五十周年記念誌』

P.346,347
『建築文化』一九五〇年九月号、
彰国社

P.351
日本建築学会蔵、松村家旧蔵

P.352
『建築文化』一九五三年一〇月号、
彰国社

P.354
日本建築学会蔵、松村家旧蔵
（撮影　村井修）

P.355
日本建築学会蔵、松村家旧蔵

P.356
『新建築』一九五六年五月号

P.358,359
『建築文化』一九五八年一二月号、
彰国社

P.364
日本建築学会蔵、松村家旧蔵

P.366,367
狩江小学校所蔵

P.371
撮影　花田佳明

P.372
松村正恒『老建築稼の歩んだ道』
私家版、一九九五年

P.373
松村家蔵

P.407
『文藝春秋』一九六〇年五月号、
文藝春秋（撮影　渡辺義雄）

著者・編者略歴

松村正恒（まつむら・まさつね）

一九一三年愛媛県大洲市生まれ。一九三五年に武蔵高等工科学校（現・東京都市大学）を卒業後、土浦亀城建築事務所に入所した。

その後、農地開発営団を経て、戦後は故郷に帰り、八幡浜市役所に勤務した。そこでは、江戸岡小学校（一九五三年）や日土小学校（一九五八年）などの学校建築と市立八幡浜総合病院の関連施設に、多くの木造モダニズム建築の名作を残した。

一九六〇年に『文藝春秋』誌五月号で「日本の建築家のベストテン」に選ばれ、その年から松山市に設計事務所を開設した。

民家調査や日本銀行松山支店の保存運動にも尽力し、一九九〇年に新日本建築家協会終身正会員第一号に選ばれた。

多くの建築を設計して最後まで現役を貫き、一九九三年に逝去した。

松村が設計した日土小学校は、二〇〇九年に保存再生工事が完了し、現役の小学校として使い続けられている。そして二〇一二年、戦後建築としては四番目となる国指定重要文化財に選ばれた。

花田佳明（はなだ・よしあき）

神戸芸術工科大学教授。博士（工学）。一九五六年愛媛県生まれ。一九八〇年東京大学工学部建築学科卒業。一九八二年同大学院工学系研究科建築学専攻修士課程修了。一九八二〜九二年日建設計、一九九二〜九七年神戸山手女子短期大学専任講師・助教授、一九九七年神戸芸術工科大学芸術工学部環境デザイン学科助教授、二〇〇四年から現職。

主な著書に、『建築家・松村正恒ともうひとつのモダニズム』（鹿島出版会、二〇一一年）、『日土小学校の保存と再生』（共編著、鹿島出版会、二〇一六年）など。

造本仕様
丸背上製、糸かがり綴、ホローバック
カバー
ゴールデンアロー（スノーホワイト）
四六Y　135kg
表紙
ゴールデンアロー（スノーホワイト）
四六Y　110kg
見返し
キュリアスメタル（インク）
700×1000mm　84kg
花布
伊藤信男商店　ヘッドバンド87
しおり
伊藤信男商店　しおり5
本文
オペラクリアマックス
AT　39・5kg

使用書体
本文
本明朝－M＋
味明－秀／M、築／M、民／M
Ro Bodoni Book
リョービゴシック L、M、B＋
リョービ築地 GM、GB
Tschichold Regular, Book
見出
味明モダン－秀／EB

老建築稼《ろうけんちくか》の歩《あゆ》んだ道《みち》　松村正恒《まつむらまさつね》著作集《ちょさくしゅう》
二〇一八年二月二八日　第一刷発行
著者　松村正恒《まつむらまさつね》
編者　花田佳明《はなだよしあき》
発行者　坪内文生
発行所　鹿島出版会
〒一〇四－〇〇二八
東京都中央区八重洲二－五－一四
電話　〇三－六二〇二－五二〇〇
振替　〇〇一六〇－二－一八〇八八三
印刷　壮光舎印刷
製本　牧製本
造本　白井敬尚形成事務所（白井敬尚、江川拓未）

Printed in Japan　ISBN 978-4-306-04660-3 C3052

本書の内容に関するご意見・ご感想は下記までお寄せ下さい。
URL: http://www.kajima-publishing.co.jp/
e-mail: info@kajima-publishing.co.jp